镌刻的峡

三峡石刻研究与保护（释文卷）

中国文化遗产研究院　李宏松 编

文物出版社

图书在版编目（CIP）数据

镌刻的峡：三峡石刻研究与保护．释文卷／李宏松编．—北京：文物出版社，2022.12
ISBN 978-7-5010-6632-2

Ⅰ．①镌… Ⅱ．①李… Ⅲ．①三峡—石刻—研究 Ⅳ．① K877.404

中国版本图书馆 CIP 数据核字（2021）第 060377 号

镌刻的峡

三峡石刻研究与保护（释文卷）

编　　者：李宏松

责任编辑：卢可可　李　睿
封面设计：王文娴
责任印制：张　丽
责任校对：耿瑗洁

出版发行：文物出版社
地　　址：北京市东城区东直门内北小街 2 号楼
网　　址：http://www.wenwu.com
经　　销：新华书店
印　　刷：宝蕾元仁浩（天津）印刷有限公司
开　　本：889mm×1194mm　1/16
印　　张：23
版　　次：2022 年 12 月第 1 版
印　　次：2022 年 12 月第 1 次印刷
书　　号：ISBN 978-7-5010-6632-2
定　　价：480.00 元

前言

如研究卷所述，本卷主要内容是对三峡石刻中题刻和题记相关文字内容的编录和注释。

本卷题刻和题记相关文字内容的来源有以下几个方面。

1. 1993 年至 2003 年近十年项目组对三峡地区石刻开展野外调查时，在现场实地录入的。如涪陵白鹤梁题刻、云阳龙脊石题刻、丰都龙床石石刻和巴南迎春石石刻等。该部分是本次释文编录内容的主要资料来源。释文中没有特别标注来源的均属此类。

2. 对三峡地区石刻开展野外调查时，发现石刻已毁或破坏严重已无法释读录入，后经查相关历史文献（历代方志等）确认后录入的。如奉节《瞿塘卫碑》、云阳《磐石城记》摩崖题刻和万州的《万州天生城石壁记》摩崖题刻等。该类均标注了资料来源。

3. 在三峡地区对石刻开展调查时，由各区县文物管理部门提供的资料，如江津大佛寺、朝源观相关题刻等。该类均标注了资料来源。在此，对他们的帮助表示感谢。

4. 已正式出版的各类涉及三峡石刻的图书、论文等文献，如研究卷所述，因我们主要工作区域以重庆市三峡库区为主，所以本书库区湖北省部分石刻的基础资料主要参考 2010 年国家文物局编撰出版的《三峡湖北段沿江石刻》一书。该类除湖北省外均标注了资料来源。

著录说明

第一节　命名规则

本次著录题刻或题记命名，根据不同情况将遵循以下两条规则。

1. 如果题刻或题记在原历史文献中已有固定名称，本次著录时将继续沿用原名称，如“天生城石壁记”“西山碑”等。

2. 如果题刻或题记在原历史文献中还没有固定的名称，本次著录时，将采用“时间＋作者＋内容”的三段式命名规则或“地点＋时间＋作者＋内容”的四段式命名规则。各段具体要求说明如下。

一、地点

1. 对于题刻群中对题记的命名，因为地点已明确，所以该字段将省略。如“白鹤梁题刻”“龙脊石题刻”等。

2. 命名中“地点”段字节将以石刻所在地址作为该段字节的具体内容。如“小青滩”“江渎庙”等。

二、时间

1. 命名中“时间”段字节将采取传统的年号纪年方式。如“光绪丙申”“光绪三十一年”。“时间”段字节具体内容以题刻或题记中出现的形式为依据确定。

三、作者

1. 命名中“作者”段字节将按撰文→书写→刊刻顺序原则确定具体内容。如果题刻或题记中同时出现撰文人、书写人和刊刻人，则首先考虑前者。

2. 如果题刻或题记中出现多个撰文或题名者，则以“文中首先出现的、可释读明确的或可明确撰文人的姓名＋等”的形式来确定“作者”段字节的具体内容，如“贾选等”。

3. 如果题刻或题记中无撰文、书写、刊刻人名，则以“无名氏”形式来确定“作者”段字节的具体内容。

四、内容

1. 命名中的“内容”段字节根据题刻和题记具体内容和形式一般分为题名类、题诗类、撰（题）文类、书法类和纪游（纪事）类五个类型。

2. 题名类指内容只有人名、时间或地点，除此之外再无其他具体信息的题刻或题记。如“某人某年某月到此”，该类型则以“题名”的形式来确定“内容”段字节的具体内容。

3. 题诗类指内容为诗词的题刻或题记。如果无法明确具体诗词类型和诗词名，则以“题诗”形式来确定“内容”段字节具体内容；如果可明确诗词名，则以“题《×××》诗”的形式来确定“内容”段字节的具体内容；如果可明确具体诗词类型，如七言绝句、七言律诗、五言绝句、五言律诗则以“题七言绝句”“题七言律诗”等形式来确定“内容”段字节具体内容；如果题刻或题记还有题跋，则以“题×××诗并跋”或“题×××诗并序”的形式来确定“内容”段字节的具体内容。

4. 撰（题）文类指内容为颂文、记事文的题刻或题记。如果无法明确具体文名，则以“题文”或“撰文”形式来确定“内容”段字节的具体内容；如果可明确文名，则以“题《×××》”或“撰《×××》”的形式来确定“内容”段字节的具体内容。

5. 书法类指内容为书法作品的题刻或题记。该类题刻或题记一般以“书‘×××’”的形式来确定“内容”段字节的具体内容，如果题刻或题记还有题跋，则以“书‘×××’并跋”或“书‘×××’并序”的形式来确定“内容”段字节的具体内容。

6. 纪游（纪事）类指内容有人名、时间、地点，并记录了览胜、出游等具体内容的题刻或题记。该类型则以“纪游”或“纪事”的形式来确定“内容”段字节的具体内容。

7. 如果题刻或题记内容均不属于以上五类，则以“碑刻”“题刻”或“题记”的形式来确定“内容”段字节的具体内容。

第二节　基本信息著录规则

题记或题刻基本信息著录内容主要包括题记或题刻尺寸、文字排列方式、字体、雕刻形式四个方面。

一、题记或题刻尺寸

题记或题刻尺寸将主要通过高和宽两个维度的测量数据来著录。高指题刻或题记最上沿到最下沿间的壁面尺寸，宽指题刻或题记左右两侧边缘间的壁面尺寸，单位采用米，小数点后保留两位有效数字；如果题刻或题记完整，以“整幅高”和“整幅宽”来表述，如果题刻或题记不完整，以“残高”和“残宽”来表述；如果题刻或题记周边有边框或纹饰将给予特别注明。

二、文字排列方式

文字排列方式将主要通过方向、顺序两个方面进行著录。方向分为横排、竖排两种形式；顺序分为右至左和左至右两种形式；由于三峡石刻多为历代民间题记，题记相互叠压穿插现象很常见，如果由多款题记组成的题刻或题记排列混乱，无法明确整体的方向和顺序时，则首先以“排列不规则”进行整体著录说明，然后再根据每款题记的具体情况按方向和顺序两个方面进行详细著录。

三、字体

字体一般按楷、隶、篆、行四体进行著录。介于四体间的书体用“楷兼隶”“楷兼行”等形式表述；由于三峡石刻多为历代民间题记，随意刻划、留言的现象很常见，这时的字体一般无法按以上四体去归类，如果遇前述情况，著录时将采用“书体不规范”的形式进行表述。

四、雕刻形式

雕刻形式一般采用阴刻、阳刻和双线钩三种类型进行著录。

五、其他信息

其他信息包括排列行数、字数、行距、字距、字径、字深等信息。如果每行字数相等，则以“每行 × 字”表述，如果每行字数不相等，则以“每行 × 字— × 字不等”或“满行 × 字”表述；行距、字距、字径、字深测量和著录采用厘米或毫米为单位。

第三节　凡　例

一、著录形式

根据三峡石刻保存的实际情况，本次文字著录总体采用“内容著录”和“全文著录”两种形式。内容著录是指完全按题刻和题记排列形式进行文字记录的著录方式。其中断行及每行字数均严格按照题刻或题记实际排列情况进行编录，文字内容不再人为断句和添加标点，由于减少了过多的人为因素对记录客观性的影响，这种形式是最真实记录题刻和题记内容的形式，可保证提供给研究人员更真实的基础资料。但是由于未对文字内容进行断句和添加标点等加工工作，会给普通读者在释读和理解方面带来一定困难。全文著录是指按题刻和题记的文字排列顺序进行连续记录，并依据上下文关系进行了断句和添加标点的著录方式。这种方式由于进行了断句和添加标点等后期加工工作，更适用于普通读者释读和理解。但是由于三峡地区石刻多处于野外环境，甚至水下环境，风化剥蚀情况比较严重，经常存在题刻和题记中大段文字无法辨识，甚至缺失情况，这样势必给我们释读、断句等工作带来困难。稍不谨慎就会导致文字著录产生偏差，从而影响著录结果的真实性，所以一般题刻和题记保存较好，刻字完整易辨识时才采用此形式。

特别说明的是在文字著录时，前者将采用“内容如下：”形式予以引导；而后者则采用“全文如下：”“跋文如下：”或“残文如下：”形式予以引导以示区别。

二、文字编录规则

根据题刻和题记字迹的不同保存情况，文字按以下具体规则进行编录。

1. 为保证著录成果的真实性，本次文字一律按题刻和题记中每个字的字体结构和形态予以编录。将不采用统一简体字或繁体字编录的方式，编录过程中如遇到字库中没有的“特殊字”，将一律采用造字植入的方式予以解决。

2. 字迹可释读，但由于局部缺失或剥蚀等原因，无法完全肯定，带有一定推测性质的字，将采用字外加□的形式表示。

3. 因风化剥蚀等原因，题刻和题记中字迹缺失或难以辨识，但该部分可确认字数的，每个字将采用“□”的形式表示。

4. 因风化剥蚀等原因，题刻或题记字迹缺失或难以辨识，且该部分字数无法确认的，将采用“……”的形式表示。

5. 对于文中出现的异体字、变体字或别字将在每页脚注部分按今通行字给予说明。

目　录

第一篇

湖北篇

第一章 宜 昌

1.1 黄陵庙碑刻

▼ 1.1.1 乾隆三十五年李拔[①]题《黄牛山》(外三首)七言绝句诗碑

右至左竖排。楷兼行，阴刻(图1–1)。全文如下：

黄牛山

峭壁奇峰勢插天，森森劍戟碧雲連，操舟上下常朝暮，悵望黄牛滴翠煙。

黄陵廟

董工開導類傳奇，繪像山形那可知，惟有平成功德遠，千年廟貌枕江湄。

諸葛祠

蜀相勳名伊吕才，遥臨染翰亦雄哉，石蓮尚有遺踪在，婦孺悲歌繞緑苔。

三珠石

楚天到處有三珠，亂石横流不可圖，鑄得秦鞭驅海底，媚川好是影全無。

荊南觀察使者西蜀李拔峩峯氏率属同修江工題書

乾隆三十五年歲次庚寅嘉平月[②]立

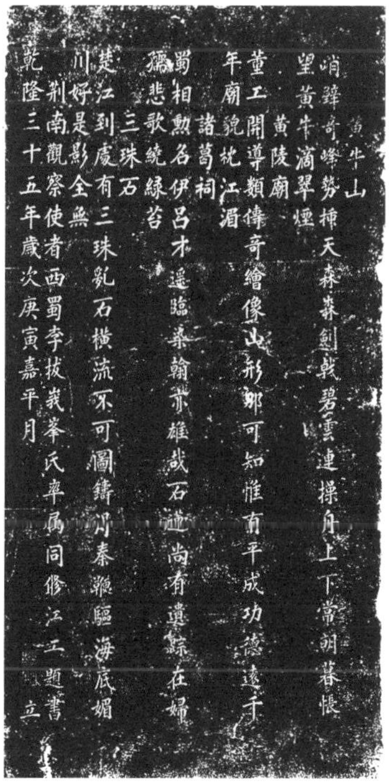

图1–1 乾隆三十五年李拔《黄牛山》(外三首)七言绝句诗碑拓片(引自《三峡湖北段沿江石刻》)

▼ 1.1.2 黄肇敏撰《游黄陵庙记》碑

右至左竖排。楷兼行，阴刻(图1–2、1–3)。全文如下：

① 李拔，清代中期四川犍为人，曾任荆南观察使，兼管川江航道的治理。乾隆三十五年，曾率众进入三峡观察水路纤道。因此从宜昌至重庆的长江沿岸，均可见他的题刻。

② 此处刻有两方印。

遊黃陵廟記

黃牛峽距平善壩上游六十里，山麓有黃陵廟，差次公餘，擬遊未果。癸酉之冬，故鄉人洪子海如，攜自作撮襟書一軸，繇金陵來訪余於峽江之側。且曰：昨在荊州讀君峽江紀遊詩，知有黃牛峽者，山水必佳妙，欲與君一遊。余曰：固所願也。明日駕扁舟泝[①]江而上，五里，過石牌峽。舟人指石穴中云：有石如漁翁垂釣狀，鬚眉畢具，視之果肖。十里，蝦蟆培，水草不黃，宛然一綠衣蝦蟆蹲江畔，遠望益真。時值嚴冬，厓洞中草花盛開，微聞香氣，采之，花形六瓣，色淺紅，惜不知名。十里，天柱峰，舟行峰下，仰視一峰□起，直插雲霄。又五里，至南沱，有巡檢分防於此，駐破寺中。自此山勢漸平，豁然開朗，而江中恠[②]石疊起，欲塞江流，世所謂南沱三漩，無義灘、渣波、紅石子諸險皆在此，夏秋水漲，舟行甚危。計三十里，抵黃陵廟。在舟望廟後，高崖屏立，五峰並起者，即黃牛峽也。傳云：第四峰有若牛狀，色赤黃，前一人立牛側，久視，其色猶似也，而人牛俱未之見。泊舟登岸，陟百數十武[③]，至廟。山門已圮，蓋同治九年為水所浸，碎瓦頹垣堆積盈地，殿亦將傾，幸棟梁堅且巨，規橅[④]宏壯，故尚未覆也。殿前一額，崇禎辛巳惠王題“玄功萬古”四字。又一額“砥定江瀾”，書法秀健，乾隆十四年己巳，學覺羅齊格題並書。殿供大禹，楹礎鐫萬曆四十六年歸州人建，旁有斷碑仆地，拂塵讀之，乃《黃陵神讚頌》，正德庚辰南太僕少卿西蜀劉瑞撰。後殿供如道教老子象，云即黃陵神也，座側立一牛，木質。嘗聞國朝宋琬題楹帖云：“奇跡著三巴，珪璧無勞沈白馬；神功符大禹，煙巒猶見策黃牛。”今亡矣。後又一殿，供釋迦牟尼。按諸葛武侯碑記云：“神有功，助禹開江，當廟食茲[⑤]土，僕復[⑥]而興之，目之曰黃牛廟。”黃庭堅記中亦稱黃牛神祠。陸務觀《入蜀記》，有“晚次黃牛廟”句。考漢、宋諸[⑦]賢皆云“黃牛廟，今謂黃陵”，甚可疑也。廟西有荒地一區，僧云：是[⑧]武侯祠基址。按志載，後人於廟側立武侯祠即此處也。祠壞於咸豐庚申峽[⑨]水。同治初年，監利王比部子壽來遊，歸語東湖令重建之。九年庚午、水益甚，遂傾圮無存。前立一碑，下豐上銳，隸書“武侯黃牛廟記”，乃後人所補立者。令僧搨[⑩]之，末有跋云：“黃牛之祀，顯於武侯，今廟名黃陵，祀神禹，立黃牛於旁，不知始於何時，好事者每以不見武侯漢隸碑為恨，因取莆田鄭簠太原傅山《郭有道》碑例，效顰書此，亦堪供過客之一玫也。”以[⑪]下字漫漶不可別[⑫]。殘碑斷碣，滿目皆是，

① 今通行字作“溯”。
② 今通行字作“怪”。
③ 古以六尺为步，半步为武。此为泛指。
④ 同“模”字。
⑤《三峡湖北段沿江石刻》中释为“庇”。
⑥《三峡湖北段沿江石刻》中释为“複”。
⑦《三峡湖北段沿江石刻》中“诸”后多释“使”。
⑧“僧”至“武”间文字所附拓片无法辨识，引自《三峡湖北段沿江石刻》。
⑨“申”至“水”间文字所附拓片无法辨识，引自《三峡湖北段沿江石刻》。
⑩“僧”至“之”间文字所附拓片无法辨识，引自《三峡湖北段沿江石刻》。
⑪“一”至“下”间文字所附拓片无法辨识，引自《三峡湖北段沿江石刻》。
⑫《三峡湖北段沿江石刻》中“别”误释为“辨”。

剔苔略讀，有遂甯張鵬翮相國七律一首，又一碑七絕四首，又吳下金祖靜七言一律，又曲沃秦武域竹枝詞四章，皆雍正乾隆時人詩，不及錄。然中有“千古黃陵尚有祠”一句，余益疑之，復至廟東，絕無所見。再尋至廟後，則古木數株，一泉一池在焉。始悟放翁所謂“廟後有叢木似冬青而非，莫能名者，蓋此尌也”①。又山谷所謂“神祠背後，石泉甚壯，命僕夫去沙運石者”②，即此泉也。低徊許久，忽見垣衣中露一碑，乃《重浚黃牛廟泉池記》，乾隆間邑人郭江撰，載其地有美泉，皎鏡洞然，涓涓不絕。又云歐陽公詩刻諸廟壁，陸遊過此猶及見之。後值兵火不可得云。因笑謂洪子曰，君所尋黃牛、黃陵者，今可辨矣。考諸古跡，今廟之基，即漢建黃牛廟之遺址也。廟遭兵燹，古碣無存，迨明季重建，廓而大之，兼奉神禹，蓋嫌牛字不敬，故改為黃陵。似取《爾雅》“大阜曰“陵”之義，君以為然耶？否耶？蘇公有云：事不目見耳聞而肊③斷之，可乎？然則石刻，諸君意未一顧耶，予是以記之，夜宿廟中，詰朝歸，過蝦蟆培，海如欲飲第四泉水，忽聞懸崖間猨嘯數聲，舟人大恐不敢近，

图 1–2 黄肇敏撰《游黄陵庙记》拓片之一
（引自《三峡湖北段沿江石刻》）

图 1–3 黄肇敏撰《游黄陵庙记》拓片之二
（引自《三峡湖北段沿江石刻》）

① 经查，陆游《入蜀记》无“有”字。
② 见黄庭坚《黔南道中行记》。
③ 今通行字作“臆”。

久之寂然，始取水而返。歙县黃肇□□□記並書……

▼ 1.1.3　乾隆甲申金祖静《黄陵庙》七言律诗碑

右至左竖排。行书阴刻（图 1–4）。全文如下：

黃陵廟

精爽犹憑歲月非，漢碑文在事依稀，日寒古甋雲埋殿，風臬靈槎鬼掩扉。山迴樹深猿狖啸，江空花落鷓鴣飛，行人欲問黃陵廟，狐兔蛟龍跡已微。

乾隆甲申九月荊南副使吳下金祖靜題[①]

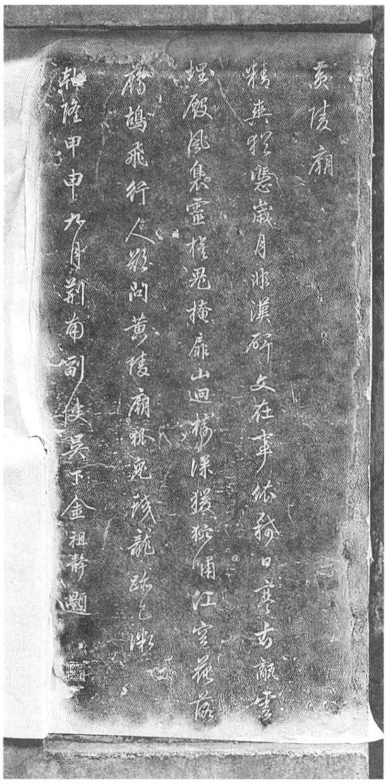

图 1–4　乾隆甲申金祖静题《黄陵庙》七言律诗碑拓片（引自《三峡湖北段沿江石刻》）

▼ 1.1.4　雍正二年张鹏翮[②]《黄陵庙》（五首）七言绝句诗碑

右至左竖排。行书阴刻（图 1–5）。全文如下：

[③]黃陵廟

其一

水繞山環一綫天，翠屏高掛碧雲邊，峰回路轉神相助，檝鼓揚颿[④]萬里船。

其二

倒映銀河浣翠微，天光雲影鏡依稀，紅塵不到心常静，空翠時来撲素衣。

图 1–5　雍正二年张鹏翮题《黄陵庙》（五首）七言绝句诗碑拓片（引自《三峡湖北段沿江石刻》）

① 后刻有一方印。

② 经查，张鹏翮，字云清，四川遂宁人，康熙九年（1670）中进士，选庶吉士，改刑部主事，迁员外郎，寻迁礼部郎中，后任苏州知府、兖州知府，擢大理寺少卿、浙江巡抚，至太子太傅和文华殿大学士兼吏部尚书。在治理运河、黄河方面颇有建树。他多次出入三峡。康熙甲辰（1664）三月九日游黄陵庙，题诗五首，雍正二年（1724）刻此碑。

③ 前刻有一方印。

④ 今通行字作“帆”。

其三

山明水秀對心間，風正帆通起笑顔。灘盡不知天已暮，一點新月照山灣。

其四

竹節稠灘風浪收，崇朝煙霧罩黄牛，路穿天險無今古，撾鼓催舟百丈由。

其五

乘傳歸榮重到此，依然白水伴蒼山。丹心不共煙霞老，三十餘年四往還。

旹

甲辰三月上浣九日

太子太傅文華殿大學士兼史部尚書

遂甯張鵬翮題①

雍正二年四月望日夷陵州州判門孫張弘仁勒石②

▼ 1.1.5　雍正二年张鹏翮题《黄陵庙》七言律诗碑

右至左竖排。行书阴刻（图 1–6）。全文如下：

千古黃陵尚有祠，天然圖畫③看尤奇，翠屏高掛生前像，廟貌長留去後思。

舟楫乘風資利涉，威靈化險悉為彝④。董工開導多神異，已著孔明漢祀碑。

黄陵廟

遂寧張鵬翮題⑤

雍正二年歲次甲辰清和月吉旦門孫張弘仁勒

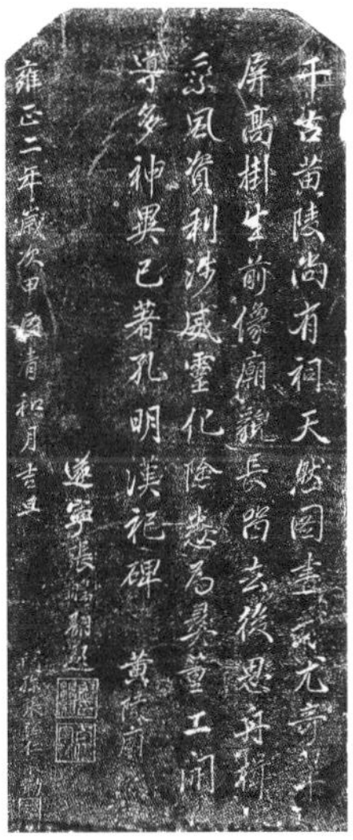

图 1–6　雍正二年张鹏翮《黄陵庙》七言律诗碑拓片（引自《三峡湖北段沿江石刻》）

▼ 1.1.6　清重刻诸葛亮《黄牛庙记》碑

右至左竖排。八分书⑥阴刻（图 1–7）。全文如下：

---

① 与下一行间刻有两方印。一方为“張鵬翮印”，另一方为“尚書宰輔”。

② 后刻有两方印。其一方为“張弘仁印”，另一方为“棨山”。

③《三峡湖北段沿江石刻》中释为“書”。

④ 今通行字作“夷”。

⑤ 后刻有两方印。一方为“張鵬翮印”，另一方为“尚書宰輔”。

⑥ 八分书是汉末至魏晋在中国书法领域独领风骚，盛极一时的流行书体。八分书是隶书的一种，人们把带有明显波磔特征的隶书称为“八分书”。八分书的由来，历来解释不一。汉许慎《说文解字》释：“八，别也，象分别相背之形。”“分，别也，从八从刀，刀以分别物也。”“秦书有八体：一曰大篆、二曰小篆、三曰刻符、四曰虫书、五曰摹印、六曰署书、七曰殳书、八曰隶书……”《汉书・艺文志》载：“六体者，古文、奇字、篆书、隶书、缪篆、虫书，皆所以通知古今文字，摹印章，书幡信也。”可见，在汉以前只有隶书，没有八分书。“八分”最早见于《古今法书苑》引用蔡文姬说：“臣父（蔡邕）造八分，割程隶八分取二分，去李篆二分取八分，是为八分书。”（程隶即传为程邈所作之隶书，李篆即为秦丞相李斯所作之小篆）

黃牛廟碑

僕躬南陽之畮，遂蒙劉氏顧艸廬，勢不可卻，計事善之。於是，情好日密，相拉總師[1]。趨蜀道[2]，履黃牛，因觀江山之勝，亂石排空，驚濤拍岸，斂巨石於江中，崔嵬巑岏，列作三峰。平治洪水，順遵其道。嗚呼！非神扶助於禹，人力奚能致此耶？僕縱步環覽，乃見江右[3]大山壁立，林鹿峰巒如畫。熟視於大江重複石壁間，有神像影現焉。鬚髮[4]、鬚眉、冠裳宛然如采畫者。前豎一旗旌，右駐一黃犢，猶有董工[5]開導之勢。古傳所載“黃龍助禹開江治水，九載而功成。”信[6]不誣也。惜乎廟貌廢去，使人太息。神有功助禹開江，不[7]事鑿斧，順濟舟航，當廟食茲土。僕復[8]而興之，再建其廟貌。[9]目之曰黃牛廟，以顯神功。

▼ 1.1.7　乾隆三十八年李拔撰《凿石平江记》碑

右至左竖排。楷书阴刻（图 1-8）。全文如下：

鑿石平江記

大江發源於岷山，匯西蜀百川之水盡入夔峽，以出汪洋[10]，迅疾勢如奔馬，瞿塘灩滪之險，世所豔稱。而入楚為尤甚，楚自巴東歸州以至東湖，拽、新灘、空舲、三珠、鹿角、虎牙等處，寸節皆灘。巉岩怪石，急湍橫流，舟行觸之，無不立碎，覆轍相循，接濟無術。其為生民之患矣！乾隆甲戌乙亥之間，前道來公始基開鑿，旋遭去官，未及觀成。予於庚寅丙戌莅任荊南，觸目驚心，廣搜博訪，備得各處受患、應修原委，上其狀於制撫。咸報可，迺率守令各官，偕揄從事，得若干金，於水涸之時，親

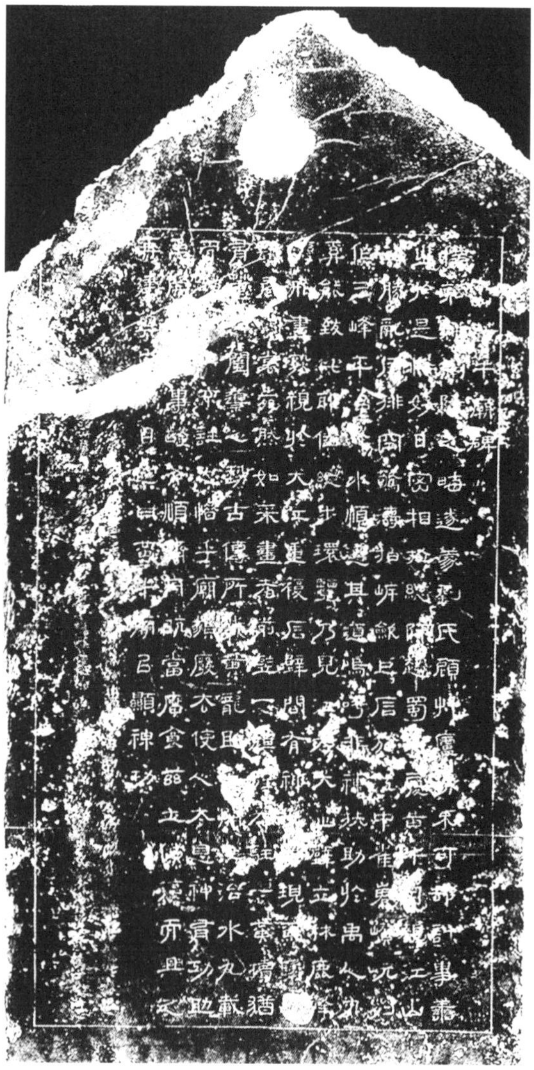

图 1-7　清重刻诸葛亮《黄牛庙记》碑拓片（引自《三峡湖北段沿江石刻》）

① 今通行字作“师”。
② “道”字所附拓片上无法辨识，引自《三峡湖北段沿江石刻》。
③ “见”至“大”间文字所附拓片上无法辨识，引自《三峡湖北段沿江刻》。
④ “髮”字所附拓片上已缺失，引自《三峡湖北段沿江石刻》。
⑤ “工”字所附拓片上已缺失，引自《三峡湖北段沿江石刻》。
⑥ “成”“信”二字所附拓片上无法辨识，引自《三峡湖北段沿江石刻》。
⑦ “江”“不”二字所附拓片上无法辨识，引自《三峡湖北段沿江石刻》。
⑧《三峡湖北段沿江石刻》中释为“複”。
⑨ “廟”“貌”二字所附拓片上无法辨识，引自《三峡湖北段沿江石刻》。
⑩《三峡湖北段沿江石刻》中释为“澤”。

臨履勘，設法籌畫。去危石，開官礳[1]，除急漩，修縴路，凡施工廿餘處。群工雨集，萬斧雷鳴。兩冬之間，頓有成效。咸謂“不可無記”。予惟程子有言：“一命之士，苟存心於愛物，於人必有所濟。”[2]況吾輩遭遇三明，忝膺司牧，倘坐視阽危而漠之，省憂痛患之謂何？毋乃實有所闕，以負夙心。今不動帑項，不役民夫，而險阻既平，民資利涉。殆春秋之法，書利而不書費者歟？雖然非謂自茲以後，遂可無事也。長江積石，迤邐縱横，雖已去其太甚，而盤踞綿亘不可磨滅者，何可勝數。自今以後，倘能裒集眾力，每屆冬令，即鑿去一分，則民受一分之賜。歷年既久，積石盡去。其有功於

图 1-8　乾隆三十八年李拔《凿石平江记》碑拓片
（引自《三峡湖北段沿江石刻》）

[1]《三峡湖北段沿江石刻》中释为“漕”。

[2] 见程颢：《近思录》卷十，朱杰人等主编《朱子全书》第 13 册，上海：上海古籍出版社；合肥：安徽教育出版社，2002 年版，第 258 页。另二程《粹言》卷二原句为：“一介之士，苟存心于爱物，亦必有所济。”见《二程集》第 1266 页。

舟行，豈小補哉？因為之銘。銘曰："滔滔江水，惟禹治之。百川顺軌，趨赴若馳。頳[①]波觸石，巨艦離披。夔門絕險，灩澦瞿塘。汪洋噴薄，沿及楚疆。虎牙鹿角，狼戾鴟張。昔也！來公，心存繼美，鑿石安瀾，良規載起。旋即左遷，未完中止。予尸其後，利濟為懷。疇資既廣，宏議斯開。上官同指，榮勵群材。守技咸興，令丞效職。萬斧雷鳴，不遑日昃。磯去浪平，如清反側。咸歌樂凱？予獨欿然。事難創始，功在及泉。因循鹵莽，厥病相連。所期來者，繼長增高。抽薪釜底，庶靜洪濤。舟航永奠，毋負成勞。"

賜進士出身中憲大夫湖北分巡上荊南道，統轄荊宜施鶴地方兼監管水利事，隨带加三級，紀錄四次，劍南李拔峩峰氏撰並書

督修江各官

上荊南道　李拔　宜昌府知府　王協和　祁陽縣知縣　宋溶

承修江工各官

東湖縣知縣　徐澄　□州知州　陸□吉　巴東縣知縣　劉永華

助修江工各官

荊州府知府　九格　荊州府同知　劉枝梅　荊州府□□　王堯臣

江陵縣知縣　姚雲倬　公安縣知縣　素布楝阿　首縣知縣　牛兆奎

監利縣知縣　王清遠　松滋縣知縣　姜起瀠　宜都縣知縣　李芝

遠安縣知縣　宋楷　荊州衛守備　邱晀　荊州左衛守備　宜成彩

宜昌府司廳　單

大清乾隆三拾捌年歲次癸巳仲秋月吉旦

▼ 1.1.8 《重修黄陵古庙工竣拟定章程》碑

右至左竖排。楷书阴刻（图 1-9）。全文如下：

欽加提督銜湖北宜昌鎮總鎮都督府管帶水師健捷副營烏珍巴圖魯羅[②]

謹將重修黃陵古廟工竣擬定章程刊列於[③]左

計開

一、廟中原供有夏禹王及各神像，現新修文昌、武侯神像。黃陵諸神，功德在民，自應潔淨整齊以昭誠敬，庻[④]神靈以妥，廟宇亦壯觀瞻。仰該住持隨時打掃，不准污穢。如違，由該處紳民更換住持，以專責成。

①《三峡湖北段沿江石刻》中释为"突"。

② 此行为大字。

③《三峡湖北段沿江石刻》中释为"與"，下同。

④ 今通行字作"庶"，下同。

图 1–9 《重修黄陵古庙工竣拟定章程》碑拓片
（引自《三峡湖北段沿江石刻》）

一、本廟為峽江要津，遺蹟所存，久昭名勝。凡官商[①]上下，瞻拜頻頻[②]，自宜招恪守清規之僧，責成看守，並須經懺熟悉，文理粗通，庶捶搨各碑及游玩留題，不至昧然輕重，是在地方紳耆人[③]等，加意選擇，為廟得人。

一、廟中原有租稞等項及廟宇界址，現捐存生息，頭錢[④]均須刊碑以垂[⑤]久遠。仰地方公正紳耆，查明登簿。放借生息，必須踹田寫契，不得濫借，倘短少租息，混佔廟界，由首士指名稟送地方官，究辦追繳。

一、倡修該廟暨[⑥]武侯祠共費錢五千玖百餘串，均刊碑繪圖附入峽江紅船志，以垂[⑦]久遠，並提生息錢一百串，交黃牛鋪紳耆，承領輪流經營生息，以作廟内歲修之費。每年用款，仰首士逐一登簿，上下手交替清楚，以備稽查。如有侵蝕弊端，即惟經營首士是問，由地方官嚴飭追繳，以重公款。

一、廟宇為祀典攸關，仰地方紳耆及值年首士擇一定期，每年屆期約同與祭，以答神庥。凡廟中器具及租稞生息等項，便於是日公同稽核，以免廢弛。

一、廟中不准雜人居住，如上下過客及手藝人等，自有旅店可投，毋得在廟囤宿，竊恐潛藏匪

①《三峡湖北段沿江石刻》中漏释“商”字。
②《三峡湖北段沿江石刻》中漏释“頻”字一。
③《三峡湖北段沿江石刻》中漏释“人”字。
④《三峡湖北段沿江石刻》中漏释“頭錢”二字。
⑤ 今通行字作“垂”。
⑥《三峡湖北段沿江石刻》中释为“及”。
⑦ 今通行字作“垂”。

類，有累地方，違者，責歸住持。

一、廟中向有婦女攜帶孩童往來，嬉戲不免褻瀆神靈，今應禁止，不准婦女入廟。違者，責歸家主。

一、廟中不准寄放木料及桅櫓壽枋等物，恐引火燭，猝難防護，仰住持極力阻止，如違，惟住持是問。

一、教學原屬盛事，而蒙館子女甚多，必至施失廟中器具及污穢牆壁，有碍觀瞻，嗣後不准於廟中設館，違者，惟住持是問。

一、是廟濱臨大江，偶遇客船失事，攤晒貨物，衹准就近在廟稍為停頓，仍不得堆積多時，視為闤闠[1]之地，以崇廟貌而妥神靈。至客商有借廟中收買貨物，該住持尤不得曲徇應允。違者，惟住持是問。

一、廟中極宜潔淨，該居民等不得在廟開設煙館及賭博、聚飲等弊，均闔例禁，違者，責歸住持。

一、過境饑民衹[2]准在廟偶住，以示體恤，不准於廟内炊爨，污壞墻壁，仰住持隨時禁止。違者，惟住持是問。

一、暑夏乘涼向有赤身露體偃臥廟中者，殊多褻瀆廟中神靈，嗣後仰該住持極力禁止，即間有入廟歇涼，總須潔淨為主，以昭誠敬。

一、是廟向有武侯碑，迄今不朽。現經重修廟宇，工竣勒碑紀事，係湖北學政張仁黼撰，花翎郎中羅萬青書，仰主持加意照料，以免倒污穢等弊，庻[3]垂[4]久遠，如違，惟住持是問。

一、是廟隔宜昌府城九十里，向未祀文昌，此次重修廟宇，添設文昌神像，并提生息，錢二十串，交經營首士，承領生息，以作每年二月初三日聖誕祭祀之費。

以上共計章程拾伍條，除呈報督撫[5]憲暨移荊州道宜昌府東湖縣各衙門備案外，刊此以備久遠稽考

大清光緒拾叁年丁亥歲桂月良齋朱駿升書穀旦[6]

▼ 1.1.9 《公议禁止》碑

碑额：右至左横排

楷书阴刻“公議禁止”4字。

碑记：右至左竖排。楷书阴刻（图 1–10）。全文如下：

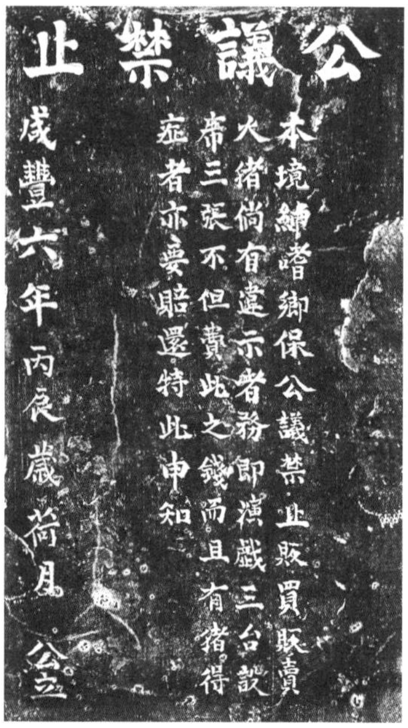

图 1–10 《公议禁止》碑拓片
（引自《三峡湖北段沿江石刻》）

① 街市。崔豹《古今注》曰：“市墙曰阛，市门曰阓。”明袁宏道《人日自笑》：“倏而枯寂林，倏而喧嚣阓。”明张煌言《舟山感旧》诗之二：“十洲三岛忆登攀，烟火仙原半阛阓。”

②《三峡湖北段沿江石刻》中释为“只”。

③ 今通行字作“庶”。

④ 今通行字作“垂”。

⑤“督撫”二字横排。

⑥ 此行“大清光緒拾叁年丁亥歲桂月”及“穀旦”为大字。

本境紳嗜[①]鄉保公議，禁止販買販賣火猪[②]，倘有違示者，務即演戲三台，設席三張。不但費此之錢，而且有猪得症者，亦要賠還。特此申知。

咸豐六年丙辰歲荷月公立

1.2　三游洞石刻

图 1-11　合掌岩诗题刻拓片
（引自《三峡湖北段沿江石刻》）

▼ 1.2.1　光绪壬午陈建侯、闺瑛篆合掌岩诗题刻

右至左竖排。篆书阴刻（图 1-11）。内容如下：

合掌巖高石

不頑化工有

寶秘形山劈

開混沌鴻濛

竅露出人天

生死關閨瑛篆[③]

光緒壬午春游羅浮合掌巖口占一 絶似

合丹旨甲申司榷彝陵陟三游洞覽 形勝

頗相類因錄舊作命長女閨瑛篆泐 于此

俟有道者證焉古閩仲耦陳建侯識 並書

▼ 1.2.2　光绪甲申陆维祺题七言绝句题刻

图 1-12　光绪甲申陆维祺题七言绝句题刻拓片
（引自《三峡湖北段沿江石刻》）

右至左竖排。楷兼隶，阴刻（图 1-12）。全文如下：

赤壁遨游事欲仙，不聞能賦第三篇，我来重息風塵軌，願與江山結後緣。[④] 光緒甲申秋八月，錢唐[⑤] 壽民陸維祺重游三遊洞題，長州謝榛伯龍氏書。

---

① 今通行字作“耆”。

② 该词从上下文关系推测似与病猪有关。据《河南农业》1996 年第 12 期《怎样使“僵猪”“火猪”快速催肥出栏》载：农村养猪或者专业养猪，常见一些“僵猪”“火猪”。这类猪的发病机理既简单又复杂。常见于 20 公斤至 80 公斤体重的发育期，表现特征：有的明显消瘦，在圈栏内躁动不安，翻圈拱土，跳槽拒食，有的被毛稠密，毛梢开叉，并变成暗淡红黄褐色，鬃脊、前背有油褐色渗出物，皮肤粗糙，局部皮肤开裂分片掉毛，眼结膜流鼻涕疽泪斑，睡眠呈犬状，咬牙齿鸣叫，有的步态痉挛等等。病猪发育极度欠佳，有的农户饲喂半年之久都不见明显长膘，所以农民习惯上叫它为“僵猪”“火猪”，畜牧专业术语叫它“发育障碍综合征”。

③“閨英篆”三字略小。后跋文为隶书阴刻，字略小。

④ 后跋文字略小。

⑤ 应为“塘”。

▼ 1.2.3　光绪丙戌张联桂纪游题刻

竖排16行，每行16字，行距3厘米、字距3厘米、字径7厘米，楷书阴刻，字深1厘米（图1–13）。内容如下：

彝陵西上二十里層巒叠嶂摩天起挂帆

飛渡南津關三遊在望心先喜前遊元白

後三蘇洞裏遺踪知有無舍舟陟磴級四

百入門迴顧皆危途門前碑兀列三柱門

中廣闊成堂廡鸿濛一竅誰闢開疑是當

年五丁斧巉嚴環峙若翠屏水珠凝结垂

鐘乳憑闌俯視下劳溪曲折奔流如聽雨

我昔分符駐桂林七星名巖[1]疊綵名山[2]俱登臨

玲瓏峭拔闢奇幻較之此洞尤宏深惜哉

名賢足未到致令勝镜鮮知音山川顯晦

亦有幸風雲離合原無心仰看紅日忽西

墜行厨進酒開煩襟君不見殘碑斷碣字

剝落幾人名姓同巖壑更上高峯嵘嘯歌

風吹下界驚鸞鶴[3]光緒丙戌暮春余巡至宜昌勾

當公事既畢同人招飲於洞内即席成此以誌雪鴻

江都張聯桂丹叔題長州謝榛伯龍書

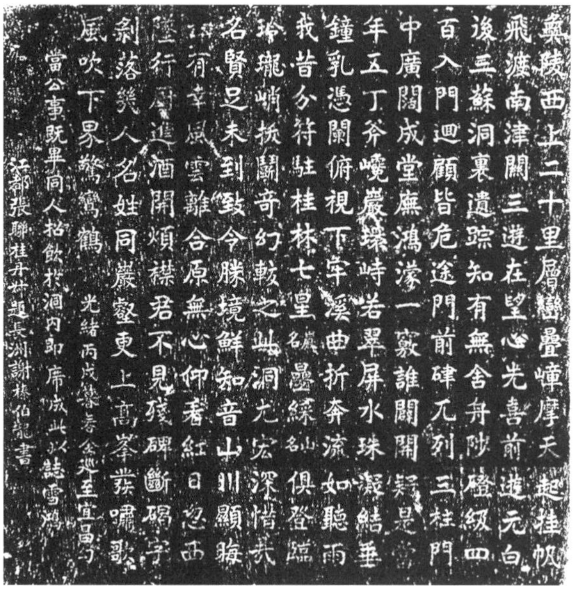

图1–13　光绪丙戌张联桂纪游题记拓片
（引自《三峡湖北段沿江石刻》）

▼ 1.2.4　光绪丙申丁柔克题七言绝句并跋题刻

右至左竖排3行，满行17字，行距5厘米、字距4厘米、字径10厘米，楷兼行，阴刻，刻深1厘米（图1–14）。全文如下：

依舊青山枕碧流，千年古洞又重游，此邦民事關心切，計別彝陵十二秋。北平夔甫丁柔克初稿，光緒丙申曾守斯土，今於丁未又莅此邦，聊題一詩以記。

图1–14　光绪丙申丁柔克题七言绝句拓片
（引自《三峡湖北段沿江石刻》）

▼ 1.2.5　光绪三十一年柯逢时题七言律诗并跋题刻

右至左竖排8行，每行8字，行距4厘米、字距2厘米、字径4厘米，楷兼行，阴刻。全文如下：

---
① “名巖”二字略小，横排。
② “名山”二字略小，横排。
③ 后跋文字略小。

洞府凌虚突兀開，訪碑聯骑雨中来，文章自古多憎命，天地何心不愛才。萬里炎荒垂老别，一门風雅勝游陪，瀰江泛罷牂[1]江接，頭白今年放棹囬。

光緒三十一年六月初七日，約傳弼卿軍门黄叔頌孫詞臣兩觀察来游。

武昌柯逢時

▼ 1.2.6 民国二十四年李基鸿[2]书“灵区”并跋题刻

上部，右至左横排。楷兼隶，阴刻“靈區”2字，字径60厘米、刻深3厘米。

下部有跋，右至左竖排，楷书阴刻。跋文如下：

歲癸酉銜命入川，道經夷陵，與李玉書、周武夷、張智侯、王獻□諸君同遊。三遊洞層巒如畫，流水鳴琴俯仰低回，翛然有出塵想。題曰“靈區”，用誌心印。乙亥春日應城李基鸿題

▼ 1.2.7 募修三游洞神像功德碑

碑额：右至左横排。楷书阴刻“福禄善慶”4字。

碑记：右至左竖排。楷书阴刻。内容如下：

夫三游洞自唐宋間有白元蘇黄等賢先後偕游于兹，成千古之遺迹邑之勝住持，洞中冷落始因衲宏書于

乾隆年間若募衆善創修吕諸佛神像及鐘欄自此古洞□新香烟日盛至□數十余載而諸佛金身漸毀兼之缺少

羅漢佛像今偕募化各大護法樂輸相助增修十八羅漢金身裝造神龕供列佛座兩傍添設香火永遠供奉庶可瞻仰

而昭誠敬千古不朽今將各善功德名目開列於左 善士張義生助錢貳拾千文

晉領陽修[3] 賈至德助錢肆拾千文 陳經文助錢捌千文 張達珍助錢陸千文 許祥助錢陸千文

徐維□ 張加林 湯發科以上各助□五千文 元亨泰 元泰謔 龍改和 王耀昌 日新興 恒盛興 德昌玉 來章玉

□盛玉 張一昌 張恒 李文貴 杜發元 杜發相 杜發榮以上各助□四千文聚升興 許德 胡大貴 李德生

蔣天顺 牟天元 梁廣業 □心□以上各助□三千文羅成監助□貳千伍佰文 胡永春助□乙千八百文 周恒升助錢一千伍百文

---

① 今通行字作“牂”。牂江即牂柯江，又叫作北盘江，主要指北盘江上游一带，得名于贵州古代有名的牂柯国。据《史记·西南夷列传》：“夜郎者，临牂柯江，江广百余步，足以行船”。对这条江的考证，自明清以来有30多家。今学术界则有牂江说、都柳江说、盘江说、左右江说、北盘江说等不同的看法，但各家均同意“该江属于珠江水系”。目前，多数研究人员认为是北盘江。

② 李基鸿（1882—1973），湖北应城盛家滩人，光绪二十九年（1903）以府尹考选资送留学日本，入东京法政学校。1905年8月，在日本加入孙中山领导的同盟会，1973年9月病逝于台北。编纂有《圣揆录》。

③ “晉領”“陽修”四字并排。

賈沂 杜玉品 金文太 王永珍 聚具行 廣盛泰 顧槐 羅振玉 許必才 許科 許連各助□貳千文

賈智 許鳳 雷啓龍 馮金榜 閆習品 譚文貴 張遠發 杜發林 覃永昌 毛發富 姜宗富 楊春貞

賈楷 閆大綱 羅行元 王萬□ 閆習方 孫紊秀 張遠祥 姜運太 覃華德 陶則忠 姜文明 温上清

劉天和 姜文楝 陳德建 向升茂 王宗魁 張遠貴 劉應魁 代像富 □永□ 宋世道 何序祖 蔣裕興

王必榮 張德全 湯浩 閆士廣 向開毓 王玫 李子升 屈宗文 覃義昌 周藩 曾□顯 余文□

劉福泰 金義泰 徐質遠以上各助一千文 祝楚科助□八百文，陳日楨 楊彦科各助□□百文 □振喜 范振義

王正剛 宋世興 覃永進 覃永瑜 覃永宓 覃銀昌 姜文槐 熊本位 李雲明以上各助□五百文 湯發櫃

朱宗禮 簡宗榜 廖勝禄 沈太松 沈啓雲 沈大楨 沈大貴 劉士瑶 韓纯德 杜宏 陳同□

戴萬吉 蔣義順 化久大 戴義生 許祥升 宋代發 胡大成 江□仁 龍德連 劉汝林 胡永□

胡天朋 劉汝天 陳加德 毛有客 劉汝先 唐成忠 鄭宗道 李發榜 椿周宗 李正□

黄光容 易澤廣 胡世喜 許德英 劉忠 蔣方佑 劉之仁以上各助□五百文

葉奕遠三千文 王金茂二千

大清道光拾伍年玖月 吉日 住持僧 嚴庵

▼ 1.2.8 明匡铎重刻唐元和十三年白居易撰《三游洞记》碑

1. 碑额：右至左横排。篆书阴刻“三遊洞記”4字，4字有纹饰。

2. 碑记：楷书阴刻，右至左竖排17行，每行39字，行距1.5厘米、字距1.5厘米、字径4厘米、字深0.5厘米（图1–15）。内容如下：

平淮西之明冬予自江州司馬徒忠州刺史元徽之①自逼②州司馬授虢州③長史明年春各祗命之郡與

知退偕行三月十日參會於夷陵翌日徽之返棹送予至下劳戍又翌日將别未忍引舟上下久之酒

酣聞石間泉聲因舍棹進策步入缺岸初見石如壘如削其怪者引臂如垂幢次見泉瀉如灑其

奇者如懸練如不絶綫遂相維舟岩下率僕夫芟蕪刈翳梯危縋滑休而復上者凡四焉仰睇俯察絶

無人跡且水石相薄磷磷鑿鑿跳珠濺玉驚動耳目自未及戌愛不能去俄而峽山昏黑雲破月出光

氣含吐互相明滅晶熒玲瓏象生其中雖有厥口不能名狀既而通夕不寐迨旦時憐奇惜别且歎且

① 应为“微之”。元稹字微之。下同。

② 经查《白氏长庆集》，此处应为通州。元稹，曾任通州司马。

通州，西魏废帝二年（552）改万州置，治所在石城县（隋改通川县，即今四川达州市）。唐杜佑《通典》：通州“以居四达之路，故名”。隋大业三年（607）改为通川郡治。唐武德元年（618）复改为通州，天宝元年（742）改为通川郡，乾元元年（758）复为通州。辖境相当今达川、达县、宣汉、开江、万源、城口等市县地。北宋乾德三年（965）改为达州。元稹在元和间任通州司马，曾写下歌颂通州的诗篇。

③ 经查，虢州隋代设，后唐初又设，辖境位于今河南省西部。

言知退曰斯境勝絶天地間其有幾乎如之何俯通津綿歲代寂寥委置罕有到者予曰借此喻彼可

以長太息豈獨是哉徽之曰誠哉是言矧吾人難相逢斯境不易得今皆偶然於是得無述

乎請各賦古調詩二十韻書於石壁乃命予序而記之又以吾三人始遊故因名為三遊洞洞在峡州

上二十里北峯下兩岸相厰間欲將來好事者知故備書其事

唐元和十三年忠州刺史白居易譔文

唐白樂天量移忠州道峡江與其弟知退及元徽之参游洞中賦詩紀勝而樂天又為序刻之

石壁則洞以三遊名始此也歲久剥落壁刻罔傳好古者寧無興慨耶萬曆戊寅余以罪來守

西陵檢楚志刻有序詩文逸而未收嗚呼地以人勝人以言存元和及今才八百禩乃三公

製作旋復喪失若是繼此將奚徵焉爰謀及江博士賨訂其亥豕勒之貞珉後之遊者讀是

文則知三遊名義有因云

督工人 徐天□ ①

明進士前刑科左給事中膠西匡鐸謹跋

判官張逢 視生員徐斐然書篆拜鐫

▼ 1.2.9 康定元年贡吏师□□撰《通远桥记》题刻

该题刻楷书阴刻，右至左竖排。竖排26行，满行15字，行距2厘米、字距1.5厘米、字径3厘米、字深0.5厘米（图1–16）。内容如下：

图1–15 明匡铎重刻唐元和十三年白居易题《三游洞记》碑拓片
（引自《三峡湖北段沿江石刻》）

① 此行字略小。

通遠橋記　知峽州事查慶之建
大人出守夷陵之明年二月望日因行
春於西郊至下牢津經百丈溪蒼崖峭
立其徑闕然臨流数仞乃刺舟而渡謂
諸從事曰峽口扼三陵之隘咽喉之地
也何橋梁之闕乎於是稽古記有舊址
存焉□□□陵□宰□工而度之其溪
峪下□□□□□求脩木而架之飛勢
橫空宛若虹度凡五十四尺橫廣一丈
構竹屋而覆之欲其難朽也署曰通遠
桥遂使往来者绝其阻艱登臨者美其
通濟西有白傳三游洞尋勝者皆得造
焉故馬不踠足人無留行噫嘻非守宰
之賢孰能建其利乎橋成之日侍親往
觀焉因命小子誌之向若绵歷歲月材
有墮腐後来之好事者能補而葺之則
斯民之幸矣康定元年三月初十日記
貢吏師□□撰並書
王天
知峽州事查　建

图 1-16　康定元年贡吏师□□题《通远桥记》题刻拓片
（引自《三峡湖北段沿江石刻》）

第二章 秭 归

2.1 田登题《巴风》五言律诗题刻

右至左竖排共 6 行 47 字，楷书阴刻。第 1 行“巴風”2 字居中，字高 12 厘米、字径 11 厘米、字深 0.2 厘米（图 2–1）。题刻全文如下：

巴風

山腰剐咫尺，楼閣每重加。物色常看樹，生涯广種茶。山行晴附蝗，泉落遠驚蛇。記得登臨日，春風桃李花。

長安田登識

图 2–1 《巴风》题刻拓片
（引自《三峡湖北段沿江石刻》）

2.2 玉虚洞题刻

▼ 2.2.1 无名氏书“玉虚洞天”题记

右至左横排。楷书，双钩，“玉虛洞天”4 字。字高 53 厘米、字径 38 厘米、刻深 0.2 厘米（图 2–2）。

图 2–2 无名氏书“玉虚洞天”题记拓片
（引自《三峡湖北段沿江石刻》）

▼ 2.2.2 乾道六年贾选等题名

左至右竖排 11 行，现存 72 字。字距 2 厘米、字径 5.5 厘米。楷书阴刻（图 2–3）。全文如下：

吴興贾选子公，同家弟□子珍，乾道六年八月十日遊玉虚洞。理掾富顺趙鑒明叔，遣人以西江月詞為予生朝□辰□。是月晦，明叔拉琅邪尉敦詩伯言，眉山吕天麟元祥，三谷劉旦德遠来遊。

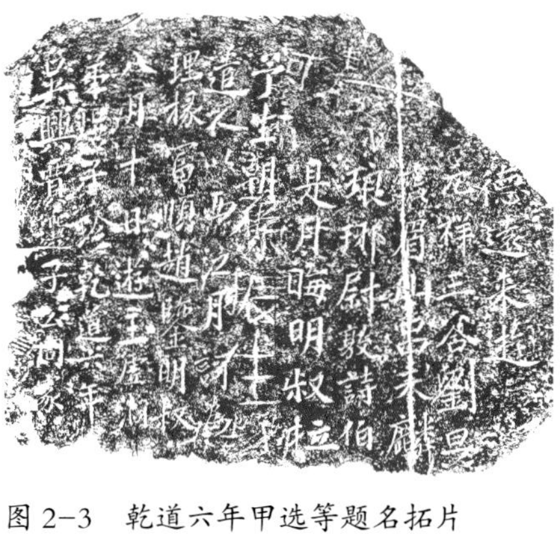

图 2–3 乾道六年甲选等题名拓片
（引自《三峡湖北段沿江石刻》）

▼ 2.2.3 隆兴甲申毛铎等题名

右至左竖排 6 行，满行 6 字，现存 33 字。字高 9 厘米、字径 10 厘米、字距 3 厘米。隶书阴刻（图 2–4）。全文如下：

隆興甲申四月初五日，郡守毛鐸學文，率州學教授梁介永然，秭歸令侯愷强中來游。

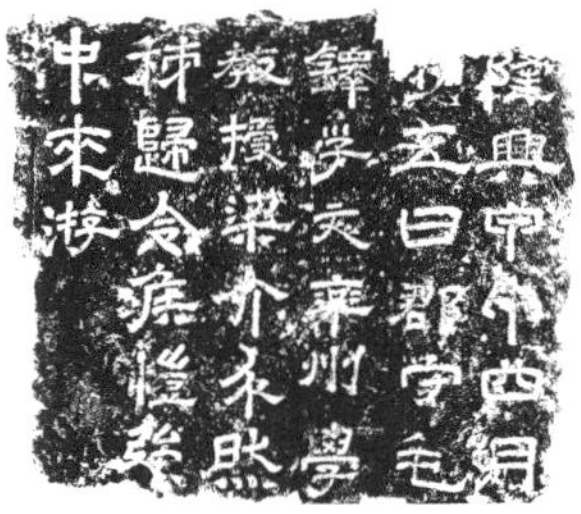

图 2-4 隆兴甲申毛铎等题名拓片
（引自《三峡湖北段沿江石刻》）

2.3 乾隆三十五年李拔题《公相石凿石行》七言绝句题刻

右至左竖排 7 行，每行 4 字，共计 28 字。楷兼隶，阴刻。全文如下：

危磯激瀨浪排空，咫尺檣帆路不通，鞭石好随流水去，平成應許後先同。右侧刻“乾隆庚寅嘉平”6 字；左侧刻“公相石鑿石行”6 字，落款为“荆南觀察使者西蜀李拔莪峰氏題書”。

2.4 天启元年立《续凤桥》碑

1. 碑额：右至左横排。楷书阴刻“續鳳橋”3 字。

2. 碑记：右至左竖排，楷书（图 2-5）。内容如下：

福有攸歸[①]

皇明天啓元年仲冬月立

……申大水捐修

崔世友 龔士一 邓文炳

崔世[②]品 龔士元 □凤俊

龍有刚 龚光林 汪德佐

龍士昌 危全富[③]

……年八月廿四日匠□正月重建

图 2-5 天启元年立《续凤桥》碑拓片
（引自《三峡湖北段沿江石刻》）

2.5 烟袋沟筑路题刻

右至左竖排 4 行计 18 字。楷书阴刻。可辨内容如下：

王□□

江西赣州

① 同注该 4 字为大字，各阳刻于圆形内，其后均为阴刻。
②《三峡湖北段沿江石刻》中释为“崔”。
③ 捐修人姓名为小字。

府興國县王文□

修此路□

2.6 光绪九年立《万寿桥》碑

1. 碑额：右至左横排隶书阳刻“萬壽橋”3字，3字各刻于委角方框内。

2. 碑记：右至左竖排。楷书阴刻（图2–6）。全文如下：

問尝論事有可已者，有不可已者。方今歲時不稔，此役之㒷[1]可已者。近惟歲時不稔，此役之㒷不可已者也。此其說亦自有辨，蓋有溝必有石，何以尽屎[2]土坎，愈久愈傾，不知何自而起也。溯漢晉以來，新灘山崩，石擂壅塞，灘邊水争上游。夏月溪水□ 漲，石磧沙淤，始鎮此垻。意想而知。于宋天聖中，復崩如初，至明嘉靖二十一年，久雨山頹，兩岸壁立，大石橫亘，較前尤甚。迨至天启，湖北按察使乔公拱壁，削平新灘，以致此垻層積而髙成勝境也。间有㒷山水蜿蜒而沖坍，□缺亦無大碍焉！国[3]朝咸丰庚申、同治庚午大水氾濫上垻，洗平河底，此缺愈深。数年議建桥而遂不果。兹者因物㒷感，惻然斯念，欲紹康家之遺美，願垂永久之善功。遂嘉其名曰“萬壽”，登臨遙矚，四顧徬徨，必悠然而動遐思。見萬年[4]宅兆錯列左右，益思有已保之；見萬人踪跡，穰[5]往熙來，益思有以利之；

图2–6 光绪九年立《万寿桥》碑拓片
（引自《三峡湖北段沿江石刻》）

① 今通行字作“兴”，下同。
② 今通行字作“属”，下同。
③ 今通行字作“国”。
④《三峡湖北段沿江石刻》中释为“户”。
⑤ 今通行字作“攘”。

見萬家煙①火族繁可待，益思有以安之。觸類而思，不一而足。余知斯桥之建，其所以結缘，幽明者深也。今冬贝工創造，不月告成，数年畏道，忽若坦途，然則果誰之力欤？嗟乎，天下豈一地為然哉！漢班固有言“顧力行何如□哉。”斯言可為集事之鵠。桥成，屎余作記，余亦樂為記，沕之貞珉，永垂不朽，俾好善者觸目警怌②，勿以善小而不為，敢謂有功于世，庶凡③于世不無小補云爾。

領修監生劉之屏、劉之魁、劉之儒④率侄承祖□□□

生員向志邃題

皇清光緒玖年癸未歲季冬月二十日立⑤

2.7　万历三十七年题《治院黄公新开雷鸣洞口》题刻

该题刻分左右两款（图 2–7）。

图 2–7　万历三十七年题《治院黄公新开雷鸣洞口》题刻全景
（引自《三峡湖北段沿江石刻》）

▼ 2.7.1　右侧题记

整幅高 4.00 米、宽 1.80 米。

中间 1 行为大字，楷书双线钩刻“治院黄公新開雷鸣洞口”10 个大字，字高 34 厘米、字径

①《三峡湖北段沿江石刻》中释为“烟”。
② 怌，pēi。恐惧。《玉篇・心部》：“怌，恐也。”《集韵・脂韵》：“怌，恐惧也。”《字汇・心部》：“怌，慢也。”
③ 今通行字作“几”。
④“劉之屏”“劉之魁”“劉之儒”三者并列。
⑤ 此行字略大。

40 厘米；两侧 7 行为小字，字径 9 厘米。隶书阴刻。内容如下：

右侧右至左竖排 3 行。内容为：

□公□□□滎縣人檄府州議□银三百两開今口前闊七丈後闊

五丈三尺深二丈六尺横□□七丈五尺二珠石梁鑿去高深二丈五尺横□

□□丈……

左侧右至左竖排 4 行。内容为：

湖廣荆州府□□费□元

□□州知州張尚儒判官馬天道吏[1]目唐文龍

□汴二□□□□□張雲鹤遞運所大使

大明萬曆三十七年己酉四月望日督工老人劉締彭練石匠

▼ 2.7.2　左侧题记

高 1.30 米、宽 1.68 米。右至左竖排 11 行，满行 10 字。字径 9 厘米。隶书阴刻。内容如下：

大中丞黄公新開吒

灘雷鳴洞□二水

□□而人鲊甕之

險始□□□而賦此

江峡山兮兩水瀠波聲激

磕若雷鳴千層怒浪蓮花

漩萬斛行舟鳥羽輕洞口

石開流急湍甕頭人渦得

余生孤城更喜天門闢

舉首常瞻叔虔名

張尚儒書

2.8　皇祐三年立疏凿新滩碑

右至左竖排 7 行，隶书阴刻（图 2-8）。全文如下：

宋皇祐三年，前進士曾華旦譔碑稱“因山崩石壓，成此灘，害舟不可勝記。”

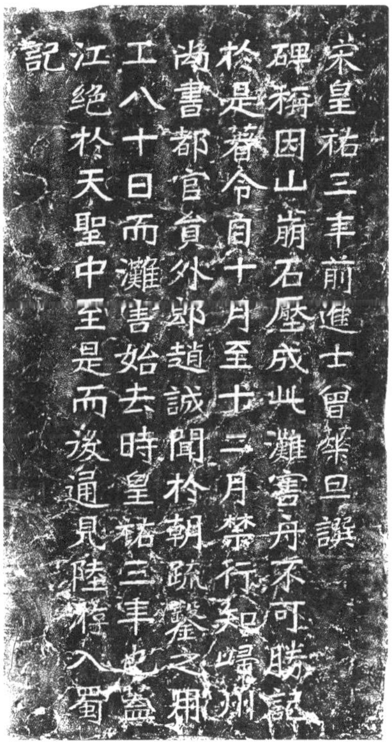

图 2-8　皇祐三年疏凿新滩碑拓片
（引自《三峡湖北段沿江石刻》）

① 《三峡湖北段沿江石刻》中“吏”释为“史”。

枍是著令自十月至十二月禁行。知歸州尚書都官員外郎趙誠聞枍朝，疏鑿之。用工八十日，而灘害始去，時皇祐三年也。蓋江绝枍天聖中，至是而後通。見陸游《入蜀記》①。

2.9 民国五年柳集生撰《归州屈原庙公议酌抽庙费以供蒸嘗②》碑

1. 碑额：右至左横排。楷书阴刻“千古不朽”4字。

2. 碑记：右至左竖排。楷书阴刻。全文如下：

夫中國以神道設教，寺觀庙宇，幾遍環區，祭祀慶祝，殆無虛日。惟我……屈原庙建兹僻壤，多歷年所，宫室雖隘，靈應常昭，惜地瘠民貧，其庙租也寡，其神亯③也艱。每逢祀典，募化頗難。予也往來上下，登臨悵望，不禁欷歔感慨，有若廢剎焉！丙辰春，有高君宏□言，旋歸里瞻庙貌之巍峩，傷俎豆之缺乏，思剝船之停泊，堪解囊以共勷。□邀集經理灘務諸君及眾剝舡板主，公同會議，酌抽庙費。每隻剝載一次，無論舡之大小，捐錢伍拾，概由各客帮扣留，結賬之時，齊④夫親領以供蒸嘗之需。幸眾板主慕義從公，慷慨相助，會無異辭，第恐靡不有初，鮮克有終，事久滋厭，徒擁虛名，人慮倡之者易，繼之者難，時久則變，有負善舉。故呈稟立案，以杜違抗，刊勒諸石，俾垂久遠，庶後世永遠遵行，歷千百年而不泯。是為序。

本境鹽生柳集生撰　朱良三錄⑤

中華民國五年歲次丙辰季秋月上浣吉日立⑥

2.10 重修东岳大殿碑（两通）

▼ 2.10.1 重修东岳大殿碑序

碑额：右至左横排。楷书阴刻“永垂千古”4字

碑记：右至左竖排。楷书阴刻（图2–9）。全文如下：

---

① 见陆游《渭南文集》载《入蜀记》卷四：“十四日留驿中。晚以小舟渡江，南登山至江渎南，庙新修未毕。有一碑前进士曾华旦撰言‘因山崩石壅，成此滩，害舟不可计’。于是着令自十月至十二月禁行舟。知归州尚书都官员外郎赵诚闻于朝，疏凿之，用工八十日而滩害始去。皇祐三年也。蓋江绝于天圣中，至是而复通，然滩害至今未能悉去。若乘十二月正月水落石尽出时，亦可并力尽镵去锐石，然滩上居民皆利于败舟贱卖板木及滞留买卖，必摇沮此役，不则赂石工以为石不可去，须断以必行乃可成。又舟之所以败，皆失于重载，当以大字刻石置驿前，则过者必自惩创。二者皆不可不讲，当以告当路者。”

② 今通行字作“尝”字。《国语·楚语下》有“国于是乎蒸尝”。《后汉书·冯衍传下》有“春秋蒸尝，昭穆无列”。明朱鼎《玉镜台记·成婚》有“于以采藻，于以采苹，克谨蒸尝之荐”。本指秋冬二祭。后泛指祭祀。

③ 今通行字作“享”。

④ 今通行字作“斋”。

⑤ “柳集生撰”“朱良三錄”8字并排分两行刻于“本境鹽生”下。

⑥ 此行字略大。

從來神灵之赫濯，必須廟貌之巍峩，未有不藉人力之修持而能使然也。東門頭有□寺，載在州誌，由來久矣。但地處偏僻，山形阧[1]絕，又兼陰雨淋漓，以致門搂歪斜，天井□俱有崩裂之勢，若不早為補葺，恐難免傾圮之患。僧任住持之責，豈敢袖手旁觀。□□東嶽大殿，始在天池前誠供，因牆屋裂走，地處褊淺，所以眾善公議，故移於寺外，工程浩大，非人力必不能為。用是洗心滌慮，叩請十方首士。轉約眾善樂捐資財□工□□結良缘，墜者舉而廢者兴[2]，庶地灵而人傑，亦人兴而地盛矣。是為序。

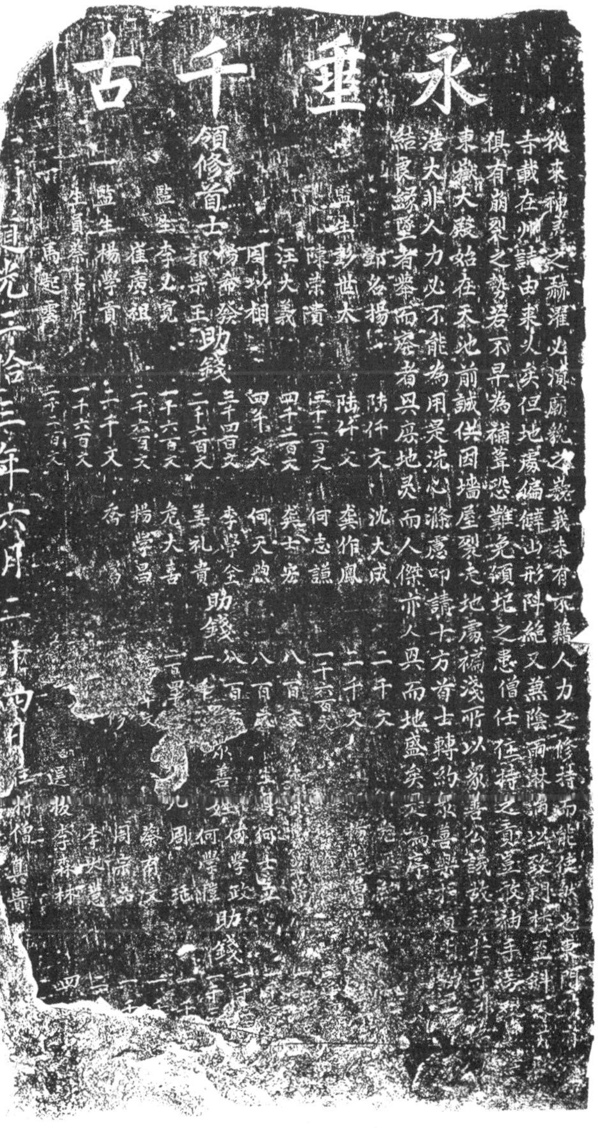

图 2-9　重修东嶽大殿碑序拓片
（引自《三峡湖北段沿江石刻》）

領修首士[3]：

鄧名揚助錢[4]陸仟文；監生彭世太助錢陸仟文，陳榮貴助錢伍千二百文，汪大義助錢四千二百文，周以相助錢四千文，楊希發助錢三千四百文，郭宗王助錢二千六百文，監生李必寬助錢一千六百文，崔廣祖助錢二千六百文，監生楊學貢 助錢二千文；生員蔡占芹助錢一千六百文，馬起雲助錢二千二百文。

沈大成助錢二千文，龔作鳳助錢二千文，何志谦助錢一千六百文，龔士宏助錢八百文，何天煦助錢八百文，李學全助錢八百文，姜礼貴助錢一千文，危大喜助錢二百四十文，揚學昌助錢二百□十文，喬□富……修。

眾善姓：危正紀助錢□□□□楊學曾助錢□□一十文，李□德助錢二千四□，生員曾芝芹助錢一千文，生員何士立助錢一千三□，何學政助錢一千二百□，何學愷助錢一千三百□，□九：周玨助錢一千□□，蔡有文助錢一千□□，周宗品助錢一千□□，李大慧助錢二□□，選拔李森林助錢四□□。

住持僧真貴

皇清道光二拾三年六月二十四日

---

① 今通行字作“陡”。
② 今通行字作“兴”，下同。
③ 此行字略大。
④ 此二字略大，为所有捐款人姓名和捐款金额间所共用。

▼ 2.10.2　重修东岳大殿功德碑

1. 碑额：右至左横排，楷书阴刻“萬善同歸”4 字。

碑记：右至左竖排。楷书阴刻（圖 2-10）。全文如下：

朱秉乹、佘荣學、崔金林各八百文，何志福、何天成、何學新、何學文、崔望祖、姜㒷[1]義、韓正順各六百四十文，趙大有、趙大發、蔡金成、何天美、譚尚卿、姜鈿各四百八十文，姜振衣、郭樹棠四百文；郭宗□、郭宗培、何士壯、何學義、陳世清，生員：王大智、王道全、陳學富、姜堯、周發堂，生員：周濂、汪大本、李大玉、謝林、胡世成、鄧世有、李青山、崔世華各捐四百文；生員：周喬堂、何志琺、何志懷、崔明祖、何學林、郭正興、王學海、鄧光要、崔世連、楊學春各三百二十文，崔世望、崔 世友、陳世祥、危大春、汪大興各二百五十六文，鄧志祥、鄧光發、鄧文炳、黎會元各二百四十文；黃正□、沈廷□、楊光㒷、蔡坍、崔芳、龔有剛、董世富、何志梅、何志義、周以凤、崔俊各二百四十文，崔德祖、崔世珍、崔世魁、李永□、何學元、孫國珠各二百文，黃發富三百二十文，生員郭尚林二百文；□……鄧志明、唐道明、楊學聖、陳學貴、陳世太、何學唐、李有宗、譚士奎、高兆友、郭尚金、周璐、韓正全、孫國珮一百六十文，郭宗哲、郭宗周、郭宗魁一百二十 文；□……何志位、何學相、何學富、何邦俊、何學明、龔作萬、龔作会、龔士訓、龔士秀一百一十文……

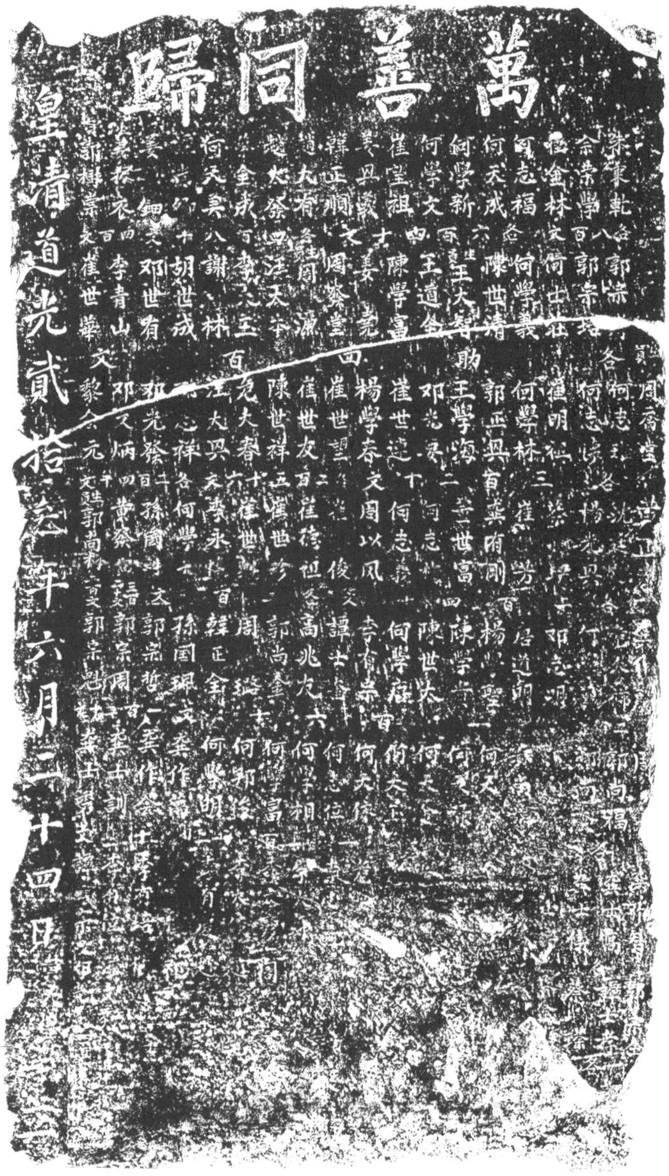

图 2-10　重修东嶽大殿功德碑拓片
（引自《三峡湖北段沿江石刻》）

皇清道光貳拾叁年六月二十四日立

① 今通行字作“兴”，下同。

2.11 王氏祠堂碑刻

▼ 2.11.1 乾隆三十八年王世烈撰王氏宗祠重修祠堂碑

1. 碑额：右至左横排。楷书阳刻“克昌厥后”4字，4字位于委角长方框内。

2. 碑记：右至左竖排。楷书阴刻（2–11）。全文如下：

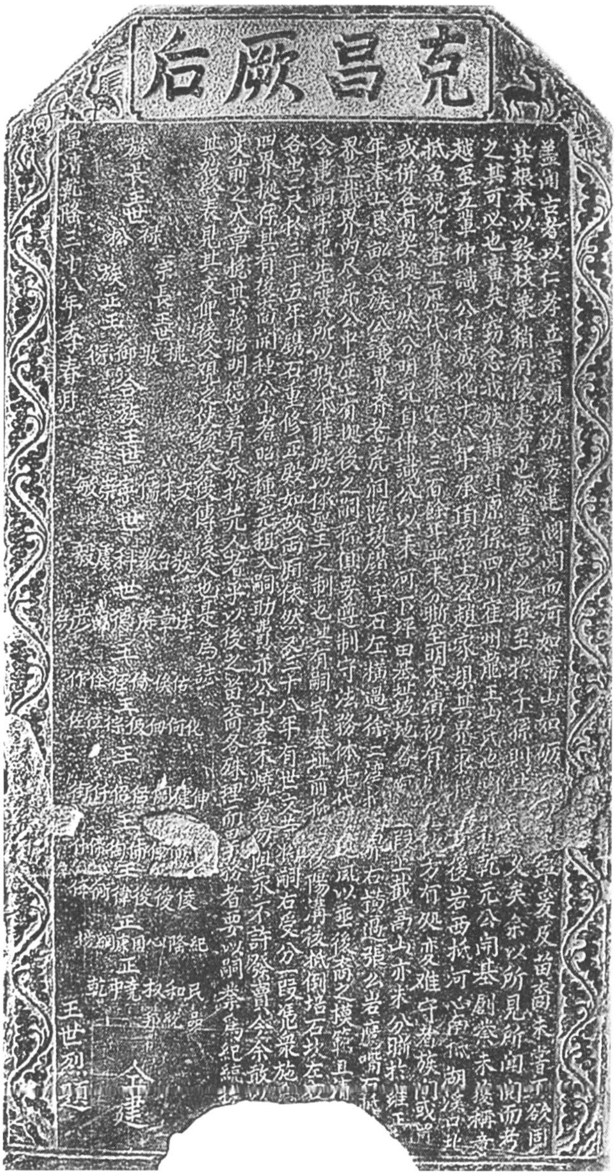

图 2–11 王氏宗祠重修祠堂碑拓片
（引自《三峡湖北段沿江石刻》）

蓋聞古者以仁孝立宗廟，以功劳建阀阅，而河如帶，山如砺，家以□寧，爰及苗裔，未甞[1]不欲固其根本，以致枝葉稍有陵夷者也。然善悪之报，至於子孫，則其□□久矣。余以所見所闻阅而考之，其可必也審矣。窃念我族籍贯，原系四川隺[2]州龍王山氏也。自□祖乾元公闲基創業，未獲稱意，越至五輩仲職公，於成化十八年承頂茲土，名趙家垻，其界東抵□□後岩，西抵河心，南抵湖溪口，北抵魚兒泉直上。歷代管業，迄今三百餘年，並未分晰，至明末清初有創□□他方，有処变难守者，族间或買或併，各有契拁[3]，了然分明。況自仲識公以來，河下坪田基址坡地，各有□□叚上截高山，亦未分晰，於雍正年奉上恳畆合族公議，界齐老虎洞陰坡鑽字石，左横過徐二湾□□界，右横過張么岩鷹嘴石抵□□界上截界内盡㞒[4]公中，歷歷有拠[5]，後之嗣孫，俱要遵制守法，務体先代之遺風以垂[6]後裔之模範，且清□□会建嗣[7]宇，祀先靈，所以敦本睦族，以体聖王之制也。其有嗣

---

① 今通行字作“尝”。
② 今通行字作“鹤”。鹤州：唐开元十三年改舞州置，治夜郎县。辖境相当今湖南省芷江侗族自治县西部，新晃侗族自治县及贵州省玉屏侗族自治县部分地区。开元二十年（732）改叶州。
③ 今通行字作“据”。
④ 今通行字作“属”。
⑤ 今通行字作“据”，下同。
⑥ 今通行字作“垂”。
⑦ 应为“祠”，下同。

宇基址前抵□後陽溝，後抵倒培石坎，左右□□各出二尺。於三十五年镌石重修，正殿如故，两廂依然。又三十八年有世文等將嗣右受分一段憑眾施為□□四界拋存。其有後裔闲種公山者，照種完租，入嗣助費，亦公山壴[1]木燒者勿阻，永不許發賣。今余敢以□□变前之大章，揔[2]其茂，昭明德，豈有忝於先人者乎？以後之苗裔各殊理而異務者，要以嗣業為紀，綂[3]於□□其始終。表見其文，俾後人观之，使後人復傳後人也。是為誌。

族長：王世禄、王世松；宗長：王世槐、王世敦；族正：王御、王衍；合族：王世文、王世才、王世儒、王世寧、王世崇、王世敏、王世敬、王世台、王世教、王世科、王世虞、王世毅、王世法、王世章、王世睿、王世德、王世□、王世彦、王世為、王佑、王俟、王倫、王□、王佺、王作、王化、王何、王佃、王伋、王徖、王位、王佐、王伸、王健、王倜、王侶、王佋、王仟、王街、王□、王□、王倬、王俌、王□、王□、王什、王倰、王□、王後、王偉、王同、王□、王正紀、王正隆、王正心、王正國、王正康、王正綱、王正榜、王正民、王正何、王正權、王正堯、王正中、王正乾、王正品、王正统、王正邦

仝建

皇清乾隆三十八年季春月　王世烈題

▼ 2.11.2　嘉庆二十三年立王氏宗祠增建正殿及廊庑碑

右至左竖排。楷书阴刻（图 2–12）。全文如下：

竊聞

天子有七廟之設，諸侯有五庙之祭，降而士庶，亦不無報本追遠之意焉！憶我王

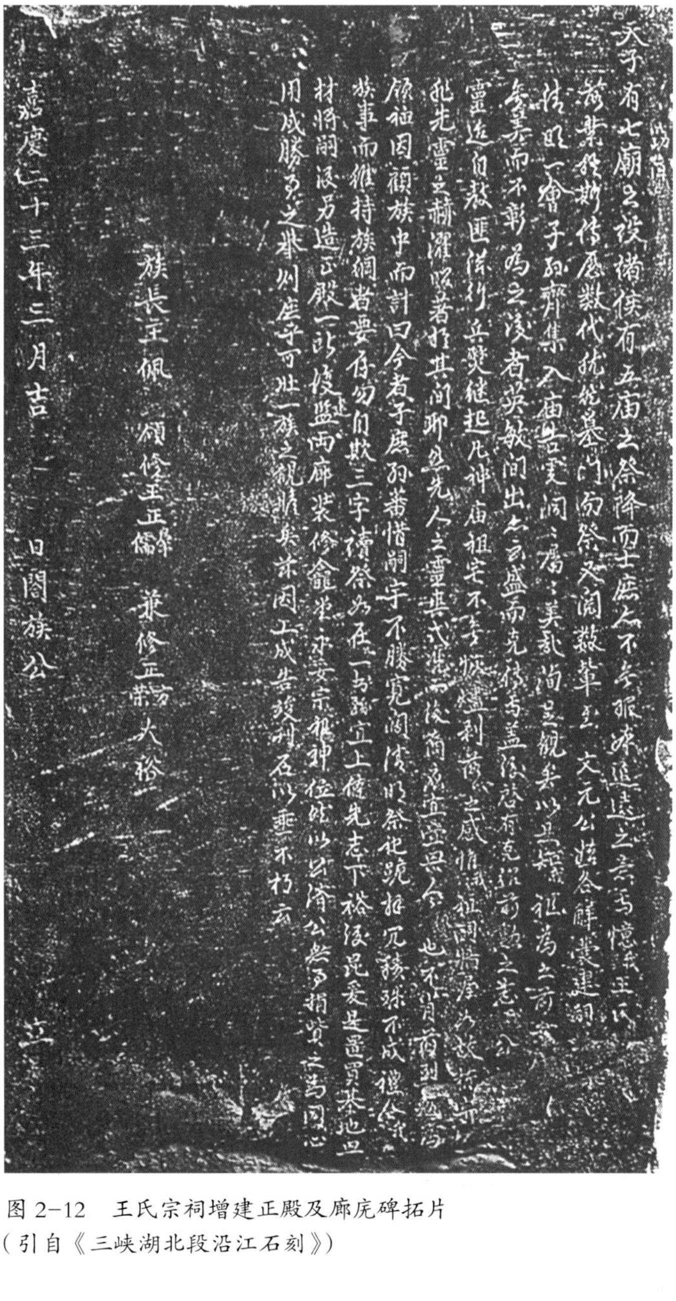

图 2–12　王氏宗祠增建正殿及廊庑碑拓片（引自《三峡湖北段沿江石刻》）

① 今通行字作“树”。
② 今通行字作“总”。
③ 今通行字作“统”。

氏……落業於斯，傳歷数代，犹就墓门而祭。又阅数輩。至文元公始，各解囊建祠……清明一會，子孙齊集，入庙告虔，洞洞屬屬，美哉洵足觀矣。以是知我祖為之前……無美而不彰；為之後者，英敏间出，亦云盛而克傳与①？盖後啟有克紹前勲之志，□公……靈。迨自教匪滋行，兵燹继起，凡神庙、祖宅，不無恢燼剝落之感，惟我祖祠，牆屋如故，栋宇…… 非先靈之赫濯昭著於其間耶！然先人之靈爽式憑，而後裔應宜疊㒷②。今佩也不肖，前列勉為□□領袖，因顧族中而計曰：今者子庶孙蕃，惜嗣③宇不勝寛闊。清明祭祀跪拜冗積，殊不成禮。今我□族事，而維持族綱者，要存勿自欺三字，讀祭如在一书，務宜上体先志，下浴後昆，爰是置買基地，㒷□材，將嗣後另造正殿一所，復监建兩廊，装修龕堂，永妥宗祖神位。然以公濟公，然事捐貲之為同心□用成勝事之舉，则庶乎可壮一族之觀瞻矣。兹因工成告竣，刊石以垂不朽云。

族長王佩　領修王正群王正儒④兼修正方正荣⑤大裕

嘉慶二十三

年三月吉日闔族公立

▼ 2.11.3　咸丰七年光海撰《永遵章程》碑

1. 碑额：右至左横排。楷书阴刻“後世永遵”4字。

2. 碑记：右至左竖排。楷书阴刻（图2-13）。全文如下：

立永遵章程以杜後獘事。自來香溪

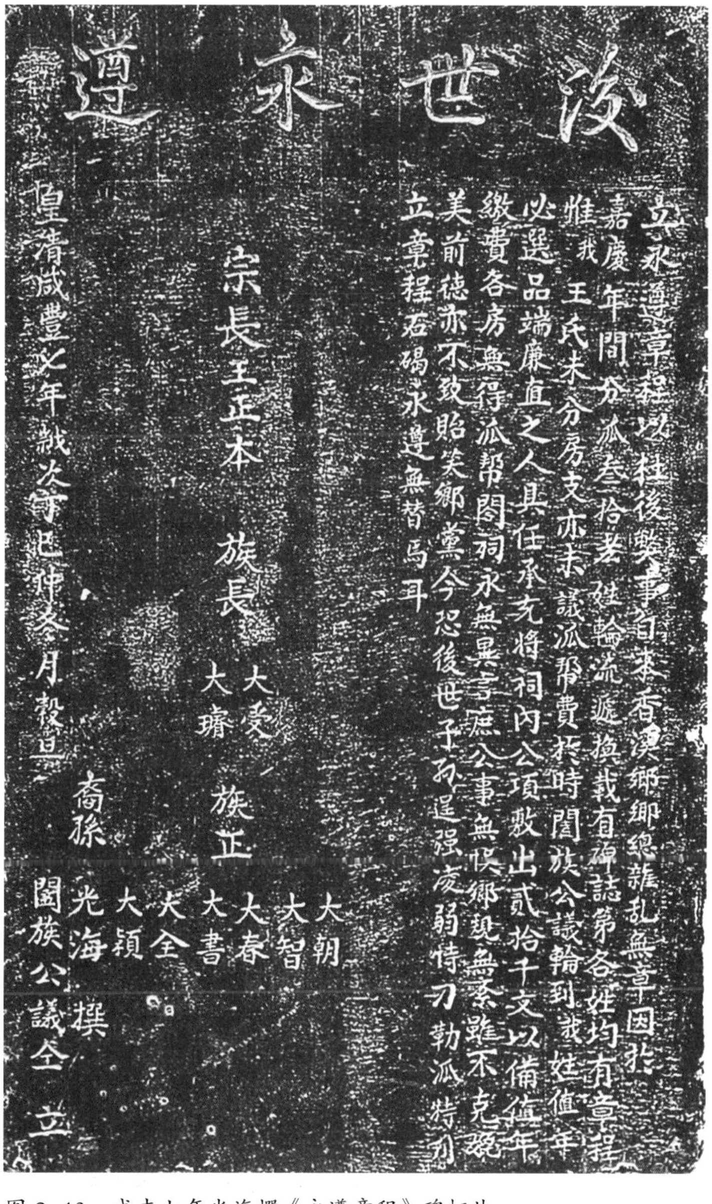

图 2-13　咸丰七年光海撰《永遵章程》碑拓片（引自《三峡湖北段沿江石刻》）

① 应为“欤”。
② 今通行字作“兴”。
③ 应为“祠”，下同。
④ “王正群”“王正儒”两者在“领修”下并列。
⑤ “正方”“正荣”两者在“兼修”下并列。

鄉，鄉總雜亂無章，因於嘉慶年間，分派叁拾老[①]姓，輪流遞換，載有碑誌。第各姓均有章程。惟我王氏未分房支，亦未議派帮費。於時闔族公議，輪到我姓值年，必選品端廉直之人，具任承充。將祠內公項敷出貳拾千文，以備值年繳費。各房無得派帮，閤祠永無異言，庶公事無誤，鄉規無紊，雖不克媲美前德，亦不致貽笑鄉黨。今恐後世子孙逞強淩弱，恃刁勒派，特刊立章程石碣，永遵無替焉耳!

宗长王正本 族長大受大璿[②] 族正大朝大智大春大書大全大穎[③]

裔孫 光海 撰

皇清咸豐七年歲次丁巳仲冬月穀旦 闔族公議仝 立

2.12 小青滩民国三年立筹办盂兰会[④]功德碑

碑额：右至左横排。楷书阴刻“永垂不朽”4字。

碑记：右至左竖排。楷书阴刻。全文如下：

蓋聞凡事豫則立，不豫則廢。況我小青灘中，人氏雖然甚繁，而樂於從公者少，即如值年湊商盂蘭勝會，合境首人，不知 凢[⑤]勞心力，凢費唇舌，沿門募化貲財，方能補幽冥孤魂之用。今春則各費慈悲之心，普施愷惻之念，情願多助銅幣作為存款，以免每歲孟秋，寫則甚易，收□則甚難之故耳，是以為序。……

民國三民國三年甲寅歲十□□吉日

2.13 江渎庙祭祀镇江大王[⑥]协议碑

右至左竖排。楷书阴刻。全文如下：

蓋聞神所憑者惟德，人所憑者惟心。欸[⑦]求神會之豐隆，端由人力之振興。如我南岸鎮江大王之享祀匪伊朝夕矣！但多歷年所，日久難免或替。是以衆善等各捐貲二千生息。每年十人一會，挨班慶祝，勿得推諉。由是神人共歡，歷久勿替矣！是為引。

鄭德 鄭國[⑧]蔡柄 蔡有 陶世大 蔡杞 鄭之華 鄭長茂 陳學清 鄭在天 郭宗文 蔡應桂 鄭长春 鄭家

---

① 今通行字作“老”。
② “大受”“大璿”两者在“族長”下并列。
③ “大朝”“大智”“大春”“大書”“大全”“大穎”六者在“族正”下并列。
④ 盂兰会，农历七月初七，是古人祭祀祖先的日子，也是佛教徒追念在天之灵的祭日。又称“盂兰盆会”或“盂兰盆斋”。
⑤ 今通行字作“几”，下同。
⑥ 管水上安全之神。
⑦ 今通行字作“欲”。
⑧《三峡湖北段沿江石刻》中“國”释为“華”。

祥 熊光臨 陳大貴 鄭在津 鄭永逸 鄭先樹 鄭永和 余清 向文秀 陳大春 鄭廷訓 曹成宣 黃宗榮 杜玉明 曹文大 陳學樹 陳才 鄭在訓 黃舉 鄭以林 鄭在班 熊全諒 鄭以興 鄭廷高 郭宗德 皮大全 鄭家福 杜廷拔 鄭永祥 熊光義 鄭永光 熊大相 皮應科 熊□貴 鄭嗣恒 熊大章 熊光映 熊光順 熊光福 熊大乾 鄭嗣德 杜華廷 郭全義 熊祭昌 向永榮 何富 熊大孝 汪學國 江玉珩 鄭永元 熊全福 鄭永敦

2.14 泄滩镇道光六年宜昌府归州正堂谢告示碑

碑额：右至左横排。楷书阳刻“永垂千古”4字，4字各刻于委角方框内。

碑记：右至左竖排。楷书阴刻（图2-14）。全文如下：

署湖北宜昌府歸州正堂加五級紀錄十次謝為給示勒石曉諭，永遠遵行事。照得州属烏石、叱角子、抬盤子、碎石灘以及鷂鸚大嘴、三嘴、竿篷子等灘，水急浪湧，兩岸縴路陡險難行。道光四年二月前任陳奉督部堂李扎諭，招募打鑿烏石等灘，以利舟行。隨摅[1]漢陽縣職員李凌漢，徃[2]來川江，目擊情形具禀，獨力承認。即於是年三月二十二日興工，將著名各灘改逆為順，鑿險為平，並培修叱角子、竿篷子縴路。至道光六年三月工竣，請示勒石。查該職員前在牛口、洩灘、四季壋、蓮花灘、八斗官漕、雷鳴洞、白洞子諸灘以及洩灘、牛口縴路，均已修理平坦。今復樂善不倦，修鑿各灘，並往來縴路，計工幾至千餘日，計費不下數萬金，皆係獨力捐修，毫不分派科歛[3]，洵属慷慨好施，為人之所不能為，本署州實深嘉尚。第恐無知之輩，在於縴路搭盖窩棚；取漁之人，在於灘次堆砌漁坊，以致有碍舟行；又恐地痞把持灘口，包攬縴夫，勒索重價，仍復為害商旅。合行給示，勒石曉諭。為此示仰各灘諸色人等知悉，嗣後搭蓋窩棚，堆砌漁坊，必須在於毋碍舟行

图2-14 泄滩镇道光六年宜昌府归州正堂谢告示碑拓片

（引自《三峡湖北段沿江石刻》）

① 今通行字作“据”。《三峡湖北段沿江石刻》中多释“摅”。

② 今通行字作“往”，下同。

③ 今通行字作“敛”。

處所。倘敢故違，許商民船户指明赴 州具稟，以憑嚴挐[①]究懲，決不寬貸，各宜凜遵毋違。特示。

右仰通知

道光六年三月　日立

告示實勒窑灣曉諭

2.15　小厶古沱民国十四年知事公署立告示方碑

四面均刻有文字。右至左竖排。楷书阴刻。内容如下：

▼ 2.15.1　第一面

秭歸縣知事公署 為出示曉諭事案據前歸鄉 周繼庚

周继國□直卿周配三王克全鄭春昌王必任宗光友周继瓚王稱為公懇賞示立案以杜混□而垂久遠事前歸仁鄉□任八民

半在江南半在江北以及往來行人每為長江间隔所累曾經先輩在於楊家沱地方設渡船一支以利行人其有划夫辛酬以遠近有論

近處人民出糧食二升遠者人民出糧食一升□迄今二百餘年毫無怨言世世尊守無異不料民國辛酉年反正後，渡船廢弛，往來行

人親受無限影響真擢髮難數茲绅等仍踐先辈□□善舉將楊家沱渡船成立划夫業已招齊辛酬一節，仍然率□□然事雖已

就緒深恐良莠不齊難免不無阻擾，□事無恐划夫遇有異鄉人氏任意需索亦未可知倘划夫等心願辭退務將渡船交還绅等亦得隨

意而去立法顧密無□均憲佈告告誡終屬惘然是以公懇作主賞准發給佈告粘貼週知以全善𥘵[②]實為公便等情據此除准予立案

並批示外為此示諭仰該划夫等一体知悉，該绅董等恢復渡船，便利行人□屬義舉，毋得藉□阻擾，有礙公益，倘敢故違一經報告定當究辦

決不姑寬此示

中華民國十四年三月十二日 知事李儀傑

告示 實貼楊家沱 曉 諭

▼ 2.15.2　第二面

立自洩灘以上七里石山以下八里由王家碼頭熊家渡□者自

① 今通行字作“拿”。
② 今通行字作“举”。

一好船交付 板主后日仍照將好船交出　宋鴻愷

前清至民國大約弍佰餘年每日令人推渡無停息□就

一不在剗水之内者听其自便進則不出剗水任其板主宋洪善周繼香

近秋麥二季每年每戶各出二升遠則每年每户秋季各自取

出一升以作招招舟子之公食至民國辛酉年□有不出

一小船户只准上牛口下洩灘沙鎮溪不准過横河

剗水者船應渡□往來家周常有迷津之歎四境樂善

一渡船只准過横河不准上牛□下洩灘沙鎮溪

君子心願捐此資船複渡公食仍照舊一□□歸渡船

章以齊引人雖江水泱泱□遠近人等鹹稱方便其或

一口推逐年更遽

問津者不必問津以歎涯者自有涯□是為序

一未出船資者任其板主自取

一船已離岸胡來洋船恐防礙事未上船者不准言辱板主

一裝牛過四佰豬子壹佰羊子五十文

▼ 2.15.3　第三面

王宗剛四千 周祖召三千 王必生二千 周继興二千 周继祥二千 宋祖恒出項[①]二千 汪永賛 汪長興各二千 周继國一千五百 鄭继遠 鄭继遂共十千 周继珍出項十千 宋光友募化 陳光玻九千文 宋洪玻二千

周祖同 周祖丙 周継瓚 周継昌 周継愷 周継富 周継洪 周継雲 周継宣 周 大寶 周大生 周大明 劉[亾]全 殷兆祥 殷光兆 殷光德 殷光首 殷光林 殷光宣 殷習王 殷昌丙各一串

爈印舅 周继恒一千 宋文壽 周继奎八千 周祖良六千 宋光友六千 宋克俊 六千 王必全六千 王克順五千 王必達 王宗明 王宗齊 王克鈞 王必用各五佰 王必祖 王必先 王必甲 五必清 王必義 王必魁各四佰

周继全 周继唐 周继保 周继玉 周继容 周继中 周继達 周继全 周继遠 周继先 周继德 周继文 周继恒 周继庚 周继恒 周继佩 周继一 周继南 周继成 周继丙各四佰文

周继丙 周继愷 周继雲 周大任 馬成告 杜成興 殷廷綱各四佰 宋大未 周光見 周祖□ 周祖任 熊光前 熊明清各伍佰 何明洪 何明愷 周祖□ 周祖林 周祖遠 周祖六 周祖庚 周祖之各四佰

周祖銀 周祖安 周祖恒 周祖全 周祖典 周祖桂 周祖子 周祖艾 周祖祥 周继香 周祖盛 周宗純

---

① "出項"二字并排，下同。

周必任 王必海 王必倫 王必烈 王宗直 王克召 王克廣各 四佰

王昌全 王昌興 周大雲 周大安 周立生 汪永德各四佰 周继□ 周继怌 周继雲 周继元 周继俊 周继文 周宗竇 周宗富各二佰 周宗全 周宗雲 周宗國 周 宗邦 周光芹 周继雲一佰

汪继相 汪继□ 汪继富 汪继永 汪继茂 汪继成 江上州 韓□明 陳興武 宋文盛 周继愷 周继興 周继恒 周继明 周继善 周继俊 周大地 周大紅 商長國 鄭銀昌 鄭邦國各二佰

▼ 2.15.4　第四面

善功永辦前人王克全周祖典[1]各一串文

永 垂 不 朽

收入錢壹佰壹拾玖串文

出付買船碑錢零用壹佰壹拾玖串文

2.16　冀家湾道光十五年冀国陛立卖基地产业文约碑

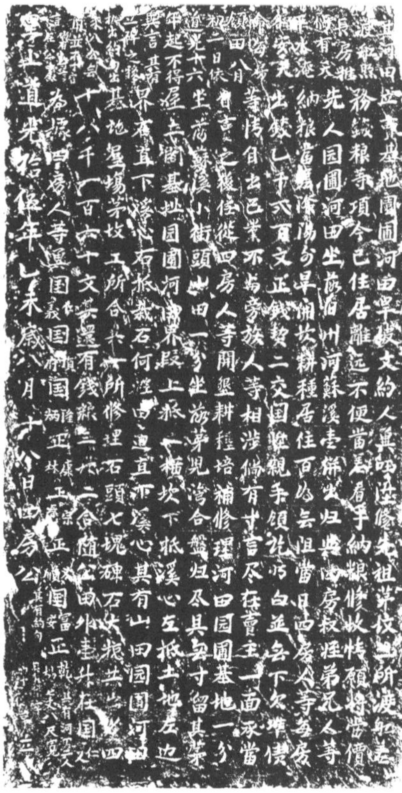
图 2–15　冀国陛立卖基地产业文约碑拓片（引自《三峡湖北段沿江石刻》）

右至左竖排。楷书阴刻（图 2–15）。全文如下：

立賣基地、园圃、河田、旱坡，文約人兾[2]㖞[3]陞，修先祖茅坟二所，渡舡差務錢粮等項，今已住居離远，不便當差看乎[4]，納粮，修坟。情願將當價先人园圃、河田，坐落旧州河蘇溪，壹併出归與四房叔侄弟兄人等，納粮當差，陰陽水旱，闸坎[5]耕種，居住，百為無阻。當日四房人等，每房出錢乙千弍百文正，錢契二交，國陞親手領讫明白，並無下欠、準債等情。自出已業，不与旁族人等相涉。倘有寸言，尽在賣主一面承當。自賣之後，任從四房人等開墾耕種，培補修理。河田园圃基地一分，坐落蘇溪小街頭，山田一分，坐落茅兒湾合盤归尽，具無寸留。其茅屋二间，基址、园圃河田界段，上抵一横坎，下抵溪心，左抵土地左边界，右直下溪心，右抵栽石何姓田边。直下溪心。其有山田、园圃、河田、基地、屋塲、茅坟二所，合共六所，修理

① “王克全”“周祖典”二者并排。
② 今通行字作“冀”。
③ 今通行字作“国”。
④ 应为“护”字。
⑤ 应为“垦”字。

石頭七塊碑石，大捴共出□四十八千一百六十文。其還有錢粮三升二合，随公田外□壹升在，国仁、国义[1]為據。四房人等龔[2]国仁、国義、国□、国府、国隆、国炳[3]、正康、正林、正宗、正春、正義、正順[4]、国富、国安[5]、正乾、正楊[6]。其有河田二人。七丈八尺寬。其有約句其□□字、□□□堂

皇上道光拾伍年乙未歲八月十八日四房公立

碑上部小字右至左竖排。内容为：

其河田、渡舡[7]，照長房推，倘有天干[8]水淹，各安天命。每房領田八月初二日依道光十六年起不得異言，其有立碑之後抌[9]出約句[10]出來，八公無用，並不十[11]言，倘有寸言，言在公中□。[12]

2.17　江渎庙同治二年宜昌府归州正堂福为出示晓喻以禁刁风告示碑

碑额：右至左横排。楷书阴刻“永垂不朽”4字。

碑记：右至左竖排。楷书阴刻。内容如下：

欽賜花翎署宜昌府歸州正堂加二級紀錄十二次福 為出示曉諭以禁

刁風事查例載刁悍之徒藉命打搶者照白晝搶奪例擬罪仍□搶毁物件還主又白晝搶□人財

物者不計贓杖一百徒三年贓至八十以上加窃盜罪二等罪□杖一百流三千里一百二十兩

以上者擬絞監候□誣告人死罪已决者反坐以死未决者杖一百流三千里加徒役三年又□索

私和者按照服制分别徒流各等語功令何等森嚴小民應知法守兹據南北岸士民熊光前

杜洪德柳錦春蔡宗玉熊大襄鄭元禄鄭世培鄭大梅鄉保杜名祥鄭師範稟稱情生□□北□岸

人煙重矣民有□類每有愚夫愚婦或因家務口角翁姑教戒或因索債無償眶眥微嫌等類□投

環投河□抹項服毒短見輕生以致親属藉命居奇動輙率領男婦多人勒逼籌棺重索□齊□不遂

遂慾□□□無稽重情構訴公庭被害之家大□拖累亡身小則傾家破産此等風習每年層見□

□□□□□□是以公議如有前項舍生圖害許被害之家投鳴鄉鄰□□眼□親屬看明□□别□

□給一二串錢棺木一付山紙五六塊經齋一日隨同安埋等情□請出示前來□批示查借命打

① “仁”“义”二字并排于“国”下。
② 今通行字作“冀”。
③ “仁”“義”“□”“府”“隆”“炳”六字并排于“国”下。
④ “康”“林”“宗”“春”“義”“顺”六字并排于“正”下。
⑤ “富”“安”二字并排于“国”下。
⑥ “乾”“楊”二字并排于“正”下。
⑦ 同“船”。
⑧ 应为“旱”。
⑨ 应为“执”。
⑩ 应为“据”。
⑪ 应为“食”。
⑫ 这段文字可能是买主冀家“四房叔侄弟兄人等”订立的协议。

搶圖詐誣告例禁甚嚴乃州屬地方遇有自盡命案無不恃系屍親視為奇貨，或借命打搶□□□
錢財稍有不遂欲轍以身死不明捏報傷□誣告拖累迨經驗子□非視避不到即□□上控□□遂
慾而後已此□□習實堪痛恨若不懲一儆百何以安良善而靖□風兹據呈□請示禁應不難行□
自盡命案例應報官驗明訊詳如果寔無別故不忍屍身暴露亦應□□户族□□□請屍驗□取
供結立案據稱該生等公議許被害之家投鳴鄉鄰紳耆眼間親屬者明義給棺木，□□□□□□
隨同安埋等語核與定例不符且恐刁詐之徒事後捏控轉致無事拖累候即照例□□□□□遇
有此等命案務須俟報官驗明後再照該生等所議□理以杜嚚□□合行出示曉諭為□□□軍
民保甲人等知悉嗣後遇有前項自盡命案毋論有無因傷致死別故均需一面投鳴保鄰照例報
官驗辦一面信知死者親屬看明伺候相驗□□累私和私埋□□刑章如果是無冤□不忍屍身
暴露許死者親屬出具□寔甘結呈請□驗照紳耆議定章程給予棺木□□經□□候訊□□□
以杜訟端至於親屬人等應知死者□由自作□人無尤勿再藉命居奇或□眾打搶或□□□□
任意凌辱或圖得錢財私□漁利或□詐□逐□以身死不□混□傷□□□拖累倘敢不遵一經
諧驗無傷□出寔情定即□□坐誣決不姑□其各□遵勿違特示　右仰通知
大清天下同治二年十一月初五日　立

2.18　江渎庙同治四年宜昌府归州正堂余告示碑

右至左竖排。楷书阴刻。全文如下：

同知銜署宜昌府歸州正堂加三級紀錄三次隨帶加一級余　為

請示勒石事。案拠[1]南岸鄉□下首士鄭永曦等稟稱情生曦等前因公田與张學源等互控，荷蒙斷令源等劈補生蟻等河下錢壹百貳拾串，以後鄉河各設保正一役，無論何項公事，各認一年，均具遵甘，各結在案。源等將錢呈繳生蟻，業經具領，其有生蟻河下地界：上至小新灘，下至風吹嶺、和尚岩，前齊河心，後齊岩根，生蟻思維誠恐日久變更，仍相爭執。是以公懇賞示勒石，以垂久遠，等情前來合行出示曉諭。為此示仰閤鄉諸色人等知悉：以後鄉河各設保正一人，遇有差事，即照各半分應，所有河下地段，以上至小新灘，下至風吹嶺、和尚岩，前齊河心，後齊岩根為界。公同扞踏。其錢應如何置業生息之法一並會議，刊立碑石，永遠遵行毋違。特示

同治四年九月三十日　右仰通知[2]

告示　南岸鄉曉諭

① 今通行字作“据”。
② 此四字略大。

2.19　江渎庙同治六年宜昌府归州正堂奎告示碑

右至左竖排。楷书阴刻。全文如下：

加道同銜湖北宜昌府歸州正堂加十級紀錄十次奎為[①]出示曉諭事

據南岸鄉貢生熊光前，戢員熊大襄，監生鄭世培、鄭永西、陳昌門，生員熊楚材、鄭昌義、鄭昌前，民向王書、鄭金治、柳長泰、陳昌科稟稱：缘南岸鄉每年應辦餉鞘馬草一切差務，歷年遵辦。惟本鄉鄉規，向分一傍大江者為河下，居山林者為鄉里。如遇前項□□河鄉同辦資費品，出原積有存项。近来差務浩繁，積款用盡，一經有□承辦之鄉保□□措手，職生等亦無力墊用，受累非輕，借張貸李，無款酬還。徃徃[②]□□不清，致生别□，□非辦公之道。職生等籌畫再四，思一以公辦公之舉，方致無□，爰集河下紳商□□□公所地方同議：如逢本鄉河下居民置買本鄉田産房屋，以及置買别處田産房屋，□價值每百千錢抽取厘錢壹千文。公同議派殷實老誠之人掌管生息，輪流更替庄□辦差之時，取錢付鄉保办理。此系公議，永定鄉規，恐人户□兄尚有未在場者不能□一抽取，且日久而廢弛，將来保無誤差，是以公懇賞示刊石，俾未知者得知，後世亦得永遠遵□等□。前来除批示，據稟已□該貢生等仍隨時秉公妥為經□可也。□合行出示曉諭，為此示。仰南岸居民人等知悉，嗣後如遇本鄉置買本鄉田産房屋以及置買别鄉田産房宇，即照該貢生等公議章程，抽取厘錢以公辦公，以免貽誤。該鄉士庻[③]人等□不准故為推諉，而經理首士亦不得藉端苛派，其各遵照毋違。特示[④]

右仰通知[⑤]

同治六年十月十六日

告示　南岸河下曉諭[⑥]

2.20　江渎庙同治十三年代理宜昌府归州正堂杨告示碑

右至左竖排。楷书阴刻。全文如下：

代理宜昌府歸州正堂加三級紀録五次楊為再行示諭，永定章程，以垂久遠事。案據南岸鄉貢生熊光前，戢[⑦]員熊大襄、監生鄭世培、鄭永西，生員熊楚材、鄭昌義、鄭昌前等於同治六年間赴奎

① 此字略大。
② 今通行字作“往”。
③ 今通行字作“庶”。
④ 此二字略大。
⑤ 此四字略大。
⑥ 此行字略大。
⑦《三峡湖北段沿江石刻》多释“職”字。

前州稟稱，每年應辦餉鞘馬草一切差務，公議於置買本鄉及別處田産房屋，按價值每百串抽取厘錢一千文以資办公。同泒殷實老成之人經管生息，輪流更替，至應差之時，取錢付鄉保办理，公懇出示泐[1]石等情，當經批准，示諭在案。查該鄉紳士籌款辦公章程，極為平允，取之甚廉，自可永垂久遠。遇有差徭，亦不致受累貽悞，誠属善舉可嘉。但事隔數年，訪聞該鄉富户，每於置買田産房屋應出公項錢文，任意慳吝，抗不照章交給，以致章程幾欲廢弛。遇有緊要差使，承辦鄉保憑何办公？除諭飭該鄉首士澈底清查，整頓舊章外，合應出示曉諭，為此示仰該鄉花户人等知悉：嗣後凡有買田之家，限五日内，□將應出厘金錢文如數送交首士收存，公泒殷實老成之人掌管，分半生息，按年輪流更替。富户應管者固不准藉端推諉，而寒微力薄者亦不准覬覦觀望，致生虧[2]塌之弊。每於年終公同清算帳目，共收若干，共用、共存若干，均須核算清楚，交替接管之人，經理開具清單□貼周知，[3]以免混淆。自示之後，倘有不□□不仁之户，仍前違示抗公。或以多報少，或穩匿不報，許該保正會同首士查實，指名赴州究辦決不寬貸，慎勿自貽後悔，其□□□逾毋違。特示

同治十三年九月二十六日南岸河下曉諭　衆首士　仝立

2.21　江渎庙光绪二十一年郑□氏立永卖旱田文约碑

右至左竖排。楷书阴刻。全文如下：

立永賣旱田文約人鄭□氏□□躬□萬□……今有祖遺兮官旱□□勿丸澤壹間，茅屋壹間，隨粮肆合，坐落北岸鄉大溪内，小地名羊□子。因□勿乏本，無處設便，母子弟兄□商議，情願請憑中証□遺澤等在□説合將此旱田並山林、樹□器等項，出賣與南岸外鄉□裕公□□□□業。當日□面議□□實價錢壹佰弍拾串文。正彼時錢約兩交，□手領□□無下欠。□有□□□字俱在賣主□□承管，不與買主相涉。□係□賣巴加，不與房族等相干，亦無逼勒准債情由。買賣之後，任憑□上，永遠管業推□□□百□無阻。今恐人心不古，□立文約一紙付與南岸鄉會人執掌為憑……其有四界，上抵王□□□，下抵大溪心，左□鄭萬□小溝，直下大石□，右抵獅子岩直上王姓岩边□下溪心為界。具有□天塚□後，左□□ 除三尺。

永遠管業[4]

憑中人[5] 陳道澤陳國治[6]

① 今通行字作“泐”。
② 今通行字作“亏”。
③ 此后字略小。
④ “永遠”“管業”并列。
⑤ 此三字略大。
⑥ “陳道澤”“陳國治”二者并列。

代筆人[①] □永熾

光绪□拾一年冬月十六日□譚□□□萬旭，萬培、萬靖[②]，孫年華芝　仝立

2.22 郑氏宗祠道光六年立置买田地文契越碑

1. 碑额：右至左横排楷书阴刻“永遠管業”4字。

2. 碑记：右至左竖排。楷书阴刻（图2-16）。全文如下：

今將長生會樂輪輪流生息之貲，本利合一置買水旱田地文契勒石垂久。立永賣文約人張道明、張道遠。今有祖遺水旱田地壹分弍段，坐落建東鄉曲溪甲小地名石峡子，載[③]種壹石弍斗隨粮五升五合。因家缺少費用，情愿請凴中人傅紹統、尚萬，在内說合，出賣與南岸鄉鄭應槐、鄭嗣荣、鄭師亮、鄭銘英、鄭師尹、鄭兆祥、鄭茂貞族人名下，以作宗祠長生會田，當日憑中议定：時值價銀弍伯[④]柒拾陸兩整。彼時道明得受價銀弍伯陸拾兩整，道遠得受價銀拾陸兩整，銀約兩交，二比各領明白，並無準債逼勒情由，其有脱業、画字俱在價内。自賣之後，任從鄭姓族衆子孫永遠管業，陰陽兩便，所為無阻。此係自賣己分，不與户族人等相干。恐人心不古，立掃賣文約為拠[⑤]。當揭老紅契一帋，道明分關一帋，道遠分關不便揭出□。

道遠田四界，上抵尖峯分水嶺，抵杜姓田為界，下抵本田，左抵本田，右抵望姓田為界。道明四界

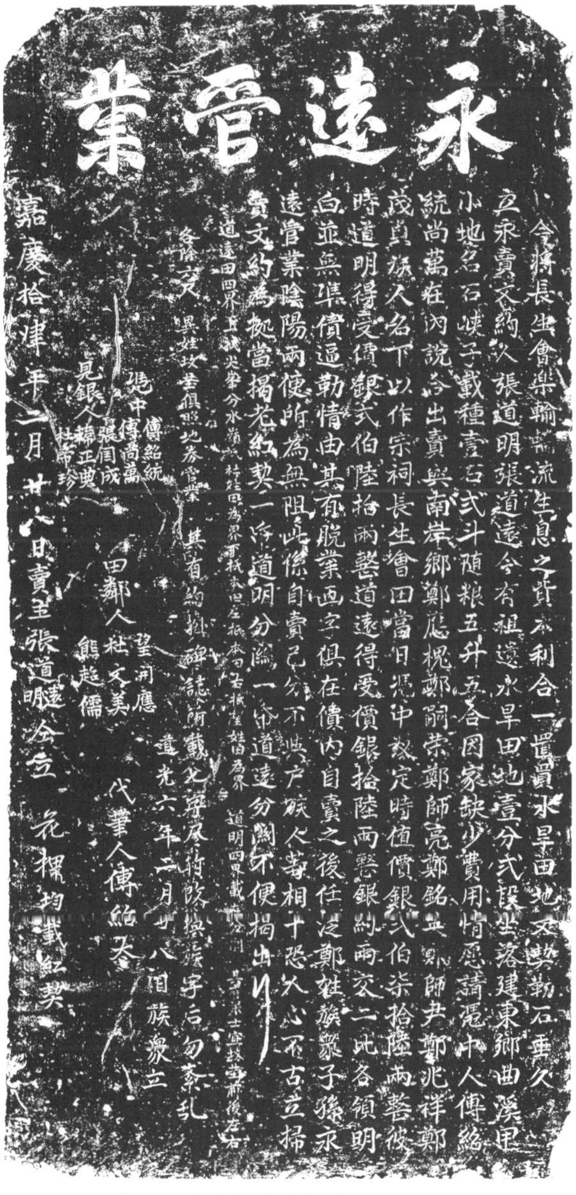

图2-16　置买田地文契越碑拓片
（引自《三峡湖北段沿江石刻》）

① 此三字略大。
② “培”“靖”二字在“萬”下并列。
③ 应为“栽”字。
④ 应为“佰”字，下同。
⑤ 今通行字作“据”。

載在分關，其有張士宜坟茔前後左右各除六尺，異姓坟茔，俱照地券管業。①

其有約據碑誌所載七字，尽行改換族字，后勿紊亂。

道光六年二月廿八日族眾立

澋中傳紹統、傳尚萬②，田鄰人望開應、杜文美、熊超儒③，代筆人傳紹太

見銀人張国成、韓正典、杜帝珍④

嘉慶拾肆年二月廿八日賣主張道遠、張道明⑤仝立花押均載紅契

2.23　乾隆庚寅李拔题七言绝句题刻

右至左排 7 行。1—4 行为大字，满行 8 字，字距 2 厘米、字径 8 厘米、字深 0.5 厘米。楷兼行，阴刻；5—7 行为小字，字径 4.5 厘米。第 5 行为年号，6—7 行为落款，楷书阴刻（图 2–17）。内容如下：

萬石艅艎一線牽同

聲欵乃韵悠然泝流

直上三千尺簫鼓

鼕鼕盡日填

乾隆庚寅嘉平

荆南觀察使者西蜀李拔峩峯

氏率属同修江工題書

图 2–17　乾隆庚寅李拔题七言绝句题刻拓片
（引自《三峡湖北段沿江石刻》）

2.24　新滩镇民国十三年聂忠文题北岸上滩鱼坊题刻

右至左竖排 8 行，共 41 字。楷兼隶，阴刻。内容如下：

北岸

上滩魚䃮自打

滩後数年以來

各處磄口均是

① “道遠”至“管業”字略小。
② “傳紹統”“傳尚萬”二者在“澋中”下并列。
③ “望開應”“杜文美”“熊超儒”三者在“田鄰人”下并列。
④ “張国成”“韓正典”“杜帝珍”三者在“見銀人”下并列。
⑤ “遠”“明”二字在“張道”下并列。

聶忠文字炳章經手

修造

民國拾三年甲子歲

孟春月立

2.25　新滩镇民国二十年聂炳章刊建筑渔坊漕口记事题刻

由右至左竖排 27 行。楷兼隶，阴刻，内容如下：

聶忠文字炳章建築漕口之經過

炳章自光緒十五年乙丑修

猫子石起歷廿餘年累崩累

建倫當艰辛迨打滩以後漁

坊便成石墟炳章思捕魚為

漁户之生活更為國家之正

税若無漕口既不能生活更

不能完國稞矣因此放棄一

切專心建築民國以來又廿

年始建成此永久衣食之基

以数十餘年之心血盡嘔於

此兹特镌於石望我捕魚大

衆保此國稞實炳章之厚望

民國二十年四月聂炳章刊

修坊工　姓除

上所云者炳章不過表示

歷来建築漕口所費心力

究係為擴充公共生活起

見故関於坊務需用皆賴

衆坊友捐資嗣後深望諸

坊友内則化出私見同遵

坊規外則衆志成城共禦

狂瀾庶幾我辈生活可久

外界壓迫易殲是則炳章

幸甚衆坊友亦幸甚用特

再誌数言以期永垂不忘

云爾 聶炳章再撰

第三章　巴　东

3.1　光绪五年朱滋泽题《登巴山秋风亭望寇莱公[1]遗迹》七言律诗碑

右至左竖排 6 行。楷兼行，阴刻（图 3–1）。内容如下：

百丈巴峯倚絳霄高瞻白帝霽

虹銷雷霆擊峽江奔走雲雨空山

夢寂寥尚有亭林蟠石嶺曾無鎖

鑰海門潮秋風暗度霜鐘冷疑似

澶淵鼓角驕[2]

题跋为“大清光緒五年秋七月崇慶[3]朱滋澤題并書”。

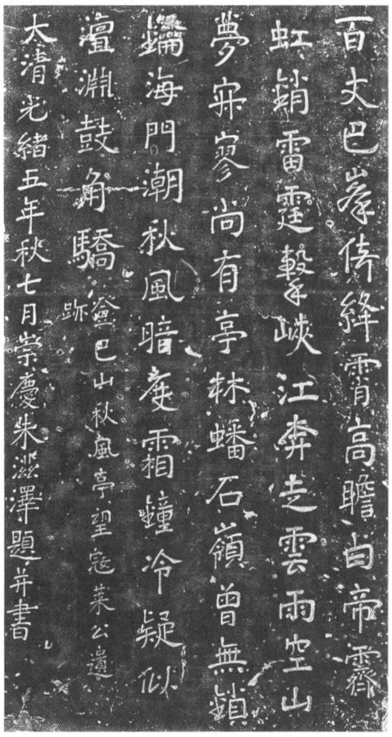

图 3–1　光绪五年朱滋泽题《登巴山秋风亭望寇莱公遗迹》七言律诗碑拓片（引自《三峡湖北段沿江石刻》）

3.2　链子溪石刻

▼ 3.2.1　康熙十一年题记（编号 1）

整幅高 0.47 米、总宽 0.57 米。右至左竖排 4 行。字高 8 厘米、字宽 7 厘米。隶书阴刻（图 3–2）。内容如下：

---

① 寇莱公，寇准（961—1023），字平仲，华州下邽（今陕西渭南）人。北宋政治家、诗人。太平兴国五年（980）进士，授大理评事，次年外放任归州巴东知县。《宋史・寇准传》载其在任期间“每期会赋役，未尝辄出符移，唯具乡里姓名揭县门，百姓莫敢后期”。因其清廉勤政，劝农稼穑，使巴东县成为“无旷土、无游民”之地，得名“寇巴东”。寇准还在衙门庭前亲手植下双柏，后人谓之“莱公柏”，今已不存。寇准博学多才，他在老县城，今东瀼口镇旧县坪后的山岗上建造了“秋风”“白云”二亭，常常与一些文朋诗友登亭赋诗，抒发豪情。这些诗，后来编成了《巴东集》（《寇忠愍公诗集》），留存诗作 125 首。

② 后刻“登巴山秋風亭望寇萊公遺跡”12 小字。

③ 崇庆，南宋绍兴十四年（1144）以高宗潜藩，升蜀州为崇庆军，淳熙四年（1177）升为崇庆府，治晋源县（今四川崇州市）。辖境约当今四川省崇州市和新津县地。属成都府路。元至元十二年（1275）改为崇庆路。元至元十二年（1275）改崇庆府置。治所在晋原县（今四川崇州市）。辖境相当今四川崇州市、新津县地。二十年（1283）改为崇庆州。明洪武四年（1371）废晋原县入州，属成都府。清代不领县。1913 年改置崇庆县。1994 年改设崇州市（成都下辖地级市）。

夔州府正堂熊

康熙十一年

二月十五

修造

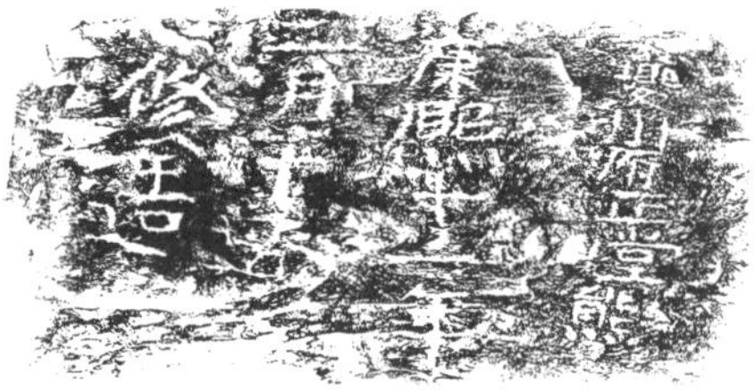

图 3-2　康熙十一年题记拓片
（引自《三峡湖北段沿江石刻》）

▼ 3.2.2　乾隆庚寅题记（编号 2）

整幅高 0.75 米、总宽 0.55 米。右至左竖排 3 行。字径 7 厘米。楷书阴刻（图 3-3）。内容如下：

荆南觀察使者西蜀李拔

峩峯氏率属重修

乾隆庚寅嘉平年

图 3-3　乾隆庚寅题记拓片
（引自《三峡湖北段沿江石刻》）

3.3　乾隆五年吴云客撰《济川桥》碑

1. 碑额：右至左横排，楷书双线钩“濟川橋”3 字。

2. 碑记：右至左竖排。楷书阴刻（图 3-4）。全文如下：

徒杠輿梁，實王政之要；興癈舉墜，亦人事之難。予以邑小事繁，公務匆冗。亦聞之濟川桥之廢，冀其必有興之者。適有紳衿葉升陽、宋宗元以廩生田國亮、字寅工者，毅然獨任捐囊興理，誠義舉也。但予思此橋上通川蜀，下接荆襄，且深溝渠壑，峭壁巉巖，而工程浩大，資費莫窮，立是願者，不知幾經營度，幾費思維，經年累月而後能落成也。亦何幸而心堅志篤，工力匠民不日成 之，而來相告復也耶。余樂與為善，口呫一絶以顔之曰：山谷崎嶇客路遥，途中恐遇津梁凋，幸逢修葺欣然任，瘦馬無聲重過橋。吟商旅得安然徃[①]來者，非田國亮修治之功乎？予賛其功，記其事，以垂功烈於不休云。

蒲圻縣龔朋臣、刘友文[②]，平正熊介圭

湖廣宜昌府巴東縣正堂加一級紀録四次吳雲客敬撰[③]

皇清乾隆五年庚申歲仲夏月吉日重修。生員田國亮、田國植[④]，子元治、元洙、元澤[⑤]，侄元淮、元洵、元浚[⑥]建。

① 今通行字作“往”。
② “龔朋臣”“刘友文”二者并列。
③ 其后有印二方。
④ “亮”“植”二字并列于“田國”二字之下。
⑤ “治”“洙”“澤”三字并列于“子元”二字之下。
⑥ “淮”“洵”“浚”三字并列于“侄元”二字之下。

图 3–4 乾隆五年吴云客撰《济川桥》碑拓片
（引自《三峡湖北段沿江石刻》）

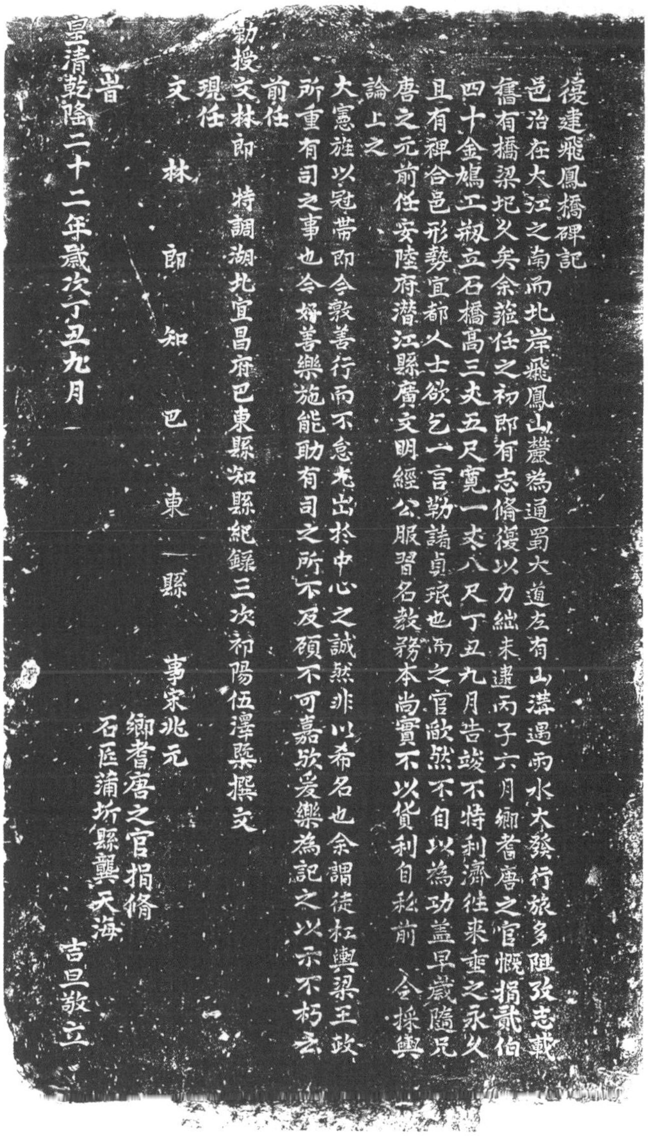

復建飛鳳橋碑記
邑治在大江之南而北岸飛鳳山麓爲通蜀大道左有山溝遇雨水大發行旅多阻攷志載
舊有橋梁圮久矣余莅任之初即有志脩復以力絀未逮丙子六月鄉耆唐之官慨捐貳伯
四十金鳩工剏立石橋高三丈五尺寬一丈八尺丁丑九月告竣不特利濟往來垂之永久
且有裨合邑形勢宜都人士欲乞一言勒諸貞珉也而之官歉然不自以爲功蓋早歲隨兄
唐之元前任安陸府潛江縣廣文明經公服習名教務本尚實不以貨利自私前 令操與
論上之
大憲旌以冠帶即今敦善行而不怠者出於中心之誠然非以希名也余謂徒杠輿梁王政
所重有司之事也今好善樂施能助有司之所不及顧不可嘉欤爰樂爲記之以示不朽云
前任
勅授文林郎 特調湖北宜昌府巴東縣知縣紀録三次祁陽伍澤槩撰文
現任
文林郎知巴東縣事宋兆元
鄉耆唐之官捐脩
石匠蒲圻縣龔天海
皇清乾隆二十二年歲次丁丑九月 吉旦敬立

图 3–5 乾隆二十二年立《复建飞凤桥》碑拓片
（引自《三峡湖北段沿江石刻》）

3.4 乾隆二十二年立《复建飞凤桥》碑

碑文右至左竖排。楷书阴 刻（图 3–5）。全文如下：

復建飛鳳橋碑記

邑治在大江之南，而北岸飞鳳山麓为通蜀大道。左有山溝，遇雨水大發，行旅多阻。攷[①]志载：舊有橋梁，圮久矣。余莅任之初，即有志脩復，以力絀未逮。丙子六月鄉耆唐之官慨捐貳伯[②]四十金，

① 今通行字作“考”。
② 应为“佰”。

鳩工刱立。石橋高三丈五尺，寬一丈八尺。丁丑九月告竣。不特利濟徃[1]来，垂之永久。且有裨合邑形勢，宜都人士欲乞一言勒諸貞珉也。而之官欿然不自以為功，盖早歲隨兄唐之元前任安陸府潛江縣 廣文明經公，服習名教，務本尚實，不以貨利自私，前令採輿論上之。

大憲旌以冠帶，即今敦善行而不怠，尤出於中心之誠，然非以希名也。余謂徒杠輿梁，王政所重，有司之事也。今好善樂施，能助有司之所不及顧，不可嘉欤！爰樂為記之，以示不朽云。

前任勅授文林郎特調湖北宜昌府巴東縣知縣紀録三次祁陽伍澤槩撰文

現任文林郎知巴东縣事宋兆元

鄉耆唐之官捐脩

石匠蒲圻縣龔天海

旹

皇清乾隆二十二年歲次丁丑九月吉旦敬立

3.5 光绪辛卯立《修复无源桥记》碑

碑额：右至左横排，楷书双线钩刻“永垂不朽”4字。

碑记：右至左竖排，楷书阴刻（图 3–6）。全文如下：

修復無源礄記

無源礄在邑治下游二里許，溪流奔決，直下大江溪口，積水成潭，深不可竟。二岸石壁千仞，猿猱絶跡，橋抵崖石作甕而

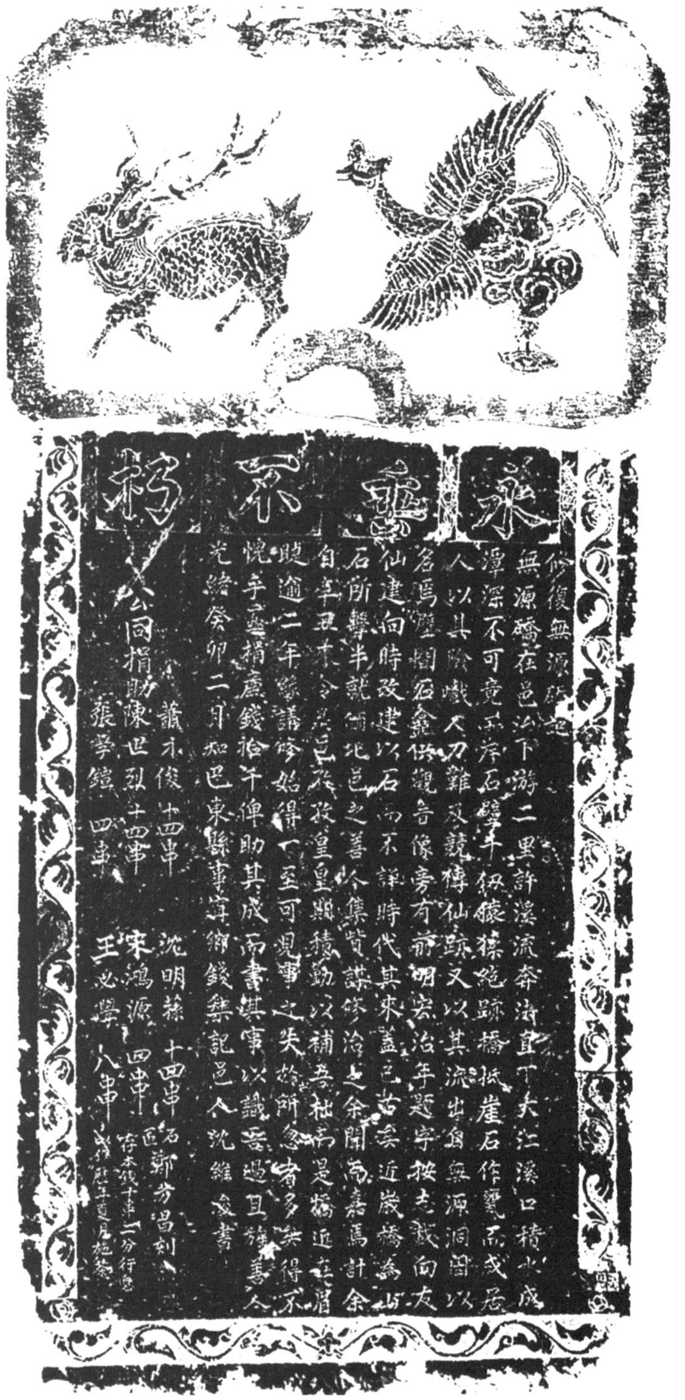

图 3–6　光绪辛卯立《修复无源桥记》碑拓片（引自《三峡湖北段沿江石刻》）

① 今通行字作“往”。

成。居人以其險巇，人力難及，競傳仙跡。又以其流出自無源洞，因以名焉。壁間石龕供觀音像，旁有前明宏治年題字。按志載，向友仙建，向時改建以石而不詳時代，其來蓋已古矣。近歲橋為山石所擊，半就傾圮。邑之善人集貲謀修治之。余聞而嘉焉。計余自辛丑來令是邑，孜孜皇皇，期積勤以補吾拙，而是橋近在眉睫，逾二年，緣議修始得一至，可見事之失於所忽者多矣，得不愧乎！亟捐廉錢拾千，俾助其成。而書其事，以識吾過且旌善人。光緒癸卯二月知巴東縣事甯鄉錢槃記，邑人沈維浚書

公同捐助

蕭才俊 十四串 沈明蓀 十四串

陳世烈 十四串 宋鸿源 四串

張學鍹 四串 王必學 八串

石匠[①] 鄧芳昌刻

存本錢十串二分行息

以作歷年夏月施茶

3.6　道光二十五年立《镇江阁碑记》（四通）

▼ 3.6.1　第一通

1. 碑额：右至左横排。楷书双线钩“鎮江閣碑記”5字。

2. 碑记：右至左竖排。楷书阴刻（图 3-7）。全文如下：

江湖兢脩王爺廟，尚矣！而楠木園，實當大峽之沖，上通巫峽，下接秭歸，山峻水駃。灩澦、油沱、黃牛、白馬爭奇突出，暴怒偃蹇，奔騰而澎湃，其險也若此。其賴王爺之護佑也為尤甚。當先未有廟宇，嘉慶十六年，各船户齊心協力，商仝店家積貯厘金，創脩殿宇，鳩工庀材，闢幽鑿險，越十餘年正殿成而兩廊廂

图 3-7　道光二十五年立《镇江阁碑记》碑序拓片（引自《三峡湖北段沿江石刻》）

① “石匠”二字横排在“鄧芳昌”之前。

房未脩。王爺金身裝，帳帷製，而火神、財神未塑，如是者又有年。苦積厘金，重加脩造，告厥成功。事歷兩朝，人閱幾輩，皆由地方歉仄，生意微末，無多殷實以為之捐貲也。落成之暇時，偕二三僚友徘徊於其間，窃見山之宫，雲之浮，水之澈，湍廻巧獻伎於兹山之下。升高而望，則哀猿之聲與耳謀，層巒之狀與目謀。西連白帝，北達黄陵，銜遠山，呑長江，朝暉夕陰，氣象萬千。洵巴邑之名區，荆楚之大觀也。且名其閣曰鎮江，亦匪徒然巍巍高座，永鎮江關。王爺之靈爽，實式凴焉！以故輪流興販者未遽居奇，而往還順遂，無大艱險。即過去客商，不時停泊，便且易安，無不沾兹沛澤。兹者廟宇雖成，尚未置常住供奉香火，是有創於前而無以善於後，終非萬全之策也。爰刊石立碑，镌載姓字，仰冀同人，無忘初念，募化善士，各助厘金，買置田產，以為常住香火之資。俾得永垂不朽，則我等亦與有榮施焉。

▼ 3.6.2　第二通

右至左竖排。楷书阴刻。全文如下：

廟基向姓公施，其地界：東抵亂石窖直上，南抵塄坎横過，西抵流水溝直上，北抵河心，四界分明外人不得侵佔。

計開厘金規條

一、布疋故衣，每捆厘金錢廿四文；棉花每包錢廿四文；褋货照水力隻數，厘金錢廿四文；川褋貨照水力，每千錢十六文。

一、過江草帽菸葉，每捆厘金錢八文；毛鐵每并[①]錢八文；山貨藥材，每隻厘金錢八文；燒纸每百塊，厘金錢二十文。

一、過江桐油、菜油，每担厘金錢四十文；靛，每包厘金錢六十四文；過江火酒，每百斤錢四十文；腳下火酒，每挑錢二十文。

一、糟坊、麯坊所用粮食及下坡褋粮，每石厘金錢十二文；外客撥各店粮食亦十 二文；過江米與褋粮起坡，每石厘金錢二十文。

一、塩[②]引，每張厘金錢一百六十文；染坊大小布，每百疋錢二十文；牛皮，每捆錢十二文；枯并，每十并錢四文；過客猪，載每隻錢四文。

一、董市宜昌磁器，每隻十二支厘金錢廿四文；糕饼糖箱，每隻錢十二文；過江麯斤，每石錢十文；本街猪，每隻錢十二文。

一、本帮舡[③]隻捐錢弍千四百文，外帮舡裝載捐錢八百文，拖櫓辰撥捐錢四百文，其厘金每千錢十文，□□□每隻錢八文。

① 应为“饼”，下同。
② 今通行字作“盐”。
③ 同“船”。

黄正文 趙代勝 秦萬選 譚應才 胡宗華 周光群 向發忠 黎永宗 張發選 向宗楊 黄文智 曹正位
馮大升 秦於位 藍永鳳 蘆佳貴 周光華 謝孔如 黄培道 向年 譚裕武 向開倫 夏良忠 向朝禮
樊進國 劉文運 王安禮 向鏑礼 石生明 劉自岡 岳世榮 李應元 楊㝎朝 朱升德 夏東□ 向品禮
楊萬選 譚發富 黄士義 向钤礼 譚士順 張大順 陳世位 雷大恆 杜元安 周啟烈 向宗□ 周左堂
譚應科 劉萬後 蔣佳洪 張開舉 藍成璧 周士順 朱正茂 周士血 鄧書應 鄭潘 杜應升 張國文
黄士春 譚年庚 黄世明 吳壽元 鄧付榜 屈湖 黎正官 李裕太 周宏壽 熊正群 王正煥 向曾禮
熊大學 蘇正禮 向智和 張錦純 賀亦朋 何正道 鄧武忠 譚裕泰 王世律 梅位 田永積 梁忠貴
熊美德 李文魁 吳太元 黄萃援 韓佳孔 陳光興 劉文鬥 汪富明 陳恆元 張光珎 向岡榮 蘇正甲
譚發貴 劉□仁 張開科 邵啟明 向官倫 周士海 周啟鳳 黄勝明 叚兆玉 田慶禹 向林遠 徐尚元
洪宗信 萬明德 張明揚 向新禮 羅長順 楊萬福 田繼昌 胡明楊 黄興典 楊榮春 向宗葵 向鈞禮
石用道 毛春茂 蘇連 向容禮 陳贵 馮光友 周士友 張子榮 黄天福 向官祥 趙大忠 劉萬秦
李大倫 李正才 向義斌 黎正良 陳福 郭長興 黎文開 譚有順 戴仁先 謝發榜 樊進朝 蘇正元
熊錫聘 向義福 曾惠和 郭昌林 王宏 宋祖貴 馮玉貴 周天相 譚光泰 劉世萬 潘華 劉萬森
朱乾鳳 石用德 王元相 許元昌 周士道 黄志貴 田慶潘 李大年 覃之華 崔容 石美松 邵于武
向元禮 譚年光 向執禮 江正林 向宗茂 向一成 徐荣龍 顧大燕 楊文葵 李秀東 向銃禮
胡志魁 冯大德 向鎮禮 譚正江 周士福 陳世位 宋大林 傅邦福 鄧全付 何義明 曹大成
朱定松 楊萬年 向錦禮 税啟祥 鄧延發 趙貴權 餘啟龍 鐘大松 鄧全泰 張家訓 周啟全 陳景朋
杜方貴 向文龍 周德文 劉世舉 周啟貴 田永锡 王宗代 梁萬成 朱立正 杜金祖 劉金良 趙富智
熊大順 向文廣 李大用 陳猷勳 周啟福 田永相 田慶玨 李大明 杜金福 李美 譚應元 黄邦□
李□年 熊大祥 李大興 萬明興 周啟傑 陳槐 文一才 馬永和 鄭再□ 朱如章

▼ 3.6.3 第三通

右至左竖排。楷书阴刻。内容如下：

楊大顺、李正芬 周進年 向開贵 谢賜義 陳合兴 張□彬 熊占魁 譚達道 刘道秉 李匀邑 陳□元 □□店 袁尚□

中興店 王光早 樊正倫 杨志遠 冯兴夏 田年豐 崔昌秀 陳天元 張進修 鄒□□ 魏義莫 蘇恒□ 正兴店 楊大文

福□顺 李憲惠 黄條招 譚長仁 周德禄 李端典 黄栢茂 張廷潮 萬國進 王道禄 徐圣端 羅正兴 陳□□ 范正贵

大有店 李元和 童宇文 □和盒 吴應文 熊諸壽 王文龍 慶兴店 徐相元 向本礼 胡文寿 谢純□ 黄正先 田开畴

廣盛店 李士德 天吉店 李季榜 焦明如 鐘正兴 仲一奎 邹鼎□ 王應寿 李士□ 刘荣升 刘永

茂 黄美昌 李品越

楊春槐 李亨豐 泰源店 顺豐店 徐慶早 劉永盛 王世田 李光明 龍乾苾 李大衡 陈代 鄧武□ 美瑞店 冯朝盛

周複㒒 劉世棋 王志億 向緒恩 恒源店 唐垂荣 陳傅道 黄隆兴 郭啟珍 易光礼 厩源茂 熊世富 何一愷 田朝选

永順店 楊永具 李正貴 周德春 张義顺 鄒重申 姜太舉 王国喜 宋致和 李和堯 石文彩 郭明海 張如忠 張學洪

源生店 楊萬林 廖國柱 向士曾 黄宏發 李必貴 徐萬順 雷正富 焦世義 陈今林 集順店 曾世顺 肖□龍 郭元甲

毛大茂 趙有志 蔡以聖 向士充 付大興 康昌荣 田□□ 余三才 郑開永 李文堯 寧豐店 魏明旺 崔吉泰 熊義生

陳淮晏 聶永茂 魏貴武 王振泰 胡明泰 方成舉 黄宏□ 張傅年 王吉斌 沈益泰 王奠邦 李耀曾 □金顺 李大祥

福謙成 慶和店 彭先富 朱子綱 田秀柏 李光德 王繼斌 譚宗紀 鄧逢善 李乾贵 天茂店 馮永金 張天吉 李照朝

裕成鹽 戴恒興 李大槐 鄧永順 新茂店 黄文璠 張萬明 王孔祥 聚泰 唐豐生 敦裕店 康国榜 羅宗坤 陈旭發

大成鹽 振昌店 侯華章 劉□遠 李明珎 陸元 邹德贵 楊国倫 陈元漢 傅学□ 周光蕃 刘吉昌 吴天明 朱国學

義順鹽 恒生店 李學英 吳士勤 黄國興 劉加友 田永坤 郭吉珎 阮應元 張小黄 龔學榜 李和達 贺東元 李大□

景順鹽 章恒和 李學焕 盛恒生 向正堂 田友忠 田慶柏 王□武 謝全禄 邹□成 張定朝 祝洪顺 贺金和 曾□□

裕茂鹽 □隆店 姜英琴 興泰店 德義店 稅應太 张国元 刘宗文 李国鳳 王和兴 李啟華 崔洪毅 石三施 稅應和

屠案 平和店 田三泰 張□順 □廣店 李端奎 邹□楊 田洪茂 蒋茂隆 聚昌 胡锦泰 张光□ 顧同州 祥發店

謙茂店 蘇天盛 □和店 大興店 戴文秀 曹相國 譚国本 譚世魁 张文珎 崔昌□ 陳惟選 曾永和 裴来升 向松茂

祥茂店 謙和店 孫在天 童惟周 李國鳳 王國珍 黄世祥 陳有英 嚴有年 □開和 周本兴 刘萬顺 馬生源 何兴贵

泰和店 萬順店 田永明 胡世祿 王邦德 田永惠 朱望珍 徐年松 德谦店 鄭兆葵 仁和店 尹新道 吳正榮 文定愷

信□隆 乾泰店 焦世龍 陳崇元 李大炳 雙和店 鄧文先 龍澤石 周複年 彭王宗 郭吉清 □如来 李荣芳 張世美

義順正 永興店 侯華桂 李□才 向□傳 劉明興 鄭云齐 姚永兴 屈德遠 刘□炳 □英魁 □景耀 龍元贵 張洪

長髮店 謙順店 戴學秀 黄文榜 桂其芳 張天位 信成店 祝友才 彭先富 王□□ 康□化 郭吉珎 李學金 李昌荣

同泰祥 恒順店 義興店 陳雲言 羅祖朋 周國珍 徐□如 张文珍 康国成 鄭□□ 林士化 郭元太 田庆揚 熊正元

吳信茂 横足店 方忮明 田永紹 張恒泰 張□榮 周天兴 税應海 吴義茂 魏一□ 文兴順 沈茂宜 葉豕文 王發興

泰昌店 德義店 田開裕 盧德昌 石美華 陳文顯 田萬全 張光武 王三益 鄭開荣 肖勝朝 向義□ 陈学乂 孫恺

隆昌店 協和店 侯同仁 葉永林 胡世壽 張世榮 朱何□ 嚴有鹏 江大瑶 向用礼 肖勝宗 李正位 周大珎 文绪倫

楊復盛 祥元店 正昌店 陳大富 劉廣茂 何宗賢 陈益兴 趙永和 文耀富 向三礼 肖勝和 鄧文和 刘□共 龍泰盛

趙德豐 三和店 □先哲 侯文舉 何永清 李國安 江正序 谢忠 刘文□ 譚金朝 向敬礼 郭希德 徐年光 李學□

東元店 裕来店 王愷 王明魁 黄運純 馮有秀 刘士龍 田永秀 刘明星 毛正文 馬永倫 刘學富 徐□芳 張□□

裕順店 源豐店 黄世鳳 □□□ 義和店 李義茂 郭元隆 刘士舉 德森店 曾广順 王永寿 刘萬昌 徐□□

恒泰店 中孚店 付德茂 □萬□ 劉在德 周長九 刘文樊 楊大奉 陳宗聖 王義店 順發店 石大贵 □□□

毛廣茂 三元店 謝大昌 諶萬興 張開龍 黄同興 同義店 田慶奎 祥榮店 陳萬福 李士楊 □定兴 张□□

廣大森 源□店 張吉唐 劉□□ 源茂店 黄天昌 袁華景 譚憲海 趙恒豐 童怡順 钟□□

悦和店 羅廣呉 羅世龍 禿□□ 羅和選 孟榮堂 姚光春 陳宗倫 李明光 龍大兴 李□□ 張帝廷 曾榮秀 王邦富 王国珞 姚和兴 侯天盛 王德珎 刘聖朝 殷大成 張登 董天盛 向克明 郭元礼 蔡

老恺 喬兴盛 盧和順 傅明亮

▼ 3.6.4 第四通

右至左竖排，楷书阴刻。内容如下：

田世朝 鄧文典 張采林 李福先 王奠豪 向清相 劉榮升 稅應寬 □洪發 王國監 沈錦豐 吳德光 朱時豐 贺□□ 譚寧閏

朱正學 王邦葵 謝定元 向知禮 李元會 王萬才 肖永和 肖傳科 譚宗茂 朱如章 恒和祥 伍美德 譚宗發 張速鵬 譚宗建

傅邦荣 刘文喜 鄧之□ 郭劉富 曹忠深 旭發廠 張天喜 王名忠 □世祐 諶厚敢 黃協和 吳德遠 贺昌宗 羅茂升 吴應宗

李大云 王文順 馮㐶河 章開明 曹立斌 唐立泰 杜王成 韋德玉 御宗敬 譚開應 義發永 草佳安 人和店 贺永昌

田天佑 向智朝 馮宗□ 黃文般 李光耀 許國昌 王開萬 楊公茂 屈萬發 譚宗位 陳壽柏 郭集太 覃明書 光德店 李元春 張士泰

周萬夙 黃元端 □□□ 王振庠 王可厚 陶大順 潘聚茂 王奠熊 田慶喜 諶祥順 李福林 張全秀 鄧公興 梅華玉 昌盛明

周安 趙萬全 李邦懷 王仲介 鄭秀華 宗祖芳 蘆章榮 江正第 向典禮 諶正順 蔡興順 李利義 田春發 田祥興 陳永茂

稅應恒 張德慶 鄧永和 王邦聘 陳容順 何長福 石德美 朱明國 錦順店 袁開珍 劉永順 顧隆太 張仁宏 李慶梅 黃利珎

周世洪 宋金才 丁萬興 湯啟明 公發順 楊文祥 譚宗松 譚正訓 陳昌元 王吉祥 劉亮祖 柳興順 李玉信 徐國□ 田昌閏

周世重 胡胶样 宋源發 張大怀 张金富 王正忠 譚宗常 李文正 李義興 石景哲 向義崇 羅憲章 郭元隆 胡良荣 王佳亮

馮萬順 胡宗祥 魏昌舉 賴長太 鄒兆元 曾鼎太 魏家齊 楊茗文 陳萬發 劉良緒 向智清 田昌速 謝恒發 王洪玉 譚宗發

李學景 張全愷 黃正常 劉明興 周德盛 楊應順 黃學生 鐘大梅 蔡明魁 陳恒祥 王大順 向義科 祝慶遠 李新義 江大全

向文岡 徐紹貴 謝應江 田恒升 羅芳進 田開和 □開斛 王奠傑 廖光意 黃發祿 杜永年 章三太 魯協泰 周光貴 李之必

刘光德 張萬美 黃浚眉 王玉悦 田永清 羅□貴 戴洪怀 孫淇源 鄧智安 沈應昌 賈德文 稅開書 田慶子 謝家秀 田開發

陳宗恒 稅應萬 張家榜 肖正朝 岳世康 劉三和 鄧文才 姚信泰 曾紀意 龍金相 鄭召怀 東春茂 陳邦壽 向智明 张文玉

滕加云 劉守吉 贺萬宗 侯文舉，劉複盛 周汝富 左友才 黃大福 徐永昌 謝顯達 陳恒祥 □明忠 李方貴 雷秀全 吴文良

李先其 鄧文樹 徐天泰 鐘大祈 屈朝貢 楊萬禮 方河榮 王萬永 郭敦倫 向于禮 鄢亨太 江洪顺 張義利 徐複興 田紀恒 姜天元 石昌英 李大智 譚文愷 陳萬森 陳君林 江正敖 龍瑄 徐慶倫 韋正鵠

朱太元 贺永壽 王邦本 黃永騰 龍興順

張殿□ 易光玉 李啟富 劉進德 黃邦葵 張啟雙 張複順 田同興 王茂松 張洪安 高正興 吳義發 胡源昌 宋洪德 侯發三

屠□□ 向宗洪 田際明 王道祿 諶萬隆 張仲明 袁申貴 億和恒 李順祁 田道以 寥興義 陳修林 東异店 贺大昌 陳國義

唐洪太 傅其梓 易超群 鄧文茂 童文裕 宋仁和 張龍 朱裕生 鄧登责 李昌國 永順珎 蘇景太 □永秀 税祥吉 蔡宏貴

羅㒨文 喻德松 王均艺 鄧永盛 鄭祥興 義與廠 劉正江 黃翠林 □□□ 陳大庸 鐘廣順 劉有盛 陳耀祖

共厘金錢壹千伍百陸拾仟 領脩：向義才 趙代任 向義孝 劉世順 劉世簀 向義明 向荣禮 向元禮

零多寡雖未悉載姓字卻

有前後

皇圖鞏固 戊寅科舉人刑部司官特授巴東縣正堂松壽拜譔

帝道遐昌 薌林居士陳家煜謹書

住持道曾教惠、徒李永捷、方永理、徒孫陳元生、向元明

道光二十五年歲在乙巳仲夏上浣穀旦立石 匠向義國 向智聪 董開科 胡宗華等 刊鐫

3.7　民国二十八年沈维洲撰《重修兀渊洞观音阁记》

整幅高 2.08 米，宽 1.00 米。

碑额：有方框，方框内刻有“万古不朽”四字。

碑记：右至左竖排，楷书阴刻，字高 2.8 厘米、字径 2.8 厘米，刻深 0.3 厘米（图 3–8）。全文如下：

图 3-8　民国二十八年沈维洲撰《重修兀渊洞观音阁记》拓片（引自《三峡湖北段沿江石刻》）

重建兀淵洞觀音閣記

巴東兀淵洞之有觀音庵，不知始於何時。傍山為屋，僅一席也。然鄉人有事祈禱，常荷神庥，如響斯應，百里之内，菴中香火，較他處稱盛焉。近年施、巴路通，巴東城市日見繁榮。地方人士就兀淵洞建設□園，此地泉石清幽，風景殊勝，每當盛夏之時，遊人如雲，咸往來於此菴之下，同人以堂構狭陋不足以壯觀瞻，乃就原有菴址改建危樓一棟，命名曰“觀音閣”以妥靈爽，兼為過客憩息之所乃設計甫定，而城中紳商皆踴躍輸將不崇朝而集資壹千肆拾伍元。推舉彭渭堂、向渭卿、傅澤鄉、江静安諸君，經手建築，閲三月而工告竣。氣象峥嵘頓改舊觀，□事成略記缘起，並將募捐數目矑列抡後，俾後之来者，有所考證云。邑人沈維周撰，向蘭洲書丹。

陳強林、傅道新、陳麟階、向渭卿、彭渭堂、郭永豐各捐洋四十元，向雲庵、宋子中、柳燕之、湖北省銀行徐漢辭各捐洋二十元、向閣川、彭蘭軒、渭敦五、田壽伯、□□□各捐洋十元；

向啟亮、郭連城、陳錫華、羅萬全、張梓城、黄藝圃、沈峡生、譚純武、喻相明、毛實臣、蔣宏寬、義興公、義康祥、天元、朱二青各捐洋十元；

蕭粹然、高壽記、胡穗林、陳樹勛、衛伯生、張卓如、宋萬順、江靜安、毛俊義、王光遠、劉裕望、劉□望、許仲林、金劍侯、協和、鄭興隆各捐洋十元；

陳本來、陳鑄九、朱明夫各捐洋十元、劉大發捐洋六元、劉□堃、劉炳記、劉滿珊、裕蘇祥、□永□、李大華、龔相臣、董和修、屈□□、李介軒、朱家炳、龍永齡各捐洋五元；

黃金山、王勛臣、劉福記、劉壽記、望朋初、宋宏淵、宋竦石、譚鐵匠各捐洋五元、甯振卿、元晝臣、張國興、李宗培、李藍友、沈育才、周春山、陳炳太各捐洋四元；

同慎永捐洋四元、王克福捐洋五元、彭乃文捐洋三元、劉宝忠捐洋三元、韓和卿、太有豐、陳先正、劉金山、向啟坤、宋文礼、王國祚、熊壽康、胡浚波、洪佑章、顧杰臣、傅永洪各捐洋三元；

張頁成、王□林、王昌遠、汪□□、薛偉生、高文欽、王永年、盧永生、曾濟之、熊鴻軒、閻文進、傅桐垓、傅月卿、田天海、韓仲安、張惠武各捐洋二元；

張雲塵、張宏□、馬文、胡旭記、張宝林、鄭恒年、胡祥興、劉于周、鄭明遠、宋光監、譚年舉、劉藝五各捐洋二元、稅永澤、韓庚生、楊官箴、薛勛之各捐洋一元；

劉明銀、韓方群、高同春、譚太隆、盛大文、沈磐仲、稅道尊、朱福順、梁德勝、韓榮銓、陳□□、蔡若太、王永德、劉雅平、張志芳、黃長秀各捐洋□元；

王克仿、高祖東、□□□、□□□、□□□、胡金波、唐文炳、唐發福、王澤旦、韓魯生、宋希克、譚德秀、張宏才、王心德、施德洪各捐洋一元；

王紹錦、傅善昌、□□□、□□□、譚卉民、宋恒□、向秀育、楊發基、余芹軒、春□□、盛福記、郭岐生、劉怡豐、路和卿、王運臣、施德洪各捐洋一元；

王方田、□□□、□□□、□□□、□□□、□□□、□□□、□□□、□□□、□□□、□□□、□□□、□□□、□□□、□□□、□□□各捐洋一元；

□□□、□□□、賈克遠、□□□、□□□、□□□各捐洋一元①

中華民國二十八年十月吉日立

3.8 黃河口义渡碑（三通）

▼ 3.8.1 重修黃河口义渡船碑

1. 碑额：右至左横排。楷书阴刻“萬古不朽”4 字。

碑记：右至左竖排。楷书阴刻（图 3-9）。全文如下：

---

① 每组人名从右到左并列，金额从右至左横排插入两组捐款人姓名之间。

图 3-9　重修黄河口义渡船碑拓片
（引自《三峡湖北段沿江石刻》）

葢聞莫為之前，雖甚弗傳，莫為之後，雖美弗彰。我黄河口之義渡創立有年，修補船數十餘次，前年春船壞不能載渡。有首事向瑞信、向忠全、向忠和、向厚重、向朝楚等接充公首，将公事憤發发振興，四郷亦为樂捐，渡船焕然一新。今重修船碑，工将告竣，罘问誌於予，予慨然應承，是以為序。

趙義和二千，向大信、向清信①、向忠雅、向忠愷、向忠珍、向忠和②、向代華、向代举、單啟行、單宏平③、李世安、李品三、李臣星、向傳□、梁啓凳、鄧全才、劉武俊、劉志信、劉□笛、劉于奎、□□□、□□□、徐先□、徐秀臣、庹家福、王昌珍、王昌逵各捐钞壹串；

汪兴和、向智周、童應祖、李吉要、李光宗④、肖有序、李吉光、李吉明、李吉达、李吉登、李吉双、李吉松⑤、陳開榜、尹禮□、胡樂興、李吉茂、李吉全、周荣福、徐发茂、尹光峘、尹宏剑、向炳信、單裕秀、單裕堂⑥各助钱一串各陆佰；

向彩信、向海信、向道信、向富信、向体信、向章信、向茂信⑦、向依喜、向代兴、向忠松、向忠哲、向忠剑⑧、向忠□、向忠諄、胡乐善、□德富、□□林、龍顯俊、單啓坤、單宏才、向世澤、向臣柱、李能仁、李厚□、江明

①“大”“清”二者在“向”下并列。
②“雅”“愷”“珍”“和”在“向忠”二字下并列。
③“啟行”“宏平”二者在“單”下并列。
④“吉要”“光宗”二者在“李”下并列。
⑤“登”“双”“松”三字在“李吉”二字下并列。
⑥“秀”“堂”二字在“單裕”下并列。
⑦“彩”“海”“道”“富”“体”“章”“茂”七者在“向”下并列。
⑧“松”“哲”“剑”三者在“向忠”下并列。

尚、江明網、肖有才、肖年銀[①]、向厚德、向厚定[②]、向洪現、向绍保[③]各肆百；

向永昇、税祥先、□宏□、□光俊、□洪寿、向智德、向智行、王思远、付秀昊、付发祥、付发春、付发科、付发李、付发超[④]、□□清、□□福、□□软、□□仲、□□貞、□□宾、單裕清、單裕珍、單裕厚、單裕福、桂世容、桂世恩、桂世美[⑤]、易李旺、吴忠玉、孫光大各肆百；

解詩經、庹家升、穆其茂、□祖王、李吉吳、李吉旺、李厚錦、李光栋、向春遠、向臣栢[⑥]、董继寿、董继康、董继明[⑦]、向朝順、向朝俊[⑧]、向朝官、向朝彩、向朝文、向朝潭[⑨]、張兴志、趙廣盛、李惠远、易文伍、童臣立各肆百、向位信、向臣恕、徐秀宾各三百；

單裕清、單裕苏、單裕俊、單裕祥、單裕圣[⑩]、單大才、劉武秀、劉武才、劉武貴、孫、德福、孫德才、孫德順[⑪]、李崇正、李崇德、李光恒、李厚金、陳明玉、陳明道、陳貢才、陳貢德、張子太、張兴仁、向臣纪、向厚貢、王從兴、王從安、王從緒、王有俊、王厚安、肖年春、肖年□、肖年登、肖年斌、肖年丰、黄文□、黄光治、陳永昌、陳永圣、向傳茂、向传盛、向传德[⑫]；

向忠要、向忠盈、向忠才、向忠荣、向忠宜、向忠清、向忠武、向忠禄、向忠恒、向忠臣、向忠□、向忠□、向忠朋、向忠坤、向忠達、向忠□、向忠兴、向忠发[⑬]、向厚芬、向厚旺、向厚堂[⑭]、向道信、向泽信、向愷信、向士信、向位信、向洪信、向□信、向滿信、向金信、向位信、向贵信、向官信、向升信、向□信、向堂信、向寿信、向容信、向茂信各弍百；

董明照、江明发、江明玉、徐发茂、徐发軒、徐发章、徐发之、陳能貢、陳能德、陳金贵、陳德圣、單啓釗、徐秀東、徐秀倧、徐秀山、徐秀廣、徐秀福、徐翠远、徐翠才、徐翠昇、單宏坤、單宏其、單宏登、單宏沛、單裕宗、單裕順、單裕平、單裕□、向代顯、向代安、向代香各弍百；

向智柱、向智怀、向智月、向智杰、向智堂、向智善、向智凡、向智统、向智潭、向智斗、向智香、向智恩、向智年、向智武、向智揚、向朝顯、向朝茂、向朝斛、向朝烈、向朝殿、向朝行；

向臣珍、向臣善、向臣達、向臣柱、向臣貴、向臣純、向臣遜、向榮远、向堂远、向堂思、向

① "年銀""有才"二者在"肖"下并列。
② "德""定"二者在"向厚"下并列。
③ "洪現""紹保"二者在"向"下并列。
④ "祥""雲""春""科""李""超"六者在"付发"下并列。
⑤ "容""恩""美"三者在"桂世"下并列。
⑥ "春遠""臣栢"二者在"向"下并列。
⑦ "寿""康""明"三者在"董继"下并列。
⑧ "順""俊"二者在"向朝"下并列。
⑨ "官""彩""文""潭"四者在"向朝"下并列。
⑩ "清""苏""俊""祥""圣"五者在"單裕"下并列。
⑪ "福""才""順"三者在"孫德"下并列。
⑫ "茂""盛""德"三者在"向传"下并列。
⑬ 前十八个姓名共用"向忠"二字。
⑭ "芬""旺""堂"三者在"向厚"下并列。

堂玉、向堂英、□□榜、□□山、□□禄、□□仕、□明朗、吳炳秀各弍百；

桂世寬、周方仁、任忠道、余文科、李成仁、徐發直、徐發茂、□宏炳、□宏芹、李吉昇、李吉起、刘能剛、伍正林、朱福志、朱永松、周远清、易旺寿、李永揚；

彭定富、刘志富、何家纪、郭志春、趙先宜、李恩远、刘萬荣、張文根、張明礼、張明仁、□广富、鄒節之、宋光早、宋洪平、□武祥、李大崇、張洪根、李吉美、税祥礼各弍百；

□□記、李光□、郭志貴、陳永祥、李世松、黃光礼 各弍百，何志普、向臣香、向臣豪各□□ 陳永□ □□

民國八年十二月上浣初八日刊立

▼ 3.8.2 《黄河口义渡》功德碑

碑额：右至左横排。楷书阴刻“黄河口義渡”五字。

碑记：右至左竖排。楷书阴刻（图3-10）。全文如下：

首人：

向崇信拾串，向忠烈弍串，向李远四百，向□远四百，向良礼、向世開四百，向世芬、王□远各弍串，向楚玉、向宏信各弍串，胡家旺、胡正科、胡正宜各弍百，向智彦、吴香浦弍串，薛永才、薛道远、譚守鈞各壹串，向大信一串六百，薛清远五百；

向□□、□□超、譚荣先、荣加瑞、李金金、田祥□、王世開、劉武安、□成远、薛義□、胡□□各捐四百，陳□華、向仲信、向朝□、胡□青、李□锋、李大□、李光元、單□明、向朝□、向智康、向達远各捐钱弍百；

□□□、周春远、□□□、向仕远、谢戊□、向朝烈、王昌豪、王克斌、□祥珩、陈□華、雷□□、雷云美、□世開、□仁貴、李金□、锺千茂、李金满、王光

图3-10 《黄河口义渡》功德碑拓片
（引自《三峡湖北段沿江石刻》）

□、王□□、王興远、石生寶、李先富、何義周各捐钱式百；向□□、王月荣、□□□、向上品、魏天□、张□邦、□□金、向忠義、向忠祯、李吉发、陳□才、劉文明、周光□、李世安、黄成元、徐先成、□太英、江明上、徐秀義、朱□諭、朱家□、朱永松、王從□各捐钱式百；

□胡□、□□□、□守明、□逢□、胡正安、劉光□、董纯壽、董運祖、向智□、向盛□、向厚重捐钱式百；

向忠禄、劉□安、向尊信、向容□、伍□洗各式百，向忠福、黄盛□、向□□、□廷金、□迪□、向忠烈、□孝文各捐一百一十；

□□□、□□□、李□□、解正明、□盛信、汪迪之□……十文；

余啓佳、向智光、向□信、向智連、向副礼、汪忠義、□□□、向運新、□□□、向□成、李□江、李光恒、陳□德、陳金魁、向忠貴、陳金義、盧□□各捐钱一百十文；

□……唐盛□、□□哲、□□□、□興武、胡家尧、陳金□、向厚□□……百廿文；單宏大、單宏平、张興礼、□□信、單□贺、李吉光、李吉明、向清信、向智远、各钱式百文，單□坤、李吉□、李吉昇□叁百；

□……向□□、向□智、向□信、□成□、向忠□、徐先□、向達□、李光書、李光朝、張□文、趙□□、李□倫、□……钱式串四百盧隆□□

大清光緒二十七年十壹月□日立

▼ 3.8.3 《造船碑志》碑

1. 碑额：右至左横排，楷书阴刻“造船碑誌”4 字。

2. 碑记：右至左竖排。楷书阴刻（图 3–11）。全文如下：

領修首人·

向瑞信、向忠全、向厚仲、郭合才、徐登茂、胡正□、□文根、趙義和四串，向大信二串，李厚大二串，謙先法二串，慶炎信二串，董應祖二串，穆繼康、穆繼明①、穆光朝、穆光顺、任微夆、薛世田、薛世為、薛明遠、薛思遠、薛思□、薛思根、薛永才、薛承志、易玉、易德、易道、易孝旺、易傳悦、穆其元；

譚先清、譚先沛、譚先渾②、譚先浩、譚守鈞、譚紹楚、譚雲先、譚崇仔、譚祖培、任忠清、任忠道③、伍炳照、伍炳西④、伍昌滿、趙維海、趙開国、趙永和、趙發海、徐先凖、徐順远、□文章、穆光達、郭志松、馬兴雲、慶家申、陳先法、邊孝全、□先春、王從元、向朝彦、□家明、劉□之；

單裕兵、單裕詩、單裕堂、單裕福、單裕生、單裕登、單宏劍、單宏才、單启坤、單啓□各乙

---

①“康”“明”二字在“穆繼”下并列。
②“清”“沛”“渾”三字在“譚先”下并列。
③“清”“道”二字在“任忠”下并列。
④“照”“西”二字在“伍炳”下并列。

串，單啓行、單啓雙、李吉松、尹礼譙、范玉成、永兴和、永光棟[1]各串，李忠恕、李吉茂、李寬仁、李正国、李厚忠、李明玉、李明華、李明順、向代夆、向代兴、向代品、梁啓凳、單□才；

□年桂、□光大、孙德福、□□岡、王從又、胡文遠、周元衛、周厚笙、周臣忠、周朝順、向巴、陳紹芹、盧中西、刘玉方、向臣魁、周远達、向厚德、□德富、向忠烈、向厚道、向炳□、向從□、向金信、向忠文、向厚堂、向傳德、向忠旺、向忠祿、向忠清、向忠世、向忠愷、向忠貞、向富□；

江光容、江明月、劉光月、盧于韋、向朝才、向朝仲、張太順、張太引、□洛金、李恩遠、李會遠、□年□、向朝楚、向朝準、向朝圃、肖玉成、肖富成、毛□端、毛申□、李光□、向厚[2]……民國十七年八……

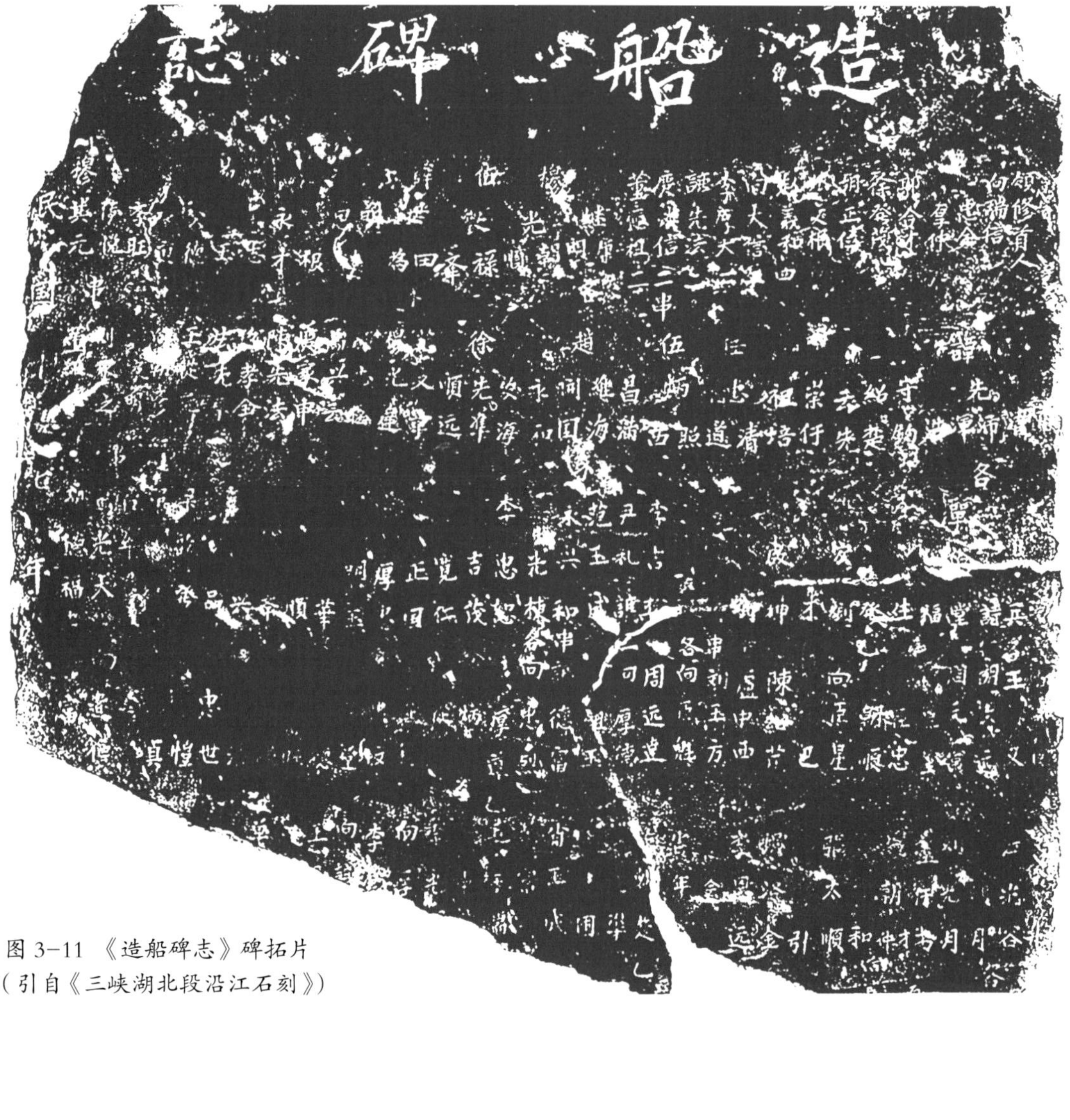

图 3-11 《造船碑志》碑拓片
（引自《三峡湖北段沿江石刻》）

① “兴和”“光棟”二者在“永”下并列。
② 上述人等各捐一至四串不等。

第二篇 重庆篇

第四章 巫 山

4.1 孔明碑摩崖题刻

可辨题记四款，叠加现象明显（图 4–1）。

图 4–1 孔明碑摩崖题刻近景

▼ 4.1.1 嘉靖十八年钦差巡抚书“重岩叠嶂”题记（编号 1）

位于岩壁中间。整幅高 0.90 米、宽 5.00 米，右至左横排，楷书阴刻“重巖疊嶂”4 字，平均字径 0.90 米。两边各有题跋，右款为“欽差巡撫四川右副都□史通□□，嘉靖十八年孟秋吉旦”，左款为“史通州巫□，欽差巡撫四川□□，嘉靖十八年七月□□□日”。

▼ 4.1.2 无名氏书“巫峡”题记（编号 2）

位于 1 号题记西。整幅高 0.70 米、宽 2.00 米，楷书阴刻“巫峡”2 字，平均字径 0.70 米。左有题跋为“都同□□拍□公事□□撫□重□□”。

▼ 4.1.3　无名氏书“巫山十二峰”题记（编号 3）

位于 1 号题记下部。整幅高 0.70 米、宽 7.50 米，楷书阴刻“巫山十二峰”5 字，平均字径 70 厘米。但目前除“巫”字较清晰外，其他多已模糊不清。

▼ 4.1.4　民国无名氏书“名峰耸秀”题记（编号 4）

位于 2 号题刻下部，并叠加于 3 号题记之上，整幅高 1.06 米、宽 4.50 米，应为“名峰耸秀”4 字，平均字径 0.80 米。但目前除“耸秀”二字较清晰外，其他多已模糊不清，左有题跋为“関□□□民國”。

图 4-2　观音洞修路碑

4.2　观音洞乾隆五年夏寅撰《修路记》碑

1. 碑额：右至左横排，楷书阴刻有“修路碑记”4 字，字径 5.00 厘米。

2. 碑记：右至左竖排。楷书阴刻，平均字径 2.00 厘米（图 4-2）。全文如下：

書稱蕩平，詩言如底。□□……欲使縱行平坦，必損□方補□□昌邑□□雖□□……往來憑聊間留恨□□予於土田一路乎其險，潤其阻隘，凸者□之，凹者平之。荊棘……焉若乃福，四月果樂施□□贅勘……歲進士夏寅撰□生□□書 皇清乾隆伍年歲次春月吉旦……①

4.3　清水洞题记

▼ 4.3.1　陆毅等题名墨迹

整幅高 0.50 米、宽 0.50 米。现场编号为 1。右至左竖排 4 行。行书（图 4-3）。内容如下：

谷山陸毅

□□肖□

□□□□

同游此洞

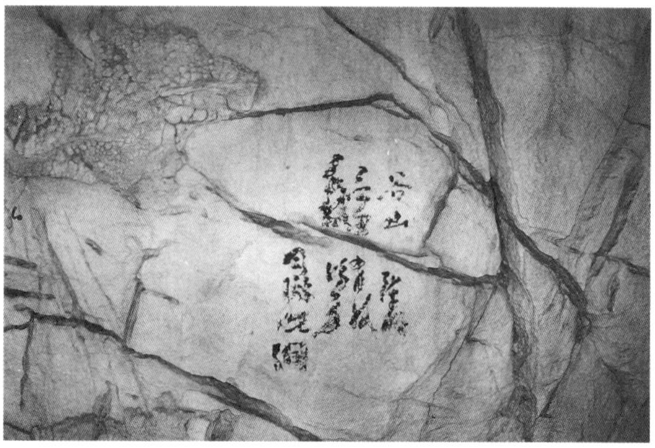

图 4-3　陆毅等题名墨迹

▼ 4.3.2　大观元年无名氏题记墨迹

整幅高 0.30 米、宽 0.20 米。现场编号为 2。右至左竖排 4 行。楷书（图 4-4）。内容如下：

① 后刻捐资人姓名，漫漶不清。

大觀改元紀歲丁亥高唐

崇道輔天下客子断章

真于此庶日同志者

知□□□

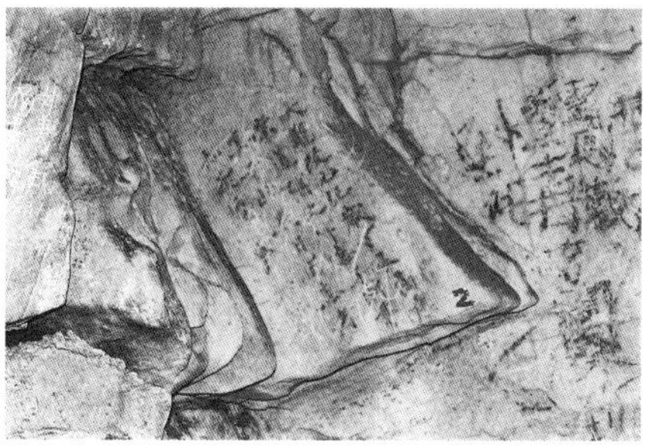

图 4-4　大观元年无名氏题记墨迹

▼ 4.3.3　谢美等题名墨迹

整幅高 1.10 米、宽 0.27 米。现场编号为 3。已被刻划（图 4-5）。内容如下：

共两款。

1. 位于上部。右至左竖排 3 行，内容如下：

己酉□正月十四日

□双功戴必逢

謝美再次同遊

2. 位于下部。右至左竖排 4 行，内容如下：

廿七日是時潭子□□

通来遊此洞时大明□□□

陳文雙陳光道合陽楊子……

昆□龍□□率固陵田宗……

图 4-5　谢美等题名墨迹

▼ 4.3.4　关道安等题名墨迹

整幅高 0.67 米、宽 0.34 米。现场编号为 4。左至右竖排 7 行。楷书，已被刻划（图 4-6）。内容如下：

关道安宋道□

郑工順謝□□

□

□

固□王大□会

游□缘□□让

□

图 4-6　关道安等题名墨迹

▼ 4.3.5　无名氏题记 1 墨迹

整幅高 0.40 米、宽 0.40 米。现场编号为 7。右至左竖排 3 行。楷书，已被刻划（图 4-7）。内容如下：

本□□□

卯仲□□

□日□□

▼ 4.3.6　万历三年才美银题记墨迹

整幅高 1.25 米、宽 0.98 米。现场编号为 5。左至右竖排 2 行。书写不规范，已被刻划（图 4–8）。内容如下：

萬曆三年乙亥歲巫山□

才美銀□來此一游……

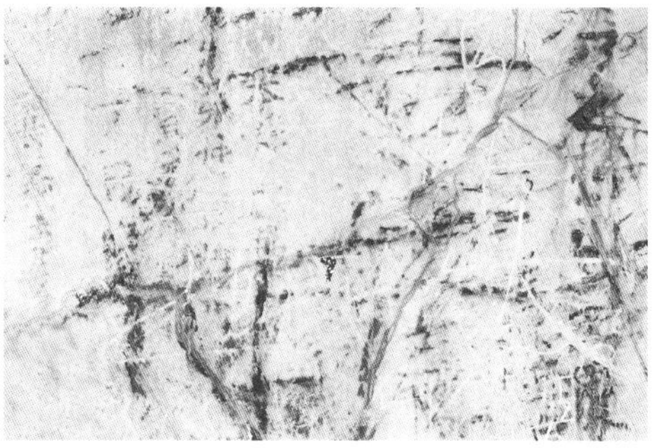

图 4–7　无名氏题记 1 墨迹

图 4–8　万历三年才美银题记墨迹

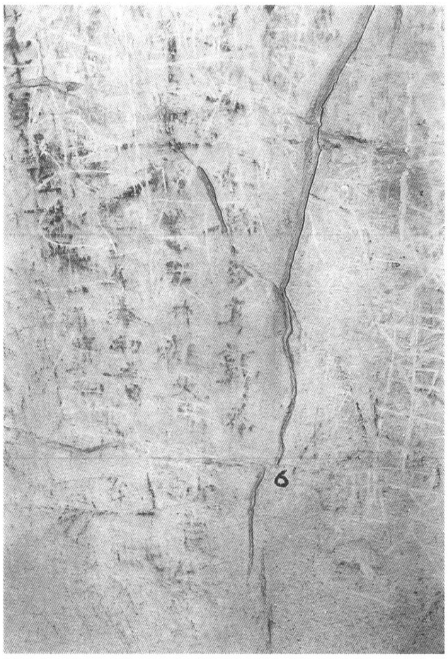

图 4–9　真郑恭等题名墨迹

▼ 4.3.7　真郑恭等题名墨迹

整幅高 0.50 米、宽 0.30 米。现场编号为 6。右至左竖排 4 行。楷书，已被刻划（图 4–9）。内容如下：

□縣真鄭恭

□□王林□□□

□□三年春初五日

□□山道□□□

▼ 4.3.8　无名氏题记 2 墨迹

整幅高 0.60 米、宽 0.25 米。现场编号为 8。右至左竖排 5 行。楷书，已被刻划（图 4–10）。内容如下：

破所注□□□□

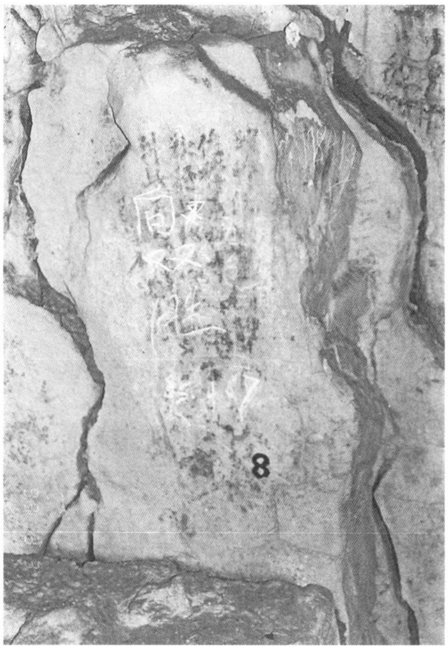

图 4-10　无名氏题记 2 墨迹

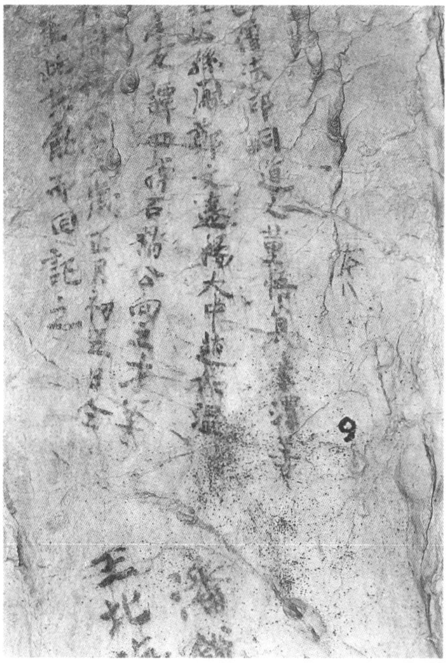

图 4-11　开禧丙寅法印等题名墨迹

佐禅□□□□□

欢經此地□□□□

到此巫山□□□□

即守□□□

▼ 4.3.9　开禧丙寅法印等题名墨迹

整幅高 1.00 米、宽 0.55 米。现场编号为 9。右至左竖排 5 行。楷兼行（图 4-11）。内容如下：

本邑僧法印同道人董悟真來潭善等

□珪公孙鳳郑文遠楊大中趙云温

琼□友譚四掉石稍公向之才等

于開禧丙寅歲正月初五日仝

來此共飲而回記之

▼ 4.3.10　嘉定辛未王北海等题名墨迹

整幅高 0.52 米、宽 0.40 米。现场编号为 10。左至右竖排 3 行。楷兼隶（图 4-12）。内容如下：

王北海田祖慶

潘鋭嘉定辛未

上元來

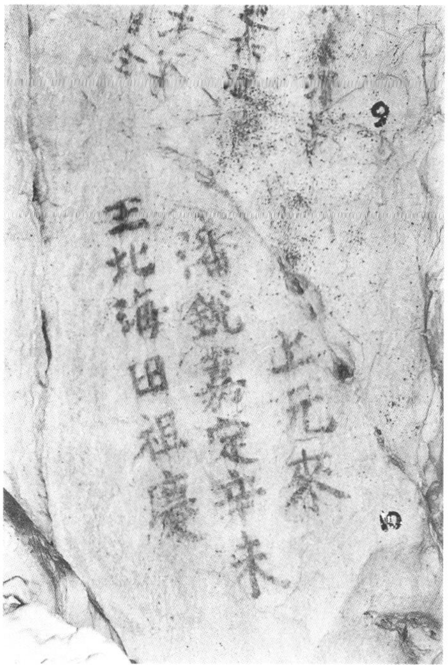

图 4-12　嘉定辛未王北海等题名墨迹

▼ 4.3.11　巴邑僧题记墨迹

整幅高 0.41 米、宽 0.25 米。现场编号为 11。右至左竖排 4 行。隶书（图 4–13）。内容如下：

巴邑僧□□

山□鳯龍□

□□□□

□□□

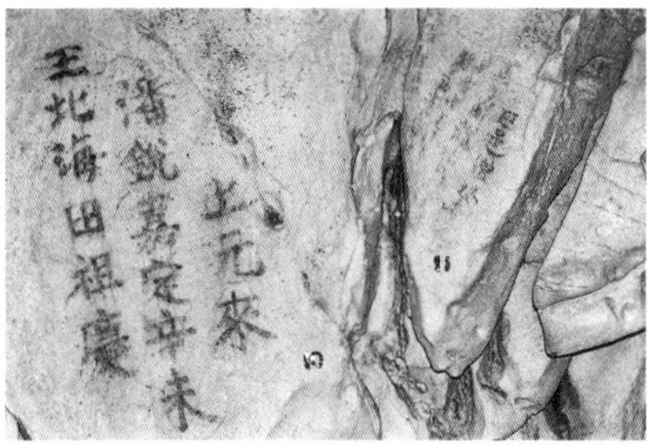

图 4−13　巴邑僧题记墨迹

▼ 4.3.12　邑人马题记墨迹

整幅高 0.70 米、宽 0.40 米。现场编号为 46。右至左竖排 3 行。楷书（图 4–14）。内容如下：

邑人馬□□□

□□□□□□

……

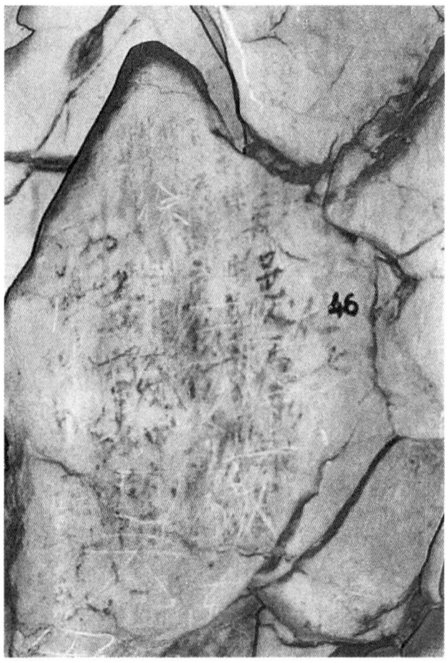

图 4−14　邑人马题记墨迹

▼ 4.3.13　王仲之等题名墨迹

整幅高 0.40 米、宽 0.35 米。现场编号 为 47。右至左竖排 4 行。楷书，已被刻划溶蚀（图 4–15）。内容如下：

本縣李□鶴恭錫□

年□□□□王仲之

□□□□□五日同□

遊□□

图 4−15　王仲之等题名墨迹

▼ 4.3.14　建炎三年陈洲友等题名墨迹

整幅高 0.55 米、宽 0.40 米。现场 编号为 12。右至左竖排 6 行。楷书，外有框线，被刻划溶蚀（图 4–16）。内容如下：

此来支建炎叁年

□正月念七日因閑

□□□□仙觀時

□□□□□日陳洲友

陳立政陳子纯孫丰實

等謹題記

▼ 4.3.15　绍圣四年唐彦等题名墨迹

整幅高 0.25 米、宽 0.80 米。现场编号为 13。右至左竖排 18 行。

图 4-16　建炎三年陈洲友等题名墨迹

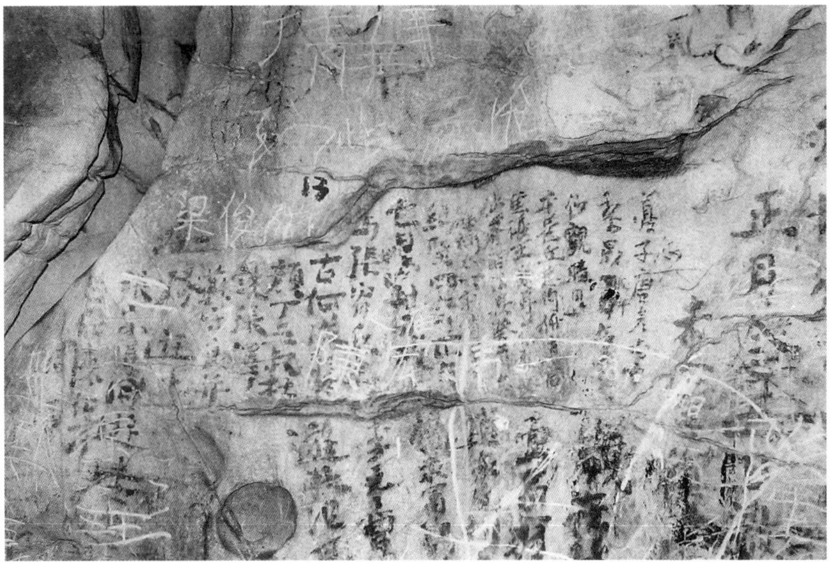

图 4-17　绍圣四年唐彦等题名墨迹

楷兼行，已被刻划（图 4–17）。内容如下：

夔子唐彦尚雪

□晟戊午□□

仙觀腊月

本邑丘忠付□□同

单復王□尋□□□□

仙□□□異癸酉

□祠□—□□□□

紹聖四年正月

七日与□兄□

与張宥丘衆

古何□□□

顔丁三叔杜

説張澤

□□□并

□游

張□游同游此

□□□□

□□

▼ 4.3.16　赵永等题名墨迹

整幅高0.70米、宽0.40米。现场编号为14。右至左竖排6行。楷书，已被刻划溶蚀（图4–18）。内容如下：

歳在癸酉至□□年□□□同

巫邑羽□□□□□□□□

趙永□□□□同□□□□□□□

楊示富锡継□□□□□

李元曹□

游此洞耳□□

图4–18　赵永等题名墨迹

▼ 4.3.17　郭孙等题记墨迹

整幅高1.10米、宽0.40米。现场编号为15。已被刻划（图4–19）。内容如下：

共3款。从右至左分别为：

1. 竖排楷书“乙亥道□何□”

2. 右至左竖排5行，楷书，内容如下：

巫邑市郭孫□□趙葉同

張孝□道人楊□□□□

聖境炷香瞻仰時歳□壬辰

正月念五日敬題

未□□復

3. 位于2号下方，右至左竖排2行，楷书，内容为：

□□□□楊

弟□□□□

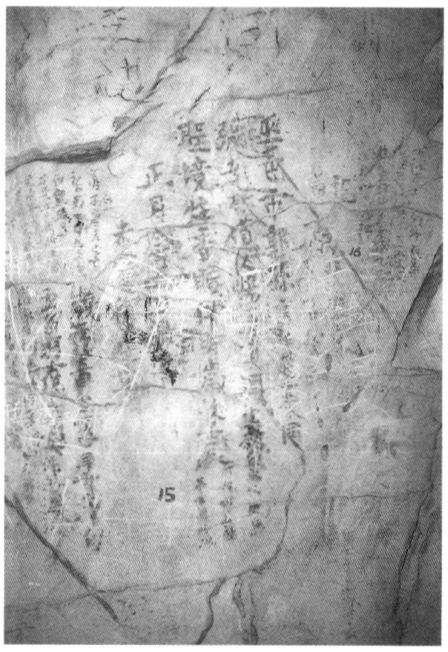

图4–19　郭孙等题记墨迹

▼ 4.3.18　向林等题名墨迹

高0.70米、宽0.40米。现场编号为16。右至左竖排4行。行书，已被刻划溶蚀（图4–20）。内容如下：

下沱本□□向林甑足坤

□三□張□大一行八人同

游□□到此仙洞吉歳乙丑

正月八日謹記

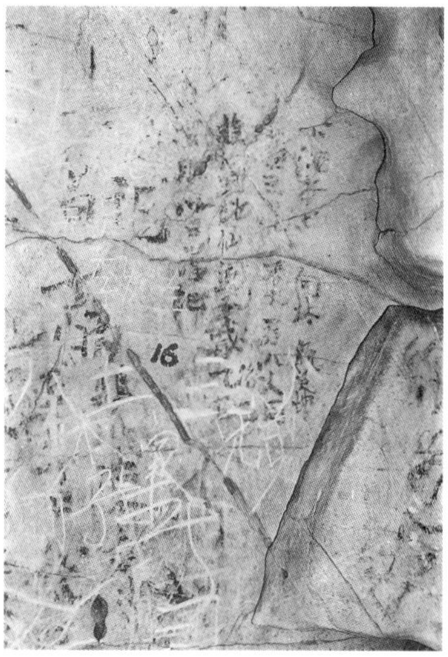

图4–20　向林等题名墨迹

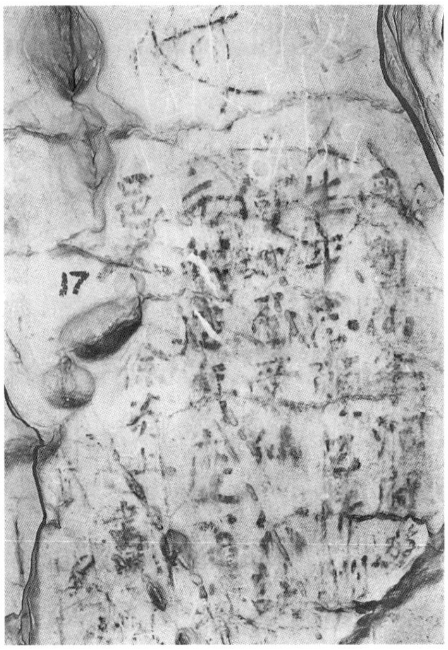

图 4–21 徐炎题七言绝句墨迹

▼ 4.3.19 徐炎题七言绝句墨迹

高 0.55 米、宽 0.40 米。现场编号为 17。右至左竖排 5 行。楷书，已被侵蚀（图 4–21）。内容如下：

□到仙夆洞府遊

生平志願已所明

何如面受仙公護

□□延年慶□□

邑人徐炎上書

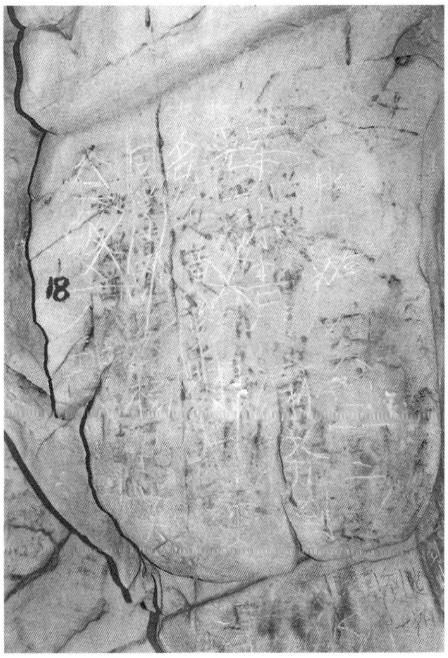

图 4–22 绍兴甲寅姚德谦题记墨迹

▼ 4.3.20 绍兴甲寅姚德谦题记墨迹

高 0.50 米、宽 0.50 米。现场编号为 18。右至左竖排 5 行。楷书，已被刻划（图 4–22）。内容如下：

紹興甲寅□月□

此洞中消□□

□人皆□未□□

王僭道何□□□□

姚德謙□□□壬日□

图 4–23 无名氏题五言律诗墨迹

▼ 4.3.21 无名氏题五言律诗墨迹

整幅高 0.25 米、宽 0.40 米。现场编号为 19。楷兼隶。右至左竖排 8 行。局部溶蚀（图 4–23）。内容如下：

巫陽多聖境

古洞隐名田

駈雄山脚下

蜀江岸北邊

凌層子百疊

□正月□圖

神仙何處在

况是隔塵緣

▼ 4.3.22 绍兴丙寅牟彦才等题名墨迹

高 0.25 米、宽 0.35 米。现场编号为 20。右至左竖排 9 行，楷兼隶。局部被刻划溶蚀（图 4–24）。内容如下：

本邑牟彦才

同楊□鎔張豐

恭盡初□太行

并太恭蔡□□

李梅何敏□等

□紹興丙寅□

春□七日游此洞

□聖□□四

□□

图 4-24 绍兴丙寅年彦才等题名墨迹

▼ 4.3.23 无名氏题七言绝句 1 墨迹

整幅高 0.40 米、宽 0.20 米。现场编号为 22。右至左竖排 4 行。楷兼行，局部被溶蚀（图 4-25）。内容如下：

碧峯熊熊藏仙境

衆友胡樂□少年

特寫新詩藏寶洞

□□□得入幽峯

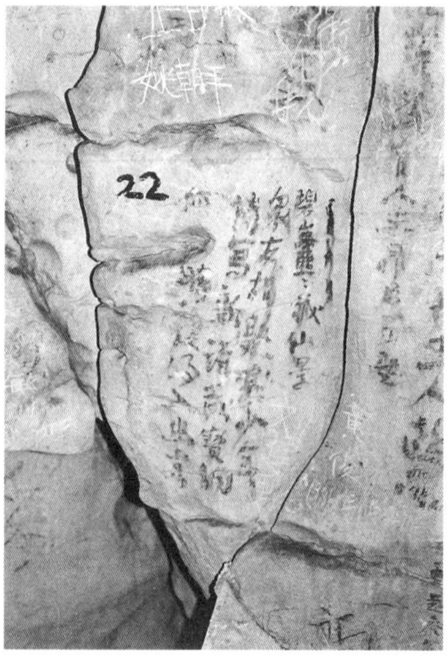

图 4-25 无名氏题七言绝句 1 墨迹

▼ 4.3.24 西释永□题名墨迹

整幅高 0.30 米、宽 0.05 米。现场编号为 21。竖排。楷书（图 4-26）。内容如下：

西释永□戊辰曾游

▼ 4.3.25 东寺琳师题名墨迹

高 0.40 米、宽 0.10 米。竖排。现场编号为 23。楷兼隶，局部被刻划（图 4-27）。内容如下：

東寺琳師戊辰于仙

▼ 4.3.26 绍兴八年朱昂纪游等题记墨迹

整幅高 1.10 米、宽 0.25 米。现场编号为 24。已被刻划（图 4-28）。内容如下：

共 2 款。

1. 上部右至左竖排 2 行，楷书，内容如下：

巫陽李何□

戊辰曾游此

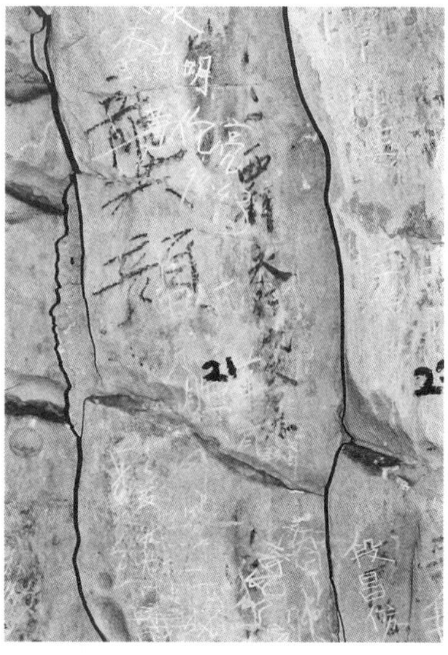

图 4-26 西释永□题名墨迹

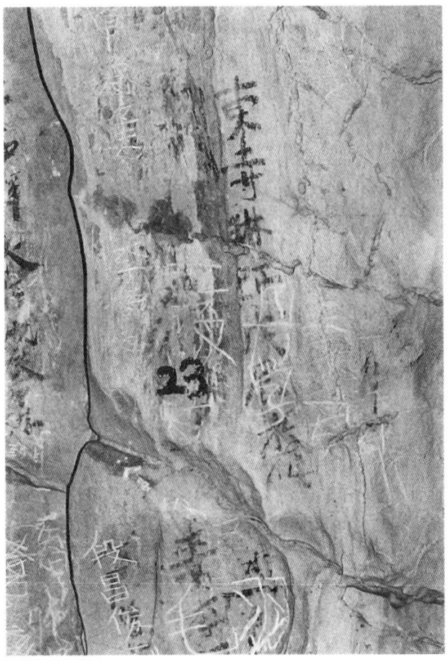

图 4-27　东寺琳师题名墨迹

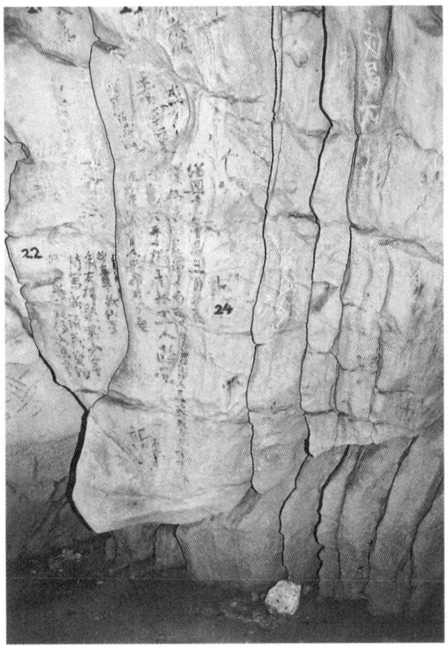

图 4-28　绍兴十八年壬昂等纪游等题记

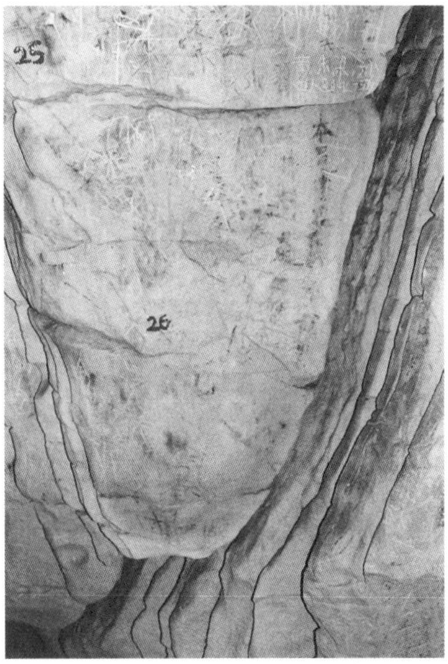

图 4-29　无名氏题记 3 墨迹

2. 下部右至左竖排 4 行。楷书，内容如下：

紹興十八年□三月□花

癸□繯□□尚人向尚人吴启尚人□二□題□□□□□

同□元年□□者共十一人遊□

□□人壬昂題

▼ 4.3.27　无名氏题记 3 墨迹

高 0.50 米、宽 0.28 米。现场编号为 26。右至左竖排 5 行。楷书，已被刻划（图 4–29）。内容如下：

本邑□□□□□□□

□□□□□□□仲□

同弟□□

□

□□□

图 4-30　元丰元年无名氏题记墨迹

▼ 4.3.28　元丰元年无名氏题记墨迹

整幅高 0.28 米、宽 0.50 米。现场编号为 25。右至左竖排。书体不规范，已被刻划（图 4–30）。内容如下：

元□元年正月□□弟子……

▼ 4.3.29　无名氏题记 4 墨迹

整幅高 0.70 米、宽 0.54 米。现场编号为 29。右至左竖排 7 行。楷书，已被刻划（图 4–31）。内容如下：

開明見明盡為見外閑明見□□□

□山思□此境而能□亦非合四□

宛然無異内無□見外不□知過作□

被空安得吊疑微细□摩□石碽心□□

□故前者不到□洞焉□不□乃□□□

□僧问若論□□無虜□自然□

不□寒山□□恭

▼ 4.3.30　杜仁美题记墨迹

高 130 厘米、宽 20 厘米。现场编号为 27。左至右竖排。楷兼行，已被溶蚀（图 4–32）。内容如下：

图 4–31　无名氏题记 4 墨迹

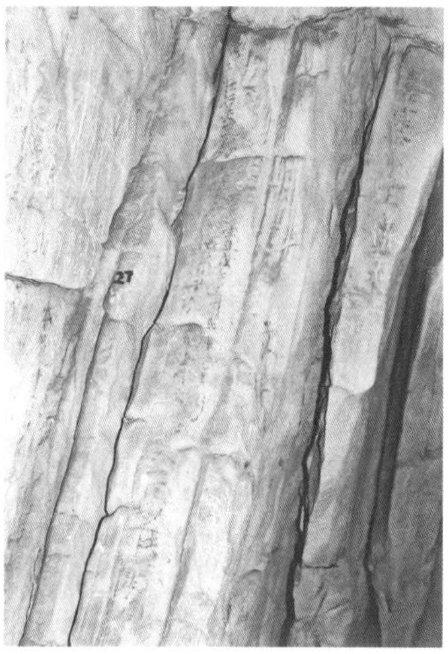

图 4–32　杜仁美题记墨迹

□卯杜仁美……沱□□□□□凴命……一同到此洞……豐戊午牟正月吉日□

▼ 4.3.31　绍兴十八年赵元龙等题名墨迹

高 0.25 米、宽 0.40 米。现场编号为 28。右至左竖排 9 行。楷书，已被刻划（图 4–33）。内容如下：

图 4–33　绍兴十八年赵元龙等题名墨迹

固陵[1]趙元龍同興仙

□释子永公都梵惠

□林公才公俊公上

聖前二郎王鼎

臣李小大郎秦

鄧□□頭訪此

時紹興十八年

歳次戊辰仙春日

□□□□□記

▼ 4.3.32　吴起田都题记墨迹

整幅高 0.40 米、宽 0.25 米。现场编号为 30。右至左竖排 3 行。行书，已被刻划（图 4–34）。内容如下：

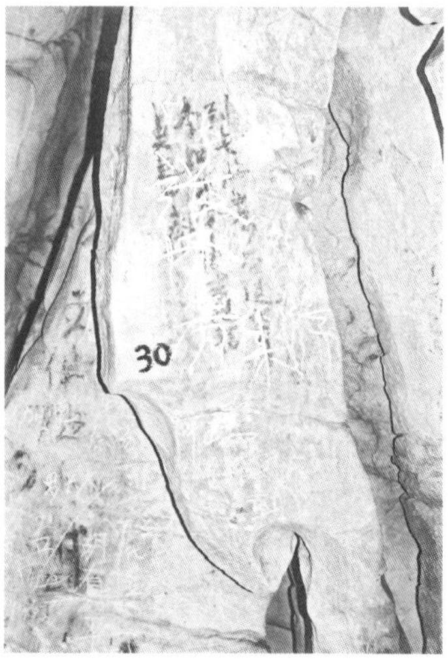

图 4–34　吴起田都题记墨迹

到此游奇而道化来

① 固陵郡，东汉兴平元年（194）分巴郡置，属益州。治所在鱼复县（今四川奉节县东十里白帝城）。建安六年（201）改为巴东郡，二十一年（216）复为固陵郡。辖境相当今四川开县、万州区以东及大宁河中上游流域。三国蜀汉章武元年（221）复改为巴东郡。宋、元因之。

李知□□□王熊□

吴起田都

▼ 4.3.33　无名氏题五言绝句墨迹

整幅高 0.20 米、宽 0.30 米。现场编号为 33。右至左竖排 5 行。楷书，已被溶蚀（图 4–35）。内容如下：

□□□□□□□

本邑□□□

古洞閑嚴所

□仙府□古

况是隔塵缘

图 4–35　无名氏题五言绝句墨迹

▼ 4.3.34　刘可传等题名墨迹

整幅高 0.20 米、宽 0.30 米。现场编号为 31。右至左竖排 3 行。楷书，已被溶蚀（图 4–36）。内容如下：

□□三年劉可傳

弟劉可大

到此

图 4–36　刘可传等题名墨迹

▼ 4.3.35　税仲修等题名墨迹

整幅高 0.40 米、宽 0.20 米。现场编号为 35。右至左竖排 5 行，楷书，已被溶蚀（图 4–37）。内容如下：

倉街像

本里税仲脩同善友□

遇壬辰元宵日遊此仙景

是日□由□魏正李興政徐

□□

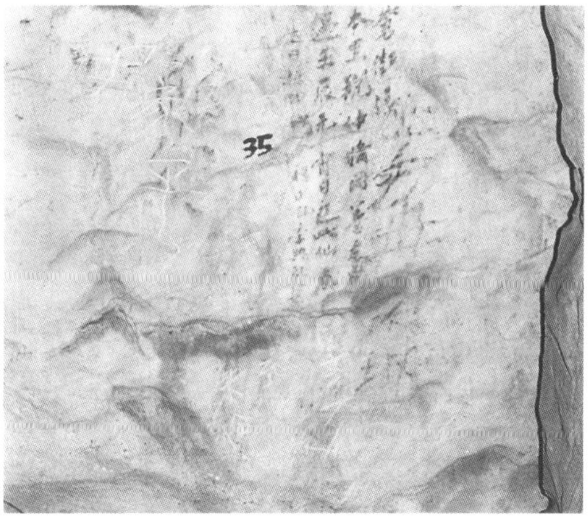

图 4–37　税仲修等题名墨迹

▼ 4.3.36　仙小留五禅题名墨迹

整幅高 0.20 米、宽 0.13 米。现场编号为 34。右至左竖排 3 行。楷书，已被溶蚀（图 4–38）。

内容如下：

元□三年正月廿一日

仙小留五禅到此

一行二十柒人

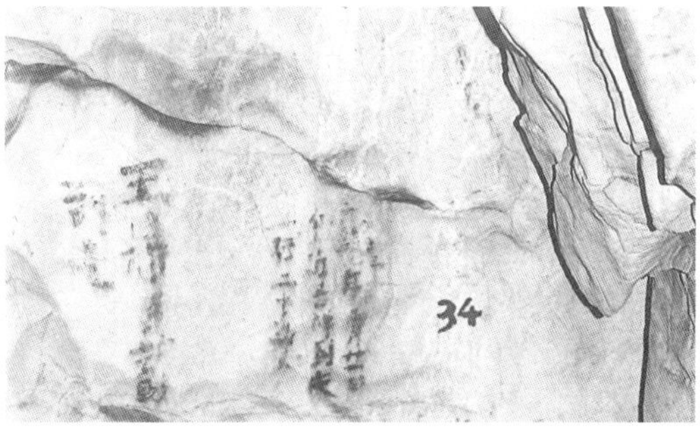

图 4–38　仙小留五禅题名墨迹

▼ 4.3.37　吴晓师题名墨迹

整幅高 0.26 米、宽 0.12 米。现场编号为 32。右至左竖排 2 行。楷书，已被刻划（图 4–39）。内容如下：

封崇吴曉师

两遊仙洞

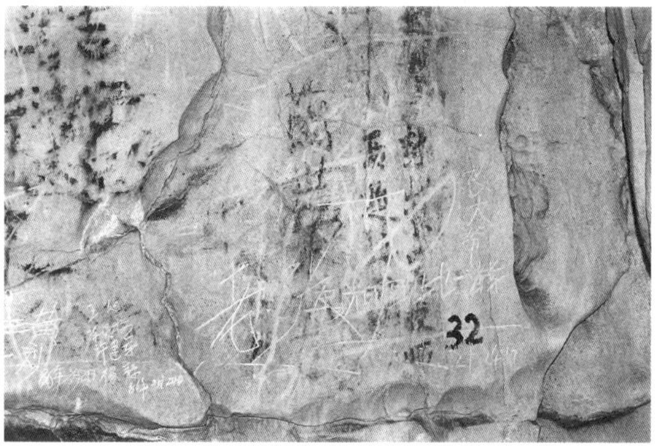

图 4–39　吴晓师题名墨迹

▼ 4.3.38　至元三年吉□鸿题名墨迹

高 0.40 米、宽 0.12 米。现场编号为 36。右至左竖排 3 行，楷书，已被溶蚀（图 4–40）。内容如下：

至元三年正月

吉□鸿初使呈□

一行□□

▼ 4.3.39　题蕴道徐公记墨迹

整幅高 0.50 米、宽 0.40 米。现场编号为 37。右至左竖排 11 行。楷书，已被溶蚀（图 4–41）。内容如下：

先君蘊道徐公号狙一子庯□爲道士□□□

神仙不解異護□仙□灵□□□□投神仙□□

□极使鬼神之□□□□民致於□□□□

雨有□八次既□□□□□□之□□□

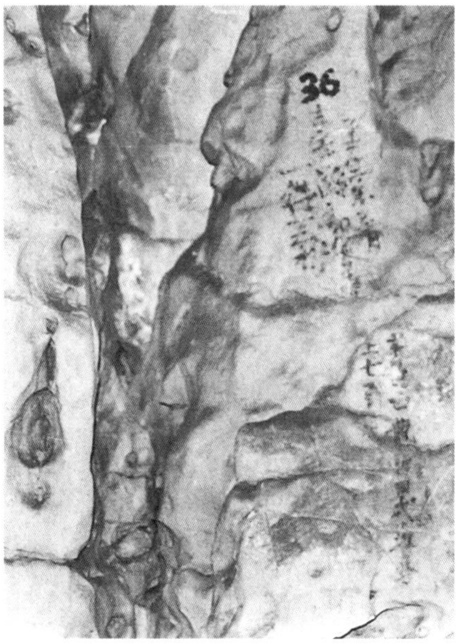

图 4–40　至元三年吉□鸿题名墨迹

图 4–41　题蕴道徐公记墨迹

□□無惜平後□□□之兄郡□化之

□亦在□万中□下□□情□□神

□山□□癸□年□□巫山再遊

到此邑西□□徐□□公□

庠□

本邑西农□□□□等

上七到此

▼ 4.3.40 嘉定七年题清水洞记墨迹

高 50 厘米、宽 40 厘米。现场编号为 48。右至左竖排 14 行。楷书，已被溶蚀（图 4–42）。内容如下：

图 4–42 嘉定七年题清水洞记墨迹

□□□記

□□□雲□游清水洞此洞乃

神仙□□□□□□□你也有相

□□□□□□人云不各守□□

□□□□□□故此□□□者□□勉

□□□□□□□□恭則□□□□□□

……

嘉定七年歲邑□□□□□□□□□□

……

▼ 4.3.41 付兴题名墨迹

高 0.70 米、宽 0.30 米。现场编号为 38。右至左竖排 3 行。楷书，已被溶蚀（图 4–43）。内容如下：

……十日到□

付興

□□也來

图 4–43 付兴题名墨迹

▼ 4.3.42 吴纪题记墨迹

整幅高 0.60 米、宽 0.50 米。现场编号为 41。右至左竖排 9 行。楷书，已被溶蚀（图 4–44）。内容如下：

固陵吳紀題

人物如公本廟堂肯来仙洞訪寒□

此中空洞□无物轉作□□大道場

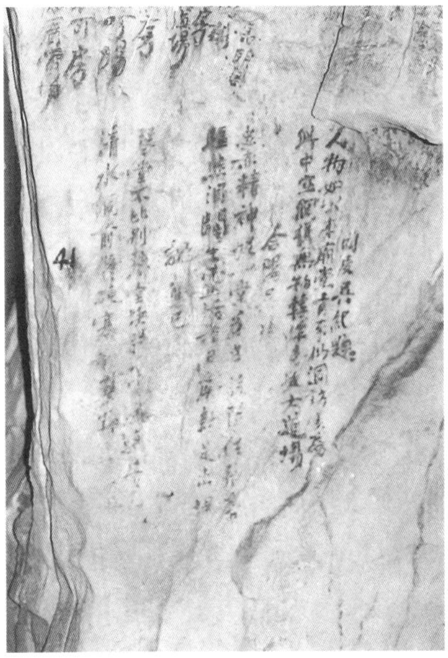
图 4-44　吴纪题记墨迹

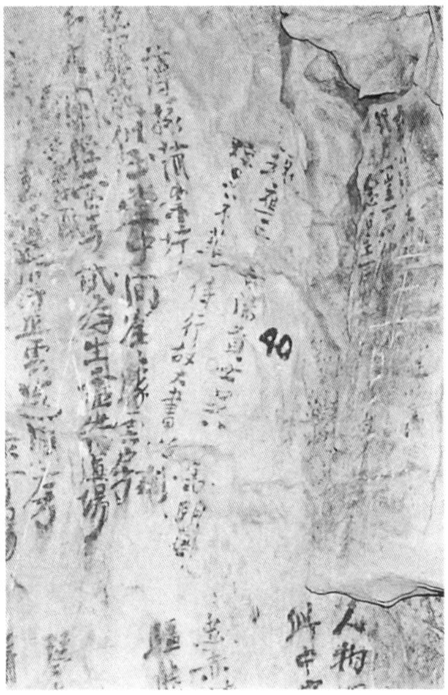
图 4-45　吴不华等题名墨迹

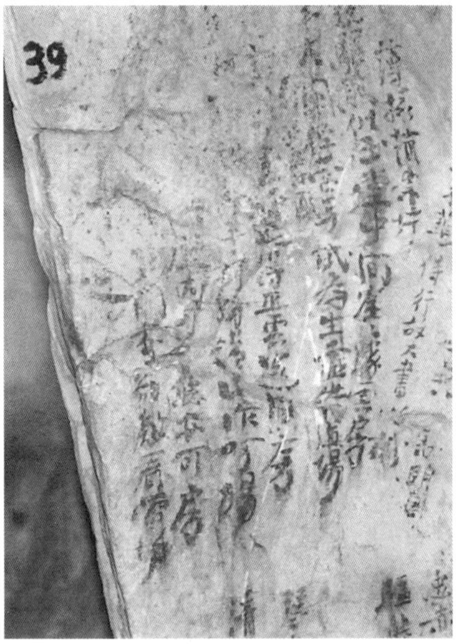
图 4-46　簿拯题记墨迹

合陽吴□

忠赤精神於一堂为民設險佳□□

驅熊洞闢生靈活指日□封是出垻

說自已

琴堂不比别琴堂决勝□□□□□

清水洞前修硬寨廟□□□□□□

▼ 4.3.43　吴不华等题名墨迹

整幅高 0.40 米、宽 0.07 米。现场编号为 40。右至左竖排 2 行，楷书，已被溶蚀（图 4–45）。内容如下：

釋庙已□合陽資士吴□明固

陵吴不華侍行故大書□□

▼ 4.3.44　簿拯题记墨迹

整幅高 0.58 米、宽 0.26 米。现场编号为 39。右至左竖排 8 行，楷兼行，已被溶蚀（图 4–46）。内容如下：

簿拯□崇□□

聞説驅船似玉堂中间窟勝雲房

君来此洞浮誓□诚为生灵借道场

□□□□□□□得巫雲迸洞房

□□□□□等何坊□此作□陽

□□□□□□□内可爲厅亦可房

□□□□□□□□門□□□□□□

□□□□□□□

▼ 4.3.45　无名氏题清水洞避难记墨迹

整幅高 0.53 米、宽 0.35 米。现场编号为 42。右至左竖排 10 行，楷兼隶，已被溶蚀、刻划。（图 4–47）。内容如下：

□在乙亥下流失守史□□□□□

攝是邑战御霸驟之□□□□□□

上流道鲜等狡謀叵测有関□提巫

之傳史君因黄壇進簡后得觀

此洞見其窈而闊邃而深奚上容民数

百衆遂築洞関之険□□

斬敌可護□□之以爲□□

李公得之□□□□□□□□

理则一豈可以仙□□□□□□□□

九月念日主□□□□□……

图 4–47　无名氏题清水洞避难记墨迹

▼ 4.3.46　无名氏题七言绝句 2 墨迹

整幅高 0.30 米、宽 0.31 米。现场编号为 43。右至左竖排 6 行。楷书，已被溶蚀（图 4–48）。内容如下：

□□□□□桃源

明□□□儒道仙

□□□□□不遇

□□□□□□□

……

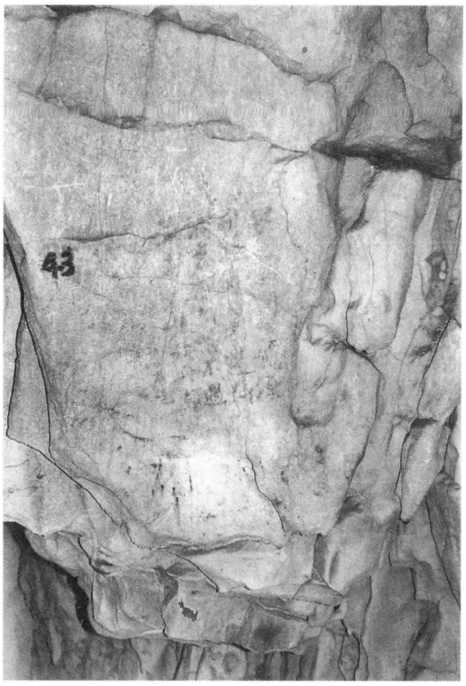

图 4–48　无名氏题七言绝句 2 墨迹

▼ 4.3.47　无名氏题七言律诗墨迹

整幅高 0.40 米、宽 0.24 米。现场编号为 45。右至左竖排 6 行。楷书，已被溶蚀（图 4–49）。内容如下：

久聞清水洞□□

天下名山□□□

古今賞家創會□

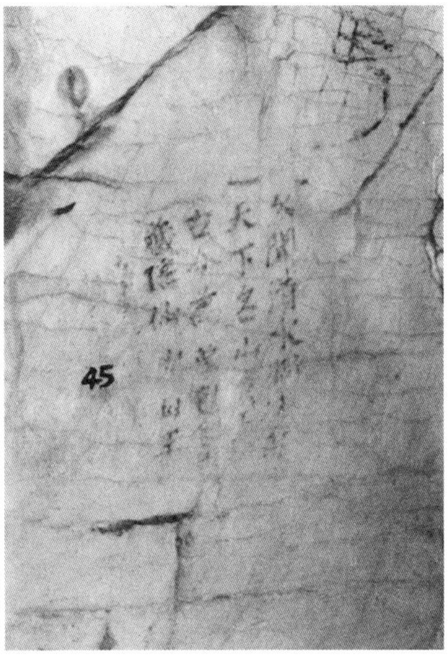

图 4-49　无名氏题七言律诗墨迹

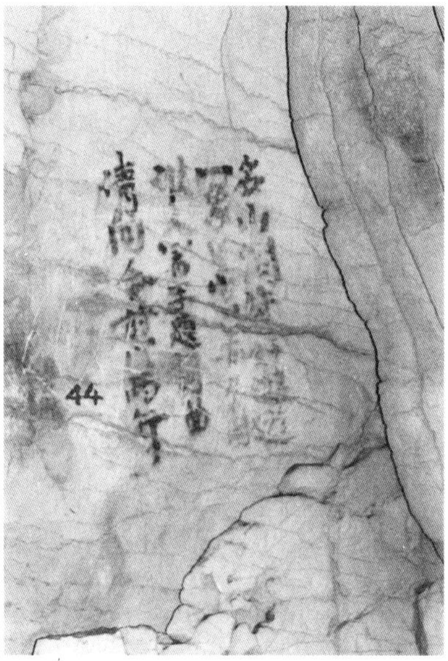

图 4-50　无名氏题七言绝句 3 墨迹

图 4-51　同治元年纪守智等题捐修清水洞摩崖题记

藏億仙歳树王□

□□□□□□□

□□□□□□□

▼ 4.3.48　无名氏题七言绝句 3 墨迹

高 40 厘米、宽 25 厘米。现场编号为 44。右至左竖排 4 行。楷书，已被溶蚀（图 4-50）。内容如下：

名山洞時好遨游

一象□當赤□图

谁人着手題詞曲

請向□前門兩岸

▼ 4.3.49　同治元年纪守智等题捐修清水洞摩崖题记

整幅高 0.40 米、宽 0.25 米。楷书阴刻，已被刻划（图 4-51）。内容如下：

分上下两部分。

上部右至左 横排。楷书阴刻“人和砦[①]”3 字，字略大；

下部右至左 竖排。楷书阴刻，内容如下：

聞之天時不如地利地利不如人和始信衆志成城之訊詢

不誣也仝峡□此石硐之設特形勢与恃人心歟二者俱不可廢但

① 今通行字作“寨”。

愿吾輩凑金創修以後人心形勢兩有所資庶幾以人和

保其地利焉是爲序

地主紀守智、紀天受、紀天祥①

此庠五排衆姓仝創所有名目注簿存留捐修巳次

共用费計弎百零八千五十文正

同治元年正月穀旦立

4.4 景定癸亥徐宗武② 题《大宁监③ 创筑天赐城记》④

大寕雖友郡，實夔峡後户金洋要衝。自邇年虜常突至，生聚日秏，為無城故也。壬戌仲秋余來帥夔，奉總鎮率吕公命俾就監擇地興築一城，為保聚計，卽相視形勢，去昔監四十里得一山焉。名曰天賜，高險可守，具聞於朝獲命下可乃計徒庸慮材，用書餱糧，卜吉起築，調京湖戍夔總管白思恭部兵董役，知監事張宣，乃宣使祥之子，挺有父風，曉畅軍事。奉命惟謹，相與戮力共濟其事。自景定三 年十一月上澣興工，抵明年四月朔告成，周圍計九百六十餘丈，粉雉矗空，樓櫓 連雲，官有廨，糧有廩，兵有營，戰守及備靡不悉。周商賈往來，居民還定，耕屯日辟，跨兩冬而虜不敢窺視，此興築之效也。雖然此城之築豈特爲一郡計哉，籓籬謹固可爲金城之蔽障，氣脉聯络可爲夔峡之聲援。殆天所以賜國家业。誠不偶得繼自今任郡守者，當思經始之難而盡保守之力。一日必葺，克勤王事，體余 創築之本心也。其懋敬之工費有籍不書。

景定癸亥季冬吉日右武大夫左屯衛大将軍知夔州主管夔路按撫司公事節制 本路屯戍軍馬固始縣開國男食邑三百户徐宗武記。文林即中差大寧監判趙孟柏篆額書丹。

武功即閤门宣贊舍人權發遣大寧兼管勸農事節制屯戍軍馬張奉命勒石

《一統志》天賜城在廢大昌縣西六十里，宋將廉康所筑，景定中守將徐宗武 立石。

---

① "守智""天受""天祥"三者在"紀"下并列。

② 徐忠武，领兵守卫淮右地区的白帝城守关大将。其官右武大夫，左屯卫大将军，知夔州，主管夔路安抚司公事，节制本路屯军马，南宋朝廷封为固始县开国男，食邑三百户。宋景定元年，忽必烈即汗位后，蒙宋两军在四川围绕要冲山寨抗拒元军入关，景定五年，徐宗武在瞿塘峡石盘之上竖立铁柱，铸"守关大将徐宗武"等字，横跨大江至南岸牛鼻洞置铁链拦江，今日尚存，字迹可辨。

③ 北宋开宝六年（973）以大昌县盐泉所置，治所在今重庆市巫溪县北八里前河乡（门洞）。明曹学佺《蜀中广记》卷 53 大宁县："与治侧永安城相对，取安宁之义也。"端拱元年（988）徙治今巫溪县。元至元二十年（1283）升为大宁州。

④ 此文录自清道光《夔州府志》艺文卷。

第五章　奉　节

5.1　瞿塘峡壁题刻

▼ 5.1.1　光绪二十九年鄂芳[1]书“瞿唐”并跋

整幅高 2.10 米、宽 3.40 米，有边框。右至左横排。楷兼行，阴刻“瞿唐”2 字，字高 1.60 米、宽 1.10 米；“瞿唐”2 字左侧右至左竖排，行书阴刻有跋文，刻字均填以绿色（图 5–1）。跋文如下：

瞿唐連崖千丈，奔流电□，古称天下險峻。予守夔經年，政教無裨於民，幸滩神庇荫，得慶安瀾。将去，與吾友孫毅侍、鉄劍峰、張伯翔、邱序西同遊，書二字於石志鴻爪，並以答神庥云。光緒二十又九年知府事長白鄂芳並跋。

图 5–1　鄂芳书“瞿唐”并跋题记（原址）

① 鄂芳，字兰谷，时人称鄂兰谷。长白蒙古人。工诗词，善书法。光绪二十八年（1902）任夔州知府，兴建夔州府中学堂，撰有《经始记》刊于校壁。光绪三十年离任。

▼ 5.1.2 光绪二十三年刘心源[①]书“夔门”并跋

整幅高 2.40 米、宽 5.50 米，有边框。右至左横排，隶书阴刻“夔门”2 字，字高 1.00 米、宽 1.25 米；“夔门”2 字左侧右至左竖排篆书阴刻有跋文，刻字均填以绿色（图 5–2）。跋文如下：

余以土匪警鐫夔门二字於石，爰為銘曰：勿险而狃，遏寇安寇，誰與门者？ 曰惟太守，汝民不圉，堂階生虎。厥門胡堵？門乎人乎？夔其振乎？

最后右至左隶书竖排刻“去春来郡，□銘夔門。夏間嘱會稽陶在寬書‘夔门’二字，各以事置之。今夏又嘱江夏吴光耀为文。未几，而余调任成都。既欲毕颂，又苦无暇。吴作字多未易上石，而陶书复不能待，乃自书‘夔门’并銘刻之。大清光緒二十三年九月廿日調补成都府知夔州府事嘉魚劉心源記。選工合肥蒯德桐监刻武进劉鼎元刻字馮裕發”。

图 5–2 刘心源书“夔门”并跋题记（原址）

▼ 5.1.3 乾道七年赵不忧撰《皇宋中兴圣德颂》[②]

整幅高 4.10 米、宽 7.20 米，有边框。右至左竖排。楷书阴刻。字径 20 厘米（图 5–3）。全文如下：

① 刘心源，字幼月，湖北嘉鱼人。光绪年间进士，吏部主事。光绪二十二年，任夔州知府，适奉节北乡农民唐皋率饥民抗拒官绅，声震川东，刘心源剿抚兼施，事遂平。为此，刘撰《夔门铭》，嘱他人为铭文题字撰，因故未果。第二年秋，刘调成都知府，行前自书“夔门”二字和铭跋，由其幕僚刘鼎元、蒯德桐安排刻于瞿塘峡南岸石壁。

② 参考《白帝城历代碑刻选》。

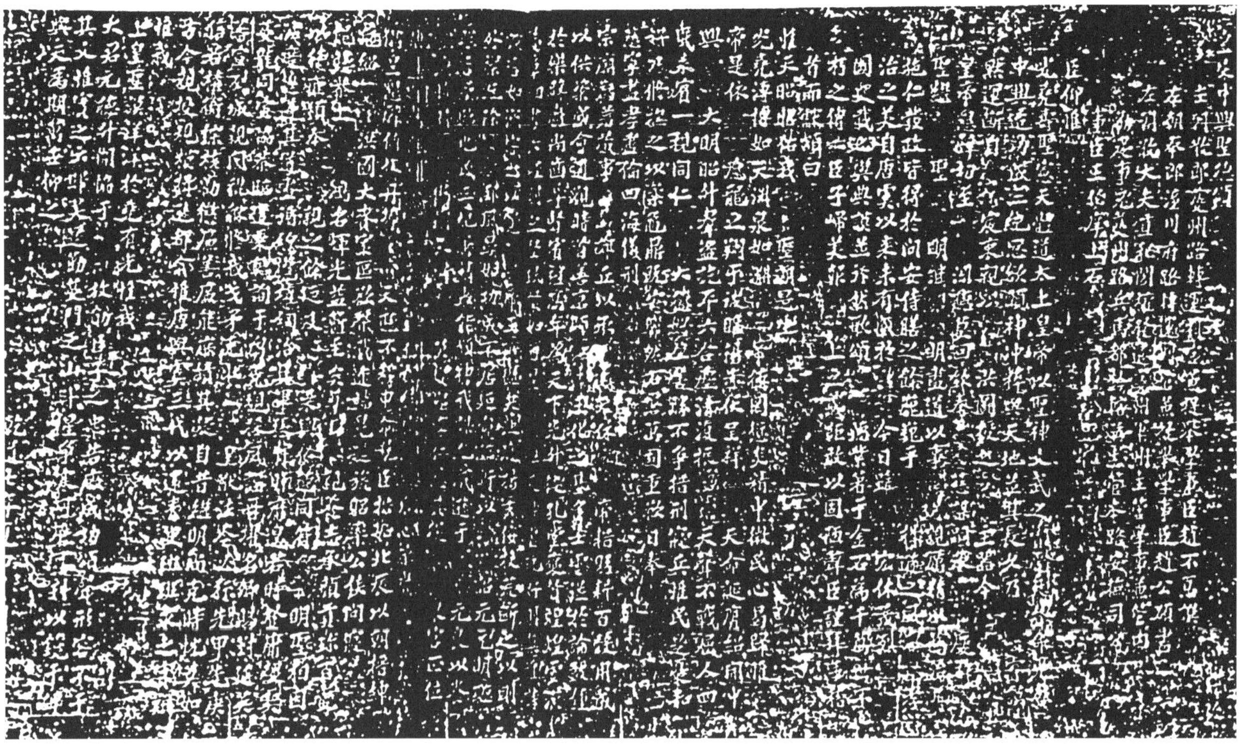

图 5-3　赵不忧撰《皇宋中兴圣德颂》题记拓片
（引自《白帝城历代碑刻选》）

皇宋中興聖德頌

左朝散郎夔州路[1]轉運判官兼提舉學事[2]臣趙不悳[3]撰

左朝奉郎潼川府路轉運判官兼提舉學事臣趙公碩書

左朝散大夫直秘閣權發遣夔州軍州主管學事兼管内

勸農事充夔州路兵馬都鈐轄兼主管本路安撫司公

事臣王伯庠[4]上石

臣仰惟光堯壽聖憲天體道太上皇帝以聖神文武之資受天眷命光啓中興。迨功成三紀思欲頤神冲粹，與天地並其長久。乃睿謨默運，斷自宸衷，親以洪圖授之主器。今皇帝悬辭切至，淵聽莫回，欽奉慈謀，嗣承慶祚。聖繼聖明。繼明盡道以事親，厲精以為治。凡施仁發政，皆得於問安侍膳之餘。巍巍乎揖遜之風，孝治之美，自唐虞以來未有盛於今日。雖宏休茂烈，國史載之與典，謨並垂然歌頌德業，著于金石，為千萬世不朽之傳，亦臣子帰美報上之義，詎敢以固陋辭？臣謹拜手稽首而獻

① 宋代地方行政分为路、府（州、军监）、县三级制。路的行政长官为经略安抚使，掌一路一民兵之事。

② 转运判官兼提举学事：掌管全路财赋，同时监管学校教育。

③ 赵不忧，字仁仲，宋宗室。绍兴二十七年（1157）进士，出任开州（今开县）知府时兴办学堂，改变鄙陋民俗。郡有盐井，旧时地方长官安置亲信以营私利，其任用贤能，尽收盐利；后调任夔州路转运判官兼提举学事，颇有政绩；又转任成都判官。在夔期间，撰写《中兴圣德颂》，由橦川府路赵公硕书，由王伯庠刻于崖壁。赵公硕亦宋宗室。

④ 王伯庠，南宋乾道五年（1169）夔州郡守，捐俸建夔州大贡院，据载一毫未取于民。

頌曰：惟天昭昭佑我聖朝，是生光堯溥博如天，渊泉如淵，帝德罔愆，炎精中微，民心曷歸？惟帝是依。應龍之翔，於彼睢陽，赤伏呈祥。天命誕膺，紹開中興，大明昭升。羣盗訖平，六合塵清，濩振天聲。不戰屈人，四夷来賓，一視同仁。大德好生，善勝不争，措刑寢兵。惟民是憂，和好乃修，撫之以柔。龜鼎既安，巋然石磐，萬國重歡。日奉慈寧，盡孝盡倫，四海儀刑。宗廟為羞，蔵事郊丘，以承天休。帝藉躬耕，百穀用成，以供粢盛。會通觀時，首善京師，王化之基。多士雲從，於論鼓锺，於樂辟雍。尚齒尊賢，賔禮高年，為天下先。升彼孔堂，褒賛煌煌，雲漢為章。細書六經，刻之堅珉，粲如日星。性天冲虛，玩好則無，惟詩與書。用損持盈，散利薄征，有孚惠心。惻怛至誠，庶狱哀矜，罪疑惟輕。讜言如瀾，容之以寛，帝王所難。央决庭揚，去佞投荒，斷之以剛。外禦既除，邦風晏如，功成不居。迺命臨軒，以詔元元，明聽朕言。予臨兆民，三紀垂精，未能頤神。我謀允成，遜于元良，以養壽康。惟時儲闈，天挺英姿，聖孝仁慈。其從東宫，正位九重，嗣我無窮。神器巍巍，付託得宜，朕心庶幾。儲皇懇辭，俯伏丹墀，天聽不移。申命羣臣，拱如北辰，以朝措紳。勉紹洪圖，大赉寰區，歡聲載途。端冕凝旒，躬率公侯，问寢龍旌。恭上鴻名，輝光益薪，至矣尊親。養志承顔，貢琛百蠻，以德匪頒，奉親之餘。迺及乘輿，倫德同符。明聖相因，鴻度是遵，其道盡循，總攬權綱，治具畢張，宵旰靡遑。若時登庸，稷契夔龍，同寅協恭。臨遣乘軺，詢於芻荛，觀採風謠。晋 擢名卿，賜對延英，蕃宣列城。親閱貔貅，修我戈矛，克壮皇猷。法令必行，先 甲先庚，信若權衡。综核劝懲，廉善廉能，庶績其凝。自昔繼明，尚克時忱，莫 如方今。親授規模，揖遜都俞，惟唐与虞。三代以還，青史班班，求之實艱。惟我上皇，聖謨洋洋，於堯有光。惟我大君，元德升聞，恊于放勲。臣子之忠，告厥成功，頌聲形容。不於其文，唯實之云，歸美是勤。夔門之山，斗星爭寒，可磨可刊。以鑱於碑，與天爲期，萬世仰之。

乾道七年夏四月刻。

▼ 5.1.4 光绪乙酉鼎实父题七言律诗两首

整幅高 1.00 米、宽 1.90 米，有边框。右至左竖排。楷书阴刻（图 5–4）。全文如下：

图5–4 鼎实父题七言律诗两首题记（复制）
（引自《瞿塘峡壁题刻保护工程报告》）

白帝城懷古

縹緲飛樓聽鼓茄，荒城落日望三巴。漢朝自厄黄皇室，蜀土終成赤帝家。飛鳥啼猿争绝巇，卧龍躍馬共寒沙。凄凉更有東屯老，王殿空山想翠華。實父再題

晚泊廣谿峡

青辟無梯響杜鵑，两崖交壓客帆偏。風雲猿鳥三分地，星斗魚龍一寸天。陣礦久迷

臣亮後，江流猶想帝堯前。时清不用觀形勝，奇绝山川付酒邊。光緒乙酉春沅南易順鼎實父題

▼ 5.1.5　景泰甲戌沈庆[①]题七言律诗两首并序

整幅高 0.90 米、宽 1.60 米，有边框。右至左竖排。楷书阴刻（图 5–5）。全文如下：

予因巡歷瞿施，邊繳舟抵夔府上峽，獲覩天橋鉄纜之勝槩，八陣圖之高古。遂喜而忘險，庸賦近体詩二章以紀勝覽云爾。

三峽瞿塘據上游，險由天設古今留。云煙翳澍猿猱下，風浪翻江賈客愁。山勢西来開蜀道，水声東去會湘流。天橋鐵柱連鐶鎖，駐節看碑忘遠遊。

右賦瞿塘上峽

武侯韬略世間無，教战精排八阵圖。江水漫游遺故石，舟人指点説神謨。忠懷繼統端歸漢，恨失当时遽並吳。飞鳥長蛇慨高古，英風千載颯寰區。

右觀八陣圖

大明景泰甲戌歳春三月既望奉政大夫朔廣等處提刑按察司僉事食四品禄前翰林院五經博士東溪沈慶識。

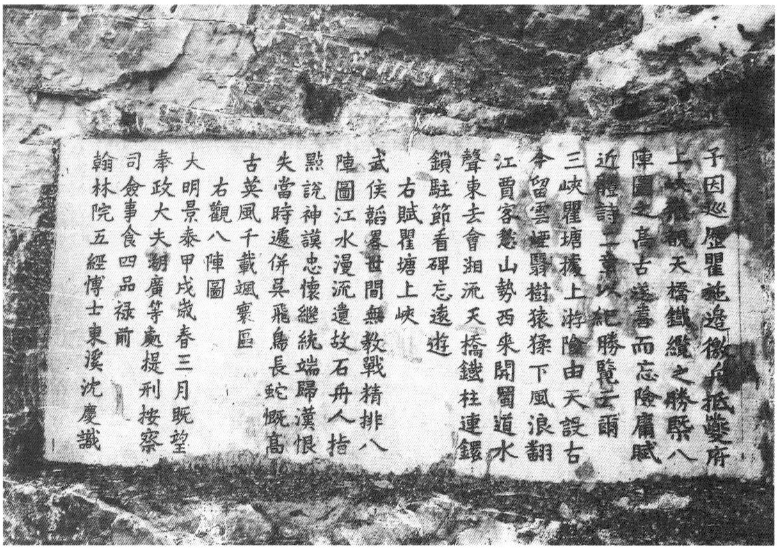

图 5–5　沈庆题七言律诗两首并序题记（复制）
（引自《瞿塘峡壁题刻保护工程报告》）

▼ 5.1.6　同治辛未蔡希齐题七言律诗三首

整幅高 0.80 米、宽 3.90 米，有边框。右至左竖排。楷书阴刻（图 5–6）。全文如下：

入峡　宋郡[翟]灝题

巴蜀三峽天下無，奇形偉狀相懸殊。雲椎拔地破空立，矗遮半壁西南隅。昔間神异岂未到，夢

① 沈庆，明朝著名诗人。代宗时任翰林博士。景泰五年，巡视湖广、四川等地，到夔州府游览胜迹，留有《瞿塘上峡》和《观八阵图》两首律诗。

图 5-6 蔡希齐题七言律诗三首题记（复制）
（引自《瞿塘峡壁题刻保护工程报告》）

寐往往先馳驅。今載披襟騎遊目，撥艇載酒帆不孤。更歷幽深 選名跡，一曲一折何崎 嶇。陰嚴青翠備四序，懷猿攀缘聲亂呼。怒浪摩崒日月影，石窐開闔風雨俱。造化有功功難寫，名之弗可爲擬摩。禹跡到處極神怪，綿亘千至趋夔巫。眉州坡老最解事，入峡出峡成歡娛。高吟无言已括盡，續貂誰敢毫再濡。春水瀉来西天上，倒满東海浮五湖。人生樂事本无幾，此境不 述真鄙夫。前賢缺留后賢補，聊叙真面存不誣。載訪歷代丹青手，畫我扁舟入峡圖。

峡中歌

纔過荆襄路幾程，茫茫煙水片帆輕。從今便是川江道，萬壑千峰数不清。黄陵廟古杜鵑啼，人祷湘妃渡恶溪。一發青天望不盡，滩聲直打枕邊低。棹鼓喧闐下水船，惊雷掣電去茫然。山重水復都不管，直泊彝陵浣石邊。新妇摇桨棹歌聲，伊啞悠柔繞岸行。多少險滩過不得，大家牵纜走縱横。寶劍兵書倒指看，經綸能否助郎官。重嚴古穴有人住，欲写臨風下筆難。屈原香溪何處求，楚王臺在岸南頭。滩聲日打女墻下，人説此間即歸州。晚風又過巴東縣，楚地蠻天两界分。滩响猿聲共激烈，他鄉遊子不堪聞。面前峭壁疑無路，转棹忽然又一天。目□眼花心何著，一曲一折有百千。日出泊船依翠屏，眼前山色最空靈。舟人能説襄王事，十二巫峰依舊青。黑石黄牛取次過，浪花翻日滚婆娑。

船头昔听巴人女，間唱竹枝三峡歌。奇險文章自此開，果然太白是仙才。哦詩摹境未能了，已到瞿塘滟滪堆。万派西来勢若奔，滔滔一水瀉夔门。吴船蜀撸商争集，灯火当闤夜市喧。

峡口感眺

關指瞿塘據地雄，樓船摆道走天風。東吴不並由天幸，只剩寒雲鎖故宫。八阵雄圖遺恨長，横江鐵鎖隔斜陽。停舟吊古夔门口，白帝城高草木荒。赤甲白盐天下奇，少陵當日咏新詩。東屯明月已非昔，儒雅風流尚在兹。茶罷重登開濟堂，燹餘人物慶豐穰。范舟满載斜陽外，又见翻新雪稻香。

同治辛未夏月属门人蔡希齊

[1] 峰痕律削水潺缓，道是天分楚蜀關。猛听鄰舟故乡語，漢南不似此湖山。我生未歷山川險，乍過夔门亦大觀。到底襟怀要恢扩，逢瀛前路總平慢。茶當詩卷載舟行，煙景蒼茫動客情。何物伴渠遊□笔，此遊能勿愧班生。上头詩已題崔灝，得句迟迟怯未干。放胆镌留数行字，碧臺籠當碧紗籠。

楚北蕲水蔡希齊漫題。

▼ 5.1.7　民国丙了毛书贤[2]撰《夔门铭》

整幅高 1.70 米、宽 3.30 米，有边框。右至左竖排。篆书阴刻（图 5-7）。全文如下：

夔门銘

壮哉夔门，翠耸煙霾。壹江蟠繞，双岬云緋。舟沔摧檣，马過銜橛。从岂天難，望之心鯱。獨

图 5-7　毛书贤撰《夔门铭》题记（原址）

① 此后字略小。

② 即毛子献，字书贤，号希圣。晚年号借园老人。奉节人。自幼聪慧好学。宣统元年拔贡，分赴江西候补知县，辛亥后返乡，历任中小学校长、县视学。民国八年末哈尔滨东省铁路公司宋铁梅幕中教读，民国十一年返乡，从事教育，管理财政，编纂县志，多有建树。民国三十六年迁居成都，中华人民共和国成立后任四川省文史馆研究员，四川省政协第二、三届委员。工于诗文，擅长书法。有诗集《借园诗草》。白帝城、瞿塘峡、观音岩都有其所书碑刻、石刻。

夫可當，仄洏可对。天府之國，自古稱雄。胡来輪舟，倒流峽水。胡来飛艇，騰空如矢。此而雲險，一奚有焉。所憑惟德，周臣三人。精誠团結，能開金石。山移以愚，海填以翮。卧薪尝胆，破釜沉船。何耻不學？何敌不殲？兵驕者敗，兵忿者滅。直壯曲老，勝負可决。日出東海，没於西方。我当太白，氣吞遐荒。全川鎖鑰，豈容窺伺。祸福循環，亀卜数記。蓬莱随波，轉軸靡常。瞥见沧汩，濯足扶桑[①]。

毛書賢撰并書，民國丙子歲元日刻石。

▼ 5.1.8 民国壬戌马林题七言律诗

整幅高 1.80 米、宽 2.20 米，有边框。右至左竖排。隶书阴刻（图 5–8）。全文如下：

契稷空懷志未償，瀼西惜不遇明王，功名遺恨傾夔閣，詩史流芳著草堂。三載僑棲三峡裡，萬年感繫萬樓旁，此来亦是悲秋客，酾酒臨風奠一觞。

左侧落款为“辛酉秋余以川軍援鄂自治便道過夔因訪少陵故居感賦七律貳章壬戌春再至此遂書之於石，皖怀馬林”。

图 5–8 马林题七言律诗题记（原址）

▼ 5.1.9 民国三十五年冯玉祥[②]题五言律诗

整幅高 2.60 米、宽 5.60 米。右至左竖排。隶书阴刻（图 5–9）。全文如下：

① 此处有方孔，“桑”字不全。

② 冯玉祥（1882—1948 年 9 月 1 日），字焕章，原名基善，原籍安徽省巢县（今安徽巢湖市），生于直隶青县（今属河北沧州市），中国国民革命军陆军一级上将，西北军阀。有“基督将军”“倒戈将军”“布衣将军”之称。1911 年辛亥革命爆发后参加滦州起义，1921 年任陕西督军；1924 年发动北京政变，推翻直系军阀控制的北京政府，并将所部改称为国民军，任总司令兼第 1 军军长；1926 年赴苏联考察，同年 5 月加入中国国民党，9 月在绥远五原誓师，率西北军出潼关参加北伐战争。1930 年与阎锡山组成讨蒋联军，中原大战失败后隐居；1933 年在察哈尔组织民众抗日同盟军，任总司令；1935 年任国民政府军事委员会副委员长；1948 年被选为民革常务委员和政治委员会主席。1948 年 7 月回国参加新政协会议筹备工作，同年 9 月 1 日因轮船失火遇难。

图 5-9　冯玉祥题五言律诗题记（原址）

打出夔門去，驅逐小倭寇。我曾題此語，刻在崖上頭。勝利還都日，此願果已酬。仍須共争取，和平與自由。

左側落款右至左竖排。小字隶书阴刻“民國三十五年五月二十九日乘民聯輪离渝還都再過奉节題此以留紀念巢縣馮玉祥題”。

5.2　锁江铁柱及其题刻

▼ 5.2.1　铁柱溪礁石至元十九年无名氏题七言律诗（编号 1）

整幅高 1.68 米、宽 2.00 米。右至左竖排 12 行。楷兼隶，阴刻（图 5-10）。内容如下：

鎮國上将军鎮蛮

郡元帥宣慰使

郝公□石刻屯

白帝城□青草□

黄牛峡□水波清

图 5-10　铁柱溪礁石至元十九年无名氏题七言律诗题记

追思昭烈千年事

常使英雄氣不平

大元至元十九年敬

次壬午春仲九日

奉□天四川西道宣

使□阳□男□

□□

▼ 5.2.2　长江左岸景定甲子贾似道[1]题记（编号 2）

整幅高 2.00 米、宽 2.00 米。右至左竖排。楷书阴刻（图 5-11）。全文如下：

图 5-11　长江左岸景定甲子贾似道题记

四川策應司甲据夔路徐安撫申照會宗□昨面奉指挥瞿唐關两岸□□洞打造鐵纜橋舡。於中堆鋳鐵柱兩条，又於獅子石鑿纜一条，過照鏡□。□急護民舡除□遵稟一年有餘，鉄纜已成橋舡鐵柱已就石洞。已奉聖十二月初六日□橋鎖江了畢，并将諸項兵船就行水教今舟圖本綫由大使司乞備由朝廷照會造鐵柱打鉄纜鑿石洞。人工所費約用過十八界貳拾餘萬，□下曾申請朝廷制司錢贯并條策□□□錢贯，及本司自行撙即让置即与朝廷一躰所合，□□□□貽子一項鎖江橋索战舡又□来應故事不同欲望。備朝廷劄下本司礁石于鎖江□后任照年例安搭如此，則方是鎖峡爲萬萬年古跡。石本司仝将前項所申真本事，□并所立圖一本□□。伏乞照會申聞事□照得造橋鎖江一方甚钜。徐安撫不科请面辨，可謂盡保障。□又望来者之能繼乞鐫之石，□亦为經久之慮告成。□□備見忠□但□□險在□有形有□已劄□□ 應大使司照

① 贾似道，字师宪，南宋末年台州人。宋理宗贾贵妃之弟。淳祐九年，为京湖安抚制置大使，次年镇守两淮。开庆元年任右丞相，领军救援鄂州，私下向蒙古忽必烈乞和，答应称臣缴纳贡银。蒙古兵退后，谎称大胜。此后专权多年，用重法督责武将，推行“公田法”，贱价购买大量土地。度宗时，权势更胜，封为太师，负责军国重事。朝廷大事都在西湖葛岭私人宅第中裁决。襄阳被元军围攻数年，他隐瞒军情，不以全力支援。德祐元年元军沿江东下，他被迫出兵，在鲁港大败，不久，被革职放逐，在福建漳州木绵庵为监送人郑虎臣所杀。

應外□右劄□□□□□撫□司當□□□護□□一申□使成□□□□□□□。

□定伍年五月□日

宋景定癸亥□□□□□徐宗武□□奉

□……□京四川宣撫□吕公文德指授鑿洞打舡铸鐵柱造鐵纜……年古迹□申□朝廷恭奉

□察□劄□□□挥□□□□□景定甲子仲春□□護跤□□□□

當朝大□□賈公似道

▼ 5.2.3　长江右岸景定癸亥贾似道题记（编号 3）

整幅高 1.20 米、宽 1.20 米。右至左竖排 8 行。楷书阴刻（图 5-12）。内容如下：

帥守淮右徐宗武①面奉

開府兩鎮節度京湖制

置大使四川宣撫大使

吕公文德②指授鑿洞打舡③

铸鐵柱造鐵纜鎖瞿唐

闕永爲萬萬年古跡景

定癸亥季冬吉日記石

當朝大丞相賈公似道

图 5-12　长江右岸景定癸亥贾似道题记拓片

（引自《白帝城历代碑刻选》）

▼ 5.2.4　长江右岸单元亭题记（编号 4）

整幅高 0.70 米、宽 0.50 米。右至左竖排 5 行。楷书阴刻（图 5-13）。内容如下：

石匠頤田大

部役路将王明

鎖江路鈐□□

總管總制提

督单元亨

图 5-13　长江右岸单元亨题刻

①“帥守淮右徐宗武”指领兵守卫淮右地区的白帝城受关大将徐宗武。时徐宗武任右武大夫、左屯卫大将军、知夔州、主管夔路安抚司公事、节制本路屯戍兵马，被南宋朝廷封为固始县开国男，食邑百户。宋景定元年（1260），忽必烈即汗位后，蒙、宋两军在四川地区围绕各要地展开争夺。为拒蒙军入川，景定五年（1264），其在东瀼口瞿塘峡石盘上，竖铁柱两根，高 2.13 米，上铸“受关大将军徐宗武”等字，横跨长江至对岸牛鼻孔中，设铁缆 7 条，共计 925 米。

②“文德”二字略小。开府两镇节度京湖制置大使、四川宣抚大使吕公文德：开府，开建府署。两镇节度使，四川省宣抚大使，均为宋时地方军政首脑，吕文德曾先后担任该两个职务。

③舡（xiāng香），船。

5.3　润泽池相关碑记及文献[1]

▼ 5.3.1　清李仲良撰《重修润泽池碑记》

池所以瀦水也。夔俗無井，惟以竹引山泉蟠屈山腹間，竟至有數百丈而及于池者。夔人利之，歷有年所。杜詩云：“白帝城西萬竹蟠，接筒引水喉不乾。”即此謂也。予下車伊始，詢井養之義。惟時後山引水，諸筒日受風磨，漸就剝裂。爰從新更換，節節相引，一及利民池，一及龍王池。池有淤塞者，復從而濬淘之。以期竹能引水，水能注池也，於夔人不無小補焉。茲奉節縣錢警齋大令，復以東 門潤澤池尚需修補為予告。查此池為日已久，道光三十年萬令次榆曾爲之修，池 四面甃以石，石欄環之。八年，恩遇堂太守復濬深之，民稱便焉。凡此皆前之人分鶴俸以惠及夔人也，迄今又三十年矣。池為土偃，幾於地平。予爲夔人計，因商諸錢警齋捐廉復修，令任君慶堂董其事。池周圍三十餘丈，深二十餘丈，用石 層壘，以期無滲洩，且能供汲引以濟人。時城工甫竣，又以池中積土培補城根，一舉兩得，事莫有便於此者。予適因奉諱南旋，未竟其功。若夫，接竹引水以利民用，予固有志未逮也！請以俟同志之君子焉。

▼ 5.3.2　清汪志敏撰《重修古利民池记》

古利民池，嘉靖太守張公諱廷柏開浚瀦水，以鎮山形峭削，和燮夔地刚燥之氣，消火患、利濟民生者也。歲久淤塞，遂成平地，不復有池。余佐治永安十有餘載，奉使公出日居多，参贊郡事之時甚少，每見祝融示警，兵役搶救，雖有官民飲水數梘，涓涓细流，迅速急需，每不足以遏其炎炎之勢；取汲於江，道遠莫濟，均不能随时撲滅。延燒庐舍，慘目傷心。欲追張公遺績，又苦俸廉凉薄，力獨難勝。爰命奉節縣尉，属利民池附近所居绅士耆民，有願共勷斯舉者，咸听樂輸。不數日，而雲集響應。工竣池成，因勒石池畔，誌其所以。修筑疏浚並諸人與事之力，皆得鐫列姓名，俾後之君子臨池覩石，知此池乃前張公遺愛、紳士耆民共勷厥舉者。直叙其事，以爲之記。

5.4　光绪三十四年冯煦[2]撰《重修杜工部瀼西草堂记》[3]

右至左竖排。楷书阴刻（图 5-14）。全文如下：

重建杜工部瀼西草堂記

昔宋玉故宅，蘭成□□□□；楊憑舊里，樂天因而疏治，莫不載傳名勝。長想□□徵故實者，彌目[4]

---

① 该部分录自清光绪《奉节县志》艺文卷。

② 据考，冯煦（1842—1918），字梦华，号蒿叟，江苏金坛人，光绪探花（一甲进士第三名），官至安徽巡抚，著有《蒿庵类稿》。

③ 参考《白帝城历代碑刻选》。

④ 今通行字作“以”，下同。

图 5-14　光绪三十四年冯煦撰《重修杜工部瀼西草堂记》碑拓片
（引自《白帝城历代碑刻选》）

窮搜；丐賸馥者，永厥憑吊也。三歲轉燭，一椽寓公。折刀深故國之思，□□□□零之怨。轗軻不進，結廬而棲。宜發元九之深情，倍動□南之感喟。是目糖頹約板，遂傳郄鑒之踪。北渚定鄰，人記子光之宅。行唫湘水，屋[1] □□□□；古冶城，墩寻謝傳。皆古今同揆，人地俱傳。聲響未湮，仰止斯在，此瀼西杜工部草堂所由。溯逸躅於當年，議鼎新於今日。光其棨棁，目妥先□□□；惟公接武，門祚生風陛廷。振其英飆，溢絲繩目被采；脩乎穆行，甘冰蘗而無渝。毣毣之思，不竭於流水，翝翝之藻，運□若迴雲。能故敷吻成，□□□為論。造端萬化，積元圃之夜光。斡地三篇，龢金石而流響。假令雍容丹禁，長傍紫微。引翼太平，扶匡衆正。揚雄之沈郁頓挫，大放厥詞。枚臯之□□剀深，不負所學。肆籌册府，兼聞議禮之瞻詳。日抗皂囊，時聆名言於賢韞。雖云寵遇，詎語奇懷？而公獨賦命多邅，遭遇仍蹇削心約志，悼屈傷□。□□陸機目高賢不識張闓為良綱。曝腮而退，謝此冠豸之威；挺節無污，爰目有批鱗之奏。丞嘉荐朱云而受黜，德裕赖□立直冤。嗚呼酷矣！繇是□□於時，文章憎命。弦歌閑作，僅等詞人；戎馬蒼皇，幸成詩史。辭極乎纏綿悱惻，身更乎板蕩流离。蚕市光陰，蒿目紅羊之劫；馬鐵雲霧，陷身青犢之□□□愁則祇哀王孫，賦詩則且悲青坂。須眉盡換，空餘莊舄之□。日月無多，更值陽烏之折。遂使廣□興嘆，呉質長愁。青冥高而鸞鳳哀，秋草黄而□□病。寂寂周昌之口，茫茫阮瑀之憂。烏鵲南飛，望斷杜陵之□□□西去，愁驅劔閣之車。小 住風□，爰留雪爪。瀼西者，公入蜀後自赤甲遷居之所也。□□谷嘘雲氣，江亂碧淙。輭浪襲衣，自生春纈；鮮花隐竹，常得秋興。遂尔買山一角，拓地三弓。目樹白菊為籬，擷青□而闢徑。爰賦移居之什，更成□□之篇。下哄田荒，且收芋粟；中條屋破，廼賃草堂。一樹冬青，儷陸侍中行館；五松鬣老，比楊議郎幽居。時則東屯結茅，兼營别墅。南宫隔被，永謝□□。倉曹時饋酒浆，相娛晚景；吴司瀔過逢姻娅，許坐層軒。星晚露初，桃畦李径。詣吟朋而商水竹，仆竪目問稗蒲。橘奴猶存千頭，藉之給食；□□□忞獨坐，可目晤言。果使移病北陵，無心西笑。元凱永停鄉曲，張衡長賦歸田。則北舍安牀，僅容抱膝。南山種豆，可助清齋。賔客忽來，於焉剪韭。□□□事，相與行藥。其爲曠怡，固超物表。無如家國之患方殷，身世之感弥多。迢遥丹闕，尚遲前席之虚。襤褸綠衣，猶是明廷之賜。志未伸於屢挫，恩□□而愈深。忍恋菟裘，言適荆楚。步兵縱酒，塊磊難消；三閭問天，草木皆萎。既羇既旅，永如關塞之鴻。何月何年，更返遼城之鶴？良可慨矣！□而厄□□□，感深旷代。卧龍西埊，柏墺未荒。子雲精龛，流泉自繞。兹猶林壑依舊，塵劫再遷。落日平原，未是虎罴之徑；秋涛萬叠，翻歙龍唳之風。滄波矗而□□傾，荇藻浮而祟墉圮。寒泉菊盏、匪配水僊之祠。古宂椒堂，竟窟馮□之藪。葢祠建于宋代，迄國朝道光後巨浸所汩，輪奂俱蕩。夫聞風而起，□□所同。有癈必舉，後賢之責。幸腥氛之早滌，宜靈宇之重興。奉節令侯君昌鎮[2] 鑒

① 今通行字作“居”。

② 侯昌镇，字桐初，湖南大庸人，光绪间举人。光绪二十九年任奉节知县。初上任即破陈道士左道杀人案，又开仓赈济灾民。侯景仰杜甫，捐俸修复瀼西草堂杜公祠。光绪三十一年，就莲峰书院建奉节县高等小学堂，常亲自到学堂督导。三十四年调任开县知县。辛亥以后，定居奉节。一度出任问官，审理诉讼，判案严明，民国七年病逝，葬杜甫草堂西侧。

彼洪流，遷厥故址數椽小葺一木難支。揣得舊觀，無取彤縷之采；□□朴檢，聿崇鞏素之風。荃壇之奉既崇，枌閭之祀斯永。矧夫襄陽励俗，峴山脩太傅之亭；高密懷人，通德表司農之宅。大氏揄揚迮[1]烈，藉榜名區。□□如陳，祇鋳龍門之范；瓣香依託，匪供馬肆之講。今則分浣花之半楹，啓翘首之十館。借鼇山而開講席，别敞規模；抬鴻儒目肄薪傳，尤深 寄托。□□□定，上士勤聞期稷契目許身，軼風騷而直上。青領雅術盛滋洙泗之風。蜀都茂才，宣布中和之樂。文獻未墜，風會何如？此則侯君之賢，抑亦邦國之本也。煦少日薄游荒江，旅泊藥欄。乘興翩小，隊而争迎。楓林漸凋渺，孤舟□□系。雲安□□，星□三周。撫雙鬢而飄瀟，移一枝而棲息。霜清□□□偕旅雁之來；日落孤城，實下聽猿之淚。叢祠再拓，来軫方遒。爰摅思古之情，用代迎神之奏。文章衣鉢莫譏饭顆山頭，桃李門墙好記楊公之宅。

大清光緒三十四年安徽巡撫金壇馮煦謹撰

吏部主事永绥張稱達敬書

5.5 白帝城民国四年王驤撰《水落至此》碑[2]

1. 碑额：右至左横排。楷书阴刻“水落至此”4字。

2. 碑记：右至左竖排。楷书阴刻（图 5–15）。全文如下：

吾夔炳南吳君以宿儒而隐於商者也。性慷慨好施予，凡邑中義舉無不热心倡首劳怨不辭。其所籌畫募建者，則有觀音洞之王爺樓以及殿廡遊玩之所。迄今廟貌輝煌瞻仰者無不起敬，現值補葺白帝籌工竣，君邀同人登覽於此，見江水枯落逈[3]異昔年。訪諸數老，皆云數十年所未見聞。前清嘉慶紀元亦曾大落，究未有若斯之甚。吳君則欣然曰：是可不刊石以誌其異。此以見吳君之博雅，精勤

图 5–15 《水落至此》碑拓片
（引自《长江三峡工程水库水文题刻文物图集》）

① 今通行字作“往”。
② 该碑现保存于白帝城碑林内。
③ 今通行字作“迥”。

於一事一物，無不悉心採訪以昭示於後云。民國四年歲次乙卯陰曆仲春邑人[1]王驤謹跋。

5.6 白帝城仁寿二年金轮寺[2]舍利塔下铭碑[3]

右至左竖排。楷兼隶，阴刻（图 5–16）。全文如下：

維大隋仁壽二年歲次壬戌，四月戊申朔八日乙卯，皇帝普為一切法界幽顯生靈，謹於信州金輪寺，奉安舍利，敬造靈塔，願太祖武元皇帝、元相皇太后、皇帝、皇后、皇太子、諸王子孫等并外郡官□及民庶六道三途，人、非人等，生生世世，值佛聞法，衆離苦因，同昇僊界。

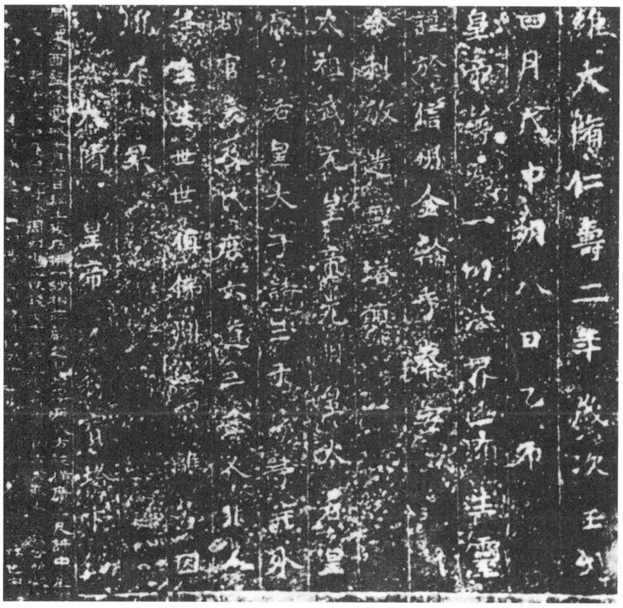
图 5–16 金轮寺舍利塔下铭碑拓片（引自《白帝城历代碑刻选》）

大隋皇帝竇塔下銘

外側刻：同治癸酉臨脩夔城，十月六日掘土獲石佛一，妙篆庄嚴。越日，復得石二方，縱橫廣二尺許，中平凹刻正書十一行。四边凸寬寸許。周列十五銖錢七十二枚，上覆石，内貯銅方盒，嵌木，安放金瓶凝松脂封固，匠士誤啓之，泄赤水熒熒一粒如豆，飛去。剔碑諦視乃隋仁壽年□金輪寺舍利塔下銘也。字兼初唐人筆法。爰移置白帝城廟壁，而供佛於龕。奉節永城吕輝記萬縣劉家謨書

5.7 白帝城同治十二年金轮寺石佛像题记[4]

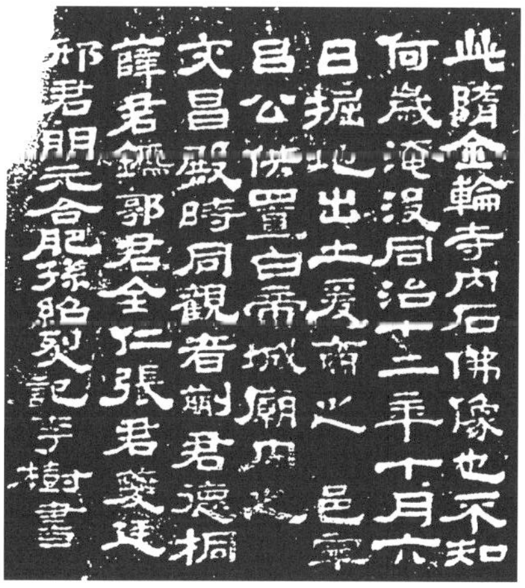
图 5–17 金轮寺石佛像题记拓片（夔州博物馆提供）

右至左竖排。隶书阴刻（图 5–17）。全文如下：

此隋金輪寺内石佛像也，不知何歲淹没。同治十二年十月六日掘地出土。爰商之邑宰吕公供置白帝廟内之文昌殿。時同觀者

---

① "邑人"二字略小。
② 奉节县城南原有光孝寺，晋名铁佛寺；隋唐名金轮寺，宋改为光孝报恩寺。久废。
③ 该碑同治十一年（1872）维修夔府城墙时发现，故碑框外侧刻有清同治年间奉节知县吕辉题记。
④ 题记刻于造像背面底座。

蒯君德桐、薛君鑣、郭君全仁、張君夔廷、邢君明元。合肥孫紹烈記，李樹書

5.8　嘉靖十九年顾华撰《重建瞿塘卫[1]右千户所记》[2]

古今難得者人心，而難悦者亦人心。然得之悦之必致之於道義而後至焉昔者。文王爲臺池，而庶民子來；周召營成周而庶殷丕作，是皆得民而民悦者也。瞿唐衛右千户所别居東闕城，是城肇創於春秋，始名曰夔子國，後曰永安，曰固陵，曰白帝，曰雲安，曰魚復，皆是地。是城累世相襲不廢，以爲蜀之襟喉。可以控制百蠻，固護疆圉。至我朝尤爲慎重。必擇帥之賢者與兵之壯者使居而守之。盖此城安則全夔安而全蜀亦安矣。城之中别設一所，曰右所。於今一百七十餘載，前任千户韓政嘗修其舊城，歲時多朽腐無餘。余公鑑明器以賢能推選視篆經理所 政閲其朽腐，惻然以爲己事。欲更而新之曰：吾祖嘗有志，惜乎未暇而卒，吾今欲修之，恐承吾祖之志而終有所未暇，故啓諸衛使謀諸同寅與諸百夫長及旗校之知輕重者，俱曰善，誠爲大舉。然事重费繁殆非一人之所能爲。公曰：吾試爲之。遂召衆計用財費，量度力役。衆聞公之義舉，知義者多欲助之以財，公固辭之曰：吾承吾祖之志而欲爲之，何敢以擾於衆？即歸家自發禄食之餘白金若干兩、糗粮 若干斛，使旗吏陳釗等皆收之，以貯公庫而供木石磚瓦與百費之用。前爲聽政堂，後爲寢息退思堂。左右厢房以居諸属佐，前爲儀門，及宣化坊、倉庫之類，莫不 俱備，計百有餘楹。四圍繞以墻垣，墻垣盖覆俱精密堅固。階除甬道甃以磚石莫不如式。始於嘉靖丁酉，成於庚子季冬吉日也。是役也，不受人之助，不歛衆之 財，不吝己之有。凡百所費俱出於己而備於家。兵民心悦之餘，恐無聞以勵諸後 人，請予爲記以書其實。公又懇懇致辭者三日。如若言是吾籍以求名，非吾之志 與吾祖之志。士君子聞而進曰：文王作臺池，而有《靈臺》之詩，周召營成周而有《召誥》之書，此皆作詩修史者，詠其事，志其實，以傳諸後。文王周公何辭焉？公始作曰：爲我記其歲月可也，無侈於詞。繼而衛使柳公芳因總旗陳淳等具呈故摭實以聞，湖蜀兩省撫按臬藩諸公俱拊掌嘆曰：官之廉能材幹者則有之矣，若出己之財以成公宇者則未之聞也。俱嘉祠厚幣交相旌異以諷天下之衆也。予因始 終摭實而書之，使有聞於後

---

① 明朝建立后为加强中央集权，改元朝之行省为承宣布政使司，布政使司仅主管民政，又设提刑按察使司掌刑狱、都指挥使司掌军政，合称都、布、按三司，遇大事由三司会商。明代在改元行省为布政使司的过程中，除元岭北行省大部分不在境内、辽阳行省分属奴儿干都司及山东布政使司境的辽东都司外，京师和山东、山西二布政使司析自元中书省，南京为元河南行省（今皖北、苏北）与江浙行省（今皖南、苏南及上海市），广东布政使司为元江西行省（今广东大部）与湖广行省（今广西钦州、合浦地区及广东留州半岛和海南岛），陕西布政使司为元陕西、甘肃（今甘肃嘉峪关以东部分）两行省地；四川布政使司并入部分元云南行省（今四川大凉山以西及金沙江以西、以北地），湖广布政使司并入了元河南行省（今桐柏山以南、长江以北湖北大部），两广部分已析出，但仍习称湖广；浙江布政使司大部为元江浙行省；贵州布政使司则为析云南、四川、湖广三布政使司邻境地置。其他各布政使司的名称、辖境与元行省大致相同。而瞿塘卫属湖广都司。明代的布政使司是元代行省制的进一步发展，设置较元朝合理，它奠定了清代以来内地省级行政区划的基础。

② 此文录自清道光《夔州府志》艺文卷。

者，遇其缺壞為之補葺。則得人悦人而稱異於當道亦與余公同其美也。後之為記者，又不知為何如書爾。陕西平凉府崇信縣教諭八十歲翁顧華撰進士出身行太僕寺卿巫陽王鳴鳳書，雲南澂江府通判前兵馬指揮八十三歲翁梅茂篆額。嘉靖十九年十二月季冬吉日。

5.9　淳熙乙巳成镛题滟滪水则①

開封成鏞子韶同蹇渥澤、郭公臨東去過高齋覽形勝，遣人撑舟垂繩墜石則灩澦之水約八十四丈。子韶曰：夏中江漲灩澦上水猶三十餘丈，可想見矣。淳熙乙巳五月二十五日。

① 此文录自清道光《夔州府志》艺文卷。

第六章　云　阳

6.1　飞凤山题刻

▼ 6.1.1　民国三十五年留云难民书“泽惠流离”并跋题刻

整幅高 1.85 米、宽 2.43 米。上部右至左横排。楷书阴刻“澤惠流離”4 个大字，字高 0.40 米、宽 0.20 米，刻字填以绿色；下部右至左竖排。楷书阴刻跋文（图 6–1）。跋文如下：

七七事变倭寇進偪，吾儕義憤填膺，不忍受其蹂躪，相率避難来雲。沭政府設所收容，歷時八載，多得到所长斐□暨各地闔法团以及全縣仁人義士，本推解之心，時施救濟沽我灾黎，受惠多关，現以國土光復，還鄉□迩，復承大發仁慈代募川資，并承各界傾囊相助，實惠深沾感佩，曷極臨别依依，無以鳴谢，用鋤諸石以誌不忘。民國三十五年清和月留雲難民恭頌。[1]

图 6–1　“泽惠流离”题刻

① 跋文填以黄色；后刻两方印，填以红色。

▼ 6.1.2 民国三十五年留云难民书“在远不遗”并跋题刻

整幅高 1.65 米、宽 2.83 米。右侧右至左横排。楷书阴刻“在遠不遺”4 字，字高 0.3 米、宽 0.30 米，刻字填以红色；左侧右至左竖排。楷书阴刻跋文（图 6–2）。跋文如下：

□□□各省灾民避難□□□□以吾儕流□□□□千餘雖沭政□□□沾仍極困難□，□□生悲悯爲懷，解囊□□募濟我灾黎，不遺□□如一日滋以倭寇土重光吾儕正圖歸計□餘生咸慶身还者胥□賜也奉当還離，□□□别之貞鄉民以光□。民 國三十五年元月□民收容所全体難民。[1]

图 6–2 “在远不遗”题刻

6.2 龙脊石题刻

▼ 6.2.1 崇祯五年刘登俸等题名

整幅高 0.30 米、宽 0.2 米。右至左竖排 4 行。楷书阴刻（图 6–3）。内容如下：

崇禎伍年正月廿七日

記糧厅門□

□□俊

刘登俸

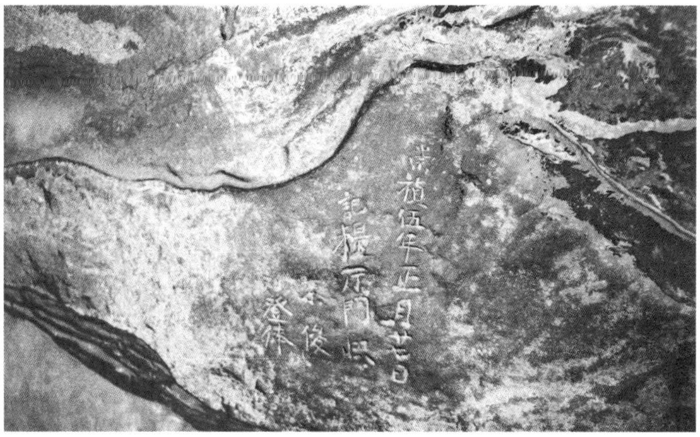

图 6–3 刘登俸等题名

① 跋文填以黄色。

▼ 6.2.2　王温行题五言律诗

整幅高 0.35 米、宽 0.57 米。右至左竖排 8 行。行书阴刻（图 6–4）。内容如下：

望临崖麗高
龍脊勢峥嵘
水叢千江秀
山含前古雲
濩江淹筆嫵
杜老雲桃香浪
正暖雷雨堯飛
西望王温行

图 6–4　王温行题五言律诗

▼ 6.2.3　黄爵题五言律诗

整幅高 0.40 米、宽 0.80 米。右至左竖排 10 行。行书阴刻（图 6–5）。内容如下：

龍脊滩名久
靈形冠蜀中
日臨雲彩助
風起霧光籠
高臺千嶂列
遂浦□帆蓬
江湖憂國念
何以報寰聪
雲阳薄古姚
南庠黄爵

图 6–5　黄爵题五言律诗

▼ 6.2.4　叶大禄等题记

整幅高 0.32 米、宽 0.60 米（图 6–6）。内容如下：

共分两款。

1. 位于右侧。右至左竖排 7 行。楷书阴刻。内容如下：

風日相携[1]

① 此四字略大。

崇禎十四年新正八日喜

遇此景□□□□□

馮或人黄上

諶思仪讓思

黄縣弟刘二

諶有常

2. 位于左侧。右至左竖排 5 行。楷书阴刻。内容如下：

避迹蒼江不記秋

昂然形勢据中流

吞雲满腹無饥渴

潜藏出見乘時候

存恭葉大禄

图 6-6 叶大禄等题记

▼ 6.2.5 崇祯丁丑黄道烨用十三元韵题七言律诗

整幅高 0.65 米、宽 0.6 米。右至左竖排。楷兼行，阴刻（图 6–7）。全文如下：

明崇禎丁丑人日用十三元韻

一碧波光静不泽，鄰上砥柱石常存。羣依龍脊思雲际，谁取驪珠到海门。東波連清水岸南，枝梅發绿□烟村。逢人善話登程日，引李萧萧未可論。

邑人恩選梦梅黄道燁題

图 6–7 崇祯丁丑黄道烨用十三元韵题七言律诗（半淹没水中）

▼ 6.2.6 无名氏题春日游龙七言律诗

整幅高 0.37 米、宽 0.62 米，有边框。右至左竖排。楷兼行，阴刻（图 6–8）。全文如下：

春日遊龍

天選山河壮益都，□江□□首魚鼉。□声呼吸吞三峡，龍脊峥嵘峙海游。春日艨舟群□□，丰年雞卜兆靈符。□□□□□□□，願柱中流鎖禹图。……於人日

图 6–8 无名氏题春日游龙七言律诗

▼ 6.2.7　无名氏题五言绝句等题记

整幅高 0.40 米、宽 0.95 米（图 6–9）。内容如下：

共两款。

1. 位于右侧。书体不规范，阴刻“吾在明盛時”5 字。

2. 位于左侧。右至左竖排 4 行。书体不规范，阴刻。内容如下：

图 6–9　无名氏题五言绝句等题记（半淹没水中）

故乡添生日

闊别二十載

粮舟渡龍脊

孫父树碑毕

▼ 6.2.8　崇祯戊寅曾传一题五言绝句

整幅高 0.44 米、宽 0.62 米，有边框。右至左竖排。楷兼行，阴刻（图 6–10）。全文如下：

图 6–10　崇祯戊寅曾传一题五言绝句

龍脊何突兀，首尾尚泥潜。因有飛龍去，恭扶御九天。

崇禎戊寅除夕日署縣事舉人黔寧曾傳一題

▼ 6.2.9　潘兢坦[1]纪游题记

整幅残高 0.64 米、残宽 0.28 米。左至右竖排。楷书阴刻（图 6–11）。残文如下：

图 6–11　潘兢坦纪游题记

固陵從事潘兢坦之權守雲陽……政清訟简。以暇日命僚佐遊龍……脊滩，觀雞子卜，追古人□春故……事。旹也宿雨初霽，天淡…… 層巒縈红，僚……遠民……

▼ 6.2.10　崇祯丁丑黄道烨用十二文韵题七言律诗

整幅高 0.60 米、宽 0.53 米。右 至左竖排。楷兼行，阴刻（图 6–12）。全文如下：

明崇禎丁丑人日用十二文韻

元白寸思迴不羣，停舟小坐好論文。流莺百轉迎春歲，鲜

① 据咸丰四年《云阳县志》载，潘兢坦，曾任云阳知县。

图 6-12 崇祯丁丑黄道烨用十二文韵题七言律诗

图 6-13 顺治己亥梁国桢题七言绝句

鲫多况避鋒裙。昼局敲枰争一着，望風懷古恨三分。淡池戎馬何時净，来對澄川卧碧雲。

邑人恩選梦梅黄道燁題

▼ 6.2.11 顺治己亥梁国祯题七言绝句

整幅高 0.64 米、宽 0.48 米。右至左竖排。书体不规范，阴刻（图 6–13）。全文如下：

奉命堤防遇龍頭，魚舟迫岸观水流。雖然不是瓊林客，位列標名屬□□。

順治己亥春月，欽命向化爵標副梁國楨書。

▼ 6.2.12 戊戌人无名氏题名

整幅高 0.30 米、宽 0.10 米，右至左竖排 2 行。书体不规范，阴刻（图 6–14）。内容如下：

戊戌人日□□

張……順治七……

▼ 6.2.13 淳祐乙巳幸谦仲题名

整幅高 0.35 米、宽 0.16 米。左至右竖排 2 行。楷书阴刻（图 6–15）。内容如下：

旹淳祐乙巳人日后□□

同里賢幸谦仲……

图 6–14 戊戌人日无名氏题名

图 6–15 淳祐乙巳幸谦仲题名

▼ 6.2.14 淳祐庚戌黎文之等题记

整幅高 0.32 米、宽 0.35 米（图 6–16）。内容如下：

共两款。

1. 位于右侧。竖排楷书阴刻“淳祐庚戌雲陽石匠黎文之遊此”13 字。

图 6-16　淳祐庚戌黎文之等题记

2. 位于左侧。右至左竖排 2 行。书体不规范。内容如下：

□極開昌運

春風鼓人和

▼ 6.2.15　乾隆辛亥石芳珩书“砥柱中流”并跋

整幅高 1.13 米、宽 2.51 米，有边框。右至左横排。楷兼行，阴刻“砥柱中流”4 个大字；4 字左侧右至左竖排，楷兼行，阴刻有跋文（图 6-17）。跋文如下：

人日同友人宋闳中、熊志德、邹平治、胡量廓、乔瑛、桂瓬遠、甘登貴、彭應龍、馬學信，堂弟芳鏜畅飲於此，時乾隆辛亥年也。

图 6-17　乾隆辛亥石芳珩书“砥柱中流”并跋

图 6–18 元祐三年无名氏题名

图 6–19 宝祐甲寅黄震题七言绝句并跋

雲安石芳珩書

▼ 6.2.16 元祐三年无名氏题名

整幅高 0.43 米、宽 0.15 米，有边框。右至左竖排 3 行。楷书阴刻（图 6–18）。内容如下：

元祐三年戊辰歲正月初七

□□□□□□□□□□□[1]

遊此龍脊題名記耳

▼ 6.2.17 宝祐甲寅黄震题七言绝句并跋

整幅高 1.2 米、宽 3.2 米。左至右竖排。楷兼行，阴刻（图 6–19）。全文如下：

春日融融浮霽色，山聳螺鬟水澄碧，酒酣一笑且掀髯，手挹龍頭蹿[2]龍脊。

寶祐甲寅歲前六日，蓋春後五日也，郡将锦江黄震，喜边庭之少寬，樂民生之渐遂，偕僚友泛舟於此，访雞卜故事，作詩以紀[3]勝遊，薄椽宕渠袁□龍奉命書，与会者□□尉仇池王文，大寧[4]董

① □□□□□似为凿印，被凿 1 行。

② 应为“蹽”。

③ “纪”字已局部剥落。

④ 即巫溪。位于重庆市东北部，处大巴山东段南麓。秦统一六国后，推行郡县制，巫溪县属黔中郡巫县。北宋设路，太宗端拱元年（988），巫溪属夔州路大宁监。监治在今巫溪县城厢镇。南宋，县属关系未变，仍归大宁监。元朝升为大宁州。明朝改“路”设“府”，大宁州属重庆府。民国三年（1914），因县名与山西省大宁县同名，遂改名巫溪县。

庚、孫浮光、王士英，合陽□李廷峰，學正罗酉發，宕渠□君用，侯之三英侍行，時二子亦在其行。

渠州[①]都縣多来里劉□刊。

▼ 6.2.18　永乐八年姜勉等题七言绝句三首并序

整幅高 0.55 米、宽 1.36 米，有边框。右至左竖排。楷书阴刻（图 6–20）。全文如下：

余於永樂七年夏，奉命使是邑，惟時水落石出，邑之前有石岩許，砥中流，詢諸邑人，咸曰龍脊。歲時官民遊賞，雞卜以兆年豊，醉酒以賦歌詩，乃雲陽十六景之一也。今年春正月吉日，予以公暇同使者姜公勉，邑侯劉公英洎諸文友拏舟携酒，遊賞於斯，效前人之盛事。是日也，天朗氣温，惠风和畅，与游者列坐其次，接盃舉觴，樂永樂之雍熙，覽前人之文詞，醉酒忘懷，各赋一絶，書刻于石。以紀一日之良會，爲後遇張本云耳，旹大明永樂八年，歲次庚寅孟春人日，監生吕紳姜勉書。

承恩来此度新春，同使相邀過水濵，此景号为龍[②]脊石，新詩聊寫勝前人。欽差監生姜勉字忘學，湖廣戊子科舉人。

图 6–20　永乐八年姜勉等题七言绝句三首并序

① 渠州：南朝梁大同三年（537）置，治所在北宕渠郡（今四川渠县）。北周治流江郡。隋大业三年（607）改为宕渠郡。唐武德元年（618）复为渠州。天宝元年（742）改为潾山郡。乾元元年（758）复为渠州。治流江县（今渠县）。辖境相当今四川渠县、大竹、邻水、广安等县地。北宋开宝二年（969）分置广安军，辖境缩小。南宋辖境又增大。宝祐三年（1255）徙治今渠县东北六十里礼义山。元复还故治，属顺庆路。明洪武九年（1376）降为渠县。

② 局部已剥蚀。

老龍化石卧江中，遺脊巍然氣勢雄，今日遊觀寻美意，新詩吟就興無窮。欽差監生吕紳字思行，山東戊子科舉人。

牧民十載令雲陽，幾度遊觀 公務忙，今日得陪朝使至，須當痛飲倒壶觴。

宣義郎雲陽知縣劉英[①]，北京人。

儒學生員龍友志、付忠、奂智[②]同刊，雲陽儒士黎良字仲吉、邑人景□□、冉克让

图 6–21 绍兴己巳朱醇文等题名（淹没水中）

▼ 6.2.19 绍兴己巳朱醇文等题名

整幅高 0.95 米、宽 1.75 米。左至右竖排。楷书阴刻（图 6–21）。全文如下：

潁昌[③]朱醇文，成都趙圖南、京北种元齊、漢初安志行，洛陽陳居中、鎮洮王希鲁，以绍興己巳人日同游，沁陽王宁祖書。

图 6–22 大明闸办鲁楚郡人题名

▼ 6.2.20 大明闸办鲁楚郡人题名

整幅高 1.75 米、宽 0.95 米。右至左竖排 3 行，每行 4 字。楷书阴刻（图 6–22）。内容如下：

大明閘辦

魯楚郡人

遊此記耳

▼ 6.2.21 光绪丁丑叶庆村纪游题记

整幅高 0.65 米、宽 0.90 米，有边框。左至右竖排。魏碑阴刻（图 6–23）。全文如下：

光緒丁丑正月廿有二日，知縣仁和誠斎葉慶枒偕同縣王益仲西溥、郫縣萧湘帆煦[④]、武進余雪墀恩鴻，訓導岳池陳龄九長錫、典史山陰孫子相钰、家兄達夫慶垣[⑤]、家弟子義慶從[⑥]同遊于此。

图 6–23 光绪丁丑叶庆村纪游题记拓片

① 据咸丰四年《云阳县志》宦绩志载，刘英，曾任云阳知县，北京人。

② “龍友志”“付忠”“奂智”三者在生员下并列。

③ 颍昌，古地名。相当于今河南漯河、禹州、郾城、长葛、临颍、舞阳、许昌等地。

④ “煦”字略小。

⑤ “慶垣”二字略小。

⑥ “慶從”二字略小。

▼ 6.2.22　大明正德己卯吴郡卢等题名

图 6–24　大明正德己卯吴郡卢等题名

整幅高 0.50 米、宽 1.90 米。右至左竖排 10 行，每行 3 字。隶书阴刻（图 6–24）。内容如下：

大明正

德己卯

正月十

日監察

御使吳

郡盧雝

瑞易熊

相按蜀

竣事樂

旧同遊

▼ 6.2.23　光绪二十八年刘子允纪游题记

图 6–25　光绪二十八年刘子允纪游题记拓片

整幅高 1.55 米、宽 0.8 米，有边框。右至左竖排。楷兼行，阴刻（图 6–25）。全文如下：

龍脊石，古跡也，冬末春初，水落石出，乃諸君玩賞古人陳迹，不敢弄文舞墨，衹留数字，不過鴻泥[①]認爪耳。光緒二十八年二月，劉子允、陳翔軒、朱同仁、向輔臣、夏集安同遊。

▼ 6.2.24　光绪丁丑叶庆杩题七言律诗两首并跋

整幅高 0.65 米、宽 0.90 米，有边框。左至右竖排。隶书阴刻（图 6–26）。全文如下：

江干龍脊埶如虹，隐見飛潜德出中。大澤震雷蘇衆蟄，溥天霖雨仰神功。素書僟受圯桥臾，紫氣遥瞻玉鯤鱷局翁。蜕骨千秋留朐忍，至今雲鬣望猶崇。夔龍撑脊大江中，萬里鯤鱷拜下風。緼玉含珠偏自異，祥麐威鳳豈能同。雲雷訶護千年骨，爪甲驤拏百丈虹。想是負圖昭聖澤，故将雞卜報年豐。

光緒丁丑人日同沈炑[②]眉、陳龄九來遊，因賦。武林[③]葉慶杩題[④]

① 今通行字作“泥”。
② 今通行字作“叔”。
③ 武林：今浙江杭州市的别称。初为山、水名。《汉书·地理志》会稽郡钱唐县：“武林山，武林水所出。”后为杭州别称。宋吴自牧《梦粱录》卷七：“杭城号武林。”周密《武林旧事》即专记南宋都城杭州史迹。又名虎林城。三国吴筑，在今安徽贵池市西 北长江南岸。《三国志·吴书·孙休传》：“太元二年正月，封琅邪王，居虎林。”《寰宇记》卷 105 贵池县：“武林城在县东北二十五里。按《舆地志》吴大帝所筑。《三国志》：孙权封子休为琅邪王镇武林城，诸葛恪执政不欲诸王在于江滨兵马之地，徙于丹阳。其后陆允、孙休、何邈并为武林城都督，即此地。”
④ 后有一方印。为云安令印。

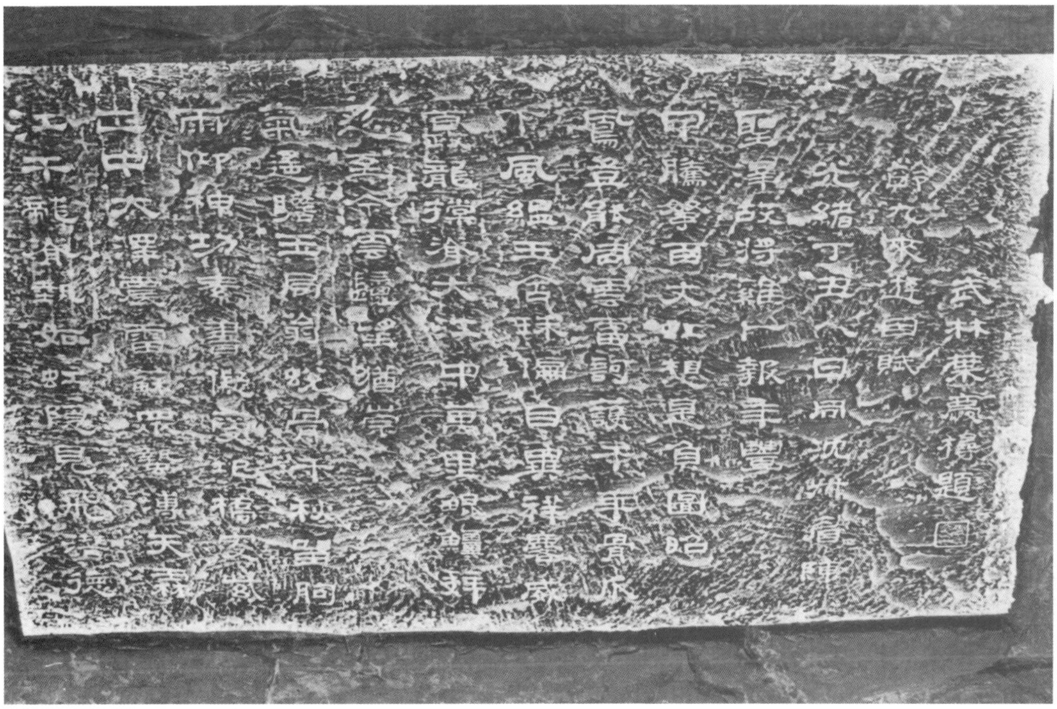

图 6-26　光绪丁丑叶庆枏题七言律诗两首并跋拓片

▼ 6.2.25　叶庆垣题七言律诗两首

整幅高 0.95 米、宽 0.71 米，有边框。右至左竖排。楷兼行，阴刻（图 6-27）。全文如下：

借得閑雲一片閑，樯阿宛在此河间。

飛翔豈獨吹嘘力，潛伏應占世運艱。

天尾年頭順雪攀，鬐德□□淚猶潜。

爲霖作楫平生志，願駕龍驤取四環。

寰區倏見聚妭徒，敢戲飛龍頷下珠。

□尔脊梁雲自竪，媿采心脅已全稼。

胸中鱗甲難平□，石上之而定有天。

我□钓鼇沧海去，竿丝何处䖏拂珊瑚。葉慶垣

▼ 6.2.26　申步衢题七言绝句三首

整幅高 0.44 米、宽 0.50 米。右至左竖排。楷书阴刻（图 6-28）。全文如下：

龍脊卧江勢峥嵘，兩水夹立當中横，渺渺青天乘一帆，滔滔白練奔千兵。

龍欲攔江横過水，石如□筆倒書空，登臨一覧無餘

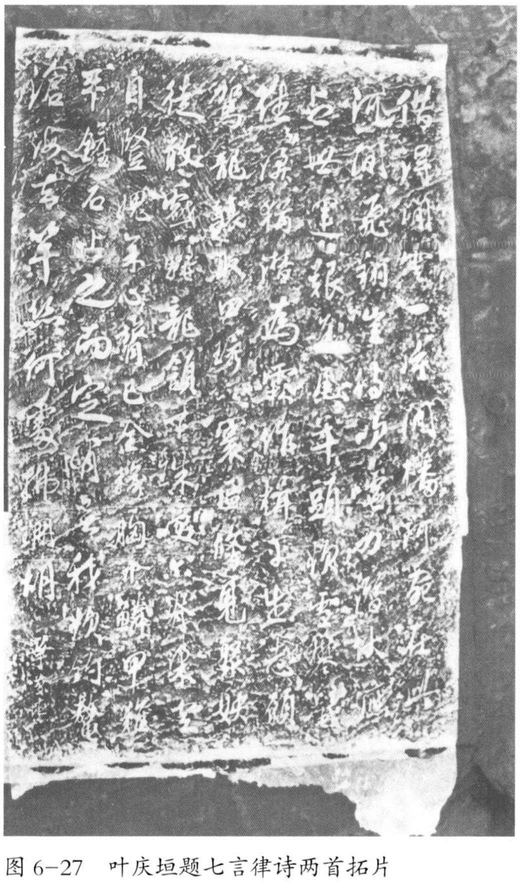

图 6-27　叶庆垣题七言律诗两首拓片

图 6-28　申步衢题七言绝句三首

事，只听水聲雜棹聲。

龍脊横中自何年，應是洪蒙勢已然，時潜時現含變化，蒼龍豈肯困林泉。

古晋申步衢題

▼ 6.2.27　光绪丁丑叶庆从题五言律诗四首并跋

整幅高 0.56 米、宽 0.81 米，有边框。右至左竖排。楷兼行，阴刻（图 6-29）。全文如下：

滟滪僅如牛，神龍獨此留，击開千尺浪，截断万川流。嘘氣雲成采，扬鬐日射眸，□□春正好，初見兆先陬。蜿蜒奇如脊，江畔胫肩肩，变化應天迹，飛騰不記年。雞占欣出震，龍德久乘乾，高

图 6-29　光绪丁丑叶庆从题五言律诗四首并跋

卧南陽客，何時早見冈。奇石如龍形，江流石上經，雲嘘千丈白，山拥四围青。唐宋猶餘字，波涛尚有腥，乾嘉諸老盡，誰誦显忠銘。今之桓侯祠，即古显忠廟，又称武烈公祠。碑碣盡亡，赖宋人題此石考得。龍脊常如此，風霜任老来，石鳞排浪出，仙骨自天开。人唱春光好，詩宜旧雨裁，凌霄如有便，□臂到蓬萊。

光緒丁丑人日陪五、六两兄来遊，越旬复至，因題四律以記一時之盛。杭州葉慶從子義并識

▼ 6.2.28　阳谷[①]子封题七言律诗

整幅高 0.5 米、宽 0.69 米。右至左竖排。楷兼行，阴刻（图 6–30）。全文如下：

佳致天開錦水央，蜿蜒神物自昂藏，根連玉壘通三峡，勢接浮雲鎮雲陽。

歲事遥分雞子卜，人冬頻見鳳毛翔，太平有象貽磐石，長发雲安萬古祥。

陽谷子封書

图 6–30　阳谷子封题七言律诗

▼ 6.2.29　向文奎题七言律诗

整幅高 0.62 米、宽 0.44 米。右至左竖排。楷兼行，阴刻（图 6–31）。全文如下：

昂然雄摅雍中央，頭角峥嵘不久藏。化石作珠時继稔，懸河噴浪日初陽。九淵長襲神球壮，千嶂連交彩鳳翔。歲事已徵歌樂胥，何須雞卜更占祥。邑人向文奎和

图 6–31　向文奎题七言律诗

▼ 6.2.30　光绪二年叶庆垣纪游题记

整幅高 0.56 米、宽 0.86 米，有边框。右至左竖排。隶书阴刻（图 6–32）。全文如下：

光緒二年歲在疆圉炎奮春人日，知縣仁和葉慶枬會僚佐寘友洎家兄候铨部郎炑[②]達，家弟候選知縣子義同来遊此，賦詩紀留而去，炑達因書于石，炑達名慶垣，子義名慶從。

▼ 6.2.31　弘治己未冯廷汉题七言绝句及无名氏和

整幅高 0.46 米、宽 0.61 米，有边框（图 6–33）。内容如下：

① 阳谷：隋开皇十六年（596）置县，属济州。治所在今山东阳谷县东北三十里，俗呼"水没城"。《寰宇记》卷十三阳谷县："取县界故阳谷亭为名。"大业初属济北郡。唐初属济州，后改属郓州。北宋景德三年（1006）移治孟店，即今治。宣和元年（1119）属东平府。元属东平路。明、清属兖州府。民国初属山东东临道。1925 年属东昌道。1928 年直属山东省。

② 今通行字作"叔"。下同。

图 6–32　光绪二年叶庆垣纪游题记

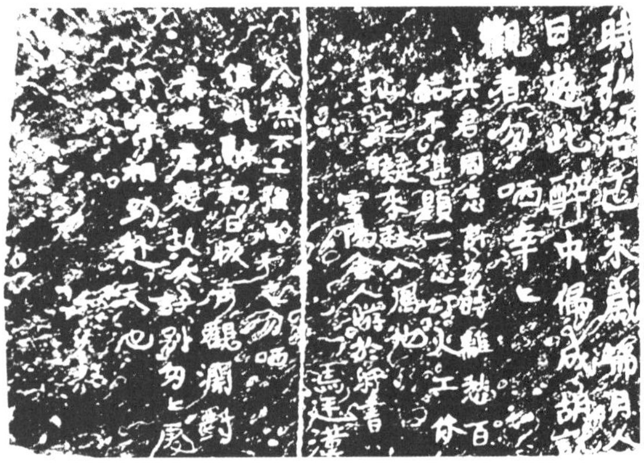

图 6–33　弘治己未冯廷汉题七言绝句及无名氏和拓片（引自《长江三峡工程水库水文题刻文物图集》）

共两款。

1. 右侧右至左竖排。楷书阴刻。全文如下：

時弘治己未嵗端月人日遊此，醉中偶成胡说。觀者勿哂，幸之。

共君同志许多時，離愁百结不堪題，一窓灯火工休摇，定疑来秋入鳳池。

雲陽舍人游於射書

馮廷漢

2. 左侧右至左竖排。楷书阴刻。全文如下：

余素不工，强而之，勿哂。

值此融和日暖時，觀開對景任君題，故人将别匆上虜。叮嚀相約赴天池。

▼ 6.2.32　黄道著题五言绝句两首

整幅高 0.45 米、宽 0.99 米。

右至左竖排。楷书阴刻（图6–34）。全文如下：

冷煙纒山腰，瘦水潄石骨，遥望盪舟人，往来驚出没。

邑庠黄道著題

清心不可俗，撫景一沉吟，應憐黄絹語，冷落見江潯。

黄道著

图 6–34　黄道著题五言绝句两首

▼ 6.2.33　辛丑正月张坚孝等题名

整幅高 0.6 米、宽 0.6 米。右至左竖排 6 行。楷书阴刻（图 6–35）。内容如下：

辛丑正月上休張

堅孝陳大年王

仲山仲甫張濟

卿重峯游

大年之子馬行者

侍行

图 6-35　辛丑正月张坚孝等题名

▼ 6.2.34　建炎戊申彭门子纪游题记

整幅高 0.96 米、宽 2.03 米，有边框。左至右竖排。楷书阴刻（图 6-36）。全文如下：

人日後三日，吾人得五人。雲浮龍脊晓，波曳鳳山春。日月光天宇，塵埃洗客巾。不須雞子卜，會作太平民。建炎戊申歲初，張子文同表侄陶顗祖考昌諤武烈公祠，邂逅母丘元望、劉德受、馮當可，相與放舡過龍脊滩。時天氣和悦，有中興太平之象，客懷得少紓云。

① 後六日四人復来，汲江煮茗三碗而歸，當可偶不至，小儿慶孫從行。彭門子文

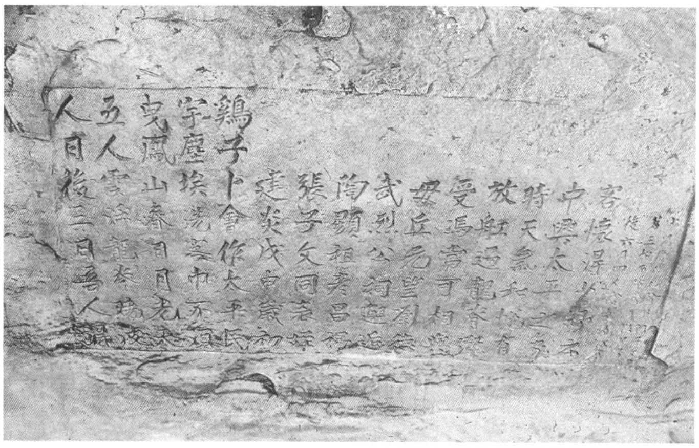

图 6-36　建炎戊申彭门子纪游题记（半淹没水中）

▼ 6.2.35　绍熙庚戌韩植纪游题记

整幅高 1.14 米、宽 2.27 米，有边框。左至右竖排。楷书阴刻（图 6-37）。全文如下：

图 6-37　绍熙庚戌韩植纪游题记（半淹没水中）

① 此后为小字。

紹熙庚戌正月三日，郡侯東平劉公讲故事。延客出郊，泛舟遊龍脊。是日春雨崇朝，午後晴，江山鮮麗。公步武觀，前賢題蹟少焉。復會而飲，先是，公申去替月，日於朝適郵音至被，命從請諸生酌酒爲賀，且致惜别之意云矣。侯名甲字師文，新辟四川茶馬司干辦公事，與席者李木茂才、苟中立從道、王翱鴻舉、李光朝紹先，李鼎日新、胡戊彦范、冉謂庭直、馮□景運，巡檢楊顏仲固簿仙井，韓植子建記并書。

公人日復遊，雞卜得豊年之兆，爱民之念不忘，可謂仁矣，于是并書云。

▼ 6.2.36　姚仁寿书“龙”字并跋

整幅高 1.5 米、宽 3.74 米（图 6–38）。右侧草书阴刻“龍”字，字高 2.00 米、宽 1.50 米，字深 1.5 厘米（图 6–39）。“龍”字左侧右至左竖排，行书阴刻有跋文（图 6–40），跋文如下：

壽常性嗜山水，有绝特奇怪处，不辟险難，顧皆携酒[1]

雲陽姚仁壽镌石，金鹅醉叟[2]

图 6–38　姚仁寿书“龙”字并跋（整幅）

图 6–39　姚仁寿书“龙”字并跋（龙字部分拓片）

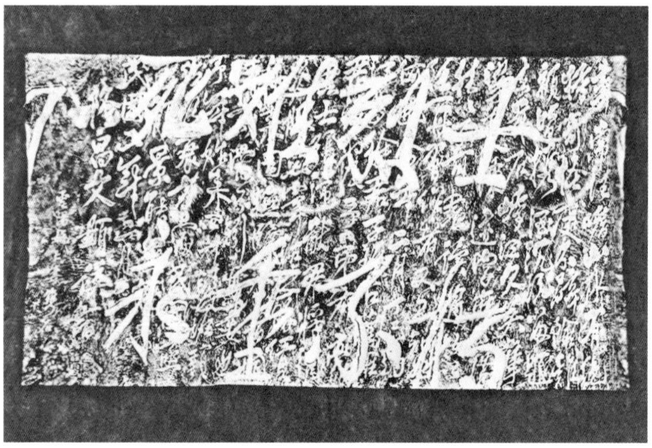

图 6–40　姚仁寿书“龙”字并跋（跋文部分拓片）

▼ 6.2.37　绍圣丁丑宋师民等题名

整幅高0.9米、宽1.37米。左至右竖排8行。楷书阴刻（图 6–41）。内容如下：

春陵周諿□和

東海田功成師

敏建康史榦臣

忠輔太華論

延龄思永宋

图 6–41　绍圣丁丑宋师民等题名拓片

① 此后被“文革”期间所刻“11・27 死难烈士永垂不朽”叠压破坏。

② 后刻一印。

紹聖丁丑正

旦同遊廣平

宋師民承□書

▼ 6.2.38 □□茂題七言律诗并序

整幅高 0.84 米、宽 0.65 米。右至左竖排。楷书阴刻（图 6–42）。全文如下：

图 6–42 □□茂题七言律诗并序

鳳山[①]楊震仲元傑，盛山張當時，己丑春待對天庭，道過雲陽日，蒙友人宋俊卿、龍應長，載酒過江謁忠顯原祠，就遊龍脊，因得遍觀諺[②]公石刻佳製，相與游覽終日。興盡而反，題五十六字于石，因以識歲月云。

二月春光已半酣，名流相約步層嵐。虎臣衹謁千年廟，龍脊深游百丈潭。花变山容真疊錦，風牽江色似挼藍。片帆直下皇州去[③]，應把雲陽勝事談。□□茂刻

▼ 6.2.39 壬辰孟春无名氏纪游题记

整幅高 0.6 米、宽 0.8 米。右至左竖排。楷书阴刻（图 6–43）。全文如下：

图 6–43 壬辰孟春无名氏纪游题记

□□歲在壬辰孟春之初，□□ 膺尉仙，范君載脩踏蹟□□飲于玆，叹人口之梭飛□□雞卜，漣漪涴涴，峯□□麗，謂仰看雲天，□收江海入蓑衣□□。

▼ 6.2.40 万历二十九年谭篆纪游题记

整幅高 0.78 米、宽 0.6 米，有边框，分上下两部分（图 6–44）。上部右至左横排。篆书阴刻“朐腮世家”4 字，下部右至左竖排。楷书阴刻。全文如下：

萬曆廿玖年辛丑歲春正月望日，五峯山下玄修八十老，叨授教官職邑人譚篆携當年贡士長男譚

① 凤山：一名东山。在今重庆巫溪县东。《方舆胜览》卷 58 大宁监：凤山“直监治之东。亦名东山。际溪千仞，木石苍翠，景物幽绝”。《清一统志·夔州府一》：凤山“在大宁县东一里……上有观音岩，岩中有月窟、云岩、钓雪、玉环、浮玉、宝华诸胜”。

② 应为“諸”。

③ “去”字已残。

图 6-44　万历二十九年谭篆纪游题记拓片

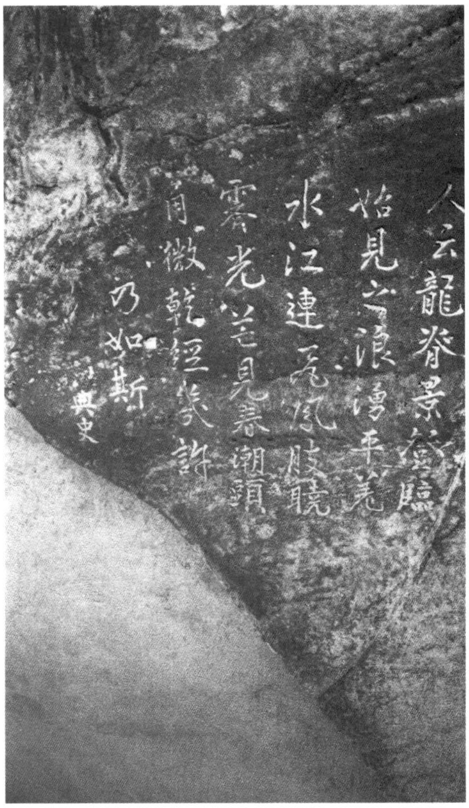

图 6-45　典史题五言律诗（半淹没水中）

惟一，四子生負譚元一、道一、純一、偕一，二知己放舟登龍䴹米盤桓，盡興而歸。勒石以紀行樂，記此使續后來遊者發咲[①]□耳。

▼ 6.2.41　典史题五言律诗

整幅高 0.47 米、宽 0.44 米。右至左竖排。楷书阴刻（图 6-45）。全文如下：

人云龍脊景，登臨始見之，浪涌平羌水，江連飛鳳肢。晓霁光芒見，春潮頭角微，乾經幾許□，□□[②]乃如斯。

典史□□[③]

▼ 6.2.42　淳熙癸卯赵庚等纪游题记

整幅高 1.04 米、宽 0.66 米。左至右竖排。楷书阴刻（图 6-46）。全文如下：

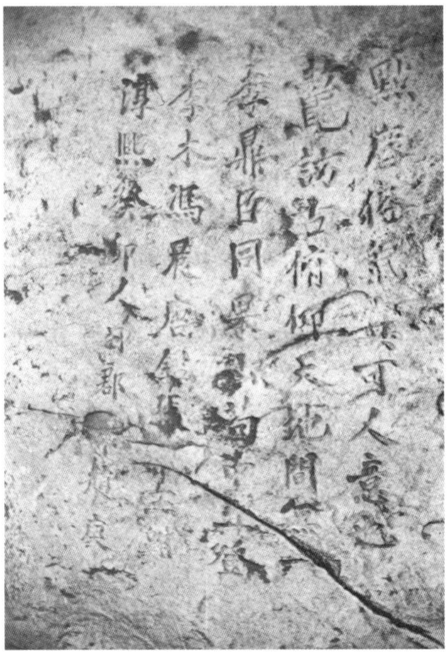

图 6-46　淳熙癸卯赵庚等纪游题名

① 今通行字作“笑”。

② 据咸丰《云阳志》考，该二字应为“亘古”。

③ 据咸丰《云阳志》考，该诗为杨鸾题，故该二字应为“杨鸾”。

淳熙癸卯人日，郡□趙庚、李木、馮晨、唐鉴、張□、王翱、李鼎臣同果山苟中立登鳌訪古，俯仰天地间，無一點庸俗氣，真可人意也。

▼ 6.2.43　淳熙己亥董伯高等题名

整幅高 0.61 米、宽 1.02 米。右至左竖排。楷书阴刻（图 6–47）。全文如下：

董伯高、宋德恭、冉說道、袁閑之、趙西仲、譚紹先、唐紀明、董尗[①]才、馮當時、胡德載、張彦模、黄克任、冉才甫、王鴻舉，以淳熙己亥人日後二日来遊，閑之男仲午侍行。

图 6–47　淳熙己亥董伯高等题名

▼ 6.2.44　嘉靖壬寅无名氏题五言绝句

整幅高 0.61 米、宽 1.02 米，有边框，带纹饰。右至左竖排。楷书阴刻（图 6–48）。全文如下：

廉官天下行，将去王道平，實政心中榦，出来民懔耿。嘉靖壬寅歲正四日前人書。

▼ 6.2.45　杨鸾[②]题七言律诗

整幅高 0.48 米、宽 0.43 米，有边框，带纹饰。右至左竖排。楷兼行，阴刻（图 6–49）。全文如下：

分符民牧鎮雲陽，四載勤劳許國長。撫字一心還自信，艱難百補偹經嘗[③]。廉名敢望方先哲，清守寧忘結苦腸。春日登龍雞子卜，占人預慶奮巖廊。雪峯楊鸞縣令

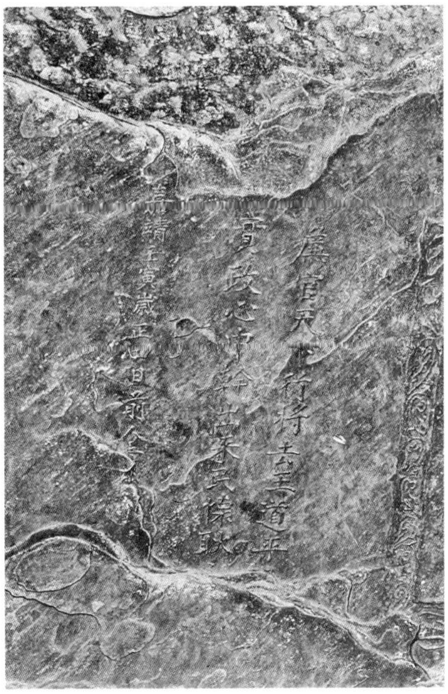

图 6–48　嘉靖壬寅无名氏题五言绝句

图 6–49　杨鸾题七言律诗

① 今通行字作“叔”。
② 据咸丰四年《云阳县志》秩官志載，杨鸾，贵州威清卫人，明代曾任云阳知县。
③ 今通行字作“尝”。

图 6-50　政和丁酉王霱等纪游题记

图 6-51　周锦云书“龙潜石”并跋题记

▼ 6.2.46　政和丁酉王霱等纪游题记

整幅高 0.96 米、宽 0.75 米，有边框，带纹饰。右至左竖排。楷书阴刻（图 6-50）。全文如下：

郡守每歲人日率同僚遊龍脊滩，與民同樂，乃行春之故事，盡興抵暮而歸，右四人同来，東牟①王霱澤民、夷儀②石砭國良、鄄城③王贯師遒、鄞江姚衍彦承。政和歲丁酉題

▼ 6.2.47　云娄、周锦云书“龙潜石”并跋

整幅高 1.00 米、宽 1.50 米，有边框。分上下两部分，上部左至右横排，楷书阴刻“龍潛石”3 字；下部右至左竖排。楷兼行，阴刻有跋文（图 6-51）。跋文如下：

城南多佳跡，石鳞似龍潛。江河左右闊，山坡夹岸連。白接千艘水，青飲萬灶烟。森森山色净，一一钟聲傳。影澈依霞彩，波澄返照鲜。遠陰垂巫峡，清響答嚴泉。丘壑豁胸次，閭阎樂事偏。人安间淡内，鳥度志機天。瞻景固怡尔，□風自晏然。詞章未貫刻，顧續甘棠篇。

① 东牟：东牟郡，西晋置，旋废。北魏复置，东魏移治黄县（今山东龙口市东南黄城集）。辖境约当今山东省蓬莱、栖霞、海阳等市以东地区。北齐天保七年（556）并入长广郡。唐天宝元年（742）改登州置，治蓬莱县（今山东蓬莱市）。辖境与东魏东牟郡同。乾元元年（758）复改登州。有渔、盐之利，又为与高丽、新罗、百济和日本海上交通的重要港口。

② 夷仪：在今山东聊城市西南十二里。春秋时邢国建都于此。《春秋·僖公元年》（前 659），“邢迁于夷仪”。即此。《续汉书·郡国志》东郡聊城“有夷仪聚”。另一说在今河北邢台县西北。

③ 鄄城：在山东省西南部，与河南省相邻。属菏泽市。县政府驻鄄城镇。春秋卫鄄（甄）邑，《春秋》庄公十四年（前 680）：“冬，单伯会齐侯、宋公、卫侯、郑伯于鄄。”即此。秦置甄城县，治今县北旧城。西汉改为鄄城县，属济阴郡。晋属濮阳国。北魏属濮阳郡。北周鄄城县为濮阳郡治。隋属东平郡。唐武德四年（621）置濮州，治鄄城县。北宋因之。明洪武二年（1369）废鄄城县入濮州，景泰三年（1452）以河患，迁濮州于王村，即今河南范县西南濮城。清属曹州府。1912 年濮州改濮县。1914 年属东临道，1925 年属曹濮道，1928 年直属省。1931 年分濮县黄河以南地区复置鄄城县，治今县址。1940 年建立鄄城县抗日民主政府，属郓西专区。后几经更改，于 1944 年建冀鲁豫行政区八专区，鄄城属之。1949 年属平原省菏泽专区，1952 年划归山东省。1958 年属济宁专区。1959 年属菏泽专区（1967 年改地区）。2000 年菏泽地区撤销，属菏泽市。

图 6–52　正德七年张鼎等题名

图 6–53　光绪十二年黄应泰题七言律诗

旹

道光癸未年履端月望前三日，雲陽縣尉雲娄，周锦雲題。

▼ 6.2.48　正德七年张鼎等题名

整幅高 0.40 米、宽 0.30 米，有边框。右至左竖排。楷书阴刻（图 6–52）。全文如下：

雲陽縣吏張鼎，譚自松引男譚一天偕遊此脊記，正德七年正月二日書。

▼ 6.2.49　光绪十二年黄应泰题七言律诗

整幅高 1.0 米、宽 1.66 米，有边框。左至右竖排。隶书阴刻（图 6–53）。全文如下：

墨池香氣通三清，煙雲落石認蓬瀛，偶謪塵寰出嚴穴，領取奇奇怪怪情。衣冠漢代羞走狗，胭膃鼓满吞玉鯨，群芊妄肆忽度水，我将仍復本来面，含脯鼓腹醉斜醺。光绪十二年春正月丙戌歲權雲陽縣黄應泰書

▼ 6.2.50　开禧改元幸樵等纪游题记

整幅高 0.59 米、宽 0.43 米。右至左竖排。楷书阴刻（图 6–54）。全文如下：

本郡賓房牋司幸樵山父、史彦正父、米彭年壽春、楊大淳德美、符棋子玉、冉中行直夫、杜恭子温、常嵩山父、使院張仲春惠茂、廳吏 趙春從太守，講人日故事，訪古嘆昔，抵晚而退。

是年開禧改元乙丑識，正父之子壬仲侍行。

图 6–54　开禧改元幸樵等纪游题记

▼ 6.2.51　无名氏书“有德者到此游春”题记

位于幸樵等题记左下。整幅高 0.35 米、宽 0.17 米。右至左竖排 2 行，楷书阴刻（图 6–55）。内容如下：

有德者到

此遊春

▼ 6.2.52　张海邑题七言律诗

整幅高 0.48 米、宽 0.79 米。右至左竖排。书体不规范，阴刻（图 6–56）。全文如下：

三十年前好用功，为人立志在豪雄，一元造化由心事，萬卷詩書作一功。詩能及義賢士上，哭□莫入少人書，□□□□無他義，三十錢□□□□。清河子張海邑

▼ 6.2.53　嘉定乙亥邓绍先等题名

整幅高 0.82 米、宽 0.45 米。右至左竖排。楷书阴刻（图 6–57）。全文如下：

郡使院典級鄧紹先，金涉水、彭年、辛绂、李光宅、陳瑞、張永壽、張仲春、張鏞同客院辛樵，符栱，冉琪并符椿，鄧良符祖符寅、楊初安、普何輔、鄭宗、張丙、金照、夏鑄、張杞、李京、譚文安坤厚、符仲杞嘉定乙亥元正後四日来遊，辛良器往西州祠。神男季乙偕来寓迹，牧司古通彭震書，秦楫以幹續至，镌工陳仲成、陳公道。

图 6–55　无名氏书“有德者到此游春”题记

图 6–56　张海邑题七言律诗（半淹没水中）

图 6-57 嘉定乙亥邓绍先等题名
（半淹没水中）

图 6-58 壬寅冯时俊题名
（在邓绍先等题名左下，半淹没水中）

图 6-59 翁镗题七言律诗
（半淹没水下）

▼ 6.2.54 壬寅冯时俊题名

整幅高 0.20 米、宽 0.12 米。竖排。楷书阴刻（图 6–58）。内容如下：

馮時俊壬寅正三日

▼ 6.2.55 翁镗题七言律诗

整幅高 0.40 米、宽 0.60 米。右至左竖排。楷兼行，阴刻（图 6–59）。全 文如下：

龍脊春遊一赏心，桃花浪暖碧波深。江山自古留形勝，我辈于☐复步臨。朝汐川流従隐見，推敲詩句漫沉吟。飛龍送酒多佳興，寒薄青衫冷氣侵。

邑人翁鏜

▼ 6.2.56 无名氏题五言绝句及“国太民安”题记

因淹没水下，无法测量具体尺寸。题记分两部分，下部右至左横排。楷书阴刻“國太安民安”五字，“國太”二字较大，余 3 字小，“太”后“安”字疑为赘字，书体不规范；上部右至左竖排。楷书阴刻五言绝句 一首（图 6–60）。诗文如下：

國正天心順，官清民自安，妻贤夫祸少，子孝父心寬。

图 6-60　无名氏题五言绝句及“国太民安”题记（淹没水中）

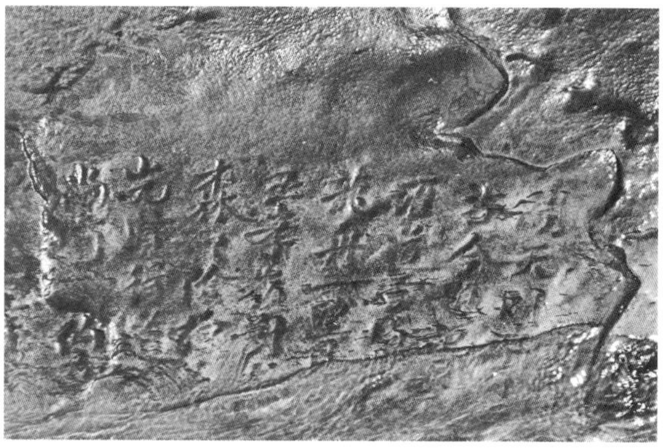

图 6-61　幸宥题七言律诗（半淹没水中）

▼ 6.2.57　幸宥题七言律诗

整幅高 0.40 米、宽 0.70 米。右至左竖排。楷兼行，阴刻（图 6-61）。全文如下：

開天辟地有石龍，古今題記永无窮。谁道雲陽非勝境，龍舟一望見仙峯。五峯嶺對玉林天，森森陰檜已千年。先賢得道皆顯著，尚有神①仙在日前。

幸宥

▼ 6.2.58　绍兴壬子杨尧举纪游题记

整幅高 0.65 米、宽 1.10 米。右至左竖排。楷书阴刻（图 6-62）。全文如下：

郡侯人日游龍脊，與民同樂，以雞子卜年慶，邦人未嘗有可免者。首春天氣融和，諸友會間遂舉其故事。而我觀此景，覩纖羅錦水，浮龍勢於天邊，峭壁巫雲，擁鳳翥於日外，盃興之次，目眺明媚，不勝快哉！攝郡職黄藻明炇②、李公悦正父、楊尧舉舜舉、幸宥原炇，鄉友符海巨澤、幸時敏勉叔、譚輔良弼。紹熙壬子正月念四日，尧舉書。是日雙舟捧人，亦經從此。

图 6-62　绍兴壬子杨尧举纪游题记拓片

作頭陳舜先刊

▼ 6.2.59　光绪二十八年夏云青书“云阳八景沧海一龙”并跋

整幅高 0.80 米、宽 0.60 米，有边框。右至左竖排 2 行。草书阴刻“雲陽八景，沧海一龍”8 字；左侧右至左竖排 3 行，楷兼行，阴刻有跋文（图 6-63）。跋文如下：

光緒廿八年二月与至好陳翔軒

①“神”字已残。
②今通行字作“叔”，下同。

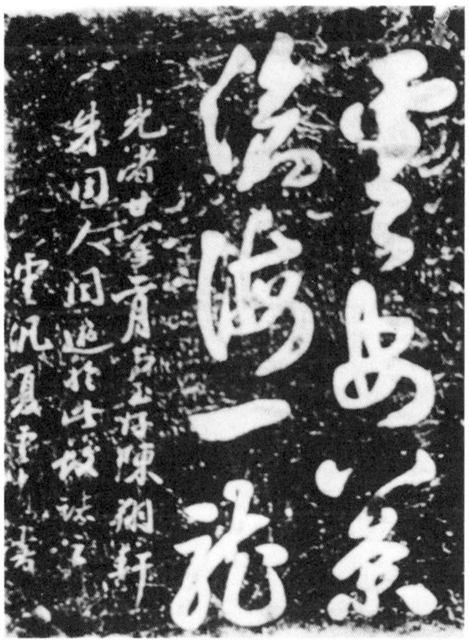

图 6-63 光绪二十八年夏云青书“云阳八景沧海一龙”题记拓片
（引自《长江三峡工程水库水文题刻文物图集》）

图 6-64 黄封题七言律诗

图 6-65 杨东山题七言律诗
（半淹没水中）

朱同人同遊於此故誌之

雲汎夏雲青書

▼ 6.2.60 黄封[①]题七言律诗

整幅高0.56米、宽0.48米。右至左竖排。楷兼行，阴刻（图6–64）。全文如下：

碧潭千尺耀金清，也泛輕航學步瀛。龍脊雞占寻胜跡，抽黄對白瀉高情。腰纏十萬誰騎鶴，看擊三千我跨鯨，回首不禁餘興逸，狂吟猶自對日曛。

邑人双泉黄封

▼ 6.2.61 杨东山[②]题七言律诗

整幅高1.00米、宽0.80米，有边框。右至左竖排。楷书阴刻（图6–65）。全文如下：

龍脊雲晴天宇清，神仙流品會登瀛。满州鱼鳥詩家料，萬里湖山客子情。愛重劝君休打鴨，酒狂愧我欲騎鯨。殷勤共惜千斤刻，記取朝昕与夕曛。

滇人楊東山再次韻

① 据咸丰四年《云阳县志》选举志、乡贤志载，黄封，云阳人，嘉靖十九年举人，嘉靖二十年进士，任兵部郎中，端方正直，从祀乡贤祠。

② 据咸丰四年《云阳县志》秩官志载，杨东山，云南嵩明县人，明代曾任云阳知县。

图 6–71　褚鼎题七言律诗（半淹没水中）

▼ 6.2.68　斌全书“可笑”题记

因淹没于水下，故题刻具体尺寸不详。右至左横排。楷兼行，阴刻“可笑”2 字；左侧楷兼行，竖排阴刻“斌全書”3 字（图 6–72）。

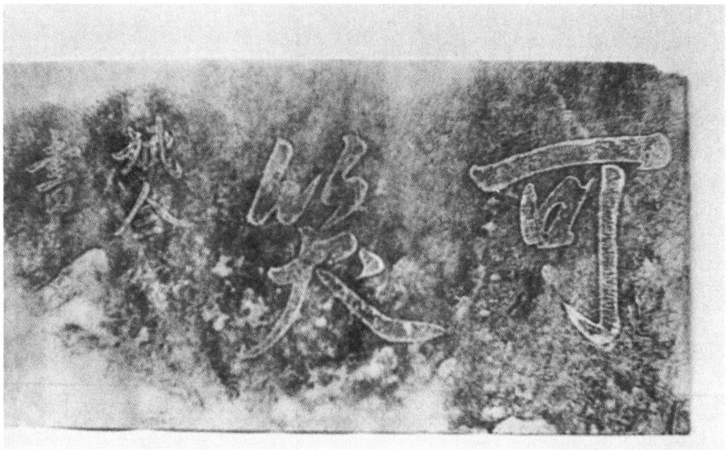

图 6–72　斌全书“可笑”题记拓片（1998 年摄自云阳文管所资料）

▼ 6.2.69　乾隆癸酉单行举[1]书“水落石出”并跋

因淹没于水下，故题刻具体尺寸不详。右至左横排。楷书阴刻“水落石出”4 字；4 字左侧右至左竖排。楷兼行，楷书阴刻有跋文（图 6–73）。跋文如下：

江峰攬不盡，雲树自年年，苍龍如可駕，我欲問青天。

乾隆辛未初春曾同北平甘氏昆仲宴游於此，癸酉仲春獨自臨眺，殊感於懷，遂漫題云，北海[2]单行舉。

图 6–73　乾隆癸酉单行举书“水落石出”并跋（引自《长江三峡工程水库水文题刻文物图集》）

▼ 6.2.70　崇祯庚辰斌全、黄光国题七言绝句

因淹没于水下，故题刻具体尺寸不详。右至左竖排。楷书兼行，阴刻（图 6–74）。全文如下：

天造江心一片石，往来何故多晋题，願将洗净貪污膽，壓碎奸臣骨似泥。

---

① 据咸丰四年《云阳县志》载，单行举，山东高密县举人。

② 北海：古县名。隋大业三年（607）改下密县置，治今山东省潍坊市。属北海郡。唐以后为潍州治，明洪武初废入潍州。

图 6–74　崇祯庚辰斌全、黄光国题七言绝句拓片（1998 年摄自云阳文管所资料）

图 6–75　光绪辛丑彭聚星书“云龙”并跋拓片

武科举子斌全、黄光國書於崇禎庚辰春日吉旦

▼ 6.2.71　光绪辛丑彭聚星[①]书“云龙”题记并跋

整幅高 0.78 米、宽 1.13 米，有边框。右至左横排。篆书阴刻“雲龍”2 字；2 字左侧，右至左竖排。楷兼行，阴刻有跋文（图 6–75）。跋文如下：

光緒辛丑人日，與遂甯何今雨来遊，書此以紀歳月，奉莭彭聚星并記。

▼ 6.2.72　宣统元年张宜钧书“乘龙”题记并跋

整幅高 0.84 米、宽 1.53 米，有边框。中间右至左横排。行书阴刻“乘龍”2 个大字，2 字右侧竖排楷书阴刻“歳次己酉”；左侧右至左竖排，楷书阴刻有跋文（图 6–76）。跋文如下：

宣統元年春二月，予與廖騰芳、謝良臣、趙耘谷、王維之、李子衡、吴繼周、賀錫麟、孫明發同遊。書此以紀歳月，姚仁壽刊，邑人張宜鈞并書。

图 6–76　宣统元年张宜钧书“乘龙”并跋（引自《长江三峡工程水库水文题刻文物图集》）

▼ 6.2.73　淳熙丁酉袁进叔等纪游题记

整幅高 1.10 米、宽 2.30 米。右至左竖排。楷书阴刻（图 6–77）。全文如下：

郡人袁進炑[②]、馮周翰、刁卓道、馮稟俊、張旹傑、冉子文、楊彦顯、譚翔老艤舟□游覽昔人墨

① 彭聚星，字云伯，又字云石，别号莲花峰樵，云阳人。少时就读于奉节，光绪十四年中举人。毛子献等撰《奉节县志稿》中，赞彭与刘海鳌、刘贞安三人“皆博通经史，贯穿百家，著声誉于京都，增光辉于桑梓，信可谓南州冠冕矣”。彭晚年闲居云阳，将生平所集名人字画刻置张桓侯庙内。彭的书法导源于欧、褚、颜、柳诸家，工楷书，亦习秦篆。其书法自成风格，形成“彭派”，故被誉为“南州冠冕”。作书之余，兼写兰竹，中国美术史上曾列其名。

② 今通行字作“叔”。

图 6-77　淳熙丁酉袁进叔等纪游题记

图 6-78　宣和丙午陈似题七言律诗并跋

妙，老眼爲之增明。旹昼長春暖，又□望融若，愈可人意，終而歸□。

淳熙丁酉人日题[①] 陳舜英刊

▼ 6.2.74　宣和丙午陈似题七言律诗并跋

整幅高 1.02 米、宽 0.92 米。右至左竖排。楷书阴刻（图 6-78）。全文如下：

峡東渊流测益深，砥平鼇脊介江心。薄書叢裏逢休假，雲水光中欣訪尋。拂石四題雞子卜，檥舟三聽竹枝音。時咊撾鼓同民樂，快喜春陽逐衆陰。

嘉陽陳似襲卿司刑朐䏰[②]，四年将受代，携家遊，男槐、枬[③]、桐、樟、橿、栴侍行，宣和丙午歲人日桐書。

▼ 6.2.75　元祐四年唐言纪事题记

整幅高 0.61 米、宽 0.44 米。右至左竖排。楷书阴刻（图 6-79）。全文如下：

① 此后字略小。
② 古县名，在今四川省云阳县西。汉置。下同。
③ 今通行字作“楠”。

元祐四年己巳歲孟月有七日，同年二親再遊。於前以雞子一枚卜兆，德[①]喜慶團圓之掛[②]，又再遊題名。

□□□□□□□□□□□□[③]

鲁國唐言字子正，甲子生，勾震 刊。

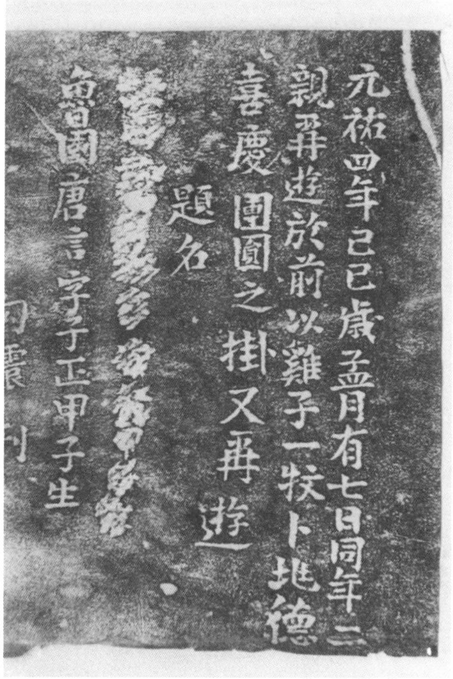

图 6–79　元祐四年唐言纪事题记拓片

▼ 6.2.76　丙辰无名氏纪游题记

整幅高 0.54 米、宽 0.31 米。右至左竖排 4 行。楷书阴刻（图 6–80）。内容如下：

游龍脊抵暮而退

□□□□携手

丙辰上巳□□同□

□□□□□□□[④]慶元

▼ 6.2.77　元祐三年唐言纪事题记

整幅高 0.71 米、宽 0.65 米，有边框。右至左竖排。楷书阴刻（图 6–81）。全文如下：

元祐三年戊辰歲孟月有七，同年二親遊此龍脊，集古賢留傳，以雞子一枚卜一兆可為得喜慶團圓之掛[⑤]，恐後再来題名。□□□□□□□□[⑥]

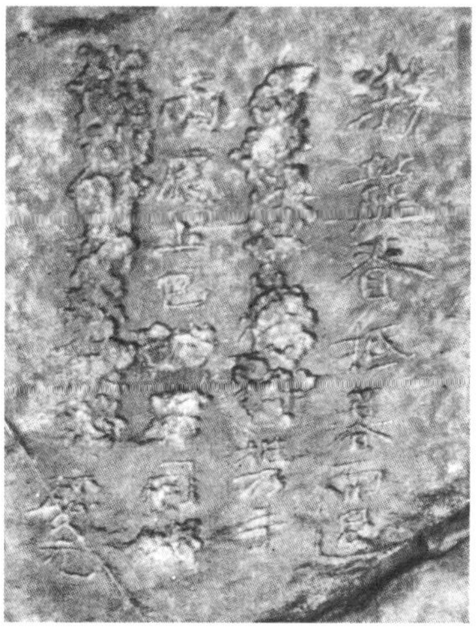

图 6–80　丙辰无名氏纪游题记

图 6–81　元祐三年唐言纪事题记拓片

① 应为“得”。
② 应为“卦”。
③ 此一行被凿。
④ 文中□部分似为凿印。
⑤ 应为“卦”。
⑥ 此一行被凿。

鲁國唐言字子正

武都縣吏冉夔書

[1] 簡池勾震攻刊

▼ 6.2.78　汤承光[2] 等题名

整幅高 0.79 米、宽 0.28 米，有边框。右至左竖排 2 行。楷书阴刻（图 6–82）。全文如下：

任雲陽湯承光係河南閿鄉人陞行，管家湯勤

图 6–82　汤承光等题名拓片

▼ 6.2.79　罗八极题《五言古风》律诗

整幅高 0.33 米、宽 0.64 米，有边框。右至左竖排。楷兼行，阴刻（图 6–83）。全文如下：

五言古風

龍脊盤地軸，虹氣映天绳，珠射星河葜，柱砥浪花平。隐見随序轉，浮沉幾度增，雞豊傳猶幻，鳳瑞峙獨恒。踪跡千年在，沉碑俟後凴。

明楚人羅八極題。

▼ 6.2.80　淳熙壬寅张时杰题名

整幅高 0.76 米、宽 0.58 米，有边框。右至左竖排 2 行。楷书阴刻（图 6–84）。

全文如下：

郡人張時傑淳熙壬寅人日後一日挈家来游。

图 6–83　罗八极题《五言古风》律诗拓片

图 6–84　淳熙壬寅张时杰题名拓片

① 后为小字。

② 据咸丰四年《云阳县志》载，汤承光，曾任云阳知县，河南人。

[①] 陳興良刊

▼ 6.2.81　嘉定辛未孙奎纪游题记

整幅高 0.59 米、宽 0.32 米，有边框。右至左竖排。楷书阴刻（图 6–85）。全文如下：

嘉定辛未人日後一日，郡庠宋梅，宋彬拉姝季巳、季賢、婿冉震、符友文携家来遊，嘆前題倏尔，一紀光陰如駒之過隙耳，諸親戚一嘆。孫奎書

图 6–85　嘉定辛未孙奎纪游题记

▼ 6.2.82　吴加禄等题七言律诗

整幅高 0.93 米、宽 0.86 米，有双边框线。阴刻（图 6–86）。内、外边框线之间刻同文吴加禄，石匠方友貴两姓名。内边框线内文字右至左竖排。楷兼行。全文如下：

五峰如指翠相連，撑起炎洲半壁天。夜浣银河濯星斗，朝探碧落弄雲烟。雪堆玉笋空中現。月出明珠掌上顯。想是巨灵伸一臂，遥從海外数中原。任雲陽吴腾龍陞行書，崇禎八年孟春吴諫同記，蜀竹人明国[②]，龍管家應法

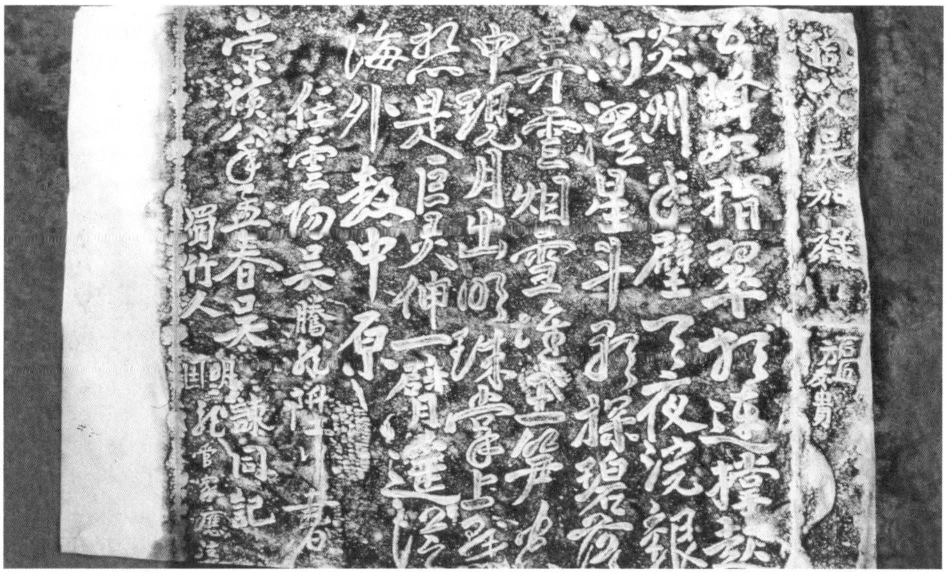

图 6–86　吴加禄等题七言律诗拓片

▼ 6.2.83　绍定改元谭仲乙年等纪事题记

整幅高 0.94 米、宽 0.69 米。右至左竖排。楷兼行，阴刻（图 6–87）。全文如下：

① 后为小字。

② “明国”二字在“人”下并列。

图 6–87　绍定改元谭仲乙年等纪事题记拓片

雲陽譚仲乙年、仲深父、清父，鄉士常厚父、坤父與夔州張用之以人日来遊，修親契事也。是日從郡侯三瀘李公與渝江張尉仙仝盛山黎判簿，時紹定改元人日書。

▼ 6.2.84　淳熙改元康性之等题名

整幅高 0.74 米、宽 0.97 米。右至左竖排 7 行。楷书阴刻（图 6–88）。全文如下：

固陵康性之、
開封楊處道、
澤城①梁國宝、
寧川②馮巨濟，
右四人目③純
熙改元甲午
人日同遊

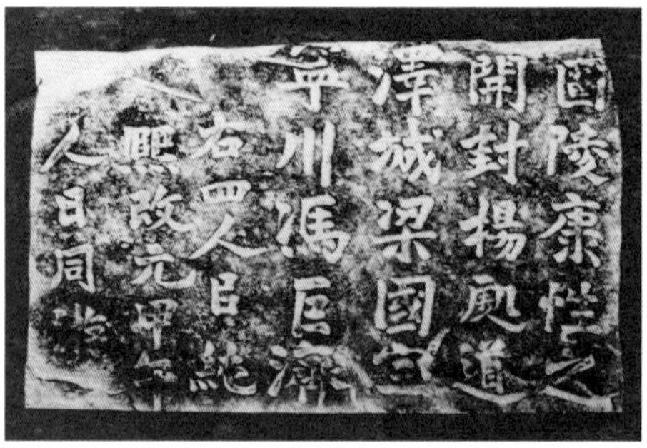

图 6–88　淳熙改元康性之等题名拓片

图 6–89　庆元己未宋天一等纪游题记

▼ 6.2.85　庆元己未宋天一等纪游题记

整幅高 0.98 米、宽 0.62 米。右至 左竖排。楷书阴刻（图 6–89）。全文如下：

鄉士宋天一拉友人馮□□、袁子隆、□道濟、道應、道勝、子□安、子善、黎文叔、李瞻父、譚德润、符子厚、褚濟道□舟步龍脊，酒酣樂極。囬視岷山蜀江，瞰赤甲白塩，一目万里，不覺心生羽翼，□□有登瀛□，因□石咀味先朝馮郡侯墨妙，感慨時□□□，乃知名賢贤千古，遺跡長□此滩相□，而不隨大江東注也。時慶元己未正月人日後五日識。

▼ 6.2.86　元祐三年邓冲等题《游龙脊石题名记》

整幅高 0.98 米、宽 0.62 米。右至左竖排。楷书阴刻（图 6–90）。全文如下：

遊龍脊題名記

夫雲安風俗，春之勝遊，惟龍脊為初。今日自押録以下，

① 泽城：古县名。隋开皇十六年（596）置，治今河北省冀州市西北扶柳城。大业三年（607）废。
② “寧川”：即今河北崇礼县及张家口市境之清水河。《魏书·道武帝纪》：登国二年（387），“帝幸宁川”。《水经·㶟水注》：于延水又东，左与宁川水合。水“出西北，东南径小宁县故城西，东南流注于延水”。
③ 今通行字作“以”。

图 6-90 元祐三年邓冲等题《游龙脊石题名记》

图 6-91 淳熙丙午段作纪游题记拓片
（引自《长江三峡工程水库水文题刻文物图集》）

偕得遊賞，于是興盡抵暮而歸。於是各留姓名字。仍刻之于石，以記一時之樂云耳。時大宋元祐三年歲次戊辰正月初七日，鄧冲字和叔、衛寧字道安、袁易字長吉、蒲之字子善，冉夔字舜和書序[①]，楊盛字世昌、符良字應贤、□□字温之、馮賦字子文、成保字子安、唐卿字公佑、黎拱字端夫、金吉字聖從、□□字得□、王岷字子山、李位字德卿、符宗字伯紹。

▼ 6.2.87 淳熙丙午段作纪游题记

因淹没于水下，故题刻具体尺寸不详。右至左竖排。隶书阴刻（图 6–91）。全文如下：

東里遺民段作以姪謙仲侍親尉皀邑，同震仲，晋仲偕来省親，暇日撑小艇，登龍脊灘，置酒石上，四顧風物，一□曾經少陵，拉拭念身世之無常，悵江山之不改，相與三歡而去。淳熙丙午十弍月望。

▼ 6.2.88 嘉定丁丑邓绍先等题名

整幅高 0.38 米、宽 0.45 米。右至左竖排。楷书阴刻（图 6–92）。全文如下：

图 6–92 嘉定丁丑邓绍先等题名
（半淹没水中）

① “書序”二字并列。

丁丑歲正月六日鄧紹先等同前題[1]内諸兄拉未来諸友冉中行、安鐸、張琰、范炳、王昌盛、辛為愛、李桂、曾庚、張震庚、胡才美、符仲、辛同、许□一日游。

鄧紹先、米彭年識，范炳生，镌工陳仲成

图 6-93　常嵩题名（淹没水中）

▼ 6.2.89　常嵩题名

位于嘉定丁丑邓绍先等题名左侧。整幅 高 0.16 米、宽 0.08 米。右至左竖排。楷书阴刻（图 6-93）。全文如下：

常嵩人日從太守来遊。

▼ 6.2.90　建炎戊申陈修举纪游题记

整幅高 0.60 米、宽 0.42 米。左至右竖排。楷书阴刻（图 6-94）。全文如下：

建炎戊申正月望日，知縣朝奉母丘[2]使轄匠刻張待制詩石，凡五日畢。足觀山色風波景，意想春事只如此也。小孩丘梅素亦携遨此。

陳修舉書

图 6-94　建炎戊申陈修举纪游题记

① 指乙亥年题记，故该题记时间应为嘉定乙丑。

② “母”“丘”二字略小。

图 6–95　绍兴癸丑卢能父等题名

图 6–96　淳熙丙申庚辄题七言律诗并跋（半淹没水中）

▼ 6.2.91　绍兴癸丑卢能父等题名

整幅高 0.50 米、宽 0.40 米，有边框。右至左竖排 4 行。楷书阴刻（图 6–95）。内容如下：

箕穎盧能父豹林

种民望弟志遠以

紹興癸丑二月朔

来遊

▼ 6.2.92　淳熙丙申庚辄题七言律诗并跋

整幅高 0.50 米、宽 0.40 米。左至右竖排。楷书阴刻（图 6–96）。全文如下：

春早江流岸□深，艤舟龍脊共登臨，一犁膏雨知時節，萬里和風快客襟。麴米盉濃浓直舊味，竹枝歌好更新音，飄然自有凌雲氣，何必雞占慰此心。

淳熙丙申歲人日郡人宋南、趙庚、馮晨、费公錫、譚光遠、杜渊、李如莹、牟滂、冉槐卿、冉嵩卿、譚□澤偕游，庚輙留五十六字，以識其行。

▼ 6.2.93　开禧改元唐酉等纪游题记

整幅高 1.50 米、宽 0.80 米，有边框。右至左竖排。楷兼隶，阴刻（图 6–97）。全文如下：

開禧改元乙丑人日雲安長吏率僚佐游龍脊灘，覽石刻，决雞卜，歌竹枝，皆故事也。軍使兼知縣忠南唐酉、主簿常德薛鑄，巡檢永興張珪、縣尉舜澤續慶祖、鄉人興州文學康炎、樂温簿吴炎正、奏名進士巫陽王仲午偕行。

▼ 6.2.94　冉克良[①] 等题记

整幅高 0.50 米、宽 0.30 米。排列不规则。阴刻（图 6–98）。内容如下：

① 据咸丰四年《云阳县志》选举志载，冉克良，曾任湖广善化县知县。

图 6-97　开禧改元唐酉等纪游题记（半淹没水中）

图 6-98　冉克良等题记

共四款。

1. 位于右上方。右至左竖排 4 行。楷书阴刻，内容如下：

書使張彬因

縣尉段朝議

借監視刊字

戊申孟春記

2. 位于右下方。右至左竖排 2 行。楷兼隶，阴刻，内容如下：

天池澤九州

冉克良造[①]

3. 位于左上方。竖排楷书阴刻“姑蘇苏金雍耀游記”8 字。

4. 位于左下方。右至左竖排 5 行。书体不规范，阴刻，内容如下：

① 此行字略大。

我本清溪士

同□□□州

自有□□□

何须此地游

雲陽邑生李□□

▼ 6.2.95　瑶峰题七言绝句

整幅高 0.50 米、宽 0.30 米。右至左竖排。楷书阴刻（图 6-99）。全文如下：

龍脊占年疇作俑，

隔靴大扺涉無稽。

若人事盡天須應，

何必牛刀枉割雞。

瑶峯

图 6-99　瑶峰题七言绝句

6.3　乘龙造像《创修神像碑记》

右至左竖排，楷书阴刻 36 行。行距 8.9 厘米、字距 2.3 厘米、字径 2.5—3.1 厘米（图 6-100）。全文如下：

图 6-100　创修神像碑记

□□□□龍創修神像碑記

□…… 自西来□□雲□回東開三峡三己古稱奇□，且自萬山至蜿蜖結□積一□衆標勝地，白鶴滩上馬 鞍山脈子象鼻□洪□满若……山鍾鼓静。遥聞溪水 聲潺潺，瀑布千尺□流水恰 似水晶簾子籠，噴水涿涿起煙霧。小龍洞裹大龍洞，龍湫一泓深無底。龍馬天生在潭里，豈是瑞圖出。今年旱乾又如甭傳聞，□皇祖戊戌戊午年曾車洞水驚龍□好 雨……霎時降，父老傳聞道其然今年六月歲大旱千般…祷無人管前事不忘後事 師，特擇良辰约同伴□□□□趋着驚一二三两两真涸鲋桔……不□……底脱三□□人共輪時濃雲漸漸罔，□吐我鄉少年愈鼓舞相連，□□着運龍馬当先果……孰知霖鱼來聯绵点点黄……秦光宗沐□書。……昔有繪象……匠師……刊。

6.4　长滩石碑亭碑刻

碑身共六面。内容如下：

▼ 6.4.1　第一面

碑额：右至左横排。楷书阴刻“日月同垂”4 字。

碑文：右至左竖排。楷书阴刻 11 行。内容如下：

募化義渡引序 窃聞

天生蕖民有物有則民之秉夷好是德古之……

作新者必求至善而不瑕古君子先修十……

古聖君之德政民皆利涉德播四海恩及萬方如斯大化……

水難濟事經多年……非一夕欲架興梁而恐山水……

集義公設各省資财外化良善仁人長者大衆……

神堂而證上達天神下安□庶□此上叩……

有縣恩主士農工商各發心善倾囊捐金成渡立碑万古不朽

上蒼恩及下土樂施……

諸公獲福無量以是謹序

原初會首鄭揆一湖南澧州人氏银十两……朽後補修

▼ 6.4.2　第二面

碑额：右至左横排。楷书阴刻“棠甘媲政”4 字。

碑记：右至左竖排。楷书阴刻 5 行，内容如下：

署四川夔州府正堂加正五品衔□

署四川夔州府雲陽縣儒學正堂加

署四川夔州府协鎮右營駐防□

署四川夔州府雲陽縣右堂加三

署四川夔州府雲陽縣事廣安時正堂加

▼ 6.4.3　第三面

碑额：右至左横排。楷书阴刻“涉病求民”4字。

碑文：右至左竖排。楷书阴刻9行。内容如下：

……地文約人

今将坐落長滩……

田地销基阴陽二□……

园林竹木什物等件出□……

與長滩河公議渡□衆會……

首名下□□□定实值□……

银三百兩正一現交……

壹不无……

□……

▼ 6.4.4　第四面

碑额：右至左横排。楷书阴刻“濟利廣川”4字。

碑文：右至左竖排。楷书阴刻5行。内容如下：

□□□又河□□天池□大梁

□界北東……

界西至边界中無抽留插……

花三亂……□□五

□□二日□□

▼ 6.4.5　第五面

碑额：右至左横排。楷书阴刻“河海同流”4字。

碑文：右至左竖排。楷书阴刻9行。内容如下：

夔州府雲陽縣事

正……爲恳示該舟

……利行人事

□……

□才……

科劉相……

等……此名長

滩……

達施南……來□□經遇行

▼ 6.4.6　第六面

碑额：右至左横排。楷书阴刻“名省悠慶□□□□□□”10字。

碑文：右至左竖排。楷书阴刻9行。内容如下：

人每多阻隔身等不忍坐視其爲首倡捐

資買業在該滩設立渡船時便利□……

無論□□□□……民□□許渡天

許渡天宗□□□□□□……

地方……共……

□将……案……

出示□……

不致……故□索碑……

知□義渡……呈

6.5　彭溪口义渡摩崖题刻

▼ 6.5.1　嘉庆二十年黄氏书“独捐义渡”题记（编号1）

整幅高0.92米、宽3.12米。右至左横排。楷书双线钩刻“獨捐義渡”4个大字，字径0.7米。左右各有题跋。右侧为“粮民黄氏立仝……遵父遺命”；左侧为“大清嘉慶二十年孟冬刊”（图6–101）。

▼ 6.5.2　嘉庆二十年黄本立撰捐置义渡题记（编号2）

整幅高2.86米、宽2.23米，有边框，深35厘米。右至左竖排。楷书阴刻（图6–102）。全文如下：

图6–101　彭溪口义渡摩崖题刻1号题记

图 6-102 彭溪口义渡摩崖题刻 2 号题记

蜀四川夔州府雲陽縣正堂加三級紀錄五次錢為捐置义渡稟明脩案并恳晓論事。嘉慶二十年麦秋月初九日□十古日，民黄本立稟称情蚁父先年来川落治業於小江口。该處地滨大河为 川楚上下通衢。内横小河一道通達新開蹇裳，難越向有保正二十四家輪脩渡舡，以濟行人，稍取微資以供渡夫日食，一遇大江水滚或小河溪水暴发，渡夫乘機勤索，有不者登舟而過无不望洋而返。蚁父目擊有年，扼腕三三，誓欲制造渡舡捐置义渡，奈有志未逮。遍遏你物，故蚁謹佩遺誨，□繼成父志，幸天從人願，近来衣食□□，故於今春脩造渡舡一隻，自置地名洗马溪产業一分册，載條粮八分，更注小江義渡。每年业粿出息即以給渡夫日食及整艑舡隻之賫，而承僱之渡夫往来不许勒索行人分文，此蚁体父之志以免往來行人頻受勒索之苦。质之雲萬伶近绅耆粮户僉曰：可為至此契約並以施白粘連仰恳鈐印，□四甲首人执掌拈俾免遺失是以拠情稟明。愚台賞准脩案並恳示论泐石以垂久遠。又□木古小江九堆□後等甲绅土耆民毛文詩公稟嗣後□遇差事搭連浮磧歸約客舡头承办苛情拠此除稟批准，□合行出示晓倫为此示仰閤，邑军民人等知悉。嗣后小江渡不等毋庸給典渡資，如有附近小舡議在□處有□義渡攬渡行人需索渡錢許，被害之人並该約客随时指名具稟以憑嚴寵至以後差事，答泛浮磯日約客知行承辦，不得问及。義渡当經縣主錢詳明府愚楊拠情轉詳各大愚在案。於嘉慶廿年四月十六日。

奉特四川夔州府正堂管理夔渝两关税务加三級紀錄十次楊批拠黄本立克成父志捐渡義渡甚屎可加現拠雲 陽縣□□應侯轉詳立業再行出示晓諭

欽命四川分巡川東兵脩道管辖重夔綏三府忠石酉陽寺□随□军功加三級紀錄十二次嚴批□查明已悉黄本立願繼父志洵堪□加仰縣賞給匾额此徼

欽命四川□□提刑按察使司按察使司按察使統轄驛傳事随带军功加六級紀錄十二次曹批□雲陽縣甲民黄本立捐資社渡尚義可□仰府查明毋使好徒侵蚀仍飭該縣妥定章程

欽命四川荣處承宣布政使司布政使總理錢法加三級紀錄十八次陳批如果黄本立捐设义渡克承父志洵堪加尚仰雲陽縣即速妥議詳奪

欽命兵部尚書兼都察院右都御史总督四川等處地方军務兼理粮饷管巡撫事志勇巴图鲁常批黄本立捐置义渡以濟行人仰府县查明即飭建所以示久遠

特设置夔州協府雲陽縣右堂汛部厅加三五級紀錄五次周奉大愚亲履勘祀神開渡

繼承父志男黄本立同缘熊氏孫經、綸邦鄉晚雷明聲拜書吉旦建刊

好善黄公諱正榮老先生大人大清嘉慶弍十年歲次乙亥孟夏月

▼ 6.5.3　孝梁明纪事题记（编号 3）

整幅高 1.92 米、宽 1.6 米，有边框，深 5 厘米。右至左竖排。楷书阴刻（图 6–103）。全文如下：

溪流一派，各號小江，千里来踪，萬人要路。发源於西郎秦境，会合於北岸。川河怪石頻生，激汪洋而務添綫備，添險□，凶滩叠出，鼓潮湧而信党，崎岖腰环，勢佶新门，□狹形成馬非当坎，窨異梓水渊时，当春夏之交，轍起波涛之滚，業峯陡峭易湯摇动，以将崩人首狰狞，浩浩浮沉而欲

坠，神福台前看物色，覆地翻天。太阳□下听威风，排山倒海。直说□□楚蜀不知何处。問津矣！端路隔東西堪叹，他鄉關路怎出飞源之洞，那扶漢使之槎潮，宛在伊人徒望兼葭，采采詠邛，□我友莫言舟於招招，□然野渡舟横不比指南車造，专门射利開□投不范丹白手休来阮□空□却步行人瑣尾客旅牢籠或勒索難酬几簛羊於彼岸，且□求不遂因狼狽於中央种种苛情从隐動□作亨屯之善申畤為濟□之良緣。忽得黄公单脩義渡，自矢捐資成美，不假集腋缝裘，獨斷獨行，全終全共，割膏腴之餘産广田每每憑捐费於官司鳩者，成之甲隣文契，煌煌付支持於永遠，绝不類財。奴錢癖器，均斗筲並非同侠氣豪情各沽。旦久願肇尊嚴未窮途織量高超，緩裕從是面急顺先，緒自此，孤順送月，饒他鶩眼，蝇頭於今，一萬民風過这羊腸鳥道許多方便，無量陰功方寸可耕留与子孫衣禄，九天能裕上刀帝□載培，例著銘案存。

台愚郡縣褒其孝義公侯腸尔嘉名，覩喜□迎人眉楊賨歳懿歌聲之載道，额慶陽開朗也。浪跡河干不勝，心藏心馬流連，曲水良杯立德立功，忝無能善頌善祷之詞來实欲罄斯愛斯傳之鄙。□謹脩□序恭表。

□安西陵渡孝梁明拜撰陳大寧浴手敬書

图 6-103　彭溪口义渡摩崖题刻 3 号题记

6.6 佘家嘴石刻

▼ 6.6.1 咸丰七年无名氏书“善溢巴阳”并跋题记（编号 1）

位于西区，整幅高 0.95 米、宽 2.13 米，有边框。右至左横排。楷书阴刻“善溢巴陽”4 个大字；4 字左、右、下各有题跋。左侧，右至左竖排楷书阴刻“茂美熊公後嗣共捐錢陆佰贰拾串，咸豊七年丁巳歲十二月初八日立”；右侧，楷书阴刻，右至左竖排楷书阴刻“義渡首善，恩主馮大老爷，官印卓懐捐銀叁千两”；下方右至左竖排楷书阴刻“副榜□光□、左翊元，廪生李拔□，文生曾□□、任□”（图 6–104）。

图 6–104 咸丰七年无名氏书“善溢巴阳”并跋题记

▼ 6.6.2 道光十二年无名氏撰捐修巴阳水府题记（编号 3）

位于东区造像龛所在岩壁下部。整幅高 0.71 米、宽 1.53 米。楷书阴刻，右至左竖排。行距 0.01 米、字距 0.01 米、字径 0.33 米（图 6–105）。全文如下：

夔州城東七十里名巴陽峡，峡之北□有石壁為旧塑三官神像。甚是靈應，數十年来凡商民稳載

图 6–105 道光十二年无名氏撰捐修巴阳水府题记

上下而無風波之虞者，匹仗神功孰能使之然哉。無如代遠年湮又兼累年有水泛涨遂致神像頽败，仁人君子拜不覩之，則然予愧力薄幸梓里鄉合均皆樂助而神像由是焕然一新焉。今工告竣，特爲刊石永垂不朽云。是爲引人首人[①]熊永芳出豸[②]四百八十文；

毛登祥出豸四百文，熊希福、曾文卿、曾文珂、熊永昕、熊永善、喬在癸、董有才、翟長武各出豸三百四十文；熊□田、潘啟貴各出豸二十文；周士修出豸一百三十文，陳佑聞、陳佑學、熊希朝、熊希建、熊希國、熊希吉、熊希彩各出豸一百二十文，余全泰出豸二百文；

熊朝柱、熊思爵、曾文瓊、任應鍾、熊希秉、朱榮、余應朝、向明陽、袁永新、袁永輝、陳國興、馮梅、馮兆富、張□秀、王興模、喬敦□、復興合、毛登□、劉國仲、尚正□、向必曾、段大開各出豸一百二十文；

熊毓武、熊毓海、熊毓英、熊毓福、黄大全、賴十萬、毛昇各出豸一百二十文，駱地王、劉□方各豸十文。

大清道光十二年壬辰歲仲九月吉

6.7 六冈石石刻

▼ 6.7.1 无名氏书“得胜台”题记（编号1）

整幅高 1.41 米、宽 3.22 米，有边框。右至左横排。楷书双线钩刻“得勝臺”3 字（图 6–106）。

图 6–106 无名氏书“得胜台”题记

▼ 6.7.2 顺治十七年谭诣[③]题五言律诗并跋（编号2）[④]

距 1 号题记东 0.86 米。长 1.4 米、高 1.95 米，右至左竖排。楷书阴刻，民国《云阳县志·艺文志》中录有全文，称其为《清谭诣得胜台诗刻》，为五言律诗（图 6–107）。全文如下：

地利稱天險，壹因得勝名，江湄環戰艦，石堡結軍營。擊楫波瀾靜，揮戈熢燧清，蜀疆從此定，磨勒紀昇平。

予者萬世胄也，自幼習戎馬。明崇禎時恭承簡命官夔東右路協守，甲申國遭闖賊變，是年成都亦遭獻賊之變，予相率壯士力保川東，不屈於賊，屹然獨存。丙戌年開鎮川湖建牙，巫陽控制三峽，

① “首人”二字并列。
② 今通行字作“钱”。
③ 谭谊，字养元，万县（今重庆万州）人，原为明末农民起义将领，初为方国安部将，与其兄谭文、谭弘史称“谭氏三兄弟”。崇祯十二年（1639），谭文、谭弘与谭诣三兄弟击败张献忠于三尖寨。顺治元年（1644），三兄弟与王学诗驻兵巴东。顺治十六年（1659）谭弘、谭谊因私愤怒杀谭文，遂降清，谭谊封“向化侯”。
④ 参考咸丰四年《云阳县志》卷十《艺文志》。

图 6–107　顺治十七年谭诣题五言律诗并跋

初叨封平彝伯，隨晉仁壽侯爵。至戊子、己丑獻賊之黨踞雲貴，闖賊之黨盡川楚之間，庚寅 歲移鎮雲安與原新津侯，今慕義兄宏連營撐持蜀福者，計十有六年。不忍民生日蹙，將無遺種，於戊戌之冬廼同宏兄歸命大清國。左桑赤拜受新恩，荷蒙寵眷，親帥舟師結營於此，以靖寇逆。感而賦律於右，旹順治十七年庚子季春穀旦古萬州羅網壩向化侯譚詣題。

㯹鎮總兵官都督府右都督向正楚、陳衡卫、任元礼、李□壚、馮景明、袁桂仝銘

6.8　东汉巴郡朐忍令景云神道碑

右至左竖排。隶书阴刻（图 6–108）。全文如下：

漢巴郡朐忍令廣漢景雲炑[①] 于以永元十五年季夏仲旬己亥卒。君帝高陽之苗裔，封兹楚熊，氏以國别。高祖龍興，婁敬畫計，遷諸關東，豪族英傑，都于咸陽，攘竟蕃衞。大業既定，鎮安海内。先人伯沇，匪志慷慨，術禹石紐，汶川之會。幃屋甲帳，龜車车留遰，家于梓潼，九族布列，裳絻相襲，名右冠盖。君其始仕，天資资明括。典牧二城，朱紫有别。彊不凌弱，威不猛害。政化如神，烝民乃厲。州郡並表，當亨符艾。大命顛覆，中年殂殁。如丧考妣，三載泣怛。遏勿八音，百姓流淚。魂霊[②] 既載，農夫悲[③] 結，行路撫涕，織婦暗咽。吏民懷慕，户有祠祭。煙火相望，四時不絕。深野曠澤，哀聲忉切，追歌遺風，嘆績億世，刻石紀號，永永不滅。烏呼哀哉！烏呼哀哉！賛曰：皇霊炳壁，郢令名矣。作民父母，化洽平矣。百工維時，品流刑矣。善勸恶懼，物咸寧矣。三考絀勑，陟幽明矣。振華處實，暢遐聲矣。重曰：皇霊禀氣，卓有純兮。惟汶降神，梃斯君兮。未升卿尹，中失年兮。流名後載，久而榮兮。勒銘金石，表績勳兮。冀勉来嗣，示後昆兮！喜平二年仲春上旬，朐忍令梓潼雍君諱陟字伯寧，為景君刊斯銘兮。

① 今通行字作“叔”。
② 今通行字作“灵”，下同。
③ 今通行字作“恻”。

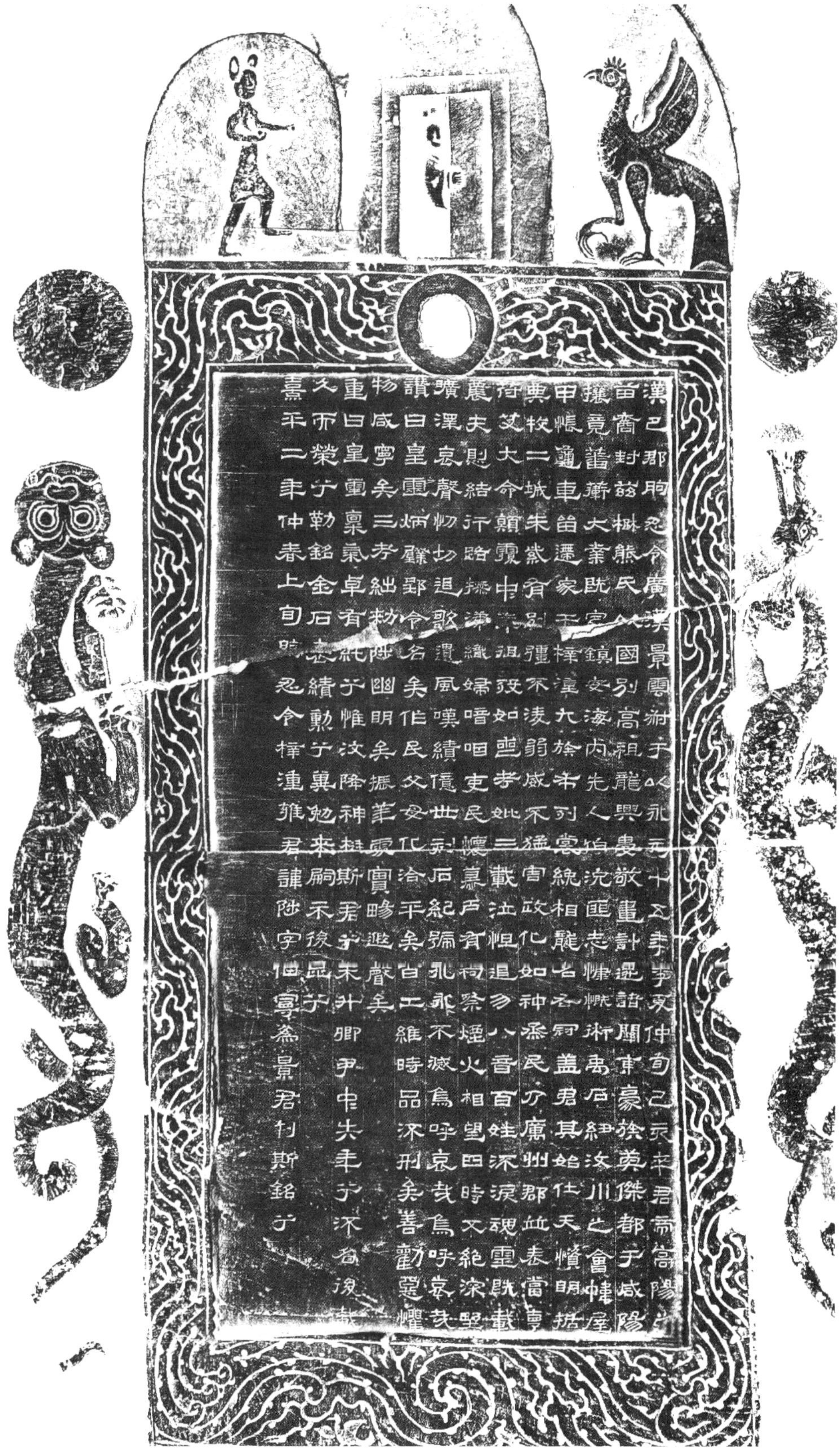

图 6-108　东汉巴郡朐忍令景云神道碑
（吉林省文物考古研究所提供）

6.9 康熙二年许缵曾撰《磐石城记》[①]

盤[②]石城記

易之習坎之象曰習坎重險也。王公设險以守其國，其象曰君子以常德 行習教事。蓋遺言有其德者，有其險也。自古名臣大帥攀龍附鳳翼成一代之勲，建不世之業者，每當中原逐鹿，四海鼎沸之會，莫不割踞分雄，龍驤虎視，為聖天子守其土地，保其人民。及聖人御極，海内青晏，以其土地人民獻之天子。天子剖符而封，析圭而爵，苴白茅於江淮，起歌鐘於東第，辉煌秬鬯，炳焕千古，書載之以爲美談，其來尚矣。辛丑秋七月余参籓西蜀，從大司馬李公出師萬州。見有蜿蜓扶輿磅礴而傑出者，天生城也。盤廣延數里，西山如削，目眩神壯者从之。遼左程大将軍曰子猶未見雲陽之石城也。東载之暇，试往觀焉，居無何余。復以司計者輯瑞入覲，代領度支未得一覩盤石之勝也。癸卯春正月大司馬視師夔州，余得請於執事随征下東。夏四月由成都水道直抵巫山道。過盤石城，見屹然獨立四壁，懸崖折瞿塘之吭。以俯視眾山，襟带江水。余舟行其下，駛如矢箭，仰觀遠眺已衈然足以駭矣。此猶未得磐城之詳也。方是時向化侯養元譚公[③]以勳爵新 領大将軍事會勦夔東大寇，余乘間請悉磐城之勝，大将軍乃爲余言磐城者夔門之砥柱，雲陽之形勝也。東通三峡，西連萬州，南控土彝，北擁飛鳳，考之宋世有吕将軍者[④]屯兵於此，戰守有備，人民又安。元明以來，成平日久，其上袛有古刹曇華寺，雲陽庶士咸崇奉焉。僕少奉前朝之命開鎮楚蜀，建牙巫山嗣後亂日，生民不粒食，爰率所部鎮将遷壘於磐石城。效充國金城故事，無事則耕，有事則戰。以故李闖遺孽並姚黄諸寇雞連蟻聚於川湖之交，而下川遺孑不致盡罹鋒鏑者，則磐城爲之保障也。歲次戊戌大司馬總憲李公略地川東，乃掛帆西上统率官兵士庶缴印獻土，詔封向化侯，乃駐守雲陽，歷今五載，袁劉李郝諸逆不敢窺我疆宇。

兹承簡命以向化侯充四川水師鎮曾師達伐我開復夔關，諸寇授首，全川底定。僕将乞歸林泉，修曇華古院，擊壤鼓腹，詠歌太平。大夫其爲我記之。平余聞是言也。不知大将軍二十年來填固封圉者，正古之名臣巨帅 當烽烟未静爲天子守其土地保其人民也。

及皇清鼎興，奄有三川，以其土地人民獻之。天子又無異古之剖符析圭成一代之勲建不世之業者也。自古迄今英傑舉動若合符節，大将軍躬擐甲胄，跋履山川，率其樓船甲骑合勦東方諸寇，蜀疆盡闢，已奏蕩平，異日者飲至，策勳銘鐘，勒卣請爲大将軍诵曰："長河如带，泰山如礪，國以永

---

① 此文录自咸丰四年《云阳县志》卷十艺文志。
② 今通行字作"磐"。
③ 即谭诣。
④ 吕文德，宋开府两镇节度京湖制置大使、四川宣抚大使。

寧，爰及苗裔。”《詩》不云乎：“彤弓弨兮，受言藏之。我有嘉賓，中心貺之，大将軍有焉。”又曰：“不騫不崩，不震不騰，三壽作朋，如岡如 陵。”磐石城有焉。又曰：“如竹苞矣，如松茂矣。爰居爰處，爰笑爰語，曇華有焉。”吕将軍者，名師夔師賓，爲宋西川茼度使余玠名将分守天生城磐石。兩城以爲唇齒，天生城者亦大将軍之伯氏慕義侯士心譚公駐守屯兵之地。

康熙二年癸卯季冬月吉旦

賜進士第中憲[1]大夫分守川東道布政使司參政新陞河南按察使司按察使前右春坊右中□加紀

管理誥勅本章華亭许纘曾拜手記

①“中憲”二字并列。

第七章　开　县

7.1　绍兴六年何麒题《开州守廨题名记》碑[①]

右至左竖排35行，满行16字，楷书阴刻（图7-1）。内容如下：

開州守廨題名記

春秋之法以字褒

以名貶以爵貴日以

謹之時以略之國邑以

别之大較不過

此數者。後世之有題名

其春秋之苗裔

乎書其姓氏書其名字

書其歲月爵

里而賢不肖媺恶按國可攷非祖春秋

者耶乃若傳之不同例之不一情理之玄

見使學者窮年探討弗究其業則未

若題名所著捷而易見也開之為郡古

也守之姓名行事具於史册者惟韦處

厚唐次柳公绰穆質四人耳

本朝自至道中殿中丞宫自明以降數

十人僅見於石至大觀後罕見録者前

此後此不復知其何誰矣與平遷隐摄

以前夏四月乙丑孔丘卒以後亦何以異

乎予竊嘆焉是以特書自不肖者始以

示後之君子雖然吴楚僭王而春秋貶

① 参考刘业沣、刘继东：《宋〈开州守廨题名记〉石刻研究》，《文物》2013年第6期，第92—96页。

图 7-1　绍兴六年何麒题《开州守廨题名记》碑
（引自《宋〈开州守廨题名记〉石刻研究》）

之曰子厥有大旨世莫識也直以名實

論之則名是而實非者非經所深誅

耶百世之下觀姓名考行事者其勿

以爵求之紹興六年丙辰八月二十二

日庐江何麒謹記

何麒[①]

字子應长安人紹興四年八月二十八

日以右宣義郎權發发遣軍州事到任

至紹興六年十月十九日被

敕就差知合州。

何慈[②]

字實卿資中人紹興二十八年十一月初

八日，以左朝奉大夫權知軍州事至次

年七月二十六日准

告磨勘转左朝散大夫於三十年十二

月初十日解秩准

敇赴

闕

都作頭遊舜錫刻字

① 此二字为大字。
② 此二字为大字。

第八章　万州（万县）

8.1　天仙桥石刻

▼ 8.1.1　无名氏书“天仙桥”题记（编号 1）

位于天仙桥南壁。整幅高 0.90 米、宽 2.70 米。右至左横排。楷书阴刻“天僊橋”3 字，字距 0.5 米、字径 0.6 米（图 8-1）。

图 8-1　无名氏书“天仙桥”题记

▼ 8.1.2　同治元年亚拙山人书“石琴”题记（编号 2）

位于天仙桥南壁。整幅高 1.20 米、宽 2.16 米。右至左横排。隶书阴刻“石琴”，2 字。字距 0.50 米、字径 0.90 米；左右各有题跋，右为“同治元年書”；左为“亚拙山人[①]题”（图 8-2）。

图 8-2　同治元年亚拙山人书“石琴”题记

① 即王锡鑫。王锡鑫为清代医学家，字文选，又字亚拙，号席珍子，又号亚拙山人。万邑（四川万县）人。撰有《医学切要全集》（1847 年刊行）、《存存汇集医学易读》（1849 年）。

▼ 8.1.3 无名氏书“响雪”题记（编号 3）

位于天仙桥北壁。整幅高 1.15 米、宽 2.15 米。右至左横排。楷书阴刻“響雪”2 字。字距 0.96 米、字径 0.97 米（图 8–3）。

图 8–3 无名氏书“响雪”题记

▼ 8.1.4 乾隆壬子邓骥撰文题记（编号 4）

位于天仙桥西北岩壁之上。整幅高 3.30 米、宽 5.00 米。右至左竖排 17 行。行距 0.15 米、字距 0.12 米、字径 0.12 米、楷书阴刻（图 8–4）。内容如下：

历雪濺□□□□□□水

耳繪双绝□门□□蛰龍

鳴得布施□□□□神功

□斧力不施一桥石砥溭

图 8–4 乾隆壬子邓骥撰文题记

何□长官来往每徘徊肩
□屈曲马□□行以欄杆
□□□刮□□□笔逾铁
□□□境近在郊賊目遺
耳后饶舌没若水立民若
岩水怒□□□□烈□蜀
以□乃得□□□风涛生
□□川岳之□在□□山
□嶙峋兑□□顽石何當
不显头但愿如斯清且潔
□
乾隆壬子上巳之辰
知萬縣事鄧韉題

▼ 8.1.5 无名氏书四字题记（编号 5）

位于天仙桥东壁之上。整幅高 1.20 米、宽 2.35 米。横排刻 4 字，已风化，无法辨析（图 8–5）。

图 8–5 无名氏书四字题记

▼ 8.1.6 无名氏书“长命富贵”题记（编号 6）

位于天仙桥北壁。整幅高 约 0.70 米、宽约 0.12 米。竖排楷书阴刻“長命富貴”4 字（图 8–6）。

图 8–6 无名氏书“长命富贵”题记

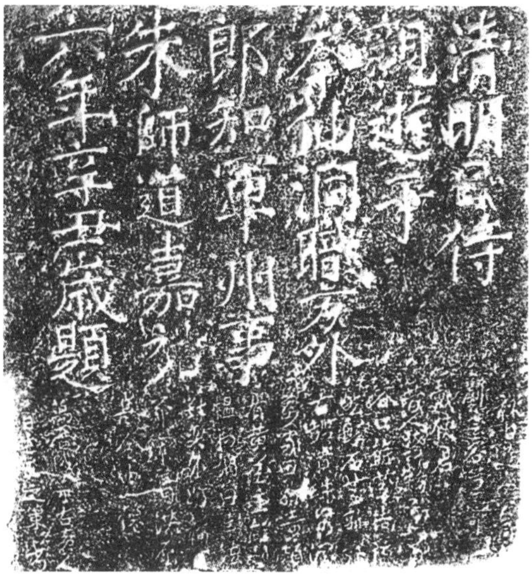

图 8–7 嘉祐六年清明朱师道纪游题记拓片

8.2 岑公洞题刻

▼ 8.2.1 嘉祐六年清明朱师道纪游题记

右至左竖排 6 行，楷书阴刻（图 8–7）。内容如下：

清明□侍

觀遊于

岑仙洞職方外

郎知軍州事

朱師道嘉祐

六年辛丑歲題

▼ 8.2.2 宣和四年端午常平等纪事题记

右至左竖排 7 行，楷书阴 刻（图 8–8）。内容如下：

提舉常平

鮑耀卿同

知州軍事

李裁瞻謁

虚鑒真人

宣和四年壬

寅[端]午日識

图 8–8 宣和四年端午常平等纪事题记拓片

▼ 8.2.3　开元二年杨鼎撰文题记

右至左竖排 10 行，楷兼隶，阴刻（图 8-9）。可辨内容如下：

懸崖□濆鎖蒼苔□□□

中得幾來湖外傳香□□

□人間化鶴尚□徊江□

□水流□盡石近三生□

已換短褐相逢缘未斷夢

回從此賦歸哉

□□楊鼎年假寺二年

□□□□叁盡制□處

□□鑒之同高題五十

□□開元二年上巳識

图 8-9　开元二年杨鼎撰文题记拓片

▼ 8.2.4　宣和黄庭坚撰文题记[①]

右至左竖排，可辨识 7 行，楷书阴刻（图 8-10）。可辨识内容如下：

……事士□及……

……春鄉士户……

……目[②] 楊……

……夏……

……黄庭堅……

……香……

……宣和□年……

图 8-10　宣和黄庭坚撰文题记

▼ 8.2.5　绍兴李森等纪事题记

右至左竖排，可辨识 10 行，楷书阴刻。内容如下：

紹興□□□□禹

守□江□□□□

徒□不□□王充

馬榜必王明靈

①《舆地纪胜》曰："鲁直留题在岑公洞下岩寺。"雍正《四川通志》载同。同治《增修万县志》亦云："在岑公洞下岩寺。"明人何宇度《益部谈资》卷下称万县"隔江有岑公洞，宽敞如庭室，中有石，状如芝，俨人为者。壁上多前代题识，洞前石碑林立，惟黄山谷楷书一通，学颜体，甚佳。"所题内容不传。此题记或与该记载有关。

② 今通行字作"以"。

及趙□□李森王

文属□虚竪□

□□□□□□兼

啓……

旧是啓生白

仕君□□民

8.3 黄柏溪石刻

▼ 8.3.1 熊冯氏节孝坊（编号 1）

共分布有 5 款题记（图 8–11）。内容如下：

1. 右柱：上至下竖排，楷书阴刻“大清咸豊拾年”6 字；

2. 左柱：上至下竖排，楷书阴刻“庚申冬月吉旦”6 字；

3. 中额：右至左竖排，楷书阴刻，全文如下：

熊毓榜之妻馮氏，廿六失偶。矢志霜女中完人，戫世之光，迄今七十有六族隣閭閻咸知其詳。石坊千古远迩称扬。

4. 右额：右至左竖排 8 行。楷书阴刻。内容如下：

男 永芳何氏

胣 慶雍

鑑南

永敦

永國

邦覺

姪 能□

壻 杨正美

5. 左额：右至左竖排 5 行。楷书阴刻。内容如下：

聲王

孙 荣闻曾氏

续張

孙 向明昭

張维洲

图 8-11　熊冯氏节孝坊及“佑觃灵长”题刻

▼ 8.3.2　道光乙巳邱煌书“佑觃灵长”题记（编号 2）

整幅高 1.06 米，宽 2.4 米。右至左横排。楷兼隶，阴刻“佑覎靈長”4 个大字，4 字左右各有题跋。右题跋为“道光乙巳年”；左题跋为“湖北督糧邱煌敬題”。

▼ 8.3.3　咸丰拾年冯卓怀[①]书“普同利济”题记（编号3）

整幅高 1.03 米，宽 2.22 米。右至左横排。楷兼隶，阴刻“普同利濟”4 个大字，4 字左 右各有题跋（图 8-12）。右侧题为“咸丰拾年知万县事馮卓怀”；左侧题为“巴阴义渡書”。

图 8-12　咸丰拾年冯卓怀书“普同利济”题记

8.4　团石板题刻

▼ 8.4.1　乾隆五十三年洪水题记（编号 1）

整幅高 0.30 米、宽 0.30 米。右至左竖排 4 行，字径 4 厘米。楷书阴刻（图 8-13）。内容如下：

乾隆五十三年

① 冯卓怀，字树堂，湖南长沙人。任官四川万县知县。在位期间，颇有政绩。修书院，设义渡，深受百姓爱戴。

图 8-13 乾隆五十三年洪水题记

图 8-14 乾隆五十四年无名氏题修路支出题记

六月十九日大河

水漲安[①] 齐至記

阿彌陀佛

▼ 8.4.2 乾隆五十四年无名氏题修路支出题记（编号 2）

整幅高 1.20 米、宽 0.32 米。右至左竖排 6 行。字径 4 厘米。楷书阴刻（图 8-14）。内容如下：

五十四年十月興修其化過路四方君子三□五父

功果□德𠂊[②] 九百七十文□合募化𠂊十二串有零

打□□ 𠂊白碱𠂊二毛三毛𠂊三串有零

修路土工弍百有零每个工五十二文扣𠂊

代打石大碑弍共支債𠂊

拾弍串有零

▼ 8.4.3 乾隆五十三年正兴题修路碑记（编号 3）

碑额：右至左横排，楷书阴刻“以利行人”4 个大字，字径 9 厘米。

① 应为“淹”。

② 今通行字作“钱”，下同。

碑记：整幅高 1.09 米、宽 0.82 米。右至左竖排 24 行，字径 2.5 厘米。

楷书阴刻（图 8-15）。内容如下：

□□□□□□□

□水阴□□之□兆有余度善由

人作福天佑自□隆获佑石本里天□重□油□

□人氏碩文会□何体□□□□氏□兵巨□五

氏□年□春水心寸念□□扬河溪西□路□□

□□修工路石工□□□□□五□妄□有□入

齐杨同心共结善缘募化百六□□道□□天大

道□□行人不紀功成告竣□名以志不朽

……①

乾隆五十三年庚戌仲春月 吉□正興题

图 8-15　乾隆五十三年正兴题修路碑记

8.5　观音岩摩崖造像题记

▼ 8.5.1　1 号造像龛题记

右至左竖排 33 行。楷书阴刻。内容如下：

□□□人士原其形而塑觀音玉容

龍吟然有失□□年□□鋭金像迨

□□□□□善士向鍾亲者顯相示

□有人走終無侶不幾沒人之善欤

之功況以微素未質一介農家□敢

盛舉爰民木石鳩工崇建層巒雲閣

石用昭攸久則我……②

▼ 8.5.2　2 号造像龛题记

右至左竖排 5 行。楷书阴刻。内容如下：

湖北宜昌府歸州潼庄卿信士

何正公同缘馮氏男丁□誠心出俗貲財修

① 后为人名 26 行，漫漶不清。

② 后 17 行为人名及相应钱款，漫漶不清。

觀音大士金身祈保信士合家□泰□男壽□

□長興佑於□水平安是以虔裝

嘉慶九年應鍾月十八日吉旦

8.6 天生城摩崖题刻

▼ 8.6.1 至元十三年王师能刊《万州天生城石壁记》①

元朝造我區，夏丕冒海隅出日，憲述唐制。分道以理天下，昔先皇帝躬履蜀道利夔以東畀之先，侍郎肅翼郡公地未悉平，將星示變。今聖天子遂命我宣撫司招討都元帥金吾上將軍揚公②繼之，受命以來，盡瘁國事，誓挈輿圖，以報君王。乙亥元正不兩旬，而取開達，越月而下，洋川附庸列寨傳檄而定。獨夔以上恃衣带水，未歸職方。萬在江北，城號天生，昔昭烈上經蜀汉，下窺三峽，於此乎插劔，蓋荆蜀之要會也。公曰：得萬則忠、夔可次第而下。是歲乃親董六師，不憚蘊隆，秋軍於城下者五旬，遣檄論旨，靡不曰善。郡將上官夔③怙險蘊奸，侮慢自賢。公曰：且置此子於度外，吾將有事於夔。遂拔牛嶺一二寨而行。越明年，夏，戎車再駕，遠次於郊。不芟農工，不俘人民。亦曰：取之以力，不若服之以德也。上官夔自謂：如此絶險，除是飛來，雖遣納降之欵，然陽從陰違，姑延旬日，欲老我師。於是我公憤然。建大將軍旗鼓對壘於筆架峯前，嚴厲諸將分任地面三繞環 攻。八月辛未，一鼓而拔其外城，軍民大窘，王師薄壘而營，內城直可捫上蹴倒。我公不忍生靈塗炭，一再遣檄，原宥冀其保活。上官夔終迷不悟。是月甲申，公是以益命姪開達安撫監軍楊應之賈勇將士用夜半自城南魚貫而上，王旅如飛，一刻即平。上官夔尚施困鬪，自干陣戮，其餘生靈，一無血刃。是役也，師能亦預披堅之列。翼日，公乃按轡徐行登城，撫定建州牧制縣令，崇學校，完城郭，民乃即巴國之故居，沐元朝之新化。曰：而今而後，吾第為太平民矣。相與歌曰：始時吾民，迫於勢驅，晝守夜防，靡有甯居。我公既來，慰我無辜，勞來還定，安堵自如。始時吾民，因於征役，無小無大，朝不謀夕，既見我公，念其艱食，解衣以賜，輓粟以給，卒徒解甲，歡呼萬之，官士見儀。嘻吁！咸嗟斯城，巉嚴倚空，王旅如飛。伊誰之功？問之諸將，歸之我公。公曰：此州特予小試，夔峽悉平，端自今始師能庸謬不才，誤膺隆委，濫領州麾，目擊盛美，詎能默然。姑錄其 實以俟太常之大紀。至元十三年歲次丙子良月日宣武將軍本帥府管軍總管 萬州安撫使古珉王師能拜手勒石。

---

① 此文录自清同治《万州志》艺文卷。

② 杨文安，元朝将领。公元 1275 年、1276 年，组织元军在川东地区与宋的多次战役。

③ 上官夔，宋德祐年间宋万州守将。公元 1276 年秋，在与杨文安统帅的元军展开天生城保卫战中，宁死不降，终因寡不敌众，罹难殉国。据考，明代天生城上建有“上官夔祠”，以表其忠义气节。

8.7 建中靖国元年黄庭坚[1]题《西山碑》

右至左竖排21行，每行6—9字不等，共173字，字径约12厘米。行书阴刻。全文如下：

庭堅蒙恩東歸，道出南浦[2]。太守高仲本置酒西山，實與其從事譚處道俱来。西山者，盖郡西。渡大壑，稍陟山半，竹栢[3]蓍翳之，門水泉潴爲大湖，亭榭環之。有僧舍五區，其都名名曰"勒封院"，楼觀重複，出没煙霏 之閒，而光影在水。此邦之人，歲修禊事於此。凡夔州一道，東望巫峡，西盡郁鄢[4]，林泉之勝，莫與南浦争長者也！寺僧文照喜事，作東、西二堂於茂林脩竹之閒，仲以爲不奢不陋，冬燠而夏凉，宜於游觀也。

建中靖國元年二月辛酉江西黄鲁直題。

① 黄庭坚（1045—1105），北宋著名文学家、诗人、书法家，字鲁直，号山谷道人、涪翁，洪州分宁（今江西修水县）人。治平进士，以校书郎为《神宗实录》检讨官，迁著作佐郎。后以修实录不实的罪名，遭贬黔州。出于苏轼门下而与苏轼齐名，世称"苏黄"。其诗多写个人生活，在艺术方面，讲究修辞造句。在宋代影响颇大，开创了江西诗派。书法善行、草，以侧险取势，纵横奇倔，自成一家，为"宋四家"之一。著有《山谷集》《山谷琴趣外篇》《山谷精华录》等。书迹有《华严疏》《松风阁诗》等。

② 南浦，古地名，今万州。

③ 今通行字作"柏"。

④ 古县名。治今四川省宜宾。《玉篇》："郁鄢县在犍为。"

第九章　忠　县

9.1　鸣玉溪题刻

▼ 9.1.1　无名氏题记（编号 1）

整幅高 0.37 米、宽 0.67 米。右至左竖排 16 行、每行 9 字。行距 13 毫米、字距 10 毫米、字径 2.5 毫米 ×3.5 毫米、字深 1.5 毫米。楷书阴刻。字迹多已风化不清（图 9-1），可辨识内容如下：

图 9-1　无名氏题记

□日題□□□□□□

□□□□□□□□□

□□□□□□□□□

□□□□□□□□□

□□□□□□□□□

□□□□□□□聽石

□□□□□□□□□

□□□□□□令□湯

浸□□□□□□□□

□□□□□□□□□

方□□□□□□□□

□□□□□□人美詠

步□□□□□□□□

早聞□望□□□□□

花耳句□□□□□□

偶游幽谷□□□□□□木蓮

▼ 9.1.2　绍定庚寅钱子山题七言绝句（编号 2）

整幅高 0.60 米、宽 0.60 米。右至左竖排 6 行，每行 7 字。行距 55 毫米、字距 20 毫米、字径

图 9-2　鸣玉溪题刻绍定庚寅钱子山题七言绝句

图 9-3　鸣玉溪题刻谭兴题记

65 毫米 ×80 毫米、字深 3 毫米。楷书阴刻（图 9-2）。内容如下：

鳴玉溪邊堪寓目

木蓮洞下更關情

忠州好處無人說

衹得孤城小市名

紹定庚寅端月四

日東嘉錢子山題

▼ 9.1.3　谭兴题记（编号 3）

整幅高 0.45 米、宽 0.60 米。右至左竖排 4 行，行距 20 毫米、字距 30 毫米、字大小不等，大字字径 150 毫米 ×100 毫米、小字字径 95 毫米 ×65 毫米、字深 2 毫米。字体不规范，阴刻。字迹多已风化不清（图 9-3），可辨识内容如下：

妙法蓮

華經□

□至此□□

譚興題

9.2　观音岩摩崖造像嘉庆十四年丁邦秀刊重修碑记

上方右至左横排。

碑额：楷书阴刻“重修碑記”4 字，总长 0.47 米、字径 115 毫米 ×90 毫米、字距 35 毫米、字深 5 毫米。

碑记：右至左竖排。楷书阴刻 22 行。全文如下：

嘗聞菩提本是善人，载载深根深花。自開花開遍满三千界受福還從。□佛來且觀音嚴日来久矣。廟宇毁壞，菩薩無有遮身。有萬縣□□者，思聽見菩薩受風雨之惨，□心喜□賢珠無人爲首。在白沙沱遇善士陳瑄訊，□爲首修建此閣，斯特廟宇告竣。本地信士會首募化善男信女玖换菩薩金身貌像已經辉煌，□来朝謁進香無不念菩薩之頭應無窮矣！以是爲序。

……①

嘉慶十四年歳次己巳梅月　吉旦 匠師丁邦秀

9.3　龙滩河摩崖造像题记

▼ 9.3.1　2 号龛题记

竖排。楷书阴刻“□□□龛”4 字（图 9-4）。

图 9-4　龙滩河摩崖造像 2 号龛

▼ 9.3.2　4 号龛题记

整幅高 0.26 米、宽 0.17 米。右至左竖排 4 行，行距 10 毫米、字径 25 毫米 × 22 毫米，每行字数

① 后刻捐款人姓名 16 行，漫漶不清。

图 9-5　龙滩河摩崖造像 4 号龛题记

图 9-6　龙滩河摩崖造像 8 号龛及 9 号龛题记

不等。楷书阴刻（图 9-5）。内容如下：

塗弗信士朱國正同

緣楊氏□倍修慶

立佛身

乾隆□年□月吉旦

▼ 9.3.3　8 号龛题记

整幅高 0.22 米、宽 0.06 米。右至左竖排 2 行，行距 10 毫米、字径 20 毫米 × 25 毫米。楷书阴刻。由于风化严重，仅可辨“清”1 字（图 9-6）。

▼ 9.3.4　9 号龛题记

整幅高 0.94 米、宽 0.33 米。竖排 6 行，行距 15 毫米、字距 10 毫 米、字径 25 毫米 × 30 毫米。隶书阴刻。由于风化严重，具体内容已无法辨识（图 9-6）。

▼ 9.3.5　20 号龛题记

整幅高 0.80 米、宽 2.94 米。可辨 67 行。行距 15 毫米、字距 10 毫米、字径 25 毫米 × 20 毫米。楷书阴刻。由于风化严重，具体内容已无法辨识（图 9-7）。

▼ 9.3.6　28 号龛题记

龛两侧均有题记，整幅高 0.37 米、宽 0.03 米。由于风化严重，具体内容已无法辨识（图 9-8）。

▼ 9.3.7　30 号龛题记

圆拱龛，龛高 0.73 米、宽 0.42 米、深 0.5 米。右至左横排。楷书阴刻“石佛嚴”3 字。字径 60 毫米 × 65 毫米（图 9-9）。

图 9–7 龙滩河摩崖造像 20 号龛题记

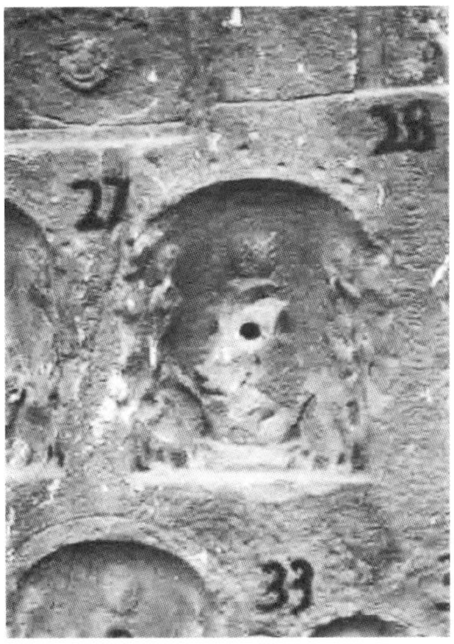

图 9–8 龙滩河摩崖造像 28 号龛题记

图 9–9 龙滩河摩崖造像 30 号龛题记

9.4 丁房阙阙身铭文[①]

▼ 9.4.1 贺国祯巴国忠贞祠铭

銘刻丁房雙闕上

昔在周季，列國紛爭，維我曼公，守此巴人。敵至力竭，援兵楚隣，許以城償，既獲謐寧。楚王狗信遣使來請，我公刎首，付使全城。楚王感説：忠烈魂驚，葬以王禮，千古垂名，歷代以來，石闕在門毗，左欄，守土聿新，願言篤祜，佑此忠民忠州，忠州維神，是稱子孝臣忠，萬載長馨！

▼ 9.4.2 倪伯鎮巴国忠贞祠铭

銘刻丁房石闕上

維茲忠郡峩峩，俯江襟带，涪萬輝映井梁。有神烜赫，隆號巴王，禦災捍患，崇祀鄉邦百年，圮蝕侵没，豪强曰：予治之廟貌，重光隆碣在上，雙闕在傍，作鎮作固，地人天長。

▼ 9.4.3 国朝成文运忠贞祠铭

銘刻丁房雙闕上，文運於維郡進士大理寺少卿

於維曼公，正氣高風，舍身取義，亘古靡同，爲國爲民，澤被無窮。報以王禮，禋祀城東。甲申兵燹，遺跡蒿蓬。留城城在，享祀祀空，士民隕涕，無力鳩工。幸值守土父母武公捐資，重建廟像崇窿。黎老懷仁，子 弟作忠。一日千古在，在编氓惟兹民，牧何去何從。

① 该部分内容录自道光《忠州直隶州志》。

第十章　丰　都

10.1　龙床石题刻

▼ 10.1.1　白家鼎等题记

整幅高 2.70 米、宽 1.20 米。排列不规则。书体不规范（图 10–1）。内容如下：

共四款。

1. 位于右上部。左至右横排阴刻“明义亮貴福发”。

2. 位于右下部。右至左竖排阴刻“辛酉年二月十一日寄名保关蒋来朝余氏所生孩童石麟”。

3. 位于中间。右至左竖排阴刻“皇清嘉慶丁卯年九年初春之望孙賢孩男寄名石龍看之望謝正荣孩男寄名龍五”。

4. 位于左侧。右至左竖排阴刻“沐恩弟子白家鼎寄名寶壽石佑長命富貴光緒己亥歲立”。

图 10–1　白家鼎等题名

▼ 10.1.2　道光戊子无名氏题记

整幅高 2.70 米、宽 1.20 米。右至左竖排 3 行。阴刻，书体不规范（图 10–2）。内容如下：

□□年□廿日立

寄拜龍取名龍石

□光戊子年正月初三日取名伍

▼ 10.1.3　己酉无名氏题记

整幅高 1.30 米、宽 0.30 米。右至左竖排 3 行。阴刻，书体不规范（图 10–3）。内容如下：

己酉年正月十五日

取名吴石佑

保佑长命富貴

图 10-2　道光戊子无名氏题记

图 10-3　己酉无名氏题记

▼ 10.1.4　同治七年李安淮题《龙船石》题记

整幅高 0.33 米、宽 0.30 米。楷书阴刻（图 10-4）。内容如下：

分上下两部分。

上部右至左横排楷书阴刻“龍船石”3 字；

下部右至左竖排 7 行。楷书阴刻。内容如下：

图 10-4　同治七年李安淮题《龙船石》题记

信士李安淮同

結陳氏所生双

男李海石海元①

大石菩薩爲子

石生祈保長命

富貴無災無□

大清同治柒年新正月廿五日立

▼ 10.1.5　己未年余启明题名

整幅高 0.55 米、宽 0.31 米。竖排。阴刻，书体不规范（图 10-5）。内容如下：

余启明己未年②隆長壽

① “海石”“海元”二者在“李”下并列。

② “未”“年”二字并列。

图 10-5　己未年余启明题名

图 10-6　丙子年黄荣升题记

▼ 10.1.6　丙子年黄荣升题记

整幅高 0.55 米、宽 0.31 米。右至左竖排 4 行。书体不规范，阴刻（图 10-6）。内容如下：

丙子年正

□信士黄荣陞同

録楊氏为孩男

……①

寄名石龍

▼ 10.1.7　光绪十五年刘瑞霭题记

整幅高 0.55 米、宽 0.31 米。

右至左竖排 6 行。楷书阴刻（图 10-7）。内容如下：

江西吉安府盧陵

信士劉瑞靄以生男取

名石保敬投寄拜

龍船石神台前求保

有病□□易養成人

光緒拾五年立

图 10-7　光绪十五年刘瑞霭题记

① 中间剥落。

▼ 10.1.8 咸丰年代先才题记

整幅高 0.50 米、宽 0.28 米。右至左竖排 4 行。书体不规范，阴刻（图 10–8）。内容如下：

寄名石元

信士代先才之子

□□□龍床长命富貴

咸豊拾□□正月初□

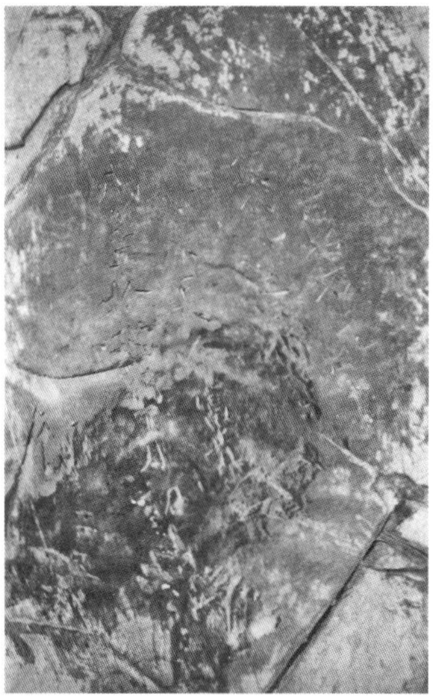

图 10–8 咸丰年代先才题记

▼ 10.1.9 无名氏题七言绝句

整幅高 0.40 米、宽 0.23 米。右至左竖排 4 行，每行 7 字。书体不规范，阴刻（图 10–9）。内容如下：

為人□□□貪財

貪得財来天添災

不义之人□不在

不如人在少貪財

图 10–9 无名氏题七言绝句拓片

▼ 10.1.10 道光二十一年肖石孙题记

整幅高 0.31 米、宽 0.22 米。右至左竖排 3 行。楷书阴刻（图 10–10）。内容如下：

江西臨江府新渝縣肖石孫生

今道光廿一年辛丑歲五月廿九日

九日来勝拜托龍船石□□

图 10–10 道光二十一年肖石孙题记拓片

▼ 10.1.11 曲京宗题名

整幅高 0.49 米、宽 0.25 米。右至左竖排 2 行。书体不规范，阴刻（图 10–11）。内容如下：

曲京宗

信□

▼ 10.1.12 吴完等纪游题记

整幅高 1.29 米、宽 1.03 米。

右至左竖排 5 行。楷书阴刻，剥落严重（图 10–12）。内容如下：

縣尉恭州□□舟

□仲率□親向

蘊存道王海子

聽同邑人吳完

图 10-11　曲京宗题名

图 10-12　吴完等纪游题记

……□美葉興游此

▼ 10.1.13　许石□题记

整幅高 1.44 米、宽 0.21 米。右至左竖排 3 行。书体不规范，阴刻，剥落严重（图 10-13）。内容如下：

寄名信士许石□生

保祈長命

富贵

图 10-13　许石□题记

▼ 10.1.14　民国甲辰无名氏题记

整幅高 0.41 米、宽 0.30 米。右至左竖排 3 行。书体不规范，阴刻（图 10-14）。内容如下：

甲辰年十一

取名

民国年正

▼ 10.1.15　光绪十五年钟石佑题记

整幅高 0.30 米、宽 0.10 米。右至左竖排 2 行。书体不规范，阴刻（图 10-15）。内容如下：

龍神保佑更名鍾石佑

光緒十五年二月廿七日

图 10-14　民国甲辰无名氏题记

▼ 10.1.16　同治十二年无名氏题记

整幅高 0.76 米、宽 0.65 米。右至左竖排 3 行。书体不规范，阴刻

图 10–15　光绪十五年钟石佑题记

图 10–16　同治十二年无名氏题记

图 10–17　大清戊辰况正福题记

（图 10–16）。内容如下：

大清同治十二年

癸酉□新正

月二□□□天□□□所生孩寄名石保

▼ 10.1.17　大清戊辰况正福题记

整幅高 0.41 米、宽 0.13 米。右至左竖排 3 行。书体不规范，阴刻（图 10–17）。内容如下：

大清戊辰春正月

寄名保門信士况正福信女吴氏

□男更名石昔長命□□

图 10–18　无名氏书“龙床堆”题记

▼ 10.1.18　无名氏书“龙床堆”题记

整幅高 0.80 米、宽 0.24 米。竖排。楷书阴刻“龍床堆”3 字（图 10–18）。

▼ 10.1.19　咸丰五年冉富等题记

整幅高 0.51 米、宽 0.78 米。右至左竖排 8 行。书体不规范，阴刻（图 10–19）。内容 如下：

咸丰五年

正月初八日

信士冉富所生

孩男冉石龍

咸丰五年正月初八日

图 10–19　咸丰五年冉富等题记

信士何大應所生

孩男何龍長寿

自継之後斉長命富貴

▼ 10.1.20　民国七年秦保山题记

整幅高 0.51 米、宽 0.78 米。右至左竖排 4 行。书体不规范，阴刻（图 10–20）。内容如下：

民國七年戊午二月初一日

信士秦保山信女曹氏所生

孩男秦名保生□□

初二日卯時

图 10–20　民国七年秦保山题记拓片

▼ 10.1.21　咸丰五年陈□□题记

整幅高 0.25 米、宽 0.45 米。右至左竖排 8 行。楷书阴刻（图 10–21）。内容如下：

信士陳□□

同缘吴氏

生孩男平

送拜

大石菩萨為子

更名石生

祈保長命富貴无災无難

咸豊五年正月初□吉立

图 10–21　咸丰五年陈□□题记

▼ 10.1.22　民国曾金海等题名

整幅高 0.58 米、宽 0.80 米。排列不规则。书体不规范，阴刻（图 10–22）。内容如下：

寄名

石龍

曾金海

瀛

未人日刊

民国乙卯年立 巴丰[1] 甘石牛

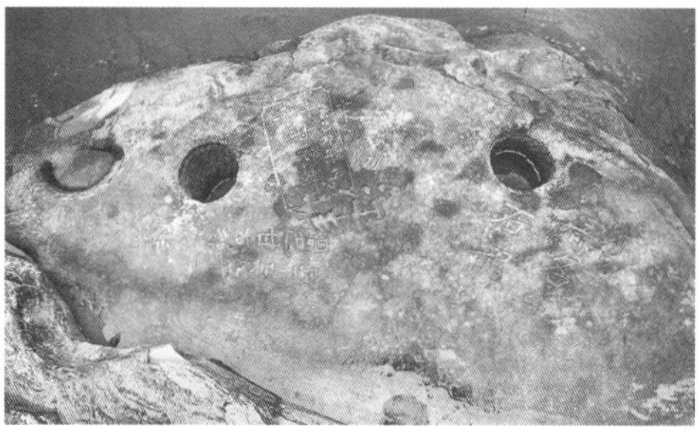

图 10–22　民国曾金海等题名

① “巴”“丰”二字并列。

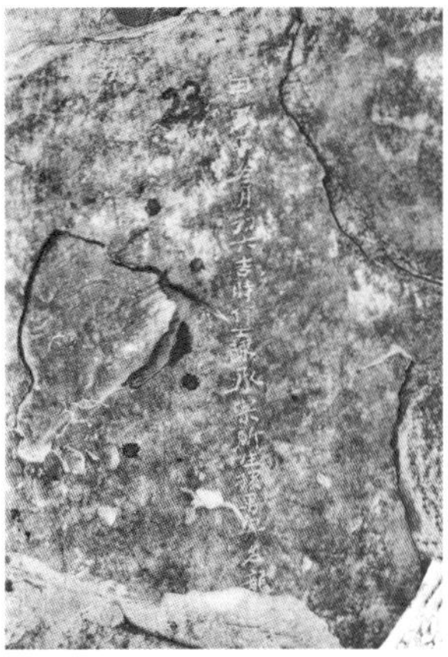
图 10–23　甲寅年陈承宗题记

图 10–24　光绪三年秦李氏题记

图 10–25　绍兴十七年徐寿宁等题名

民国巴丰[①]甘石龍海记拜

壬戌年立

▼ 10.1.23　甲寅年陈承宗题记

整幅高 0.72 米、宽 0.05 米。竖排。书体不规范，阴刻（图 10–23）。内容如下：

甲寅年冬月初六吉時信士陳承宗所生孩男寄名龍□□

▼ 10.1.24　光绪三年秦李氏题记

整幅高 0.40 米、宽 0.17 米。右至左竖排 3 行。楷书阴刻（图 10–24）。内容如下：

光緒叁年春正月吉立

秦李氏所生孩

男取名石元

▼ 10.1.25　绍兴十七年徐寿宁等题名

整幅高 0.45 米、宽 0.50 米。右至左竖排 6 行。楷书阴刻（图 10–25）。内容如下：

山陰徐壽寗保之

武威賈荣恙華

伊川寇衞興權

天水趙同之完夫

绍興十七年人日

同游

▼ 10.1.26　乙未年冯廷祖等题记

整幅高 0.60 米、宽 0.30 米。书体不规范，阴刻（图 10–26）。内容如下：

① “民”“国”二字并列；“巴”“丰”二字在其下并列。

共 2 款。

1. 位于下方。右至左竖排 4 行，楷书阴 刻，内容如下：

乙未年二月二十一日

信士馮廷祖同缘陳氏

為孩男二童

寄名長壽

2. 位于 1 号题记右上方。右至左竖排 4 行，楷书阴 刻，内容如下：

至春上九

□何全肖

梁恙夫遊此

月□偕行

▼ 10.1.27 庚申年高文蔚题记

整幅高 0.63 米、宽 0.12 米。右至左竖排 2 行。书体不规范，阴刻（图 10–27）。内容如下：

庚申年二月十三日信士高文蔚

孩男寄名鳳生

▼ 10.1.28 己未年□徐氏题记

整幅高 1.04 米、宽 0.70 米。右至左竖排 3 行。书体不规范，阴刻（图 10–28）。内容如下：

己未年二月二十一日信……□徐氏

所生孩男童更名福壽長命富貴

图 10–26 乙未年冯廷祖等题记

图 10–27 庚申年高文蔚题记

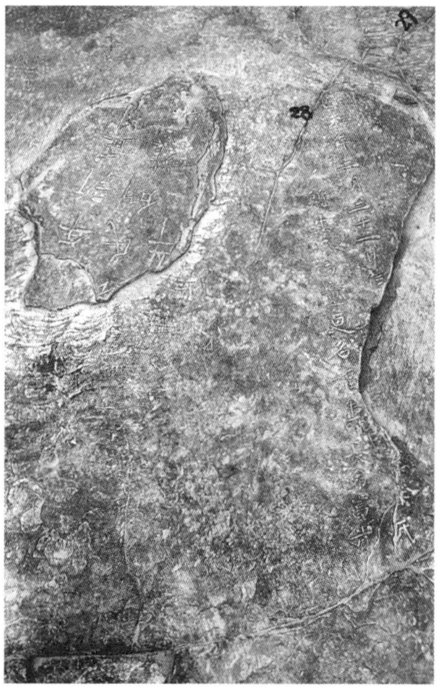

图 10–28 己未年□徐氏题记

□□□□年新正月

▼ 10.1.29　光绪三十二年郎王氏题记

整幅高 0.80 米、宽 0.18 米。右至左竖排 3 行。楷书阴刻（图 10-29）。内容如下：

光緒三十二年九月十三郎王氏所

生孩男寄拜取名龍生

長命富貴

图 10-29　光绪三十二年郎王氏题记拓片

▼ 10.1.30　敖涂氏等题记

整幅高 0.61 米、宽 0.50 米。右至左竖排 8 行。书体不规范，阴刻（图 10-30）。内容如下：

光緒弍拾八年

敖涂氏所生孫

孩兒敖石船

丙午年二月初五日信士

許正昌王氏孩男五十

寄拜

龍床神

更名石佑

图 10-30　敖涂氏等题记拓片

▼ 10.1.31　丙午年无名氏题记

整幅高 0.57 米、宽 0.20 米。右至左竖排 2 行。楷书，书体不规范，阴刻（图 10-31）。内容如下：

丙午年寄名

□双童

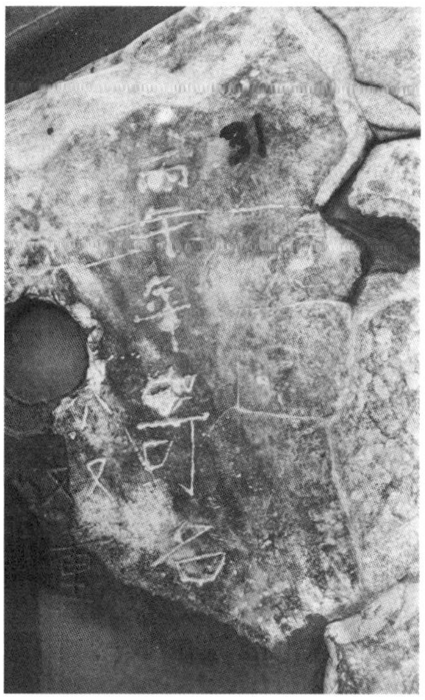

图 10-31　丙午年无名氏题记

▼ 10.1.32　光绪五年秦之贵题记

整幅高 0.57 米、宽 0.20 米。右至左竖排 3 行。楷书，书体不规范，阴刻（图 10-32）。内容如下：

光緒五年信士秦之貴

所生孩男秦家銓

長生[1]富貴

①“長生”二字左右呈镜像误写，原因待考。

▼ 10.1.33　端平元年任天应等纪游题记

整幅高 0.81 米、宽 0.74 米。右至左竖排 7 行。楷书阴刻，上下均大面积剥落（图 10–33）。可辨识内容如下：

□□□□□□年常端平改

□□□□□拉石□青陽為□

□□□□唐□□□道仙者

□□□□父抱琴余遊浮

□□□□吟浩歌整緈

而远携任天應俱……

□□

图 10–32　光绪五年秦之贵题记

图 10–33　端平元年任天应等纪游题记拓片

▼ 10.1.34　民国二十九年何举浦题记

整幅高 0.33 米、宽 0.24 米。右至左竖排 4 行。字体不规范，书体不规范，阴刻（图 10–34）。内容如下：

民㕵[①] 廿十九年

己卯年

信仕何举浦

二月

▼ 10.1.35　丰都邑庠生纪游题记

整幅高 0.90 米、宽 0.72 米。右至左竖排。楷书阴刻，风化严重（图 10–35）。可辨识内容如下：

酆都邑庠生同侍奉

門□□□遊於此耳

□鄭□龍敦□□懸

□克□兄□□何端

……長紀□□貴□詩

龍蟠□□落深江水可躍

□石可□□□一聲驚

□□□濡四海及八荒

① 今通行字作“国”。

图 10-34 民国二十九年何举浦题记

图 10-35 丰都邑庠生纪游题记拓片

图 10-36 无名氏书“龙床春玩”题记

▼ 10.1.36 无名氏书“龙床春玩”题记

整幅高 1.02 米、宽 0.67 米。楷书阴刻，右至左竖排书“龍床春玩”4 字（图 10-36）。

▼ 10.1.37 乙未年叶石船题记

整幅高 0.52 米、宽 0.21 米。右至左竖排 4 行。楷书阴刻（图 10-37）。内容如下：

寄拜

石龍神保無災

猶子葉石船敬立

乙未二月初六吉

图 10-37 乙未年叶石船题记

▼ 10.1.38 绍兴丙子京亚昌等题名

整幅高 1.20 米、宽 0.32 米。右至左竖排 3 行。书体不规范，阴刻（图 10-38）。内容如下：

石龍神

京亚昌

黄友紹興丙子年二□□□□石来

▼ 10.1.39　无名氏书“石槎”等题记

整幅高 0.61 米、宽 0.46 米。排列不规则。风化严重（图 10–39）。内容如下：

共 3 款。

1. 左至右横排阴刻“石槎”2 个大字。

2. 位于“石槎”2 字中。竖排阴刻“信士同□□”。

3. 位于“石槎”二字左上角，右至左竖排 2 行，楷书阴刻。内容如下：

刘全才□配□氏所得男

拜龍石取名石金

▼ 10.1.40　邹□蔡等题记

整幅高 1.45 米、宽 0.30 米。排列不规则。书体不规范，阴刻（图 10–40）。内容如下：

共分 3 部分。

1. 右侧，竖排阴刻“□□□人候寺四名”8 字。

2. 左上侧，左至右横排阴刻“邹□蔡”3 字。

3. 左下侧，竖排阴刻“造立”2 字。

图 10–38　绍兴丙子京亚昌等题记

▼ 10.1.41　嘉庆丁丑无名氏题记

整幅高 1.05 米、宽 0.27 米。右至左竖排 2 行。书体不规范，阴刻（图 10–41）。内容如下：

嘉慶丁丑年冬月

初二保闵[1] 龍佑□

图 10–39　无名氏书“石槎”等题记拓片

图 10–40　邹□蔡等题记

① 今通行字作“关”。

图 10-41 嘉庆丁丑无名氏题记

图 10-42 邹振才题记

▼ 10.1.42 邹振才题记

整幅高 1.37 米、宽 0.50 米。右至左竖排 7 行。书体不规范，阴刻（图 10-42）。内容如下：

信士鄒振才同缘徐氏為男

鄒右保福敬龍神龍石佑更名

鄒石保禄

鄒石保壽

民國十□

□又

□

▼ 10.1.43 丁巳年前二月余厚海题名

图 10-43 丁巳年前二月余厚海题名

整幅高 0.50 米、宽 0.05 米。竖排。书体不规范，阴刻（图 10-43）。内容如下：

丁巳年前弍月弍一余厚海

▼ 10.1.44 光绪十年龙长生题名

整幅高 0.23 米、宽 0.25 米。右至左竖排 3 行。楷书阴刻（图 10-44）。内容如下：

图 10–44　光绪十年龙长生题名拓片

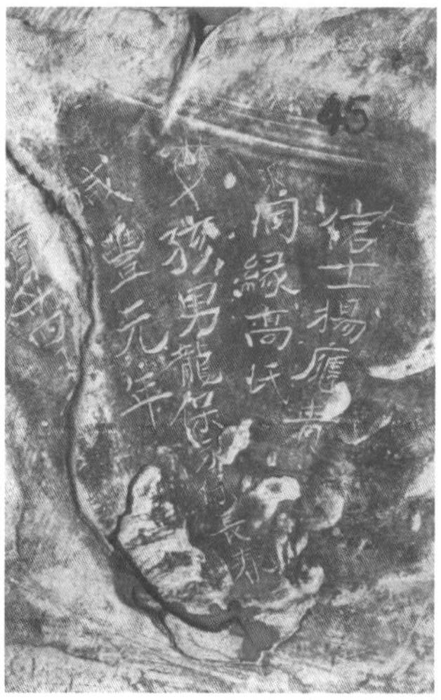
图 10–45　咸丰元年杨应贵题记

图 10–46　壬戌年石牛儿题记

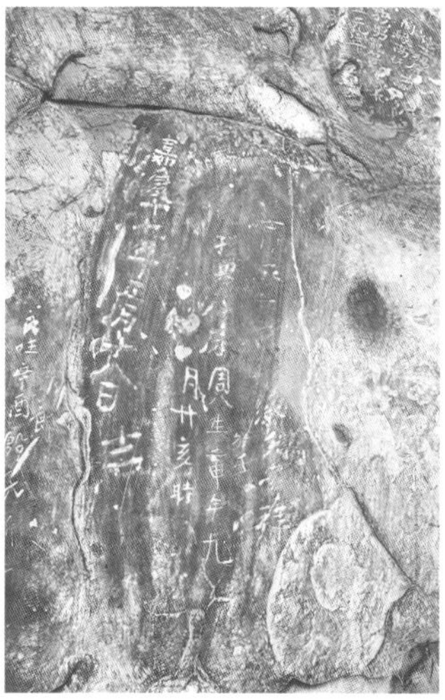
图 10–47　嘉庆十九年周承□题记

图 10–48　民国辛酉殷氏题记

光緒十年

龍長生

正月初十日

▼ 10.1.45　咸丰元年杨应贵题记

整幅高 1.68 米、宽 0.61 米。右至左竖排 5 行。书体不规范，阴刻（图 10–45）。内容如下：

信士楊應貴

同缘高氏

孩男龍保永保長春

咸豊元年

正月廿四日

▼ 10.1.46　壬戌年石牛儿题记

整幅高 1.68 米、宽 0.61 米。右至左竖排 3 行。阴刻，书体不规范，阴刻（图 10–46）。内容如下：

壬戌年正月□

寄拜

石牛兒

▼ 10.1.47　嘉庆十九年周承□题记

整幅高 1.07 米、宽 0.45 米。右至左竖排 4 行。书体不规范，阴刻（图 10–47）。内容如下：

信士周承□同缘蔡氏寄拜

孩男石床周八生壬甲年九

□□□□□□月廿亥時

嘉慶十九年正月十八日吉

▼ 10.1.48　民国辛酉殷氏题记

整幅高 0.45 米、宽 0.20 米。右至左竖排 2 行。书体不规范，阴刻（图 10–48）。内容如下：

民㞷[①]辛酉殷氏所生

孩童取名石龍生

▼ 10.1.49 曾士俊题记

整幅高 0.58 米、宽 0.30 米。右至左竖排 4 行。书体不规范，阴刻（图 10–49）。内容如下：

本城信士曾士俊

同缘秦氏所生

四男永□祈保

长寿[子]名

图 10–49 曾士俊题记

▼ 10.1.50 洪宪元年李海山等题名

整幅高 0.38 米、宽 0.42 米。

右至左竖排 7 行。书体不规范，阴刻（图 10–50）。内容如下：

洪憲元年春壬

□太平吉日□

□[立]李海山

□陳少堂

□□郭[齊]章

□□鄭舫之

四人□□□□□

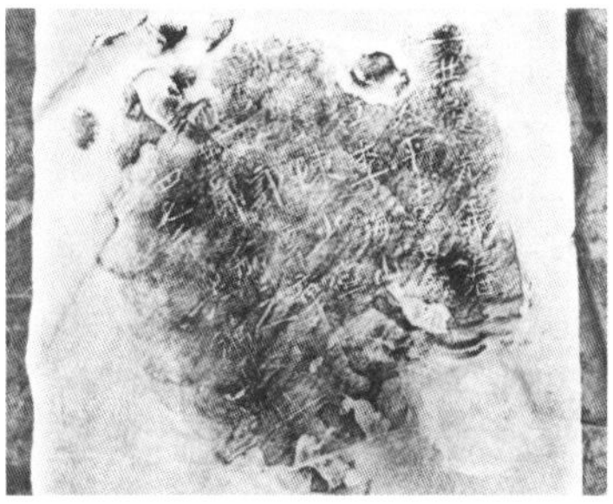

图 10–50 洪宪元年李海山等题名拓片

▼ 10.1.51 无名氏题“龙”字题记

整幅高 0.38 米、宽 0.25 米。篆书刻“龍”字（图 10–51）。

图 10–51 无名氏题“龙”字题记

▼ 10.1.52 丙戌年何刘氏等题记

整幅高 1.50 米、宽 0.30 米。排列不规则。书体不规范，阴刻（图 10–52）。内容如下：

共 3 款。

1. 位于右下角，右至左竖排 4 行。阴刻。内容如下：

庚申

年至

此

① 今通行字作“国”。

图 10-52　丙戌年何刘氏等题记

图 10-53　壬戌年石长江题名

樂乎

2. 位于中间。右至左竖排 2 行。阴刻。内容如下：

卯月吉日正則□□無事□

逺不闻镭鼓更……

3. 位于左下角，右至左竖排 2 行。阴刻。内容如下：

丙戌年何刘氏

孩男何朝志

▼ 10.1.53　壬戌年石长江题名

整幅高 0.72 米、宽 0.23 米。右至左竖排 3 行。书体不规范，阴刻（图 10–53）。内容如下：

壬戌正月□立

寄拜

石長江

▼ 10.1.54　道光乙未年龙九石题名

整幅高 0.72 米、宽 0.23 米。右至左竖排 2 行。书体不规范，阴刻（图 10–54）。内容如下：

道光乙未年拾月初□

男龍九石

图 10–54　道光乙未年龙九石题名拓片

图 10–55　嘉靖丙申年无名氏题记拓片

▼ 10.1.55　嘉靖丙申年无名氏题记

整幅高 0.72 米、宽 0.23 米。右至左竖排 2 行。楷书阴刻（图 10–55）。内容如下：

明皇時嘉靖丙申正月 ①

▼ 10.1.56　张龙保等题名

从崩塌物中搜集所得。总体已破坏，所以具体尺寸不详。右至左竖排 4 行。阴刻。内容如下：

张龍保

光緒八叁拾□二月吉

生于丁午八月十九日

职名邹龍十

10.2　渌水池题刻

▼ 10.2.1　道光二十四年邹桂林书“渌水池”并跋（编号 1）

整幅高 0.71 米、宽 1.77 米，有边框。分左右两部分。右侧右至左横排。楷书阴刻“渌水池”3 字。

① 此后一行被凿。

左侧右至左竖排 6 行楷书阴刻，附五言绝句两首（图 10–56）。全文如下：

為寻名勝蹟，信步到江濱，此地何多石，題诗早有人。[1] 右上□前朝鄉紳遊□者句題多

鴨頭憑漲涸，鴻爪易沉□，莫忘桃花水，當前正□春。

酆都縣司訓邑人小山邹桂林記

大清道光二十四年

甲辰歲仲春月吉

图 10–56　道光二十四年邹桂林书“渌水池”并附诗

▼ 10.2.2　嘉靖丙午戴吉题七言律诗（编号 2）

整幅高 0.80 米、宽 0.64 米。右至左竖排 8 行，满行 12 字。行书阴刻。磨蚀严重，不易识读（图 10–57）。可辨内容如下：

暮春采□云少□曉发□□兮

比殘從選此□皆是□□□□

刻浊情暉風和□□□侵可酒

港□觴深濕衣良□□□□□

□式狂冷□已忘□

大明嘉靖丙午三月上巳

□□□□文林郎七十六

翁葫山戴吉題

▼ 10.2.3　无名氏题诗二首（编号 3）

整幅高 0.84 米、宽 0.7 米，有边框。行书阴刻（图 10–58）。内容如下：

① 此后自“右”至“多”为并列双行小字。

图 10-57 嘉靖丙午戴吉题七言律诗

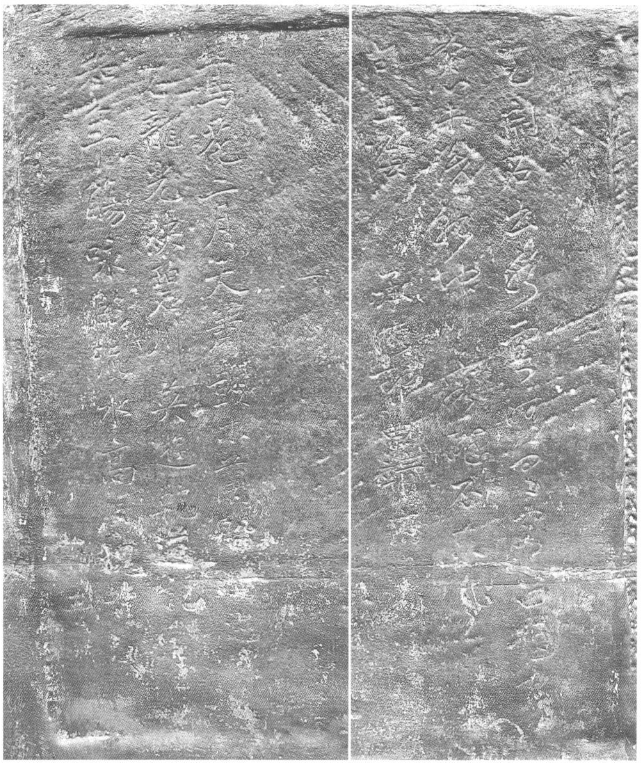

图 10-58 无名氏题诗二首

共 2 款。

1. 位于右侧。竖排 3 行，每行 12 字。磨蚀严重，不易识读，右至左可辨内容如下：

□開石出彩雲□□霧□□□

□未□□□客□否□□□□

□王陰□承□郎曲靖方□□

2. 位于左侧。右至左竖排 3 行，满行 14 字。磨蚀严重，不易识读，可辨内容如下：

鶯花二月天萧鼓木蘭船鴻迹依雲

石龍光映碧川英遊乾道記故事永

和年觴咏臨流水高風愧前賢

▼ 10.2.4 无名氏题《游龙墩》题记（编号 4）

整幅高 0.90 米、宽 1.95 米，有边框。右至左竖排 9 行，满行 9 字。磨蚀严重，不易识读（图 10-59）。可辨内容如下：

遊龍敦

□摩看思惘然佳名□

□逐飛雲化錦□誰將

流□砥柱一□勝士共

图 10-59　无名氏题《游龙墩》题记

图 10-60　无名氏题诗题记

□遊興四首長吟□□

□兩流通龍曾蟄此中

□坐春風霧卷山还翠

□良會少佳□萬名公

……

▼ 10.2.5　无名氏题诗（编号 5）

高 0.83 米、宽 0.63 米，有边框。右至左竖排，行书阴刻，磨蚀严重，无法辨识（图 10-60）。

10.3　观音滩石刻

▼ 10.3.1　光绪辛卯何诒孙书“洞天福地”题刻跋文

右至左竖排 7 行，楷书阴刻。内容如下：

山海經云宇内洞天福地四十有二□□

平都厠焉相傳為王陰棲真處余蒞斯土

□十有三年公暇□臨訪漢唐遺蹟行之

每艷□□景而於洞天緣起不及詳□鑿石

江潯崖壁稾署以誌古蹟之不可磨滅而舟

行過客當覽而起之山□□知為福地云尔

光緒辛卯年谷樂滇南芒仲何詒孫署并跋

▼ 10.3.2　道光十三年王芝贤撰《镇江王神像志略》题刻

整幅高 1.7 米、宽 1.07 米。右至左竖排 12 行，楷书阴刻。内容如下：

觀音灘岸壁鐫刻 鎮江王神像志畧

酆陵觀音灘蓋大水治最險者上下船至此每覺危

乎其危前署令悔□車公目擊心惻欲於壁刻

覩一像以護佑之而未果令實宰石照郵寄工貲囑

予經紀其事僱匠成之已是障之而東矣第念慈航

善渡固徵拯涓婆心而圣蹟鎖江亦賴回瀾大力因

拾廉鳩工并鑿 鎖江王神像於左以輔之縱此

往來巨川舟楫供仰 神床永慶安瀾於有象矣

斯製也以視紫竹林中紫雲台上當亦不甚相一□

若夫風雨之蔽采色之施或由是而恢宏壯麗馬□

以俟之同志者 時

道光十三年孟春月吉旦酆都縣典史祈津王楚賢志

第十一章　涪　陵

11.1　白鹤梁题刻

▼ 11.1.1　淳熙甲辰夏敏彦等纪游题记

整幅高 0.85 米、宽 1.50 米。右至左竖排 7 行。楷书阴刻（图 11–1）。内容如下：

郡守眉山夏

敏彦博文學

掾荆州董天

常可久人日

□□因觀石

魚慶豐年之

祥淳熙甲辰

图 11–1　淳熙甲辰夏敏彦等纪游题记拓片

▼ 11.1.2　马骥等题名

整幅高 0.67 米、宽 0.74 米。右至左竖 排 5 行。楷书阴刻（图 11–2）。内容如下：

□鎬星江

□潼川馬驥

□錢釋之浚儀

□潮彦診紹定

□正月五日仝觀

图 11–2　马骥等题名拓片

▼ 11.1.3　高应乾[1]题诗

整幅高 0.55 米、宽 0.50 米。右至左竖排 8 行，楷书阴刻（图 11–3）。内容如下：

訪勝及春遊雙魚

① 高应乾，西陵（今河北易县）人，字侣叔，生平无考。

古石留能觀時顯

晦不逐浪沉浮守

介難投餌呈祥類

躍舟胥歸霖雨望

千載砥中流

西陵高應乾佀

叔氏題

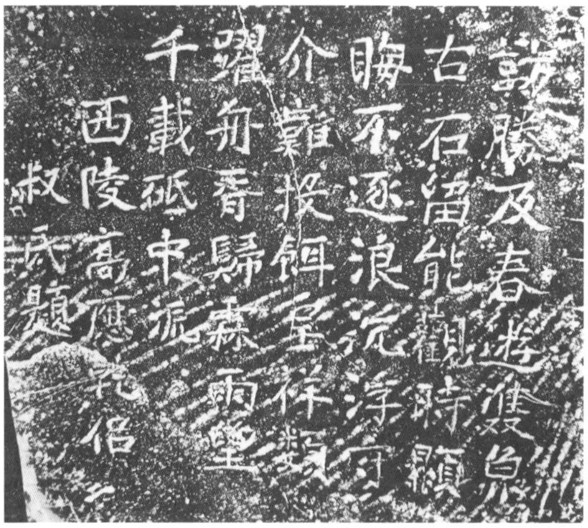

图 11-3　高应乾题诗拓片

▼ 11.1.4　正德庚午张楫题五言律诗

整幅高 0.68 米、宽 0.34 米。右至左竖排 5 行，满行 11 字。楷书阴刻（图 11-4）。内容如下：

江石有双鳞沉浮驗年歲隱

徵宜自規凶樂正相係古人

形此鐫覽者發長喟勿謂仰

無關順理終有得

大明正德庚午郡人張楫題

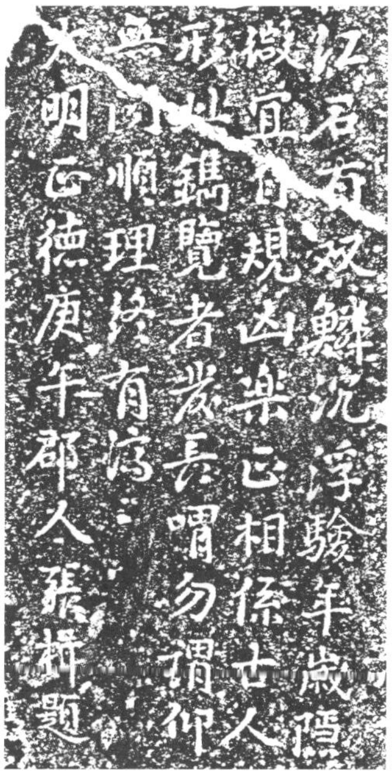

图 11-4　正德庚午张楫题五言律诗拓片

▼ 11.1.5　正德丙寅李宽题石鱼记

整幅高 1.48 米、宽 0.85 米，有边框。右至左竖排。楷书阴刻，表面磨蚀严重（图 11-5）。全文如下：

□□江心有石焉，層見疊出矻然於萬流之中而其深不知。□□千萬仞固不可窮也，涪為西蜀岷江之匯，當春夏之交江□漲溢，其石□□而不可見。至秋冬或 猶然間或水落石□□，其年必豐。昔之好事者因刻石魚題詠於上以爲大有□□。自唐迄宋□□□至□□□鉅卿騷人墨客悉皆有詩、有記銀，勾鐵畫，瓊章玉句，隱□□江波之中，歷数千載而不磨滅，盖天地間一奇跡也。正□□寅仲春既望予偕敘州府同知陳旦、保寧府同知郭忩、□□府通判盛應期、德陽縣知縣吳璉新、繁縣知縣祁□江□□知縣徐菘皆奉□□□於涪簿書獄訟既倦□勤□不得暢時，州守袁宗夔來古□予曰：江中石魚今忽復見，州民皆以爲豐年之祥，盍往觀之。予於是遂泛舟逆流而上，眾亦相繼來觀石魚，果見自□□公椎文傑製纍纍可數，而其隱伏於江波 之中而未見者□不知其幾也。嗚呼！真天地間一奇跡哉！是不可以不記□□于書。

正德丙寅□□既望四川按察司僉事懷□李寬[1]記[2]

① 李宽，德安（今湖北安陆市）人。进士。明弘治末年任四川按察司事。工诗善书，尤钟楷体。笔重墨凝，端肃有度。
② 后刻石鱼两尾。

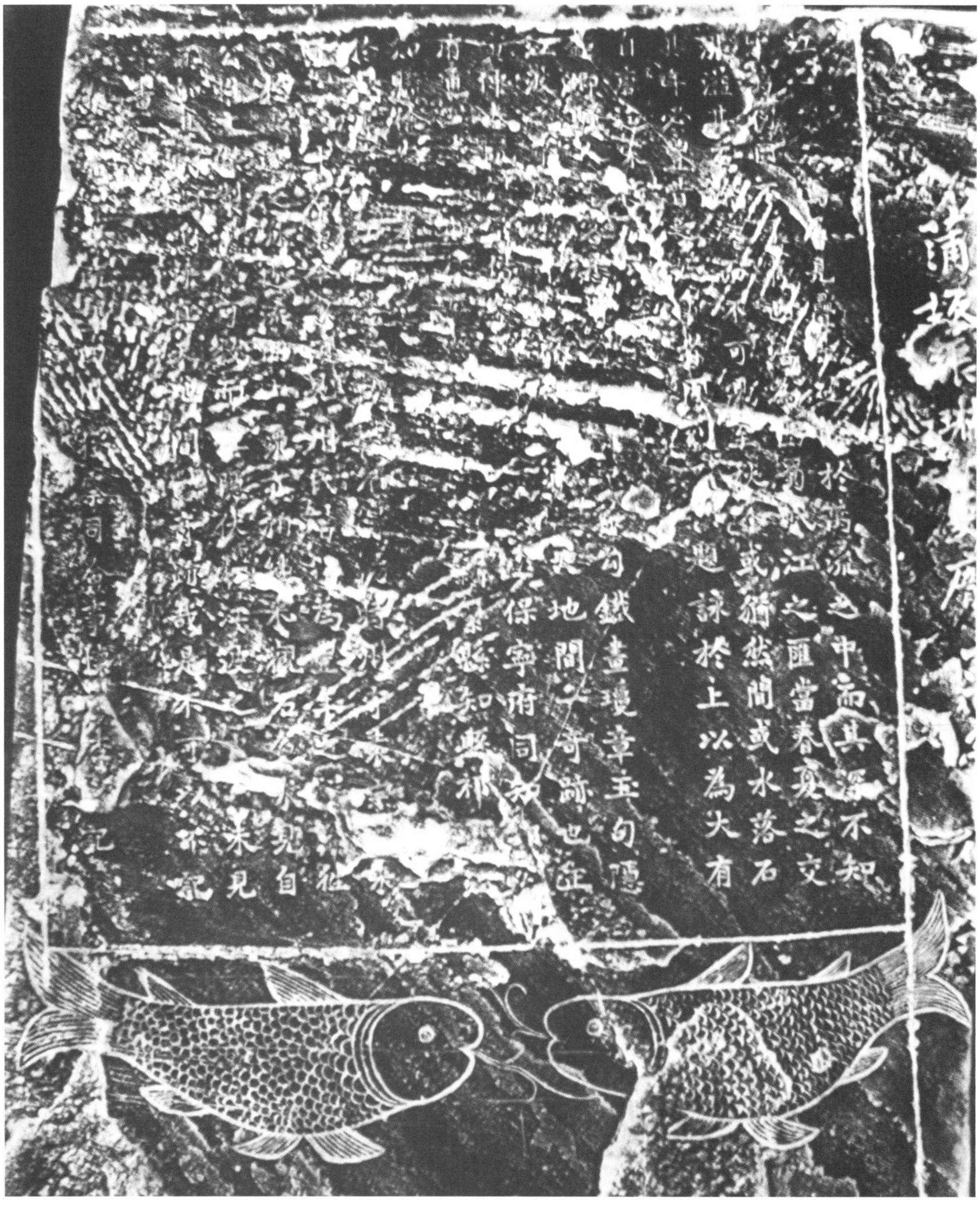

图 11-5　正德丙寅李宽题石鱼记拓片

▼ 11.1.6　康熙二十三年萧星拱[①] 题石鱼记

整幅高 1.27 米、宽 1.38 米。右至左竖排。楷书阴刻，表面磨蚀严重（图 11-6）。全文如下：

涪江之心有石魚，春初魚見可卜豐稔。州之八景云："石魚兆豐者即其所也。"甲子春正月忠州守朱世兄自巴渝返舟過此，其尊人與余誼屬師弟，而其叔朱羽公諱麟禎者初官于涪士民德之亦嘗来此，余因

① 萧星拱，字盱江，江西人，第进士。康熙十九年知涪州，重修学官，补修州署。

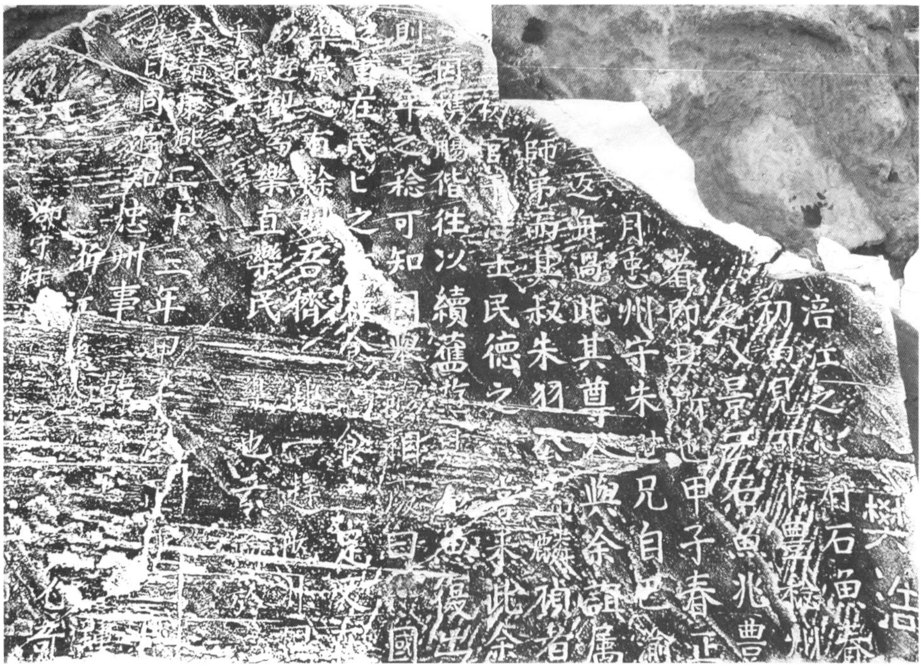

图 11-6 康熙二十三年萧星拱石鱼记拓片

携觴偕往以續舊遊。見石魚復出則是年之稔可知，因舉觴相慶曰：國之重在民，民之重在食，而食之足又在樂歲之有餘。則吾儕之此一遊也，非但以遊觀為樂直樂民之樂也云爾，於是乎記。

大清康熙二十三年甲子春正月二十九日同遊知忠州事三韓商玉朱之璉浙江慈谿寅儿周允奇郡守盱江蕭星拱題

▼ 11.1.7 至顺癸酉张八歹[①]题木鱼记

整幅高 1.41 米、宽 0.94 米，有边框。右至左竖排。楷书阴刻（图 11-7）。全文如下：

涪陵誌："江心石魚出則大稔。"予守郡次年始獲見，率僚友來觀，方拂石間適有木魚依柳條中流浮至，眾驚喜曰：石魚自古為祥，木魚尤為異瑞也。請刻之以示將來云。

至順癸酉仲春十有三日奉議大夫涪守張八歹謹識[②]

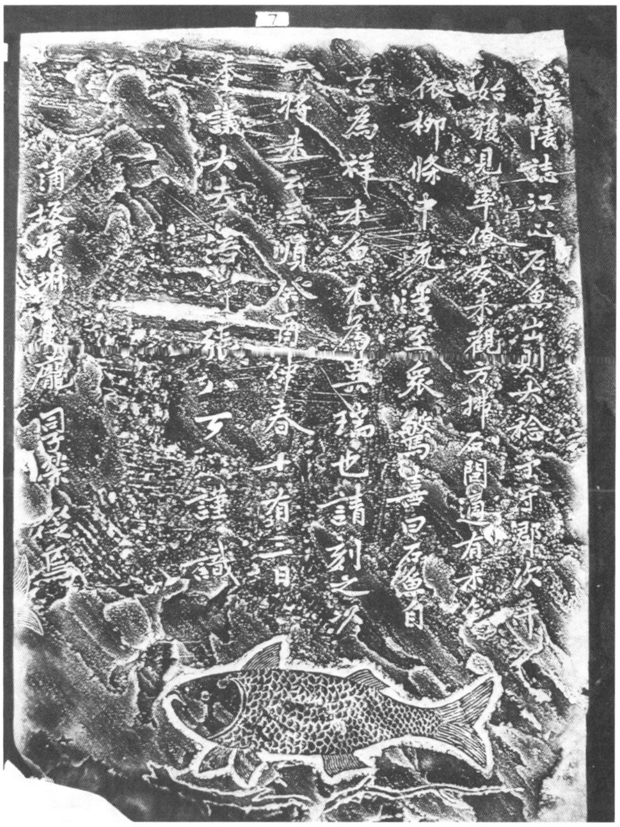

图 11-7 至顺癸酉张八歹题木鱼记拓片

① 张八歹（1302—1375），蒲坂（今山西永济）人，进士，奉议大夫，涪州太守。
② 后刻石鱼一尾。

▼ 11.1.8　宣和四年常彦等纪游题记

整幅高 1.13 米、宽 0.92 米。右至左竖排。楷书阴刻（图 11–8）。全文如下：

易以包無魚為遠民，民固可近不可遠，余牧是邦久矣，今歲魚石呈祥得以見豐年，而知民之不遠也。即廛顯妙有開必先余樂斯二者，遂率賓僚共為之遊。時宣和四年十二月十五日朝散大夫通判軍州事常彦、奉議郎前通判達州權司錄事李全修、武郎兵馬都監亶縮宣教郎權司士亶事王拱迪、功郎涪陵縣尉張時行、朝奉郎權知軍州事吳革[1]題

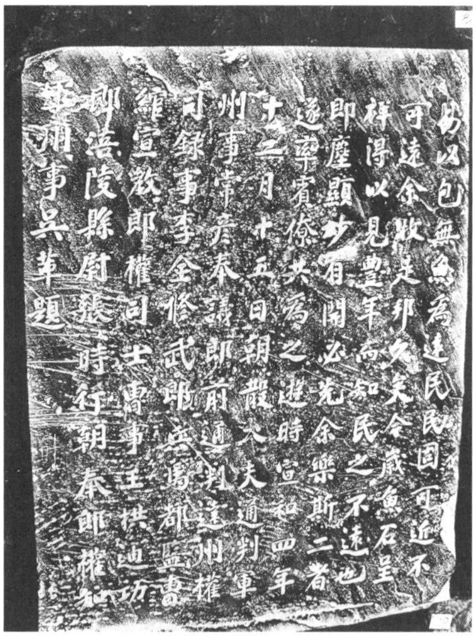

图 11–8　宣和四年常彦等纪游题记拓片

▼ 11.1.9　绍定庚寅谢兴甫[2]等题名

整幅高 0.68 米、宽 0.78 米。右至左竖排 6 行。楷书阴刻（图 11–9）。内容如下：

長沙謝興甫起□□

資中楊坤之夷叔□

人虞會和叔紹定庚

寅上元後一日来觀

石魚予鑱侍

□□□变化待何時□[3]

图 11–9　绍定庚寅谢兴甫等题名拓片

▼ 11.1.10　绍兴丁丑黄仲武等纪游题记

整幅高 0.87 米、宽 0.45 米。右至左竖排。楷书阴刻（图 11–10）。全文如下：

濮國黄仲武梁公、壽春明、宋子應小艇同来，是日積雨初晴，江天一碧，徘徊終日而歸，時紹興丁丑元宵後五日。

▼ 11.1.11　杨元永等纪游题记

整幅表层剥落严重。残高 1.15 米、残宽 1.02 米。右至左竖排。楷书阴刻（图 11–11）。残文如下：

□之西津江……自唐以前至……大宋崇寧元………考驗□刻悉符……泛舟來觀至……楊元永剛中奉議郎河……鄭從事江陵縣義叟敦……原王正卿良弼涪陵令……雲安符正中直夫錄參穎川蔡忱……節信樂溫令會稽賀致中[4]□發理……掾祥符楊緯文叔民掾京兆田子……良漢傑涪陵簿冀陽張延年希逸……尉趙郡宇文湛 深之是月中澣……後一日致中□□命書

---

① 吴革，字义夫，华阳人。宣和四年为朝奉郎权知军州事。
② 谢兴甫，生卒年不详。长沙（今湖南长沙）人。绍定二年知涪州。
③ 此行字体略小，不规范。
④ 贺致中，会稽（今浙江绍兴）人，崇宁年间为乐温县令。

图 11-10　绍兴丁丑黄仲武等纪游题记拓片

图 11-11　杨元永等纪游题记拓片

▼ 11.1.12　绍兴丁巳贾思诚[①]纪事题记

整幅高 0.85 米、宽 1.15 米。右至左竖排。楷书阴刻（图 11-12）。全文如下：

涪陵郡城下大江之中流有石魚焉。見則為豐年之兆，父老相傳舊矣。事雖不經，偶玆旱歉斯民艱食天或垂憫貺以有年千里之□幸也。爰因休暇乃率別乘賈公傑千之田景悊希賢趙子儀、景溫張振孫、厚之王賡子欽來觀。而石魚出水面數尺，傳言之驗將與斯民共慶之是可書也。紹興丁巳十二月中休日左朝散郎知軍州事澶淵賈思誠彥孚題。

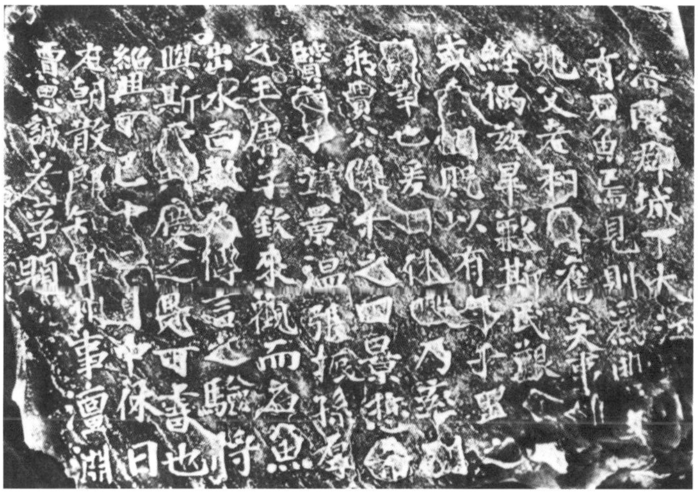

图 11-12　绍兴丁巳贾思诚纪事题记拓片

▼ 11.1.13　宝祐二年蹇材望[②]题七言律诗并序

整幅高 0.71 米、宽 1.06 米。右至左竖排 14 行，满行 10 字。楷书阴刻（图 11-13）。内容如下：

涪目[③]石魚之出占歳事之

---

① 贾思诚，字彦孚，澶渊（今河南濮阳）人，左朝散大夫夔州路转运判官。

② 蹇材望（1212—？），字君厚，潼川（今四川三台）人。宝祐二年为涪州别驾。

③ 今通行字作“以”，下同。

豐吕歲事之豐彰太守之

贒尚矣長寧劉公叔子鎮

是邦又出夫豈偶然別駕

潼川蹇材望賡皇祐劉轉

運詩吕紀之

宋寶祐貳年嘉平下澣書

何代潛鱗翠琰鐫雙雙依

藻更依蓮夢符端報屡豐

兆物盛魚麗美萬物盛多[①]宜歌大

有年玉燭調和從可卜金

刀題詠又開先渾如潑剌

波心躍感石還知太守贒

粤明年人日重遊

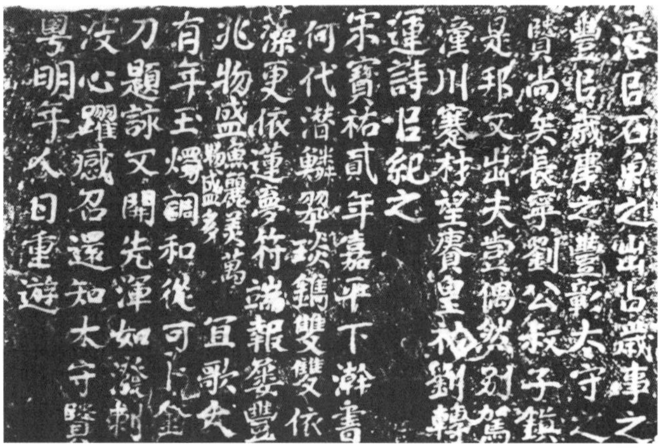

图 11-13　宝祐二年蹇材望题七言律诗并序拓片

▼ 11.1.14　绍兴庚申周翊等题名

整幅高 0.71 米、宽 1.06 米。右至左竖排。篆书阴刻（图 11-14）。全文如下：

周詡、種彥琦、彥瑞、姚邦榮、邦孚、□春、杜旨發、李恬，紹興庚申歲弍月丙午来，炎覺先書。

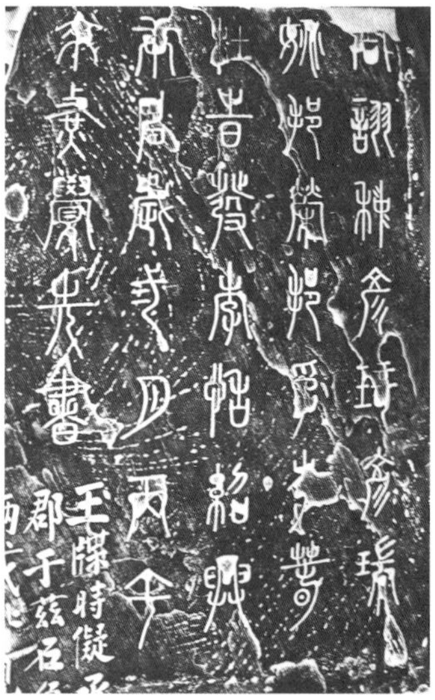

图 11-14　绍兴庚申周翊等题名拓片

▼ 11.1.15　壬戌赵时僎[②]题名

整幅高 0.50 米、宽 0.50 米，有边框。右至左竖排 6 行，每行 5—6 字。楷书阴刻（图 11-15）。内容如下：

玉牒時僎丞

郡于兹石魚

兩載皆見之

壬戌仲春携

属同妹夫王

倬遊男若金侍

图 11-15　壬戌赵时僎题名

▼ 11.1.16　杨公留纪事题记

整幅高 0.90 米、宽 0.85 米，有边框。右至左竖排 7 行，楷

①“鱼丽美万”“物盛多”字略小，两行并列。

②赵时僎，南宋嘉泰壬戌郡丞。魏王廷美之子德彝八世孙。

书阴刻（图 11–16）。内容如下：

太守楊公留題

邀客西津上觀魚出水初

長江多巨石此地近仙居

所記皆名筆為祥舊春書

豐年知有驗遺秉利將舒

戲草春波靜雙鱗樂意徐

不才叨郡寄燕喜愧簫踈

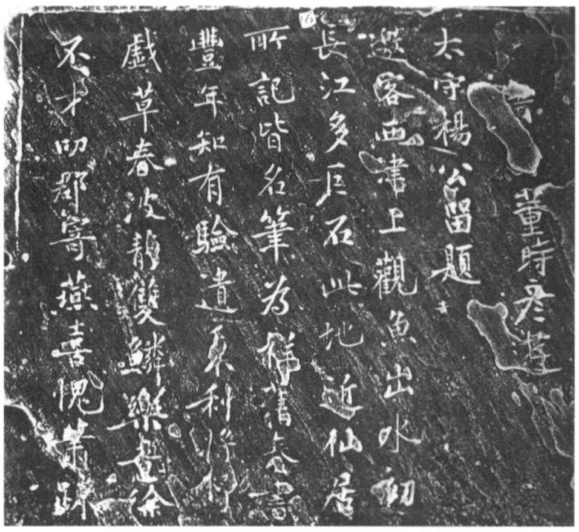

图 11–16　杨公留纪事题记拓片

▼ 11.1.17　淳熙戊戌冯和叔[①]等纪游题记

整幅高 0.93 米、宽 0.83 米，有边框。右至左竖排 8 行，满行 8 字。隶书阴刻（图 11–17）。内容如下：

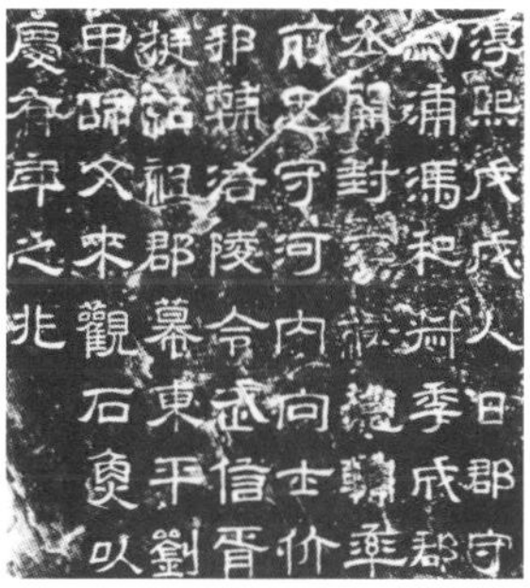

图 11–17　淳熙戊戌冯和叔等纪游题记拓片

淳熙戊戌人日郡守

南浦[②]馮和叔季成郡

丞開封李□德輔率

前忠守河内向士价

邦輔涪陵令武信胥

挺紹祖郡幕東平劉

甲師文來觀石魚以

慶有年之兆

▼ 11.1.18　天顺三年晏瑛题七言律诗并跋

整幅高 0.93 米、宽 0.54 米。右至左竖排。楷书阴刻（图 11–18）。全文如下：

前人刻石作魚鐫，沉在中流歷幾年，今日呈祥表豐歲，何時變化虜中天。商徒舟過邀觀古，騷客身遊寫賦傳。天順三年率僚登覽賦詩聯。涪州通判晏瑛題

▼ 11.1.19　天顺三年晏瑛题诗序

整幅高 0.90 米、宽 0.65 米。右至左竖排。楷书阴刻（图 11–19）。全文如下：

予□□□□□自景泰四年癸酉來牧，是邦尝聞有魚秤斗在□中流石上，恨未獲見，父老相傳出則為稔歲。至天順叁年己卯春□石魚出，遂率諸僚友往觀其魚，果顯□□□□□□□□□□□□來見一覽無餘矣。□□□□□□是遂作成鄙詩七律以爲遊觀之跡焉。

① 冯和叔，字季成。剑浦（今福建南平）人。淳熙年知涪州太守。

②“南浦”即今万州。

图 11-18　天顺三年晏瑛题七言律诗并跋拓片

图 11-19　天顺三年晏瑛题诗序拓片

图 11-20　绍兴乙丑杨谔等纪事题记拓片

▼ 11.1.20　绍兴乙丑杨谔等纪事题记

整幅高 0.93 米、宽 0.34 米。右至左竖排。楷书阴刻（图 11-20）。全文如下：

紹興乙丑仲春上休日，石魚出水四尺，按古記大有年矣。使院察楊諤、杜□、孟宗厚、王注原□□、朱継臣、幸永、張猷、張□史、□□、馬顔、何玠、□□同觀，□□継至。

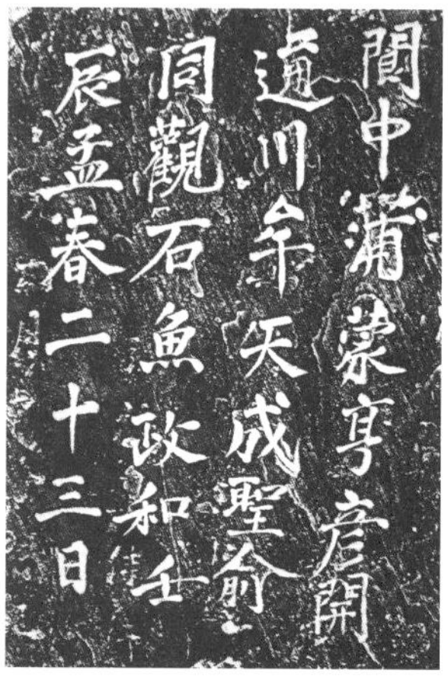

图 11-21　政和壬辰蒲蒙亨等题名拓片

▼ 11.1.21　政和壬辰蒲蒙亨等题名

整幅高 0.73 米、宽 0.68 米。右至左竖排 4 行，每行 7 字。楷书阴刻（图 11-21）。内容如下：

閬中蒲蒙亨彥開

通川牟天成聖俞

同觀石魚政和壬

辰孟春二十三日

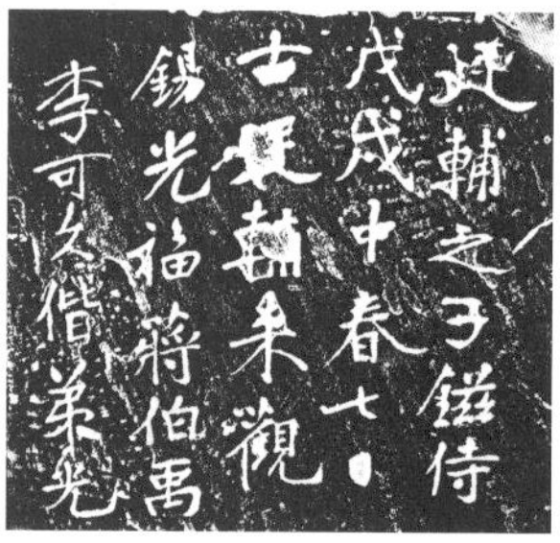

图 11-22　戊戌李可久等题名拓片

▼ 11.1.22　戊戌李可久等题名

整幅高 0.48 米、宽 0.52 米。左至右竖排 5 行，满行 6 字。楷书阴刻（图 11-22）。内容如下：

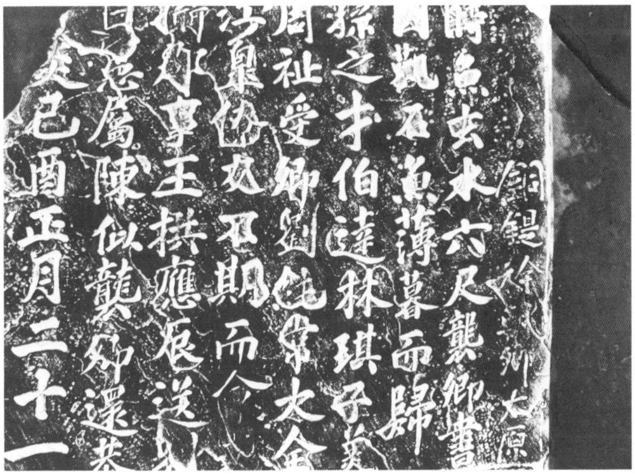

图 11–23　建炎己酉陈似纪事题记拓片

图 11–24　蒙文题记拓片

李可久偕弟光

錫光福蔣伯禹

古廷輔来觀

戊戌中春七日

廷輔之子鎡侍

▼ 11.1.23　建炎己酉陈似[1]纪事题记

整幅高 1.20 米、宽 1.20 米，有边框。左至右竖排。楷书阴刻（图 11–23）。全文如下：

□炎己酉正月二十一日憲屬陳似襲卿、還恭攝郡事王拱應辰送別江臯僚友，不期而會。□周祉受卿劉純常大全孫之才伯達林琪子美。因觀石魚薄暮而歸，時魚去水六尺。襲卿書

▼ 11.1.24　蒙文题记

整幅高 0.40 米、宽 0.15 米，有边框。八思巴文，竖排阴刻（图 11–24）。全文如下：

生命的意义在于荣耀

▼ 11.1.25　宝祐二年刘叔子[2]题七言律诗并序

整幅高 1.41 米、宽 1.25 米。右至左竖排。楷书阴刻（图 11–25）。全文如下：

鑑湖之石魚唐人所刻也。圖經謂："三五年或十年方一出，出則歲稔，大率與渝江晉義熙碑相侶。"聖宋寶祐貳年歲次甲寅蜡月立菅後一日，郡假守長寧劉叔子君舉偕別駕蹇材望君，厚送客江上過石魚浦尋訪舊跡，則雙魚已見。實維豐年之兆，因披沙，閱古碣，淂轉運使尚書主客郎中劉公忠順所題一詩。叔子感慨頽波之滔滔，激節石魚之砥柱，而轉運公之佳句。與之相爲無窮敬嗣韻以識盛事尚庶幾小雅歌牧人之夢之意示尔：

① 陈似，字龚卿，活动于北宋末年至南宋初期。

② 刘叔子，生卒不详。字君举，长宁（今四川泸县）人。宝祐二年知涪州。

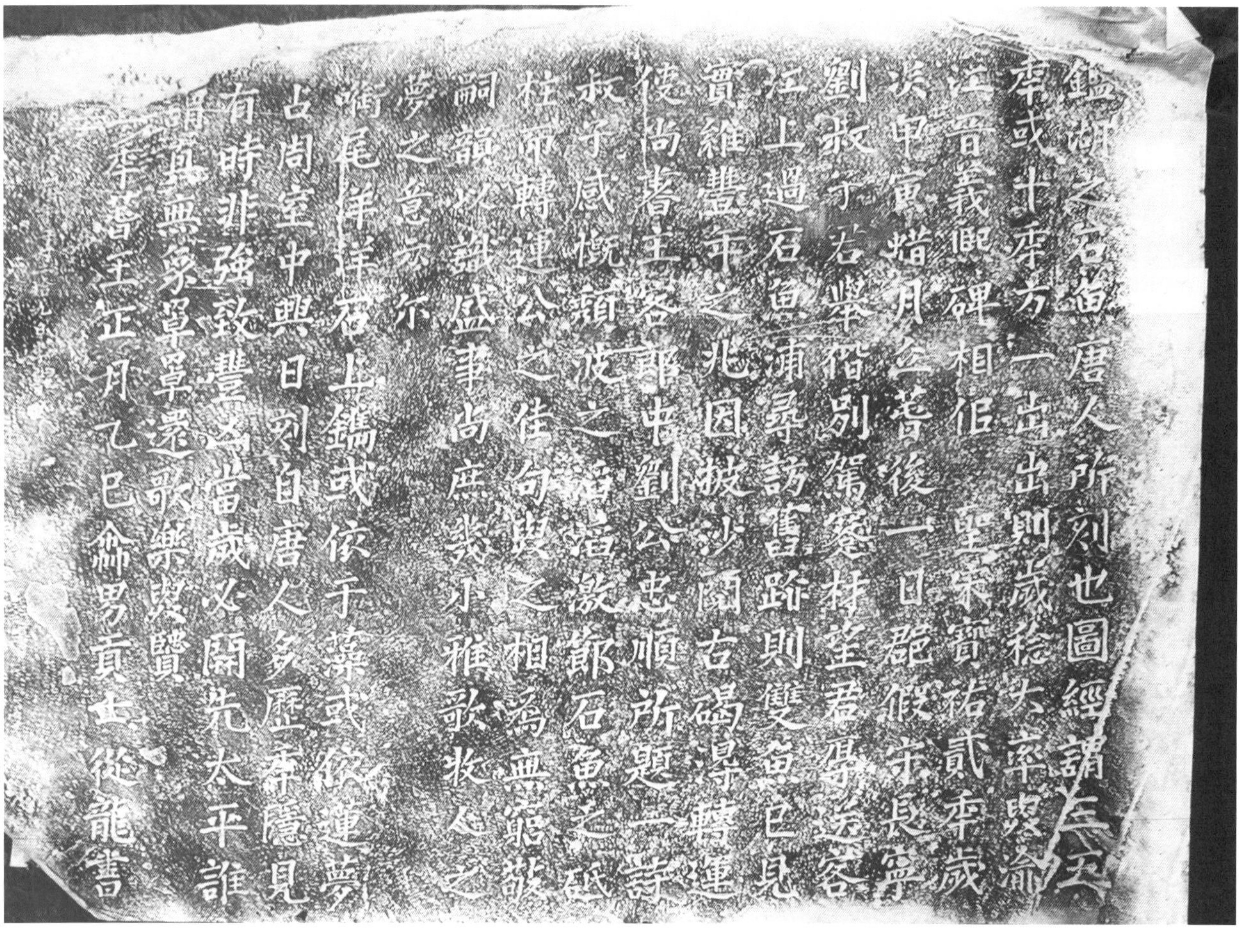

图 11–25　宝祐二年刘叔子题七言律诗并序拓片

銜尾洋洋石上鐫，或依于藻或依蓮，夢占周室中興日，刻自唐人多歷年。隱見有時非強致，豐凶當歲必開先，太平誰謂真無象，罩罩還歌樂與賢。二年菖王正月乙巳崙男貢士從龍書

▼ 11.1.26　正德庚午涪人和涪守黄寿[①]五言律诗

整幅高 0.50 米、宽 0.45 米。右至左竖排。楷书阴刻（图 11–26）。全文如下：

石魚随出沒，民安即是豐，一州蒙作福，百姓免遭凶[②]。張弛誰能測，奸横自斂蹤，□□奪造化，屈指幾人同。大明正德庚午涪人□□□拜和

▼ 11.1.27　徐朝卿题记

整幅高 0.66 米、宽 0.72 米，有边框。左至右竖排。楷书阴刻，磨蚀严重（图 11–27）。可辨内容如下：

銅鍉徐朝卿太原……侍其……觀之……遊者洛陽……

① 黄寿，（1464—1534），字纯仁。南城（今江西南城）人。明弘治二年进士。由黄州判以异政，擢升涪州太守。
② 今通行字作“凶”。

图 11-26　正德庚午涪人和涪守黄寿五言律诗拓片

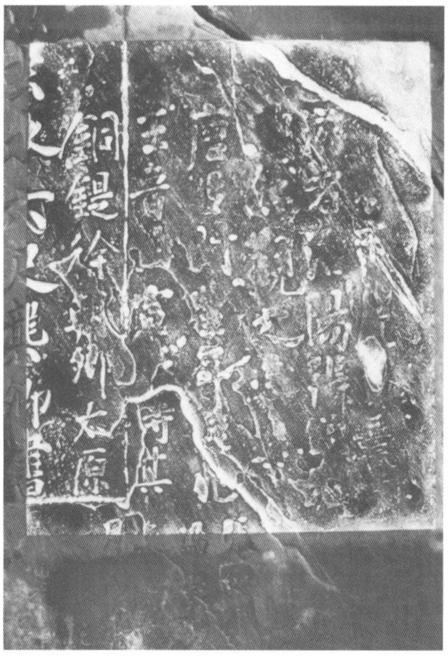

图 10-27　徐朝卿题记拓片

▼ 11.1.28　绍兴庚申张仲通等再题名

整幅高 0.56 米、宽 0.33 米。右至左竖排 4 行。楷书阴刻（图 11-28）。内容如下：

張仲通陳靖忠

馮忠恕[①] 同觀石

魚紹興庚申正

月丙申

图 11-28　绍兴庚申张仲通等再题名拓片

图11-29　贾承福题名拓片（引自《长江三峡工程水库水文题刻文物集》）

▼ 11.1.29　贾承福题名

据 2001、2002 年调查，该款题记已毁，所以具体尺寸不详。经查资料该题记竖排，楷书阴刻（图 11-29）。内容如下：

隨使孔目官賈承福書

▼ 11.1.30　文悦[②] 等题名

据 2001、2002 年调查，该款题 记上部及右部已被毁。整幅残高 0.56 米、残宽 0.33 米。左至右竖排，现存 4 行。楷书阴刻（图 11-30）。现存内容如下：

之周祉受

廷向文登

图 11-30　文悦等题名拓片（现状，摄于 2001）

① 冯忠恕，字贯通，汝阳人，绍兴初官黔州节度判官，后知梁山军。著有《涪陵纪善录》。
② 文悦，字理之，成都人宣和年间进士。

眉山劉純

明孺孫

2003 年 2 月从江中打捞出 残缺部分，经拼对及查历史资料（图 11–31），内容如下：

成都文悅理之周祉受

卿唐安周南廷向文登

劉蒙公亨眉山劉純

常大全姪庚明孺孫

之才伯達同遊

图 11–31　文悦等题名拓片（23 引自《长江三峡工程水库水文题刻文物图集》）

▼ 11.1.31　李宜仲[①]等题名

整幅高 0.54 米、宽 0.40 米。右至左竖排 3 行。楷书阴刻（图 11–32）。内容如下：

李仲宜率

劉彥至同

种慎思[②]遊

图 11–32　李宜仲等题名拓片

▼ 11.1.32　绍兴庚申晁公武等纪游题记

整幅高 1.00 米、宽 0.60 米。右至左竖排 5 行。楷书阴刻（图 11–33）。内容如下：

晁公武邀外兄高邦儀

外弟孫允壽弟公槳公

退公適姪子負表姪高

寧祖甥王掖仝觀石魚

紹興庚申正月二十日

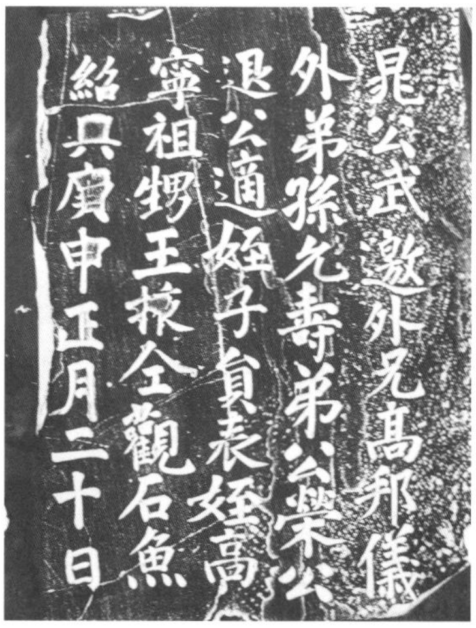

图 11–33　绍兴庚申晁公武等纪游题名拓片

▼ 11.1.33　绍兴九年张仲通等题名

整幅高 0.36 米、宽 0.78 米。左至右竖排 7 行每行，3—4 字不等。楷书阴刻（图 11–34）。内容如下：

二月初七

日張仲通

張修晁公

① 李尚义，字宜仲，江西人，绍兴二年为涪州郡僚。

② 种秩，字慎思，号豹林，今西安人。绍兴二年任涪州太守。

武趙子𡺸

來觀時

宋興一百

八十年

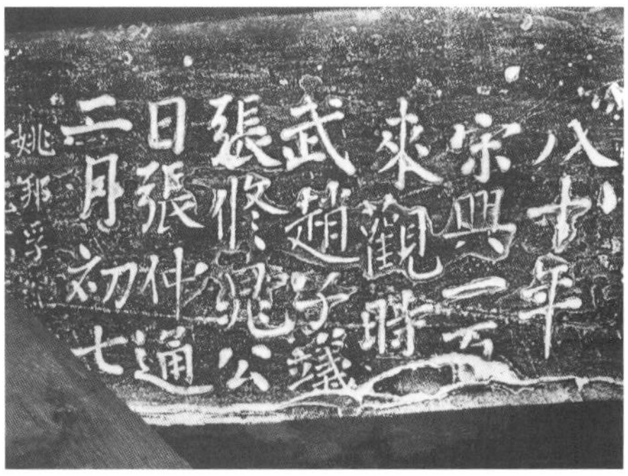

图 11-34　绍兴九年张仲通等题名拓片

▼ 11.1.34　绍兴丙子张松兑等纪事题记

据 2001 年调查，该款题记左部、下部大部分缺失，残高 2.00 米、残宽 1.38 米。左至右竖排现存 6 行。楷书阴刻（图 11-35）。经查历史资料（图 11-36）内容如下：

紹興丙子……

張松兑……

王定國……

遊歸譚向濮國黃□□此

□泛舟迤邐来觀石魚去水

無[1]尺許已見鱗□

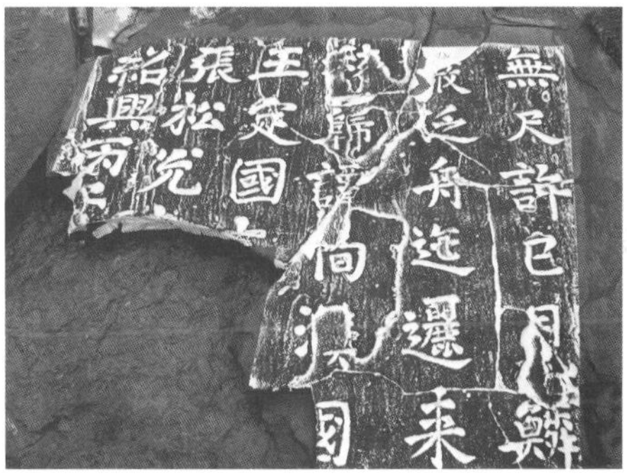

图 11-35　绍兴丙子张松兑等纪事题记拓片（现状）

▼ 11.1.35　绍兴乙亥高祁等题名

整幅高 0.40 米、宽 0.80 米。右至左竖排 4 行，每行 8—9 字。楷书阴刻（图 11-37）。内容如下：

郡幕高祁子敏令張維

持國簿譚詢永叔尉蒲

□之同来宋紹興乙亥

□五日張綰處權題

▼ 11.1.36　乙丑辛日周品级等题名

整幅高 0.20 米、宽 0.40 米。排列不规则。书体不规范，阴刻（图 11-38）。全文如下：

乙丑辛日周品級文玉章遊此

▼ 11.1.37　绍兴甲子张瑶等题名

整幅高 0.80 米、宽 0.55 米。右至左

图 11-36　绍兴丙子张松兑等纪事题记拓片（引自重庆市涪陵区博物馆历史资料）

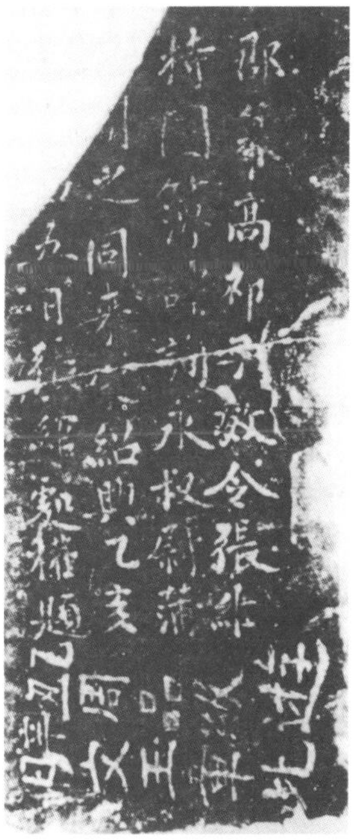

图 11-37　绍兴乙亥高祁等题名拓片

[1] 应为五。

图 11-38　乙丑辛日周品级等题名拓片

图 11-39　绍兴甲子张瑶等题名拓片

竖排 5 行，每行 7—8 字。楷书阴刻（图 11-39）。内容如下：

唐安張珤上邽崔慶

固陵冉彬陽翟蔡适

右四人同觀瑞魚

實紹興甲子六日

以識其来也故書

▼ 11.1.38　政和壬辰王蕃[1]题五言绝句并序

图 11-40　政和壬辰王蕃题五言绝句并序拓片（现状）

整幅高 0.55 米、宽 0.80 米，有边框。右至左竖排 11 行。楷书阴刻，剥蚀严重（图 11-40）。经与历史资料比照（图 11-41），全文如下：

□解……道出涪陵司馬机才聘為……陵督郵實攝……郡事。政和壬辰正旦之明日拉觀石魚且率賦詩遂為一篇。

沂國王蕃

冬旱江成渚，維魚記石稜，滋濡春遂足，狼戾歲將□。

▼ 11.1.39　淳熙五年刘师文纪事题记

整幅高 0.70 米、宽 0.60 米。右至左竖排。楷书阴刻（图 11-42）。全文如下：

涪陵江心石梁刻二魚，古今相傳："水大落魚出見則時和歲豐。"自唐廣德間刺史鄭令珪已載其

① 王蕃，生卒不详，据清姚觐元《涪州石鱼文字所见录》《宋史·食货志》记载："广西转运副使王曾；曾无后，以其弟子融之子为嗣，此刻王蕃冠以沂国，疑即其后也。"

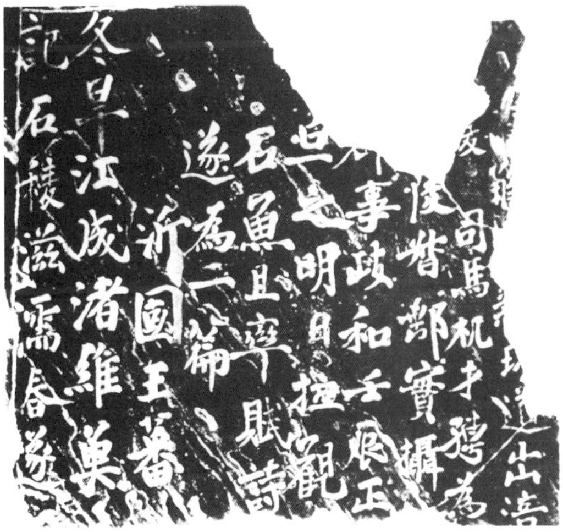
图 11-41 政和壬辰王蕃题五言绝句并序拓片
（引自重庆市涪陵区博物馆历史资料）

图 11-42 淳熙五年刘师文纪事题记拓片

事，而魚之鐫刻莫詳何代，盖取詩人衆維魚矣。寔維豐年之義，淳熙五年正月三日，劉師文相約同勾□卿□清卿来觀時，水落魚下三尺。□人舟楫往来，賞玩不絶，因書以識[①]。

▼ 11.1.40 乾道丁亥赵彦球纪事题记

据 2001、2002 年调查，该款题记上部大部分缺失。残高 1.25 米、残宽 0.82 米，有边框。右至左竖排。楷书阴刻（图 11-43）。与历史资料比照，全文如下：

石魚不出十有八年矣。乾道丁亥玉牒趙彦球攝守是邦，魚復出。是歲元日大晴，人日亦如之。率僚屬遊北巖越三日，遂觀石魚水痕尤瘦，古刻宛然。涪人曰："一旬而三美。"具此大有豐年之兆，而贊太守德化之所感也。在屬吏其敢不書。從遊者五人合陽王如慈、古渝何肅、眉山宗中和玉牒趙伯□□□□御前□□□□□□□翊王浩。

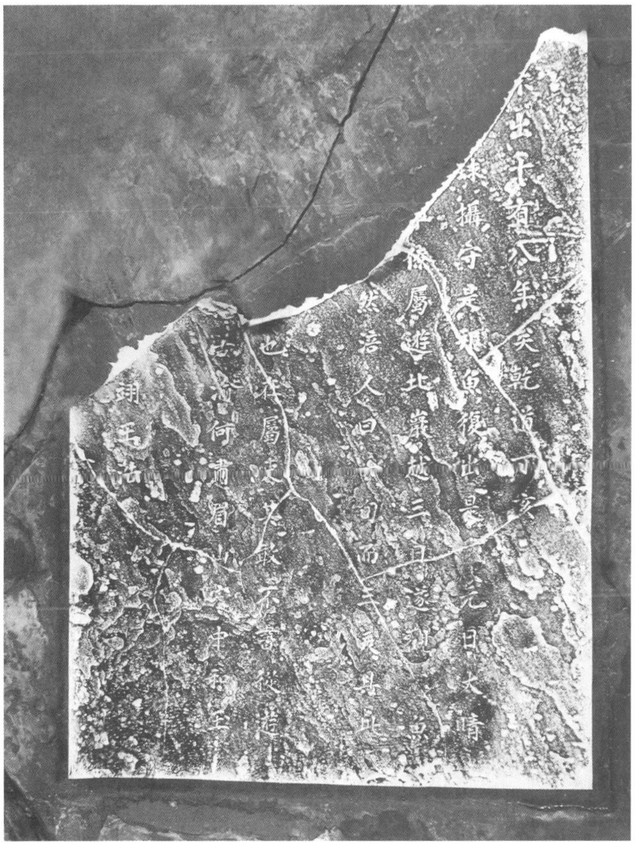
图 11-43 乾道丁亥赵彦球纪事题记拓片（现状）

① 后似残有 1 行 5 字，但剥蚀严重，无法辨识。该行字数非满行，且前 9 行文字内容已很完整，故判断该行文字与该款题记无关。

▼ 11.1.41　民国二十六年民生公司渝万河床①考察团纪事题记

整幅高 0.70 米、宽 0.45 米，有边框。右至左竖排。楷书阴刻（图 11-44）。全文如下：

民生公司渝萬河床考察團冉崇高、江世信、李暉漢、魏哲明、羅嘉猷、殷平志、陳資生、趙海洲等廿九人經此留念。重慶水位倒退壹呎六吋，宜昌水位倒退壹呎八吋。民國廿六年三月十三日盧學淵題

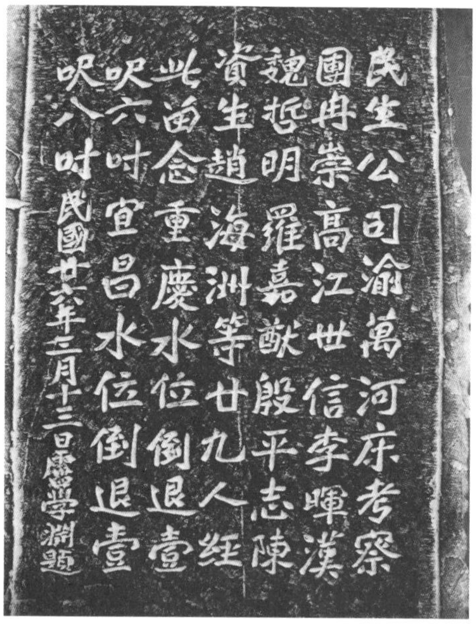

图 11-44　民国二十六年民生公司渝万河床考察团纪事题记拓片

▼ 11.1.42　民国四年施纪云②纪事题记

整幅高 1.00 米、宽 0.85 米。右至左竖排。楷书阴刻（图 11-45）。全文如下：

乙卯正月，江水涸石魚出。時哀鴻在野，方與官紳籌振恤。喜豐年有兆，亟往觀焉。魚形古拙鱗有剝落痕。志載：其下刻秤斗，今未見也。同游者鄒進士增祜、劉孝廉子治、張樹菁、顏廣恕兩茂才、曹純熙上舍與其弟鏞舊史氏。施紀雲記

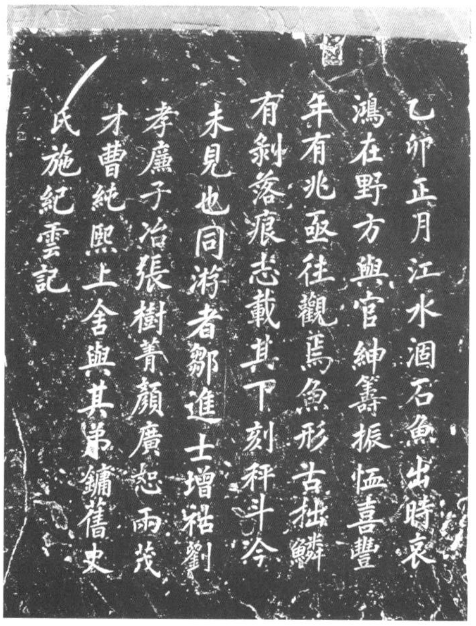

图 11-45　民国四年施纪云纪事题记拓片

▼ 11.1.43　傅端卿等题名

据 2001、2002 年调查，该款题记大部分已被毁，仅存楷书阴刻半个“端”字（图 11-46）。经查历史资料（图 11-47），内容如下：

共 2 款。

1. 位于右侧。竖排楷书阴刻“遂寧傅端卿遊此”7 字。

2. 位于左侧。右至左竖排 3 行。楷书阴刻。内容如下：

宋紹興二年十二

月初八汝南張

宗憲③

①1937 年 3 月，由于四川省遭遇旱灾，需要外省运粮入川，故民生公司组成考察团考察渝万河床，以制定轮船过滩的具体方案。

② 施纪云（1852—1931），原名缙云。四川涪陵人。光绪九年进士。官至湖北施鹤道台、翰林院编修、国史馆总纂兼总复辑。民国十七年（1928）任《续修涪州志》总纂。

③ 张宗宪，生卒不详，汝南人。绍兴元年为郡文学掾。

图 11-46 傅端卿等题名（现状）

图 11-47 傅端卿等题名拓片（引自《长江三峡工程水库水文题刻文物图集》）

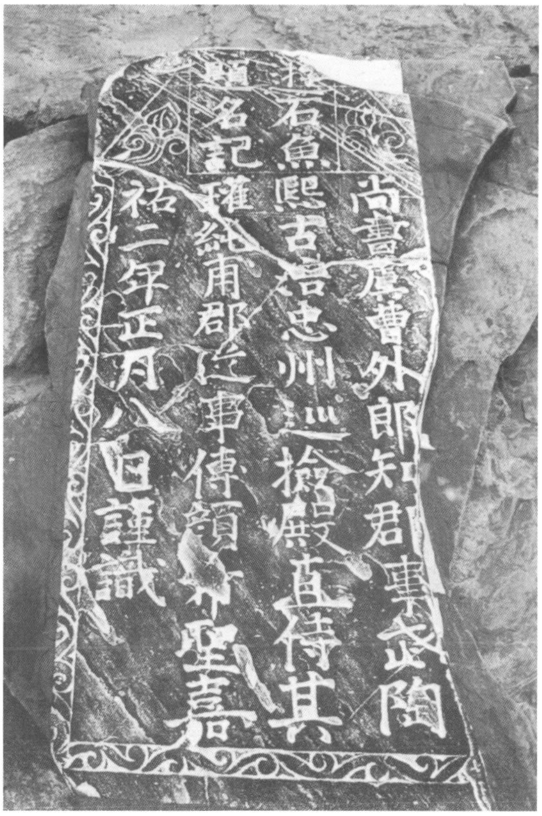

图 11-48 嘉祐二年武陶题《游石鱼题名记》拓片

▼ 11.1.44 嘉祐二年武陶[①] 题《游石鱼题名记》

该款题记右部局部残缺。残高 1.55 米、残宽 0.70 米，有边框，带纹饰。右至左竖排 4 行。楷书阴刻（图 11–48）。内容如下：

上部右至左竖排 2 行，楷书阴刻“遊 石魚題名記”6 字；

下部右至左竖排 4 行。楷书阴刻，内容如下：

尚書虞曹外郎知郡事武陶

熙古涪忠州巡檢殿直侍其

瓘純甫郡從事傅顔□聖嘉

祐二年正月八日謹識

▼ 11.1.45 光绪乙亥姚觐元[②] 纪事题记

图 11–49 光绪乙亥姚觐元纪事题记拓片（引自《长江三峡工程水库水文题刻文物图集》）

据 2001 年调查，该款题记已毁，经查历史资料（图 11–49）。整幅高 1.55 米、宽 0.70 米，有边框。

右至左竖排 4 行，并按划线分格排列。篆书阴刻。全文如下：

光緒乙亥冬，魚出，歲其大稔乎？喜而記之。二品頂帶布政使銜分巡川東兵備道歸安姚覲元

① 武陶，字熙古，嘉祐二年知郡事。

② 姚觐元（1814—1882），字彦侍。归安（今浙江吴兴）人，道光二十二年进士，官至广东布政使。与钱保塘合编《涪州石鱼文字所见录》。

▼ 11.1.46　刘忠顺[①]等倡和诗

整幅高 0.90 米、宽 0.40 米。右至左竖排。楷书阴刻（图 11–50）。内容如下：

共 2 款。

1. 位于右侧。右至左竖排。楷书阴刻。全文如下：

留题涪州石魚詩一章

轉運使尚書主客郎中劉忠順

七十二鱗波底鐫，一銜蓂草一銜蓮，出来非共貪芳餌，奏去因同報稔年。方客遠書徒自得，牧人嘉夢合相先，前知上瑞宜頻見，帝念民饑刺史賢。

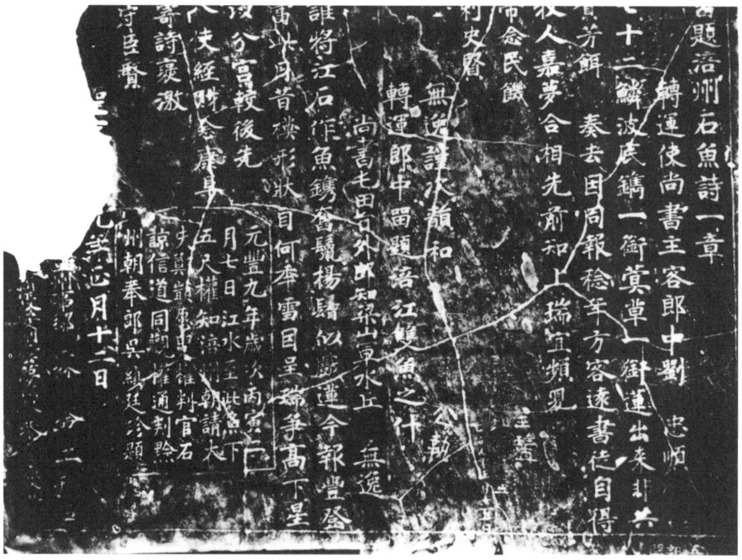

图 11–50　刘忠顺等倡和诗拓片

2. 位于左侧。右至左竖排。楷书阴刻。全文如下：

無逸謹次韻和

轉運郎中留題涪江雙魚之什

尚書屯田員外郎知梁山軍水丘無逸[②]

誰將江石作魚鐫，奮鬣揚鬐似戲蓮，今報豐登當此日，昔模形狀自何季。雪因呈瑞爭高下，星以分宮較後先，八使經財念康阜，寄詩褒激守臣賢。

▼ 11.1.47　元丰九年[③]吴缜[④]题记

该题记位于刘忠顺等倡和诗题记中。整幅高 0.90 米、宽 0.55 米，有边框。右至左竖排 6 行，每行 9 字。楷书阴刻（图 11–51）。内容如下：

元豐九年歲次丙寅二

月七日江水至此魚下

五尺權知涪州朝請大

夫鄭顗愿叟權判官石

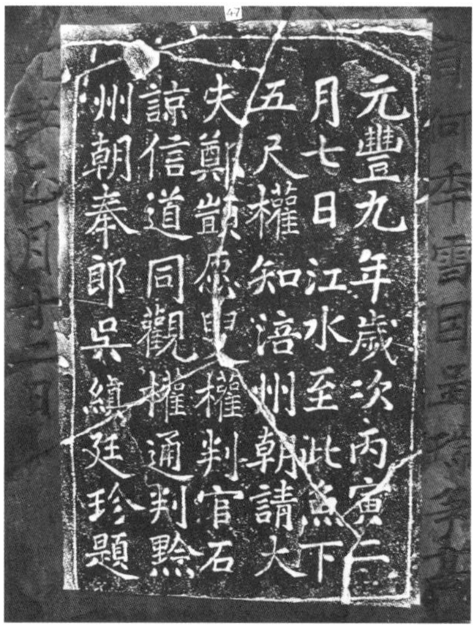

图 11–51　元丰九年吴缜题记拓片

① 刘忠顺，生卒不详，皇祐元年，转运使尚书主客郎中。

② 水丘无逸，皇祐元年尚书屯田员外郎知梁山军。

③ 此题记年代应为元祐元年（1086），元丰只有八年。此时虽然改元，但因涪州路遥，继续使用元丰年号。

④ 吴缜，字廷珍，元丰九年，权通判黔州朝奉郎。小字。

諒信道同觀權通判黔

州朝奉郎吳縝廷珍題

▼ 11.1.48　无名氏题记 1

该题记已大部被毁，故具体尺寸不详。由于剥蚀严重，仅可辨识竖排 4 行，满行 5 字。楷书阴刻（图 11–52）。可辨识内容如下：

西□□□□

右□□□□

奉義郎守□

宣德郎守監

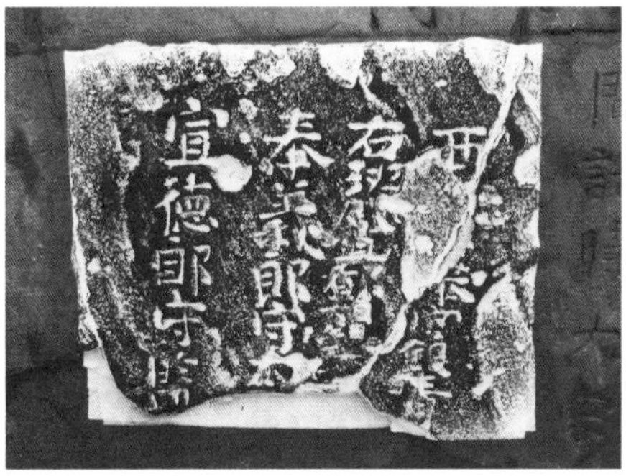

图 11–52　无名氏题记 1 拓片

▼ 11.1.49　淳祐四年王季和①等纪事题记

整幅高 0.90 米、宽 0.55 米，有边框。右至左竖排。楷书阴刻（图 11–53）。全文如下：

山西張侯来鎮。是邦癸卯甲辰魚出者，再邦人皆謂：前所罕見屢書旨識其異。忠南郡幕開漢王季和偕所親張文龍郡齋益昌張申之奉節王建極侍。

太守來觀臘月念肆日也②

图 11–53　淳祐四年王季和等纪事题记拓片

▼ 11.1.50　绍兴戊辰邓子华等题名

整幅高 0.45 米、宽 0.66 米，有边框，右、下侧部分被后期题记叠加而破坏。现存左至右竖排 7 行，满行 3 字。楷书阴刻（图 11–54）。内容如下：

鄧子華

种平叔

趙子經

紹興戊

辰中春

十

來③

图 11–54　绍兴戊辰邓子华等题名拓片

① 王季和，字和父，忠州南宾（今四川石柱土家族自治县）人。淳祐二年为薄尉。

② 后刻有石鱼一尾。

③ 后刻石鱼一尾。

▼ 11.1.51　绍兴年无名氏题石鱼出水看记

整幅高 0.35 米、宽 0.21 米。右至左竖排 3 行。楷书阴刻（图 11–55）。内容如下：

紹興仲春日□□

石魚出水□

看記

图 11–55　绍兴年无名氏题石鱼出水看记拓片

▼ 11.1.52　乾道辛卯卢棠等纪游题记

整幅高 0.93 米、宽 0.65 米。右至左竖排。楷书阴刻（图 11–56）。全文如下：

乾道辛卯元日，攝涪陵古汴盧棠拉學官忠南譚深之、錄参温陵曾，稷酒正汲。陽高昱邑尉漢嘉鄧椿讀唐鄭使君石刻，驗廣德水齊，預為有年喜。

图 11–56　乾道辛卯卢棠等纪游题记拓片

▼ 11.1.53　康熙乙丑萧星拱题重镌双鱼记

整幅高 1.08 米、宽 2.20 米（图 11–57）。内容如下：

分上下两部分。

上部线刻鲤鱼 3 尾。中间一尾模糊不清，应为唐代所刻。清代所刻 石鱼上部有“石鱼”二字。

下部右至左竖排。楷书阴刻。全文如下：

涪江石魚鐫於波底，現則歲豐，数千百年来傳爲

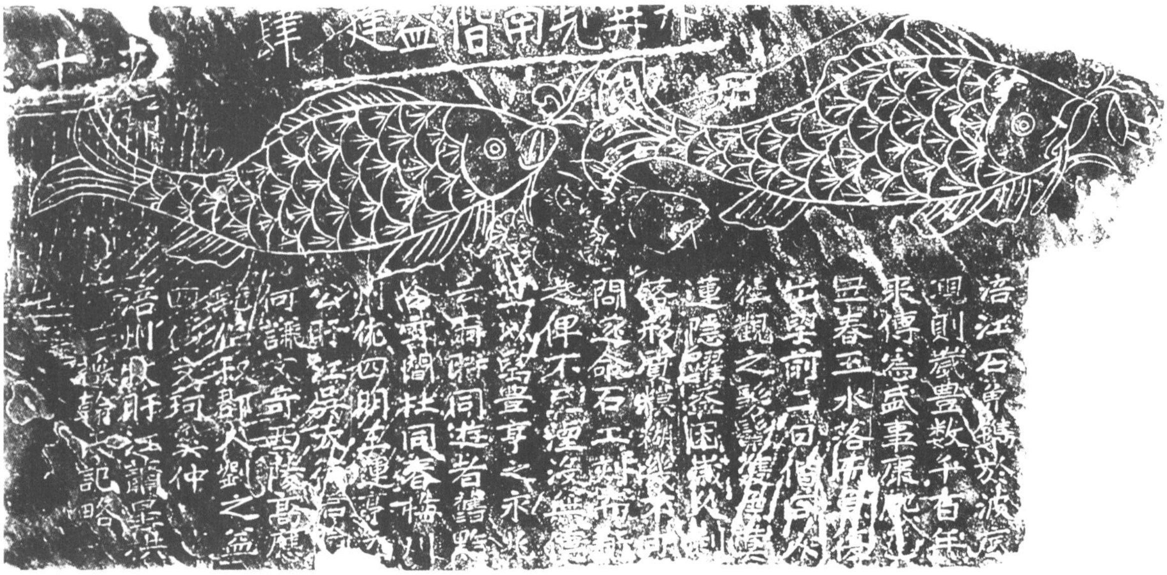

图 11–57　康熙乙丑萧星拱题重镌双鱼记拓片
（引自《长江三峡工程水库水文题刻文物图集》）

盛事。康熙乙丑春王水落而魚復出，望前二日偕同人往觀之，髣髴雙魚萁蓮隱躍，蓋因歲久剝落形質模糊，幾不可問。遂命石工刻而新之，俾不致湮沒。無傳且以望豐亨之永兆云爾。時同遊者舊黔令雲間杜同春、悔川州仇四明、王運亭□公、盱江吳夫□、□□何謙文奇、西陵高應乾侶叔、郡人劉之益、四仙文珂奚仲。

涪州牧盱江蕭星拱□翰工記略

▼ 11.1.54　绍兴庚申张彦中等题名

整幅高 0.25 米、宽 0.75 米。右至左竖排 3 行。楷书阴刻（图 11–58）。内容如下：

濟南張彥中高都王紹沮

紹興庚申仲春十有二日

来觀石魚彥中之子傑億侍行[1]

图 11–58　绍兴庚申张彦中等题名拓片

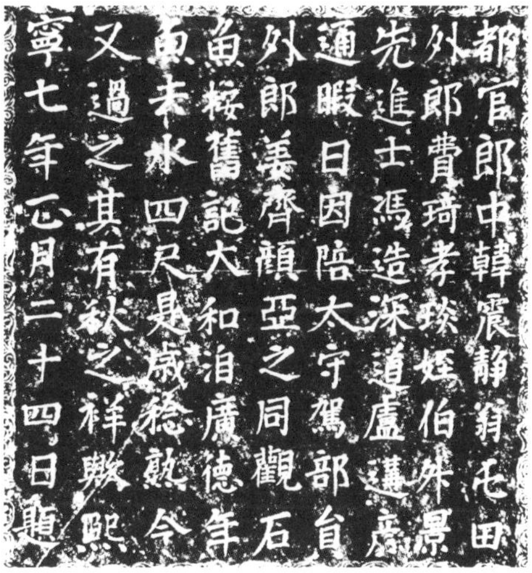

图 11–59　熙宁七年韩震等纪事题记拓片

▼ 11.1.55　熙宁七年韩震[2]等纪事题记

整幅高 1.09 米、宽 1.03 米，右边框，带纹饰。右至左竖排 9 行，每行 10 字。楷书阴刻（图 11–59）。内容如下：

都官郎中韓震靜翁屯田

外郎費琦孝琰姪伯炑[3]景

先進士馮造深道盧遘彥

通暇日因陪太守駕部員

外郎姜齊顏亞之同觀石

魚按舊記大和洎廣德年

魚去水四尺是歲稔熟今

又過之其有秋之祥歟熙

寧七年正月二十四日題

① “彦中之子傑億侍行”8 字略小。

② 韩震，生卒不详，字静翁，熙宁七年任涪陵都官郎中。

③ 今通行字作“叔”。

▼ 11.1.56　绍兴壬子何梦与等题名

整幅高 0.63 米、宽 0.30 米，有边框。左至右竖排 3 行。楷书阴刻（图 11–60）。内容如下：

金沙何夢與泉山

王悳[1]尗[2]紹興壬子

正月四日偕来

▼ 11.1.57　光绪辛巳孙海[3]书“白鹤梁”题记

整幅高 0.47 米、宽 0.97 米，有边框（图 11–61）。内容如下：

右至左横排楷书阴刻“白鹤梁”3 个大字；3 字左侧竖排 2 行楷书阴刻“鹵州孫海題時 / 辛巳初春也”11 个小字。

▼ 11.1.58　乾道丁亥王宏甫[4]题名

整幅高 0.43 米、宽 0.30 米（图 11–62）。右至左竖排 5 行。内容如下：

乾道丁亥

二日合陽王宏

甫来觀石魚孫

男桂老侍行并

書

图 11–60　绍兴壬子河梦与等题名拓片

图 11–61　光绪辛巳孙海书“白鹤梁”题记拓片

图 11–62　乾道丁亥王宏甫题名拓片

① 今通行字作“德”。
② 今通行字作“叔”。
③ 孙海（1849—1911），字云帆，又字云樵。秦州（今甘肃天水）人。进士，宦蜀。
④ 王宏甫，生卒不详。合阳（今山西安泽）人。乾道三年权通判军州事。

图 11–63 无名氏题记 2 拓片

图 11–64 王汉老题名拓片

图 11–65 无名氏题记 3 拓片

▼ 11.1.59 无名氏题记 2

整幅高 0.40 米、宽 0.05 米。竖排。书体不规范。阴刻（图 11–63）。内容如下：

攝都儒縣主簿兼知令尉公事□□□□

▼ 11.1.60 王汉老题名

整幅高 0.63 米、宽 0.10 米。竖排。楷书阴刻（图 11–64）。内容如下：

無諍居士王漢老来觀

▼ 11.1.61 无名氏题记 3

由多款题记组成。排列不规则，加之剥蚀严重。所以题记范围无法明确。可辨文字竖排 2 行，书体不规范（图 11–65）。内容如下：

監察御史武騎尉□□

監察御史武騎尉□□

▼ 11.1.62 开宝四年谢昌瑜纪事题记

该题记左下部残缺，残高 1.42 米、宽 0.90 米。右至左竖排。楷书阴刻（图 11–66）。全文如下：

图 11–66 开宝四年谢昌瑜纪事题记拓片

據左都押衙謝昌瑜等狀申：大河中心石梁上□古記及水際有所鐫石魚兩枚，古記云：唐廣德□春二月歲次甲辰，江水退石魚出見下去水四□，問古老，咸云："江水退石魚見，即年豐稔時。"刺史□州團練使鄭令珪記自唐廣德元年甲辰歲至□開賨四年歲次辛未二月辛卯朔十日丙□餘年今又復見者。覽此申報遂請通判□□□□徒巡檢司徒軍州官□□因命舟楫□□□□□古記實不謬矣。於□美哉！盛事直逢□□□□□□昭代斯乃呈祥有以表……吾皇之聖化遠……記之兼尋具奏……聞記時大宋開……

▼ 11.1.63　宣和乙巳毋丘兼孺等题名

整幅高 0.32 米、宽 0.14 米。竖排 3 行。楷书阴刻（图 11–67）。内容如下：

閬中毌丘兼孺[①] 南榮句惇夫眉山

劉大全孫伯達宣和乙巳正月八日

同来毌丘光宗孫若訥若拙侍行

图 11–67　宣和乙巳毋丘兼孺等题名拓片

▼ 11.1.64　元符庚申黄庭坚题名

整幅高 0.30 米、宽 0.32 米。右至左竖排 3 行，满行 3 字。楷兼行，阴刻（图 11–68）。内容如下：

元符庚

辰涪翁

来

图 11–68　元符庚申黄庭坚题名拓片

▼ 11.1.65　嘉定庚辰曹士中题名

整幅高 0.30 米、宽 0.13 米。左至右竖排 2 行，每行 5 字。楷书阴刻（图 11–69）。内容如下：

嘉定庚辰江

東曹士中觀

▼ 11.1.66　绍兴乙亥张维[②] 等纪事题记

整幅高 0.30 米、宽 0.32 米。右至左竖排 7 行，每行 7 字。楷书阴刻（图 11–70）。内容如下：

前涪陵令張維同

弟縚拉郡人孟彥

凱高永許萬鐘重

游石魚共喜豐年

之兆是日縚搦毫

① 毋丘兼孺，阆中（今四川阆中）人，活动于北宋末期至南宋初期。

② 张维，绍兴中涪陵令，善书。

题石以記歲時紹

興乙亥戊寅丙辰

▼ 11.1.67 绍兴戊辰何宪[1]等倡和诗并序

整幅高 1.48 米、宽 1.68 米，有边框。右至左竖排。楷书阴刻（图 11–71）。全文如下：

□出水三□通□觀因成拙詩一章繕寫拜笑覽知涪州軍州事何憲

何年天匠巧磨龍，巨尾横梁了莫窮，不是江魚時隱見，要知田稼歲凶豐。四霊効瑞非臣力，一水安行屬帝功，職課農桑表勤惰，信傳三十六鱗中。

歲將大稔雙魚出見邦人縱觀，以慰維魚之占也。戊辰正月二十有八日魚出水數尺。知府學士置酒瑞鱗閣邀寘佐以樂之，又蒙出示佳篇以紀其實。辛雖非才輒継嚴韻斐然成章，但深慙悳伏幸采覽。權通判軍州事盛辛[2]

巨浸浮空無路通，雙鱗紀瑞杳難窮，昔人刋石留山□，今日呈祥表歲豐。衆喜有年歌□□，獨慙無補助□□，□知顯晦將十載，往哲摽名歲大中。唐宣宗年号也[3]。

□令王之古謹刻判官龎仔孺書

图 11–69 嘉定庚辰曹士中题名拓片

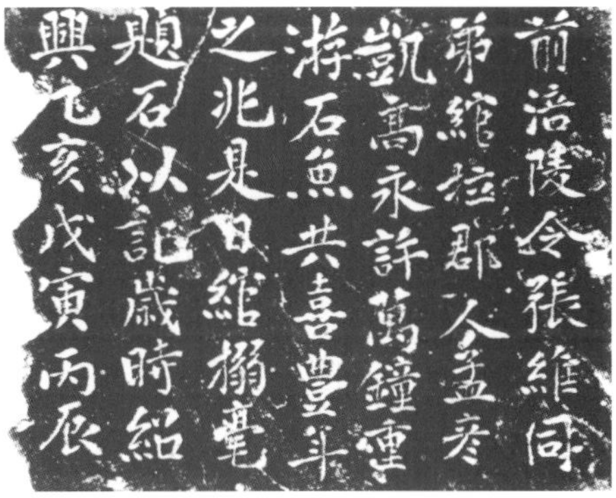

图 11–70 绍兴乙亥张维等纪事题记拓片

图 11–71 绍兴戊辰何宪等倡和诗并序拓片

▼ 11.1.68 绍兴乙亥张维题名

该题记右上部残缺整残高 1.48 米、残宽 1.68 米，有边框。右至左竖排 4 行。楷书阴刻（图 11–72）。内容如下：

□亥人日前

涪陵令張維持國

挈家觀石魚弟綰

① 何宪，绍兴中知涪州军州事。
② 盛辛，绍兴中权通判军州军。
③ 后 6 字为小字。“唐宣宗”“年号也”两行并列。

图 11–72 绍兴乙亥张维题名拓片

图 11–73 绍兴壬子王择仁纪事题记拓片

图 11–74 庆元戊午徐嘉言纪游题记拓片

處權謹題

▼ 1.11.69 绍兴壬子王择仁[①] 纪事题记

整幅高 1.48 米、宽 1.68 米，有边框。右至左竖排。楷书阴刻（图 11–73）。全文如下：

紹興壬子開歲十有四日，涪陵郡守平陽王擇仁，智甫招雲臺奉祠夷門李敏、能成之、郡丞開封李寘元、輔太平散吏東萊蔡□元道過飲公堂，酒罷再集江□泛舟中流登石梁觀瑞魚，古□邦人以見魚爲有年之兆。惟□□善政民已懷之桑麥之歌，□□載道是以隱於數年而見。□□□故惇喜為之記。

▼ 11.1.70 庆元戊午徐嘉言[②] 纪游题记

整幅高 1.48 米、宽 1.68 米，有边框。右至左竖排。楷书阴刻（图 11–74）。全文如下：

慶元戊午中和，節屬吏從尉史君送別新憲使劉開國運臺臨按自小荔園旋觀石魚，歷覽前賢留刻，蓋自唐迄今五百餘載，郡人每以魚之出兆年之豐事。既有驗於古可以卜今歲之稔無疑也。涪陵宰臨汝馮愉端和置酒與僚友更賀從容半日盡興而返。同遊者八人。前郡掾蘄春張慶延元、祚郡從事穎昌王邦基、廷堅□□文學掾龜陵申駒致、遠□守漢嘉瞿常明、孺縣佐汶江彭楠國、材征官上邽左延慶椿。

是郡文學掾南郡徐嘉言公美識。

▼ 11.1.71 淳祐癸卯张霁纪游题记

整幅高 1.35 米、宽 1.00 米，有边框。右至左竖排。楷书阴刻（图 11–75）。全文如下：

石魚報稔之瑞曠歲罕見。淳祐癸卯冬水落而魚復出，既又三白呈祥年豐可占。郡太守山西張霽明父率同寮來觀。通判開封李拱辰居中，教授古通王櫃鈞卿、判官古黔鄧季寅東叔、錄□長沙趙萬

① 王择仁（1099—1170），字智甫，平阳（今山西临汾）人，建炎三年，己酉进士。绍兴二年为涪守。

② 徐嘉言，字公美。南郡（今湖北公安）人，庆元四年任涪州文学掾。

春伯壽、司理鳳集孫澤潤之、司户□□ 趙與礽仲器、監酒潼川李震發子筆、□安□應午子、西監稅、資中張應有嗣行、涪陵縣令武信趙廣僖公[1]叔、主簿合陽李因夏卿尉、合陽馮申龍季英、忠州南賓簿尉開漢王季和和父節幹成都周儀可、義父節属益昌張申之，西卿郡齋奉節王建極 中可與焉。時嘉平既望謹識。

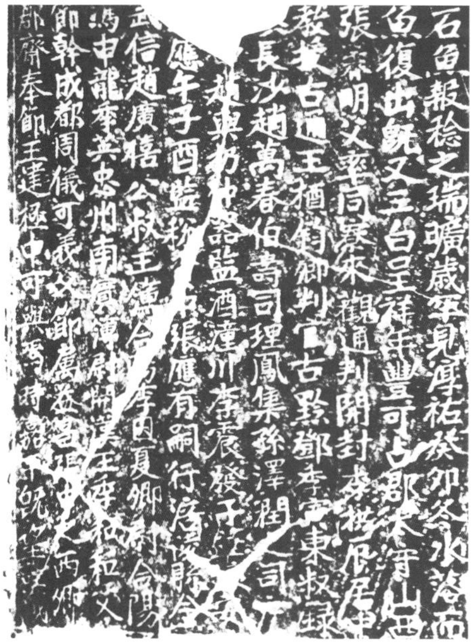
图 11–75　淳祐癸卯张霁纪游题记拓片

▼ 11.1.72　刘公亨[2]等题名

据 2001 年调查，该款题记已毁，所以具体尺寸不详。根据历史资料（图 11–76），内容如下：

共 2 款。

1. 位于右侧。右至左竖排 3 行。楷书阴刻。内容如下：

建炎

劉公亨孫伯達

史時傑周受卿

2. 位于左侧。右至左竖排 3 行。楷书阴刻。内容如下：

□從事馮□君錫監征王

伯起督郵高槩秉節涪

陵令黄……

图 11–76　刘公亨等题名拓片（引自《长江三峡工程水库水文题刻文物图集》）

图 11–77　乙卯人日傅春题名拓片

▼ 11.1.73　乙卯人日傅春题名

整幅高 0.46 米、宽 0.20 米。竖排。楷书阴刻（图 11–77）。内容如下：

1. 上部右至左横排，楷书阴刻“乙卯人日”4 字；

2. 下部竖排，楷书阴刻“傅春出遊此”5 字。

▼ 11.1.74　正德庚午黄寿题五言律诗

整幅高 0.65 米、宽 0.42 米，有边框。右至左竖排。楷书阴刻（图 11–78）。全文如下：

時乎鸞鳳見，石沒亦是豐，時乎鴟鴞見，石出亦是凶。豐凶良有自，奚関水石蹤，節用愛人心，胡為有不同。

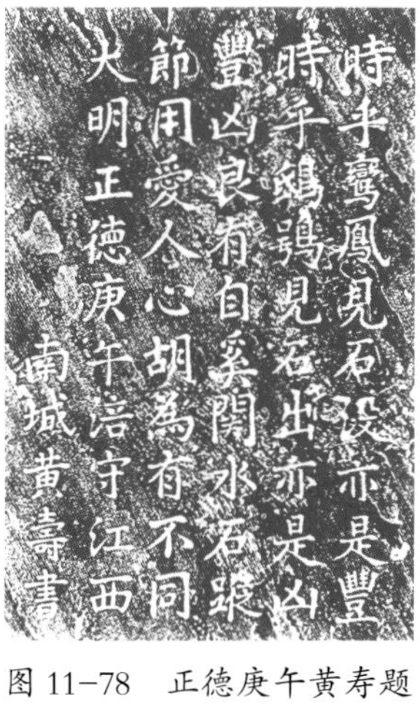
图 11–78　正德庚午黄寿题五言律诗拓片

① 赵广僖，字公叔，武信人。淳祐三年涪陵县令。
② 刘蒙，生卒不详，字公亨，唐安（今四川崇庆）人，宣和末年进士。

大明正德庚午涪守江西南城黃壽書

▼ 11.1.75　元祐癸酉姚珏[1]等题名

整幅高 0.46 米、宽 0.20 米。右至左竖排 7 行，满行 8 字。楷书阴刻（图 11–79）。内容如下：

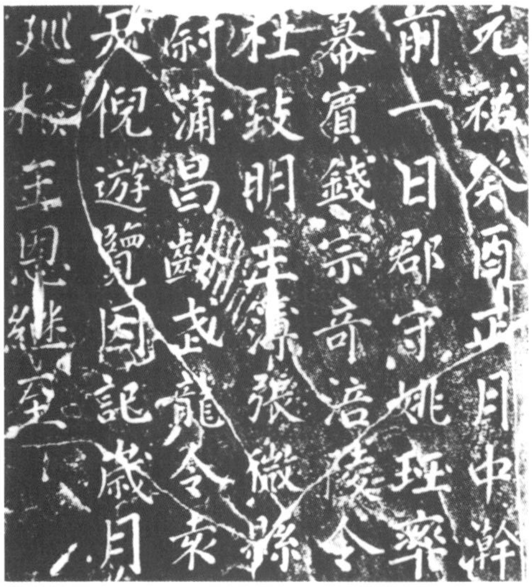

图 11–79　元祐癸酉姚珏等题名拓片

元祐癸酉正月中澣

前一日郡守姚珏率

幕賔錢宗奇涪陵令

杜致明主簿張微縣

尉蒲昌齡武龍令袁

天倪遊覽因記歲月

巡檢王恩繼至

▼ 11.1.76　大观二年庞恭孙[2]纪事题记

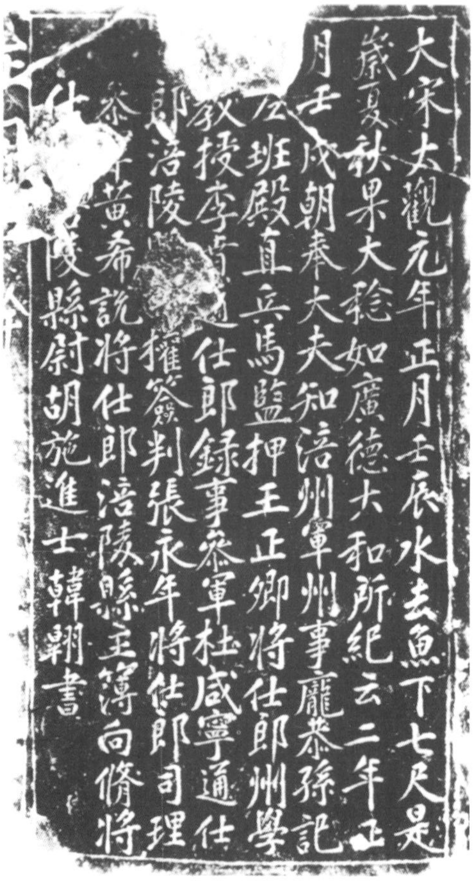

图 11–80　大观元年庞恭孙纪事题记拓片

整幅高 0.65 米、宽 0.42 米，有边框。右至左竖排。楷书阴刻（图 11–80）。全文如下：

大宋大觀元年正月壬辰，水去魚下七尺。是歲夏秋果大稔，如廣德大和所紀云。二年正月壬戌朝奉大夫知涪州軍州事龎恭孫記。左班殿直兵馬監押王正卿、將仕郎州學教授李賁通、仕郎錄事參軍杜咸寧、通仕郎涪陵縣令權簽判張永年、將仕 郎司理參軍黃希說、將仕郎涪陵縣主簿向脩、將仕郎涪陵縣尉胡施，進士韓翺書。

▼ 11.1.77　绍兴甲子李景孠[3]等题名

整幅高 0.63 米、宽 0.69 米。左至右竖排 5 行，每行 5 字。楷书阴刻（图 11–81）。内容如下：

图 11–81　绍兴甲子李景孠等题名拓片

紹興甲子春

正月晦魚全

出李景孠鄧

褒趙子登載

① 姚珏，生卒不详，元祐八年（1093）知涪州太守事。

② 庞恭孙，主要活动于北宋末南宋初，字德孺，官施州通判，擢知涪州。

③ 今通行字作“嗣”。李瞻，字景嗣。河南开封人。绍兴五年知涪守。

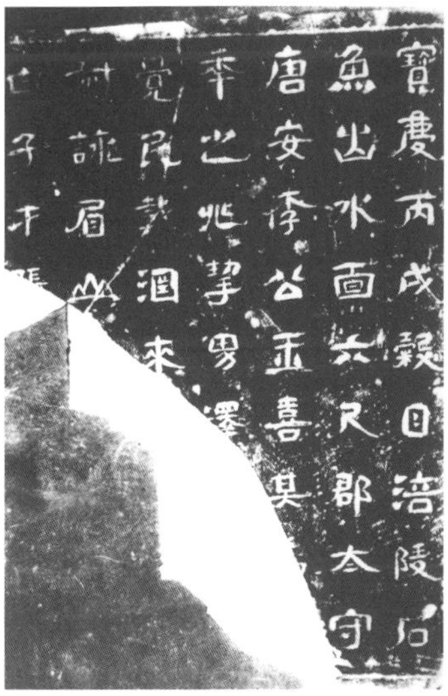

图 11-82　宝庆丙戌李公玉喜纪游题记拓片

图 11-83　宝庆二年李瑞书“瑞鳞古迹”并跋题记拓片

图 11-84　淳熙己亥朱永裔纪事题记拓片

来冉彬與焉

▼ 11.1.78　宝庆丙戌李公玉纪游题记

该题记左下部分残缺。残高 1.06 米、残宽 0.75 米，有边框。右至左竖排。隶书阴刻（图 11-82）。全文如下：

寶慶丙戌穀日涪陵石魚出水面六尺，郡太守唐安李公玉喜其為□季之兆。挈男澤□□□覺民載酒來□□□□叔 詠眉山□□□□□白子才張……

▼ 11.1.79　宝庆二年李瑞[1]书“瑞鳞古迹”并跋题记

整幅高 0.90 米、宽 0.96 米，有边框，右至左竖排。楷书阴刻（图 11-83）。全文如下：

瑞鱗古跡[2]

郡守李瑞公玉，新潼川守秦季槱宏父、郡糾曹椽何昌宗季文、季槱之子九韶道“古瑞之子澤民志可同来遊石魚”。閲八年，不出今方瞭然，大為豐年之祥。此不可不書。寶慶二年正月十二日涪州太守

▼ 11.1.80　淳熙己亥朱永裔[3]纪事题记

整幅高 1.20 米、宽 0.78 米。右至左竖排。楷书阴刻（图 11-84）。全文如下：

詩人以夢魚為豐年之祥，非比非興，蓋物理有感通者。涪郡石魚出而有年驗若符契。此歲頻見，年示婁豐。今春出水幾四尺，乃以人日躬率仝寮教官相臺李衎、郡幕七閩曾稷、秋官武信胥、挺武龍簿東、平劉甲來觀，知今歲之復稔也。因識其喜云：“是歲淳熙己亥。”假守閬中朱永裔書

① 李瑞（1186—1247），字公玉。唐安（今崇庆市），宝庆二年知涪州。
② 此 4 字略大。
③ 朱永裔，阆中（今四川阆中）人。淳熙七年州守。

▼ 11.1.81　李元钱等题名

整幅高 0.60 米、宽 0.55 米。右至左竖排 5 行。书体不规范，阴刻（图 11-85）。内容如下：

勛都

縣令□□□□

李元錢□

文人許□□□

李□六□□□

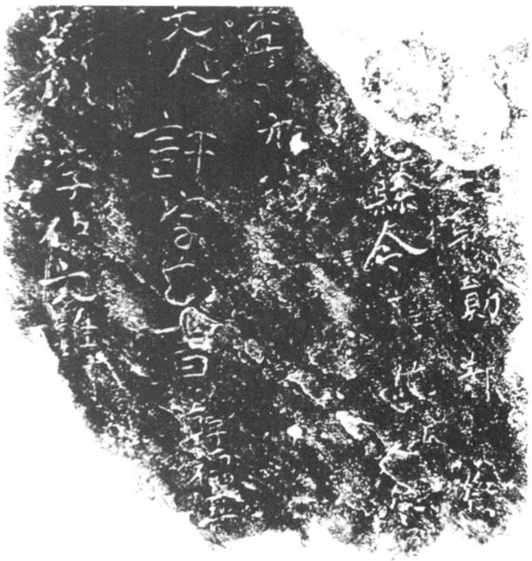

图 11-85　李元钱等题名拓片

▼ 11.1.82　杨名时等题预兆丰年七言律诗并和

整幅高 1.14 米、宽 1.80 米，有边框。阴刻（图 11-86）。内容如下：

该题记共分上下两部分。

1. 上部右至左横排楷书阴刻“預兆年豐”4 字。

2. 下部右至左竖排 19 行。楷书阴刻。内容如下：

約賦石魚江上鐫

伊人佳句比青蓮

留形遠垂建炎代

多誌由攷淳祐年

潛見何心関運會

人材有意賛今先

民依可念愁魴尾

題石故願刺史賢

涪庠士徐上昇

同兄上□上朝和

江有魚兮石上鐫

浪生鱗甲擁為蓮

鑑湖不遊□魚笛

白鶴將鳴和有年

在藻興歌時已遠

臨淵難羨□□先

風流刺史懸魚節

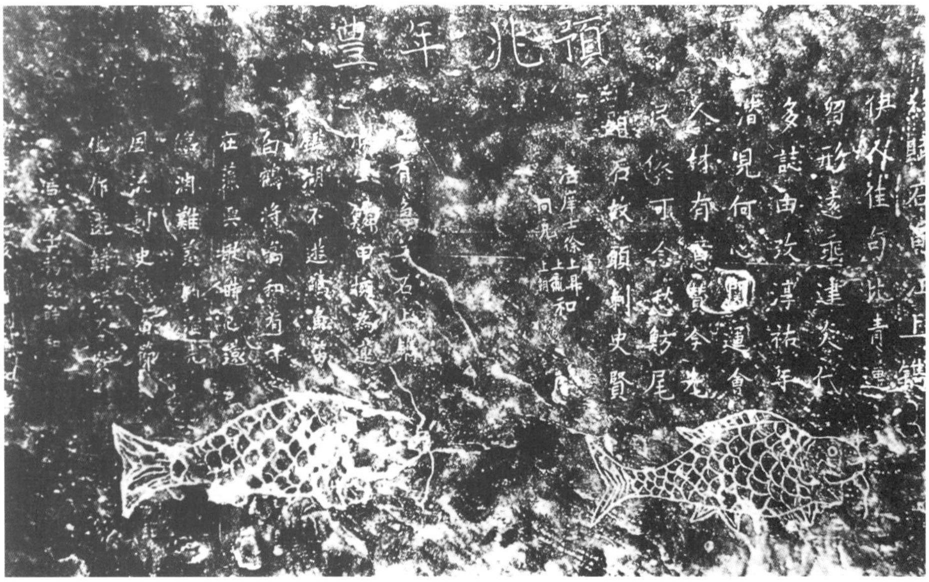

图 11-86　杨名时等题预兆丰年七言律诗并和拓片

化作遊鱗頌今賢

涪庠士楊名時和 ①

▼ 11.1.83 天顺三年戴良□题七言律诗

现场编号 84。整幅高 0.50 米、宽 1.04 米。右至左竖排。楷书阴刻（图 11-87）。全文如下：

祥魚出水羡豐年，踪跡規模萬載傳，何代遺形留石上，至今詩詠滿江邊。行商来往停舟觀，節使迥廻駐馬鐫，予輩幸臨觀詠後，靈鰲准擬化龍天。

聖天順三年仲春月吉旦

重慶府陰陽學正術

戴良□題

涪陵良工肖鼎鐫

仝舍人范守正傅□川□遊

图 11-87 天顺三年戴良□题七言律诗拓片

▼ 11.1.84 天历己巳王正纪事题记

现场编号 85。整幅高 0.75 米、宽 0.40 米。右至左竖排 5 行。楷书阴刻（图 11-88）。内容如下：

皇元天曆己巳春水去魚下二尺

歲大熟庚午復去五尺

監郡宣侯爰及同僚洎邦

人士游慶記耳

王正上元日題

▼ 11.1.85 宝庆丙戌无名氏水位题记

现场编号 86。整幅高 0.80 米、宽 0.16 米。竖排。隶书阴刻（图 11-89）。内容如下：

寳慶丙戌水齊△

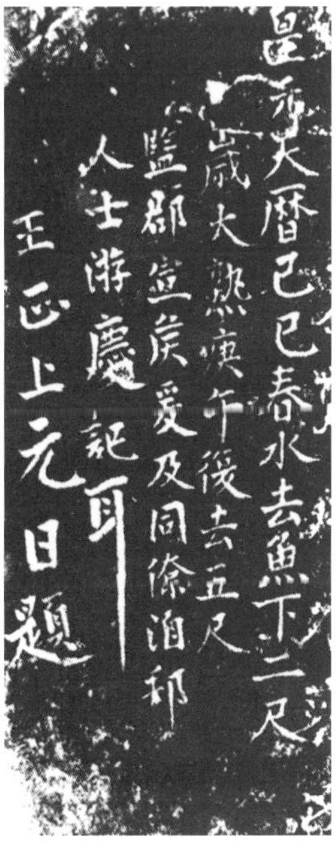

图 11-88 天历己巳王正纪事题记拓片

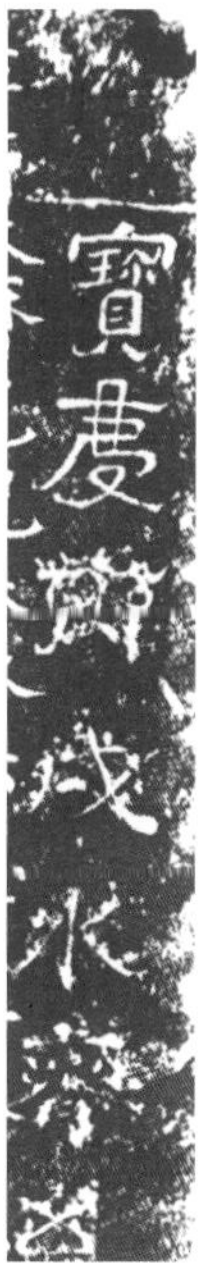

图 11-89 宝庆丙戌无名氏水位题记拓片

① 后刻鲤鱼 2 尾。

▼ 11.1.86　熙宁七年无名氏水位题记

现场编号 87。整幅高 0.68 米、宽 0.48 米。竖排 2 行。楷书阴刻（图 11–90）。内容如下：

熙寧七年

水齊至此

图 11–90　熙宁七年无名氏水位题记拓片

▼ 11.1.87　永乐三年雷穀纪事题记

现场编号 88。整幅高 0.80 米、宽 0.68 米。竖排。楷书阴刻（图 11–91）。全文如下：

予知是州視篆初，有告曰：江心有石魚枰斗，出則年豐。是歲甲申水□，率寮属以□觀。得覩者，魚而□枰斗猶漬之水。時果稔輸用足。乙酉仲春二日同僚友徵仕郎陳子仲致、中從仕郎荀仕能復覽，魚去水五尺枰斗不見如□。時朝使江右晏孟瑄、洎州學正古邵歐陽士麟、訓導西陵易巽、義陵張致和、古郜成禮同遊，生員萬□□侍奉，訓大夫涪陵守古邕雷穀[①]運通誌。

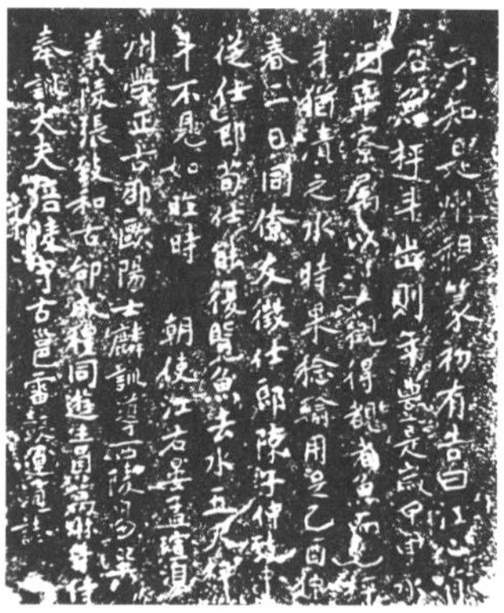

图 11–91　永乐三年雷穀运纪事题记拓片

▼ 11.1.88　李从义题名

现场编号 89。整幅高 0.27 米、宽 0.18 米。书体不规范，竖排阴刻（图 11–92）。内容如下：

涪陵驛丞李従義

▼ 11.1.89　宝祐戊午何震午等纪游题记

现场编号 90。整幅高 0.92 米、宽 0.80 米。右至左竖排。楷兼行，阴刻（图 11–93）。全文如下：

寳祐戊午正月戊寅，軍事判官昌元何震午、季明知、樂温縣燕國趙興珞、思復糾曺宕渠袁逢龍、清甫理掾古渝杜夢午、南卿文安王垓子經、汴陽向大源清夫觀石魚之兆豐，拂涪翁之遺跡亦一時勝遊也。濡筆以書。

图 10–92　李从义题名拓片

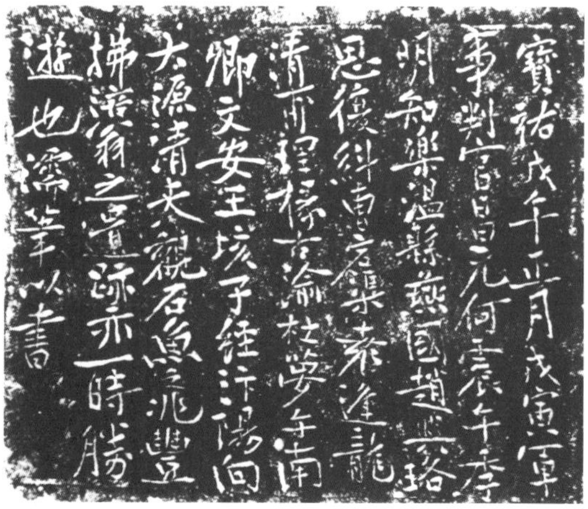

图 10–93　宝祐戊午何震午等纪游题记拓片

▼ 11.1.90　绍兴丁巳贾思诚等题名

现场编号 91。整幅高 0.43 米、宽 1.10 米。

① 雷穀，字运通，古邕（今广西邕宁区）人。明永乐二年摄涪守。

右至左竖排 11 行，满行 5 字。楷书阴刻（图 11–94）。内容如下：

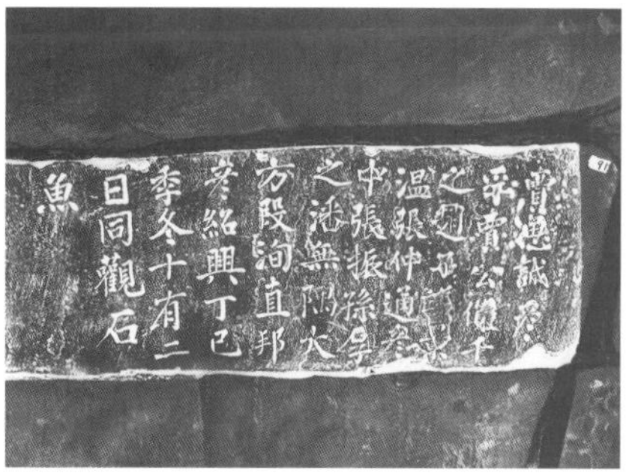

图 11–94 绍兴丁巳贾思诚等题名拓片

賈思誠彥

孚賈公傑千

之趙子□景

温張仲通彥

中張振孫厚

之潘無隅大

方段洵直邦

彥紹興丁巳

季冬十有二

日同觀石

魚

▼ 11.1.91 淳祐庚戌赵汝廩[①]题七言律诗

现场编号 92。整幅高 0.85 米、宽 0.84 米，有边框。右至左竖排。楷书阴刻（图11–95）。全文如下：

图 11–95 淳祐庚戌赵汝廩题七言律诗拓片

淳祐庚戌正月八日，郡守開封趙汝廩觀石魚賦五十六言：預喜金穰驗石鱗，未能免俗且怡神，曉行鯨背占前夢，瑞紀龜陵[②]知幾春。拂石已無題字處，觀魚皆是願豐人，片雲不爲催詩黑，欲雨知予志在民。

▼ 11.1.92 无名氏题联句诗

现场编号 93。整幅高 0.43 米、宽 1.10 米。右至左竖排。可辨识 5 行。楷书阴刻，剥蚀严重（图 11–96）。可辨内容如下：

图 11–96 无名氏题联句诗拓片

……翦息……

日偕遊者四人人日……

石……會……

出見魚鱗文儀傳説年豐歲景□□是

是江于春漲□□應知天意活吾民

▼ 11.1.93 绍兴壬子种慎思纪游题记

现场编号 94。该题记右上角残缺。整幅高 0.70 米、宽 0.40 米，

① 赵汝廩（1215—1276），河南开封人。进士。淳祐七年任涪陵郡守。

② 此处“龜陵”指涪陵龟陵城。

有边框。右至左竖排 8 行。楷书阴刻（图 11–97）。内容如下：

□□劉意彥至豹林种□□

□□皆以職事趨郡遇故人

□西李尚義宜仲還自固陵

□法平叔来自南賓相率挐

舟載酒遊北巖及觀石魚竟

日忘歸客懷頓釋殊不知簿官

飄零江山之牢落也紹興壬

子年春初六日慎思題

图 11–97　绍兴壬子种慎思纪游题记拓片

▼ 11.1.94　光绪辛巳谢彬[1]书“中流砥柱”题记

现场编号 95。整幅高 1.25 米、宽 0.45 米，有边框（图 11–98）。内容如下：

中间竖排，行书阴刻“中流砥柱”4 个大字；4 字左右各有题款。右侧竖排楷兼行，阴刻“辛巳二月花朝後三日”9 字；左侧竖排楷兼行，阴刻“邑人謝彬書”5 字。

▼ 11.1.95　绍兴丙子盛芹[2]等题名

现场编号 96。整幅高 0.68 米、宽 0.66 米，有边框。右至左竖排 5 行，满行 6 字。楷书阴刻（图 11–99）。内容如下：

盛芹率張适游

□張遜同来子

□德公孝胄□

宗侍歲丙子上

元後二日

▼ 11.1.96　姚昌遇等题名

现场编号 97。整幅高 0.68 米、宽 0.66 米，有边框。右至左竖排 3 行。楷书阴刻（图11–100）。内容如下：

吳興姚昌遇

彭城錢好問偕□

親觀故跡

图 11–98　光绪辛巳谢彬书“中流砥柱”题记拓片

图 11–99　绍兴丙子盛芹等题名拓片

图 11–100　姚昌遇等题名拓片

① 谢彬，涪州（今涪陵）人。光绪丙子科举人。

② 盛芹，字景献，襄阳（今湖北襄阳）人。绍兴二十六年为涪州郡守。

▼ 11.1.97 成化辛卯王□抄写石鱼文字题记

现场编号 98。整幅高 0.68 米、宽 0.66 米，有边框，边框整体呈歇山建筑侧立面形态，上部线刻有屋面。右至左竖排 4 行。楷书阴刻（图 11–101）。内容如下：

图 11–101 成化辛卯王□抄写石鱼文字题记拓片

成化辛卯二月望日

涪州太守□公遣

差吏□本仁王□

抄寫古文詩記

▼ 11.1.98 正德五年张献等联句和黄寿诗并跋

现场编号 99。整幅高 0.90 米、宽 0.55 米，有边框。右至左竖排。楷兼行，阴刻（图 11–102）。全文如下：

图 11–102 正德五年张献等联句和黄寿诗并跋拓片

魚出不節用，張獻[1]。年豐難為豐，刘用良[2]。魚沒知節用，文行[3]。年凶未必凶，文羽夏[4]。造化存乎人，蔣建辰[5]。豐凶豈無蹤，刘晏[6]。神官儉且廉，吳崇夔[7]。小子心當同，張儒臣[8]。

黃公學博六經，尤精於書，登京榜。筮仕判黃州以異政擢為涪守。尚儉革弊，朞年而六事孔修。庚午元日渡江拜伊川先生祠，舟還次江心觀石魚留題。盖以歲之豐歉不關於石魚之出沒，惟係于國用之儉奢。其輔相天道收束人心之美意，不其茂哉！時獻等侍行，庸是續貂相誓。□□亦宙崇黃公之儉德而不敢倡豐亨□大之說也。

公名壽，字純仁，號松崖，江右南城人。朝暮焚香危坐凡百念慮動虜而事□符應世因號為神官云。

▼ 11.1.99 康熙甲子张天如题名

现场编号 100。整幅高 0.90 米、宽 0.55 米，有边框。

① 此二字略小。
② 此三字略小。刘用良，正德丁卯科举人。
③ 此二字略小。
④ 此三字略小。
⑤ 此三字略小。
⑥ 此二字略小。
⑦ 此三字略小。
⑧ 此三字略小。

右至左竖排 3 行，满行 10 字。楷书阴刻（图 11–103）。内容如下：

清康熙甲子履端後五日

郡人明德張天如敬鐫双

魚為誌

▼ 11.1.100　绍兴丙辰宋艾等题名

现场编号 101。该题记上部 及左下部均已残缺。残高 1.04 米、残宽 0.64 米，右侧可见边框，带纹饰。右至左竖排残存 4 行。楷书阴刻（图 11–104）。内容如下：

宋艾邢純劉□李

□王冠朝□宋

□興丙辰正□

五日来

▼ 11.1.101　嘉祐二年刘仲立[1]等题名

现场编号 102。整幅高 1.25 米、宽 0.78 米，有边框，带纹饰。右至左竖排 5 行，剥蚀严重。楷书阴刻（图 11–105）。内容如下：

民掾劉仲立正臣憲

图 11–103　康熙甲子张天如题名拓片

图 11–104　绍兴丙辰宋艾等题名拓片

图 11–105　嘉祐二年刘仲立等题名拓片

① 刘仲立，字正臣。活动于宋天禧至熙宁年间，嘉祐元年为郡民掾。

图 11-106　崇宁元年朱仲隐题记拓片

劉煥仲章涪陵宰

□良輔嘉祐二年仲

春游□謹誌

□授徐爽□之監鐫[1]

▼ 11.1.102　崇宁元年朱仲隐题记

现场编号 103。整幅高 0.68 米、宽 0.75 米。左至右竖排 7 行。楷书阴刻（图 11-106）。内容如下：

崇寧元年正月廿四日

同雲安符直夫[2]臨江

□□深之来觀

□□相朱公留題襄

□□之四世孫仲隱

□□孫羲叟敬書

□致□侍行

图 11-107　联名诗拓片

▼ 11.1.103　联名诗

现场编号 104。整幅高 0.22 米、宽 0.37 米。剥蚀严重，可辨识竖排 4 行。楷书阴刻（图 11-107）。可辨识内容（右至左）如下：

江上石魚鐫□□馬遊戲水中蓮湯

楊鬚沐……鼓鬣報豊年楊……

廣德詩云古徐清□韻己元張……

□民……力……郡□□黄馬琦湯文仲

图 11-108　绍兴乙卯蔡兴宗等题名拓片

▼ 11.1.104　绍兴乙卯蔡兴宗等题名

现场编号 105。整幅高 0.79 米、宽 0.70 米。右至左竖排 4 行，满行 6 字。楷书阴刻（图 11-108）。内容如下：

蔡興宗耿宗弼

張宗憲紹興乙

卯正月十九日

同觀石魚

① 此行字略小。

② 符直夫，生卒不详，字正中，云安（今四川云阳县）人，崇宁元年为涪陵令。

▼ 11.1.105　绍兴壬子赵子遹[1]等题《观石鱼题名》

现场编号 106。整幅高 0.79 米、宽 0.70 米（图 11–109）。内容如下：

1. 上部右至左横排。篆书阴刻“觀石魚題名”。

2. 下部右至左竖排 8 行。楷书阴刻。内容如下：

趙子遹述道崔煒叔

明閻璟國華李去病

仲霍李宗賢師德陳

革子正王俶德初虞

中立和甫王駿德先

鄧奇穎伯董天成常

道紹興壬子正月三

日同游

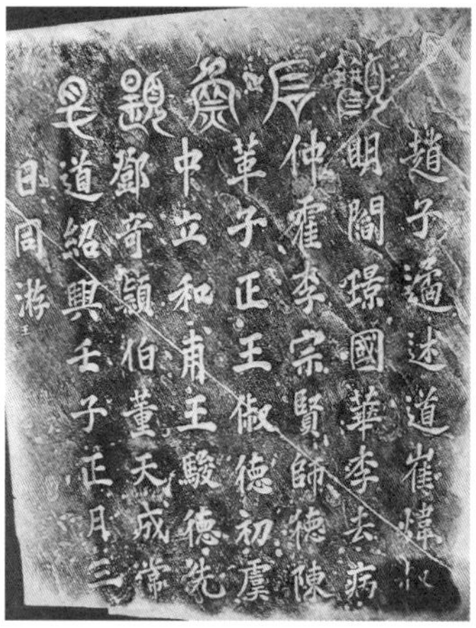

图 11–109　绍兴壬子赵子遹等题《观石鱼题名》拓片

▼ 11.1.106　乾隆十六年罗克昌[2]题七言律诗三首并跋

现场编号 107。整幅高 0.70 米、宽 1.35 米，有边框。右至左竖排。楷书阴刻（图 11–110）。全文如下：

古涪江心卧石梁，□上鑿魚魚徜徉，豈是王餘留半面，非同沙内曳紅裳。三十六鱗形質全，聞說在昔唐人鐫，鐫石成魚魚賴水，胡為失水□有年。嗚呼！噫嘻知之矣，紀聞紀見俱至理，白魚入舟周載祥，聖

图 11–110　乾隆十六年罗克昌题七言律诗三首并跋拓片

① 赵子遹，字述道。建炎二年进士。燕王赵德昭五世孙，官至忠训郎。

② 罗克昌，珠湖（今江西鄱阳）人。康熙年间第进士，乾隆初年官涪州刺史。

嗣鍾靈獨□鯉。講堂鸛雀集三鱣，公卿象服說非俚，太人占之曰維豐，比事更與瑞鱗通。獨繭苣鉤強不起，石文潛現悉天工，我來涪陵魚常出，歲歲倉箱盈百室。今茲休暇復徃觀，魚高水 面空□窟，額手稱慶告農夫，及時舉耔莫荒蕪。聖朝仁愛天心見，人事承庥切自圖，主伯亞旅勤胼胝，三時不懈凍餒無。純孝裂冰双鯉躍，類推集祉在中乎，我將去矣無多囑，願尔群黎共惇篤。作善降祥魚效靈，江石千年兆人足。

乾隆十六年歲次辛未二月初四日前涪州刺史珠湖羅克昌題

命子元定書

▼ 11.1.107　己未郡人题记

现场编号 108。整幅高 0.76 米、宽 0.70 米。剥蚀严重，可辨识竖排 8 行。书体不规范，阴刻（图 11–111）。可辨识内容（右至左）如下：

歲戊戌年□魚出淵

□□□□實維豊年

□□□壬正月□□

日郡人記□是□果

□稔明年□再到後

昔時十者三日水

已□□□己未正月

十□□書

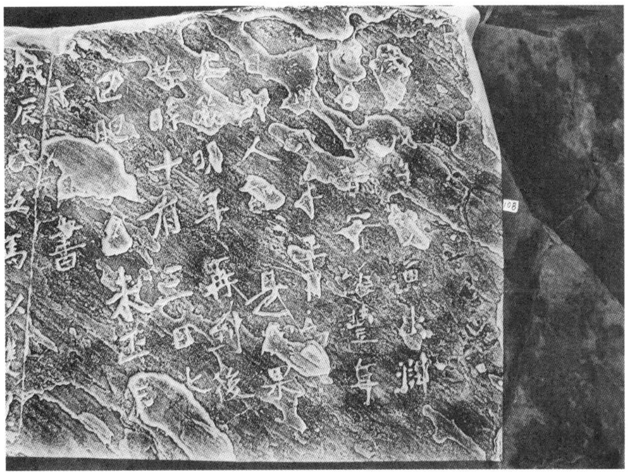

图 11–111　己未郡人题记拓片

▼ 11.1.108　绍兴十八年五马[1]纪事题记

现场编号 109。整幅高 0.85 米、宽 0.76 米，有边框。右至左竖排 10 行。楷书阴刻（图 11–112）。内容如下：

戊辰春五馬以雙魚

出水率郡寮同觀邦

人杜與可[2]楊彥廣蒲

德載董夢臣继至因

思王仲淹時和歲豐

通受其賜之語固知

燮理陰陽秉均當軸

图 11–112　绍兴十八年五马纪事题记拓片

① 古称太守为“五马”。《汉官仪》：“司马载车，此常礼也。太守出则增一马，故称五马。”

② 杜建，字与可，涪州（今四川涪陵）人。绍兴十八年为郡僚佐。

者優爲之矣乃刻石

以紀歲月焉紹興十

有八年仲春望日

▼ 11.1.109　古泉题七言绝句

据 2001、2002 年调查，该款题记已毁，经查历史资料，整幅高 0.38 米、宽 0.63 米。右至左竖排 5 行。楷书阴刻（图 11–113）。内容如下：

仝遊

多少前人佳句□

無非雅頌石魚蹤

何知瑞在藻蓮□

□按紋鱗六□□

古泉□

图 11–113　古泉题七言绝句拓片
（引自《长江三峡工程水库水文题刻文物图集》）

▼ 11.1.110　高联题七言绝句

现场编号 111。整幅高 0.29 米、宽 0.34 米。右至左竖排 6 行。楷兼隶，阴刻（图 11–114）。内容如下：

誰把遊龍江上鐫

為霖為雨兆豐年

總看何日金睛點

騰踏雲霓潤大

千涪高聯題

父高□桂

图 11–114　高联题七言绝句拓片

▼ 11.1.111　张拱题七言绝句

现场编号 112。整幅高 0.37 米、宽 0.27 米。右至左竖排 6 行。书体不规范，阴刻（图 11–115）。内容如下：

石鯉呈祥出水中

老天有意報時豐

雖然造化先消息

还自黄侯燮理功

張拱

官石匠吳仲一[①]

① 此行字略大。

图 11–115 张拱题七言绝句拓片

图 11–116 天启七年刘道等题《七叟胜游》题记拓片

▼ 11.1.112 天启七年刘道等题《七叟胜游》题记

现场编号 113。整幅 高 0.36 米、宽 0.84 米。右至左竖排（图 11–116）。楷书阴刻。内容如下：

1. 右侧右至左竖排 2 行，楷书阴刻“七叟勝遊”4 字。

2. “七叟勝遊”左侧右至左竖排 9 行，内容如下：

劉道曾彥田

劉昌祚陳文煒

夏河洲羅瑛

俱郡人時

年近期頤

大明天啟七年

丁卯上元

之吉①

百歲翁②

▼ 11.1.113 乾隆乙未无名氏题七言律诗

现场编号 114。整幅 高 0.38 米、宽 0.56 米。右至左竖排 9 行。书体不规范，阴刻（图 11–117）。内容如下：

□□□□□□□

① 此行后刻“錢夢通向雲程”小字。

② 此行为小字。

图 11-117　乾隆乙未无名氏题七言律诗拓片

图 11-118　洪武二十一年黄思诚纪事题记拓片

判出神魚□歲□

浮見同呈□載鐫

藻蓮双□□□□

鱗紋八□分□□

□□三寸各□□

多少哲賢□□筆

□□□□不常逢

乾隆乙未上元

▼ 11.1.114　洪武二十一年黄思诚[①]纪事等题记

现场编号 115。整幅高 0.73 米、宽 0.68 米。竖排阴刻。剥蚀严重（图 11-118）。内容如下：

该题记可分三部分。

1. 左侧左至右竖排。小字楷书阴刻。可辨识内容如下：

公事□涪學正黄公思誠語□州之□江有□石有魚與□斗……人皆□題記□□夢遊……索予□遂成四句而夢……日即……黄公公亦奇之……乃命……公……

2. 中间左至右竖排 3 行。大字楷书阴刻。可辨识内容如下：

維□□□廼山之

勒銘民

安清

① 黄思诚，生卒不详，明洪武十七年学正。

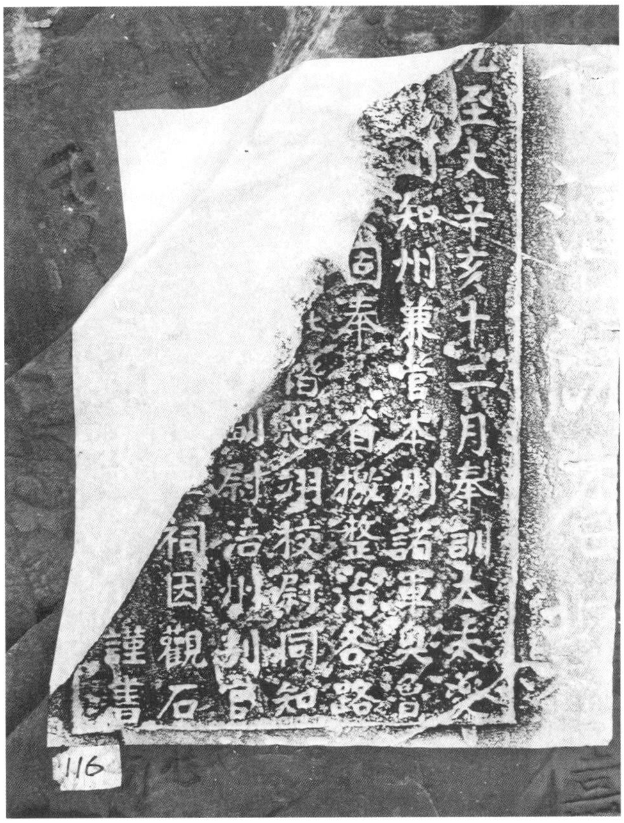

图 11–119 至大辛亥聂文焕纪事题记拓片（现状）

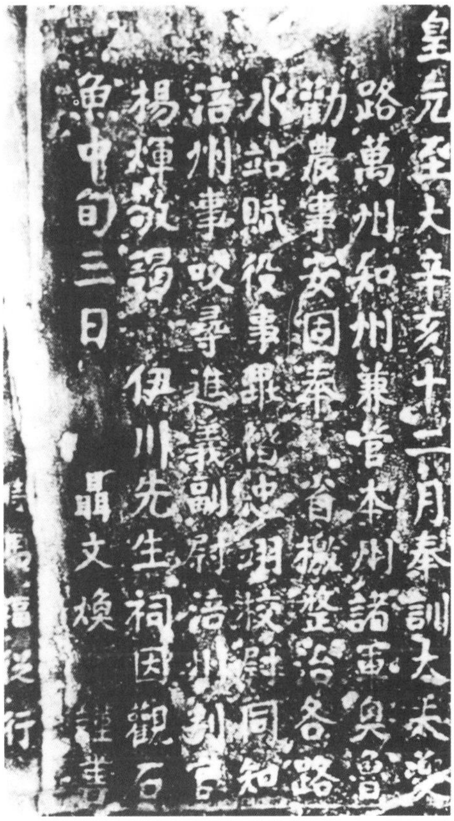

图 11–120 至大辛亥聂文焕纪事题记拓片（引自《长江三峡工程水库水文题刻文物图集》）

3. 右侧左至右竖排。小字楷书阴刻“洪武二十一年正”

▼ 11.1.115 至大辛亥聂文焕纪事题记

现场编号 116。左上大部缺失。残高 0.74 米，残宽 0.41 米，有边框。可见右至左竖排 7 行。楷书阴刻（图 11–119）。内容如下：

元至大辛亥十二月奉訓大夫夔

萬州知州兼管本州諸軍奥魯①

安固奉省檄整治各路

畢偕忠翊校尉同知

副尉涪州判官

祠因觀石

謹書

经查历史资料（图 11–120）内容如下：

皇元至大辛亥十二月奉訓大夫夔

① 奥鲁，生卒不详，至大三年任奉训大夫夔路万州兼管本州诸军。

路萬州知州兼管本州諸軍奥魯

勸農事安固奉省檄整治各路

水站賦役事畢偕忠翊校尉同知

涪州事咬尋進義副尉涪州判官

楊煇敬謁伊川先生祠因觀石

魚中旬三日聶文煥謹書

▼ 11.1.116　端拱元年朱昂[1]题五言律诗并序

现场编号 117。整幅高 1.58 米、宽 1.80 米。右至左竖排。楷兼隶，阴刻（图 11–121）。全文如下：

涪州江心有巨石，隱于深淵，石傍刻二魚。古記云：魚出歲必大豐。端拱元年十二月十有四日，昂自瞿塘迴遵途于此，知□瑯琊王公□云：石魚再出来，歲復稔。昂往而觀之，果如所說因歌。

聖德輙成一章

朝請大夫行尚書□部員外郎峽路諸州水陸計度轉運使柱國朱昂上

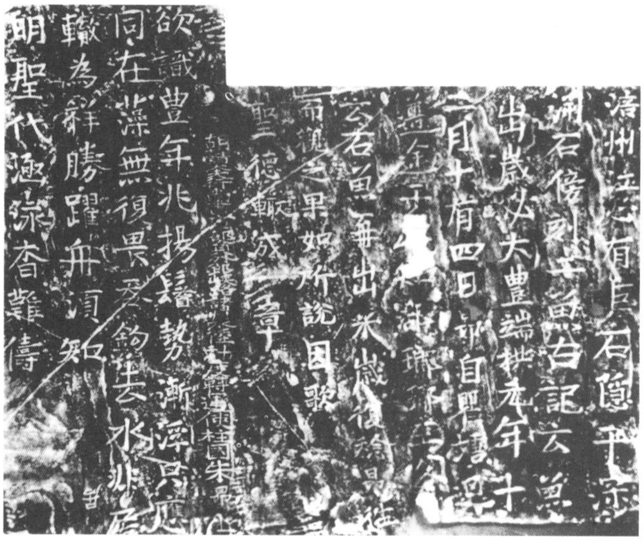

图 11–121　端拱元年朱昂题五言律诗并序拓片

欲識豐年兆，揚鬐勢漸浮，只應同在藻，無復畏吞鈎。去水非居轍，為祥勝躍舟，須知明聖代，涵泳杳難儔。

▼ 11.1.117　元丰乙丑郑颢纪游题记

现场编号 118。整幅高 0.61 米、宽 0.45 米，有边框，上部刻有纹饰。下部已剥落残缺。左至右竖排 6 行。楷书阴刻（图 11–122）。内容如下：

知郡事鄭顗愿叟

遊石梁觀□故内

相朱公石□□元

豐乙丑正月□□

日題男知□□□

知常知榮侍□□

图 11–122　元丰乙丑郑颢纪游题记

① 朱昂，字举之，号正裕，先世漾陂（今陕西鄠县）人，少好读书，有“小万卷”之称。开宝年间，朝奉郎权知涪州军州事。著有《资理论》等。

▼ 11.1.118　政和二年蒲蒙亨① 等纪游题记

现场编号 119。整幅高 0.77 米、宽 0.40 米。右至左竖排 4 行，每行 7—8 字。楷书阴刻（图 11-123）。内容如下：

政和二年正月二十

三日司理蒲蒙亨

率涪陵令周禧尉

牟天成同觀石魚

图 11-123　政和二年蒲蒙亨等纪游题记拓片

▼ 11.1.119　洪武十七年刘冲霄② 等题七言绝句并序

现场编号 120。整幅高 1.03 米、宽 0.61 米，有边框。右至左竖排。楷书阴刻（图 11-124）。全文如下：

旹大明洪武十有七年歲在甲子正月人日，奉訓大夫涪州知州劉冲霄、承務郎涪州同知李希尹、從仕郎涪州判官范莊、吏目顔亮、學正黄思誠、訓導張敬先、驛丞王青因水落石魚呈瑞，遊觀，遂書于石，以紀一時之盛事云。

詩曰：石魚見處便豐年，自我居官亦有緣，願得從今常獻瑞，四民樂業永安然。

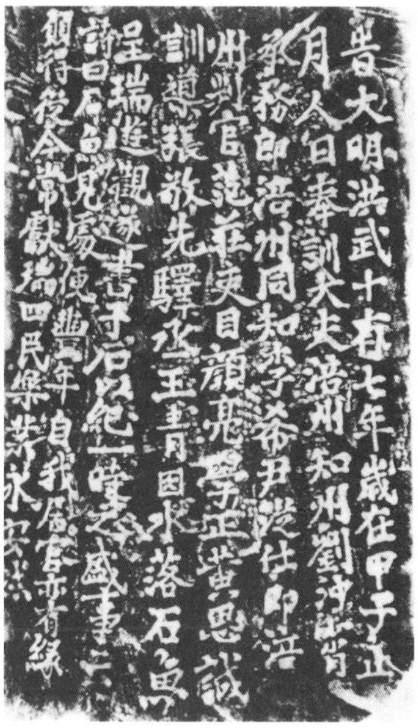

图 11-124　洪武十七年刘冲霄等题七言绝句并序拓片

▼ 11.1.120　乾道三年向之问纪游题记

现场编号 121。整幅高 0.77 米、宽 0.40 米。右下部已剥落残缺，中间被人为破坏，现存右至左竖排 6 行，满行 7 字。楷书阴刻（图 11-125）。内容如下：

乾……

一日□……

□舡来觀……

弟□□□向之問

書弟之望之□之

□□□向□捧硯

图 11-125　乾道三年向之问纪游题记拓片（现状）

① 蒲蒙亨，字彦开，阆中（今四川阆中）人，政和二年为涪州司理。

② 刘冲霄，生卒年不详，明洪武十七年奉训大夫知涪州。

经查历史资料（图 11–126）内容如下：

乾道三年立春後

一日□子八九人

□舡来觀□光堂

弟□□□向之問

書弟之望□□之

□□□向□捧硯

图 11–126　乾道三年向之问纪游题记拓片（引自《长江三峡工程水库水文题刻文物图集》）

▼ 11.1.121　乾道三年贾振文等纪游题记

现场编号 122。整幅高 0.80 米、宽 0.37 米，有边框。现存右至左竖排 4 行，满行 10 字。楷书阴刻（图 11–127）。内容如下：

乾道三年人日賈振文率

□和叔李從周孫養正庚

端卿張□卿来觀姪德象

甥向仲卿侍行

图 11–127　乾道三年贾振文等纪游题记拓片

▼ 1.11.122　熙宁元年徐庄[①]等题名

现场编号 123。整幅高 1.33 米、宽 1.29 米，有边框。右至左竖排 11 行。篆书阴刻（图 11–128）。内容如下：

大宋熙寧元年正

月二十日軍事判

官徐莊同巡檢供

奉王安民監稅殿

直王令岐知樂溫

縣鍾浚涪陵縣令

趙君儀司理參軍

李襲觀石魚題名

涪陵尉鄭階平書

二石魚在江心石梁上古記云

出水四尺歲必大稔袁能刻[②]

图 11–128　熙宁元年徐庄等题名拓片

① 徐庄，生卒不详，熙宁元年为涪州军事判官。

② 后两行为小字。

▼ 11.1.123　康熙十一年王士祯[①]题七言绝句

图 11–129　康熙十一年王士祯题七言绝句拓片

现场编号 124。整幅高 0.93 米、宽 0.43 米。右至左竖排。楷书阴刻（图 11–129）。全文如下：

康熙十一年典試四川鄉試户部郎中王士禎題

涪陵水落見雙魚，北望鄉園萬里餘，三十六鱗空自好，乘潮不寄一封書。

後學陳廷璠[②]書

▼ 11.1.124　熙宁甲寅黄觉[③]等纪游题记

图 11–130　熙宁甲寅黄觉等纪游题记拓片

现场编号 125。整幅高 0.85 米、宽 0.71 米。右至左竖排 7 行，每行 7—8 字。楷书阴刻（图 11–130）。内容如下：

夔州奉節縣令權

幕通川黄覺莘老

户掾平原李緩公

敏掌獄鄴都梁鈞

佐衮臣熙寧甲寅

孟春二十九日泛輕

舟同觀石魚于此

▼ 11.1.125　绍兴庚申潘居实等纪游题记

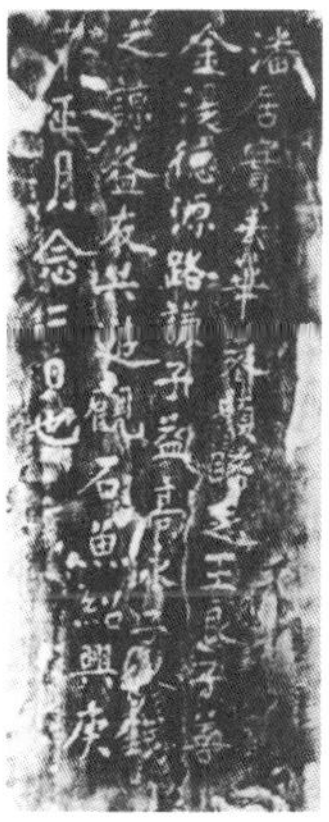

图 11–131　绍兴庚申潘居实等纪游题记拓片

现场编号 126。整幅高 1.30 米、宽 0.50 米。右至左竖排 4 行，满行 13 字。楷书阴刻（图 11–131）。内容如下：

潘居實去華袁顔睹之王良子善

金湜德源路謙子益高永子修錢

之諒益友共遊觀石魚紹興庚

申正月念三日也

▼ 11.1.126　元祐六年杨嘉言[④]等纪事题记

现场编号 127。整幅高 1.13 米、宽 0.96 米。右至左竖排 8 行。楷书阴刻（图 11–132）。内容如下：

---

① 王士祯，（1643—1711），诗人，原名王士禛。死后为避雍正帝讳，改称士正，乾隆时，诏命改称士祯，字子真，一字贻上，号阮亭，又号渔阳山人。新城（今山东桓台）人。顺治进士，累官至刑中尚书。康熙帝尝征其诗，录三百篇，题曰《御览集》。

② 陈廷璠，（1747—1829），字理存，号六斋。四川涪州（今涪陵）人。乾隆四十五年庚子举人。曾将四川蚕豆运往广西种植，民称此豆为“陈公豆”。著有《学制拙工录》。

③ 黄觉，字莘老，通州（今四川达州）人。治平进士，熙宁七年夔州奉节县令，权幕通州市。

④ 杨嘉言，字令绪，活动于宋皇祐至宣和年间，元祐五年（1090）知涪州军州事。

聖宋元祐六年辛

望日聞江水既下因率

判官錢宗奇子美涪陵縣

史詮點師主簿張微明仲

縣尉蒲昌齡壽朋至是觀

唐廣德魚刻并大和題紀

朝奉郎知軍州事楊嘉言

令緒題

图 11–132　元祐六年杨嘉言等纪事题记拓片

▼ 11.1.127　绍兴甲子杜肇[①]等题名

现场编号 128。整幅高 0.97 米、宽 0.73 米。右至左竖排 5 行，每行 7 字。楷书阴刻（图 11–133）。内容如下：

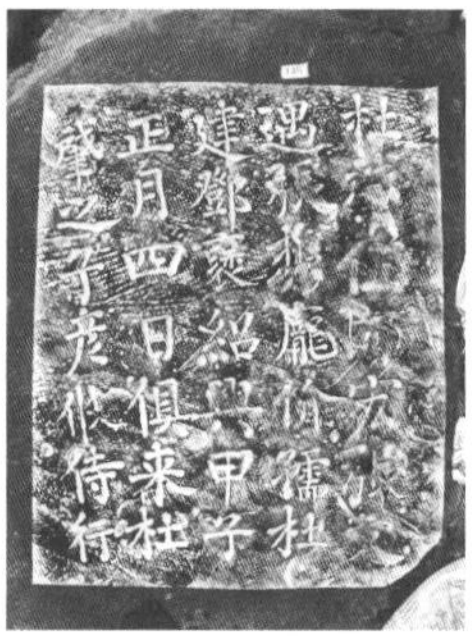

图 11–133　绍兴甲子杜肇等题名拓片

杜肇任□宏張文

遇張□龐价孺杜

建鄧褒紹興甲子

正月四日俱来杜

肇之子彦攸侍行

▼ 11.1.128　嘉定戊辰禄几复[②]等题名

现场编号 129。整幅高 0.96 米、宽 0.83 米，有边框。右至左竖排 6 行，每行 7—8 字。楷兼行，阴 刻（图 11–134）。内容如下：

图 11–134　嘉定戊辰禄几复等题名拓片

判官禄幾復兵官王

世昌趙善暇知錄郝

烜縣令楊灼司理孫

震之司户李國緯主

簿何旿縣尉鄧林

歲戊辰上元同来

▼ 11.1.129　开禧戊辰贾涣纪事题记

现场编号 130。整幅高 0.96 米、宽 0.83 米，有边框，右至左竖排 5 行。楷兼行，阴刻（图 11–135）。内容如下：

澶渊賈涣仝姪衍之徽之男翼之

① 杜肇，生卒不详。绍兴二十六年太守。

② 禄几复，威州（四川理县）人。嘉定年间判官。

姪婿□知□春□等来觀石魚

录先人州判留題遊迹雖未目

靓□□□可意窺以江痕当

□故也時戊辰開禧元宵前

▼ 11.1.130　绍兴二年贾公哲等题名

现场编号 131。整幅高 1.03 米、宽 0.94 米。右至左竖排 6 行。楷书阴刻（图 11–136）。内容如下：

图 11–135　开禧戊辰贾涣纪事题记拓片

图 11–136　绍兴二年贾公哲等题名拓片

大宋紹興二年

十二月望賈公

哲曲安祖李去

病田孝孫杜伯

恭蔡興宗張稷

張宗憲觀石魚

▼ 11.1.131　康熙丙戌董维祺[1]纪事题记

现场编号 132。整幅高 1.30 米、宽 0.93 米，有边框（图 11–137）。内容如下：

共分上下 2 部分。

1. 上部右侧右至左竖排 4 行，每行 8 字。楷兼行，阴刻。内容如下：

溯清流而漱甲砥洪

波以安瀾旋因止水

佧為依山留卜豐年

之兆待作化龍之觀

左侧右至左竖排 4 行。楷兼行，阴刻有跋文。跋文如下：

皇清康熙丙戌春壬七日江心石魚報出，土人云：“見則歲稔。”余因偕僚友徃[2]觀并勒銘以誌其兆云。内閣纂修實錄涪刺史千山董維祺題[3]

2. 下部刻石鱼一尾。

图 11–137　康熙丙戌董维祺纪事题记拓片

▼ 11.1.132　江应晓[4]题七言律诗

现场编号 133。整幅高 0.88 米、宽 1.10 米。右至左竖排，楷

① 董维祺（1671—1739），辽宁千山（今鞍山）人。满族。自康熙四十三年起，任涪州知州 12 年。

② 今通行字作“往”。

③ 后刻石鱼一尾。

④ 江应晓，字觉卿，新安（今安徽歙县）人。嘉靖年间为涪州判官。

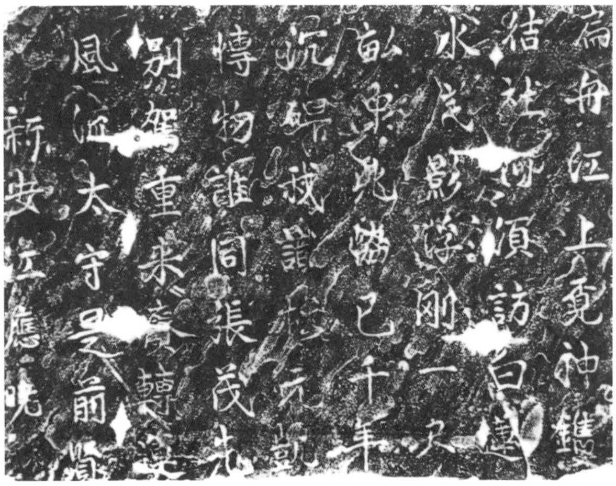

图 11–138　江应晓题七言律诗拓片

图 11–139　金国祥题七言律诗拓片

书阴刻（图 11–138）。全文如下：

扁舟江上覔神鐫，結社何須訪白蓮。水底影浮刚一尺，畒中兆協已千年。沉碑我識杜元凱，博物誰同張茂先。別駕重来賡轉運，風流太守是前賢。新安江應曉

▼ 11.1.133　金国祥[①] 题七言律诗

现场编号 134。整幅高 0.80 米、宽 1.10 米。右至左竖排，楷书阴刻（图 11–139）。全文如下：

江石之魚何代鐫，江頭之石擁青蓮。呈奇偏遇上元節，題句因書淳祐年。来去豈為簑笠引，浮沉不作黿鼉先。今人漫續古人詠，他日還傳此日賢。新安金國祥

▼ 11.1.134　淳祐戊申邓刚[②] 等纪事题记

现场编号 135。整幅高 1.22 米、宽 0.50 米。右至左竖排，楷书阴刻（图 11–140）。全文如下：

图 11–140　淳祐戊申邓刚等纪事题记拓片

大宋淳祐戊申正月，石魚呈祥。郡守廬陵鄧剛季中率通判江陽何行、可元達同觀望日謹誌

▼ 11.1.135　万历己丑罗奎题诗序

现场编号 136。整幅高 0.68 米、宽 0.80 米。右至左竖排 7 行。楷书阴刻（图 11–141）。内容如下：

萬暦己丑上元後

一日予偕江金三

別駕往觀石魚

图 11–141　万历己丑罗奎题诗序拓片

① 金国祥，新安（安徽歙县）人。生卒不详。

② 邓刚，生卒不详。字季中，庐陵（今江西吉安）人。淳祐七年知涪州。

图 11–142 万历己丑罗奎题七言律诗拓片

图 11–143 绍兴庚申张宗忞等题名拓片

讀宋淳祐中劉

太守同蹇別駕

賡劉轉運詩因

步韻以紀事云

▼ 11.1.136 罗奎题七言律诗

现场编号 137。整幅高 0.63 米、宽 1.38 米。右至左竖排，楷 书阴刻（图 11–142）。全文如下：

神魚翠壁托奇鐫，不落池塘豈傍蓮，春雨漲江飜洰浪，晴波浮石兆豐年。漁人把釣空垂餌，太史占祥慶有先，惟願此中相继見，公餘同詠附前賢。惠陽羅奎

▼ 11.1.137 绍兴庚申张宗忞等题名

现场编号 138。整幅高 0.68 米、宽 0.80 米。右至左竖排 6 行，楷书阴刻（图 11–143）。内容如下：

汝南張宗忞長

安种彥琦東平

姚邦榮邦浮石

城林玠琮古雍

程覺紹興庚申

二月癸丑来觀

▼ 11.1.138 巡检南阳公等题记

现场编号 139。位于一独立的孤石上。形状不规则。书体不规范，阴刻（图 11–144）。内容如下：共 3 款。

1. 位于右侧，右至左竖排 2 行。内容如下：

□巡檢南陽公

中流石梁上古記

2. 位于中间，竖排。内容如下：

往觀焉見古記石魚

3. 位于左侧，竖排。内容如下

来呈於豐歳錦

图 11-144 巡检南阳公等题记拓片

▼ 11.1.139 民国丁丑文德铭题七言绝句并序

现场编号 140。整幅高 1.10 米、宽 0.50 米，有边框。右至左竖排，隶书阴刻（图 11-145）。全文如下：

民國丁丑仲春偕弟德修、德祿、德禧遊白鶴梁觀石魚。

雙魚石出兆豐穰，弟後兄先叙雁行，白鶴不知何處去，長江依舊水泱泱。

文德銘題劉冕階書

▼ 11.1.140 刘冕階[1] 作白鹤时鸣图

现场编号 141。整幅高 0.95 米、宽 0.46 米，有边框（图 11-146）。内容如下：

以大写意手法线画阴刻白鹤 1 只。单腿直立，呈展翅欲飞状。图形左侧竖排，隶书阴刻“白鶴時鳴劉冕階作”8 字。

▼ 11.1.141 民国丁丑刘镜源[2] 题七言律诗

现场编号 142。整幅高 0.82 米、宽 0.44 米，有边框。右至左竖排，行书阴刻（图 11-147）。全文如下：

白鶴梁中白鶴遊，窗龍飛去幾千秋，衹今皓月還相照，終古長江自在流。铁櫃崚嶒樵子路，鑑湖欸乃漁人舟，升沉世事何須問，把酒臨風一醉休。民國丁丑大悔劉鏡源題

图 11-145 民国丁丑文德铭题七言绝句并序拓片

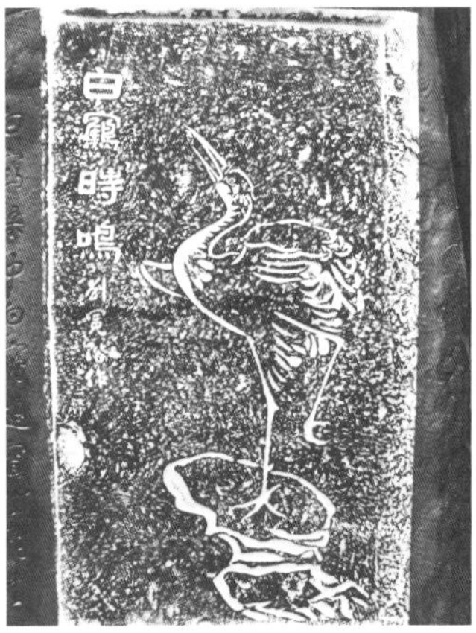

图 11-146 刘冕階作白鹤时鸣图拓片

图 11-147 民国丁丑刘镜源题七言律诗拓片

① 刘冕阶（1884—1961），字明锐，别号天台山人。涪陵（今重庆涪陵区）人。

② 刘镜源（1879—1941），字大悔。涪陵县（今重庆涪陵区）人。

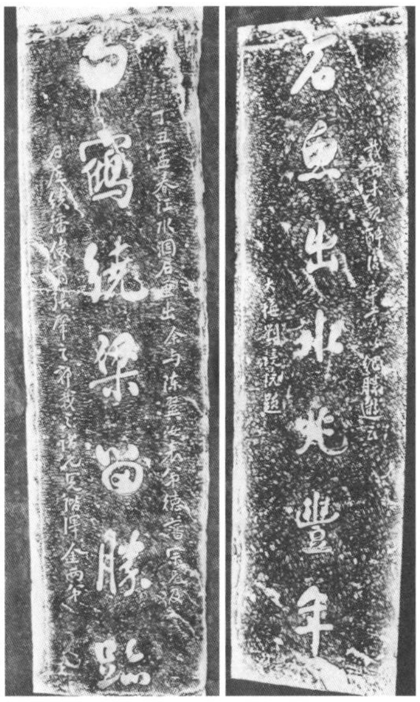

图 11–148 民国丁丑刘镜源书“石鱼出水兆丰年，白鹤绕梁留胜迹”楹联题记拓片

图 11–149 光绪二年许丽生作送子观音图拓片

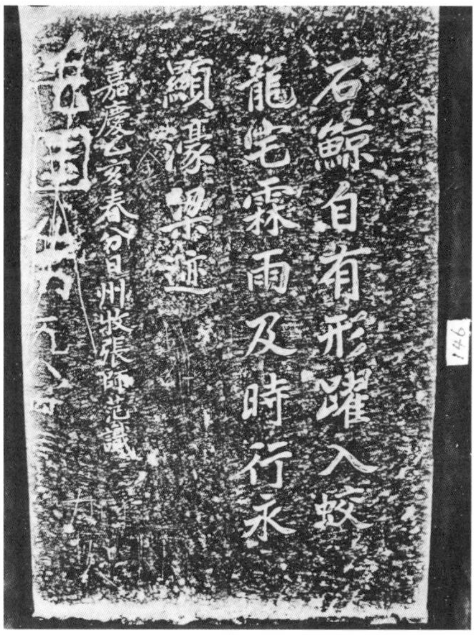

图 11–150 嘉庆乙亥张师范题五言绝句拓片

▼ 11.1.142 民国丁丑刘镜源书“石鱼出水兆丰年，白鹤绕梁留胜迹”楹联题记

现场编号 143。整幅高 1.00 米、宽 0.95 米，有边框（图 11–148）。内容如下：

1. 上联竖排，行书阴刻“石魚出水兆豐年”7 个大字；7 字右侧竖排，行书阴刻“载酒来觀醉後率勝遊云”；左侧行书阴刻“大悔劉鏡源題”。

2. 下联竖排，行书阴刻“白鶴繞梁留勝跡”7 个大字；7 字右侧竖排，行书阴刻“丁丑孟春江水涸石鱼出余与陈翼汝表弟德藩宗兄及”；左侧行书阴刻“石庶绩潘□□張擎之郭载之諸兄冕階澤金两弟”。

▼ 11.1.143 光绪二年许丽牛作送子观音图

现场编号 144。整幅高 0.34 米、宽 0.23 米，有边框（图 11–149）。内容如下：

单线阴刻观音坐像一。观音怀中抱一男童，男童手握莲花。图形左侧竖排，隶书阴刻“大清光緒二年杭州許丽生敬摹”13 字。

▼ 11.1.144 嘉庆乙亥张师范[①] 题五言绝句

现场编号 146。整幅高 0.60 米、宽 0.35 米，有边框。右至左竖排，楷书阴刻（图 11–150）。全文如下：

石鯨自有形，躍入蛟龍宅，霖雨及時行，永顯濠梁迹。嘉慶乙亥春分日州牧張師范識

▼ 11.1.145 民国二十六年何耀萱题《白鹤梁记》

现场编号 147。整幅高 0.54 米、宽 1.61 米，有边框。右至左竖排，隶书阴刻（图 11–151）。全文如下：

① 张师范（1780—1866），阳湖（今江苏武进）人。嘉庆十六年知涪州太守，兴办义学，深得民心。

白鶴梁記

民國廿六年三月雨澤稀少，河流枯落，洎[1]鹵。鑑湖中有石梁橫亙[2]，古鑿有兩石魚於其上。相傳水涸魚出，出則歲豐。公餘之暇偕曾海清、劉昇榮、王和欣、譚佑甫、蔣慎修、周國鈞、周哲生、劉靜禪諸君，命舟渡梁眺覽。□周果見魚出。竊思涪陵亢旱四載於茲，民不聊生，哀鴻遍野。今天心仁愛示兆於石，斯亦吾民之大幸也。海清命余為記并勒諸石。邑人何耀萱記方伯旻書

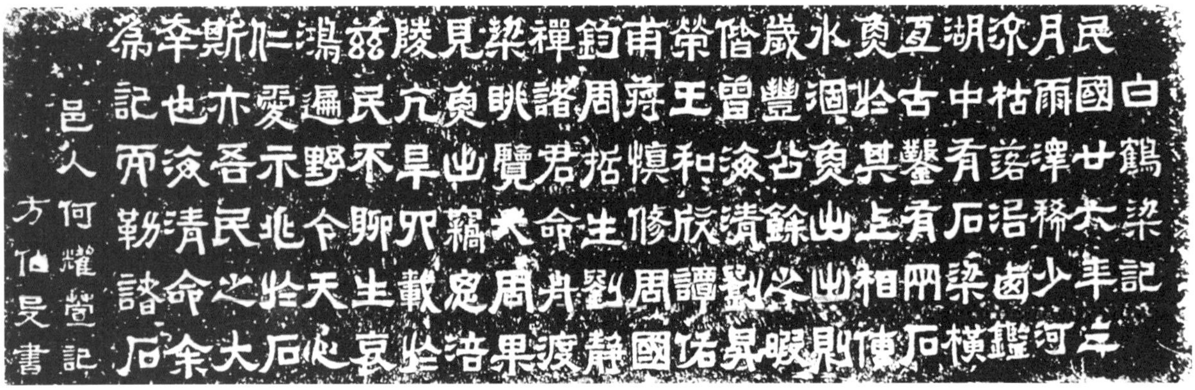

图 11-151　民国二十六年何耀萱题《白鹤梁记》拓片

▼ 11.1.146　光绪七年濮文升[3]纪游题记

现场编号 148。整幅高 1.00 米、宽 1.53 米，有边框。右至左竖排，隶书阴刻（图 11-152）。全文如下：

咸豐癸丑，先大夫琅圃公来治涪州。文昇與兄文暹、弟文昶、文曦侍三載于茲，頗窮蒐訪，獨以未覩石魚為憾，同治辛未文昇復承之。是州自時厥後凡三至焉，江山雲物皆若有情，然終莫見斯石也。今年春水涸魚出，因偕諸友流覽其上，□酒之暇，餘興未已，爰叙顛末以誌不忘。同游者霑益婁檈、婺源胡壽春、蕪湖沈福曾、中江蔣蘅岳、尚先、眉州何晉銑、歸安吳瑜烏程、沈鋅庚昭文、范觀治、營山張元圭及余弟文曦子賢、懋贊、忱賢、恭賢、愌賢、泌猶子贊愈妹夫順德張思源、甥寶應朱學會、順德張元鈺。

清光緒七年辛巳春正月甲子朔二十日癸未溧水濮文昇記

▼ 11.1.147　舒长松书“惟汶永丰”题记

现场编号 149。整幅高 0.99 米、宽 0.70 米，有边框（图 11-153）。内容如下：

右至左竖排，草书阴刻“惟汶永丰”4 个大字，4 字左侧竖排，行书阴刻“□卯涪陵舒長松書”8 个字。

① 今通行字作“沼”。
② 今通行字作“亘”。
③ 濮文升（1848—1910），江苏溧水县人。进士。因政绩颇佳，深受民众敬爱，曾三任涪州太守。

图 11–152 光绪七年濮文升纪游题记拓片

图 11–153 舒长松书“惟汶永丰”题记拓片

▼ 11.1.148 光绪七年孙海题《白鹤梁铭》

现场编号 150。整幅高 0.86 米、宽 1.28 米，有边框。右至左竖排，楷书阴刻（图 11–154）。全文如下：

白鹤梁銘

長江宛宛来自汶昜毋渝，注夔滙。此巖畺曰：惟涪都蜀之巨填，鏡波沖容碕石蔽暎，惟鶴之梁在水中沚，惟魚之祥穀我士女仙人邈矣。緬想雲壑，澄潭淨淥珠玉盈碣，我僑此土。駒景鴻泥，陵谷遷變，际此刻辭。

秦州孫海譔并書

歷下朱焜大荔屈秋

泰同游時光緒七年

中春上浣也

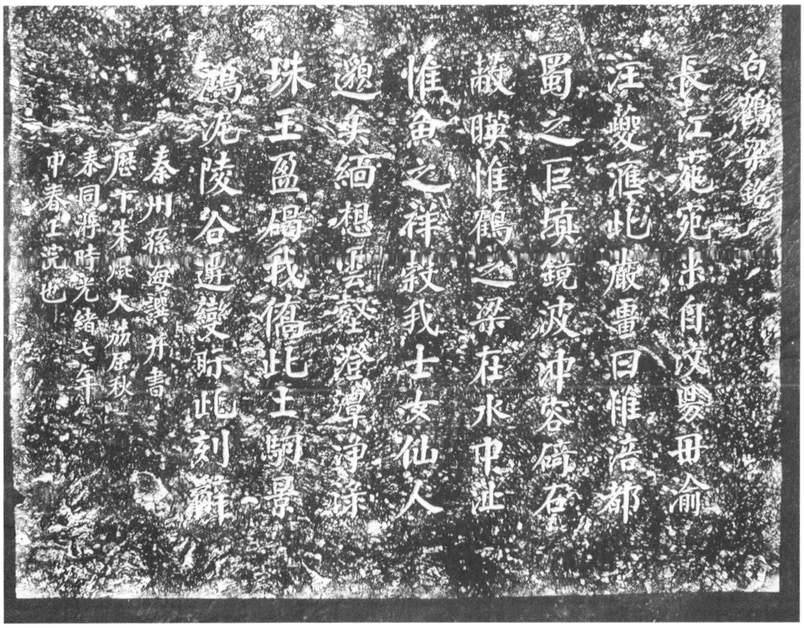

图 11–154 光绪七年孙海题《白鹤梁铭》拓片

▼ 11.1.149 光绪七年娄柼[1] 题记

现场编号 151。整幅高 0.82 米、宽 1.35 米，有边框。右至左竖排，隶兼篆，阴刻（图 11–155）。

① 娄柼，“滇霑”（今云南曲靖）人。

全文如下：

去者已去，來者又来，萬古如斯。何撫此而徘徊？大清光緒七年正月既望偕兄樞、中江蔣蘅、桐城姚茂清遊此。

滇霑婁櫺題

图 11–155　光绪七年娄柡题记

▼ 11.1.150　李图书“世道澄清”题记

现场编号 152。整幅高 0.84 米、宽 0.50 米，有边框（图 11–156）。内容如下：

右侧竖排，行兼隶，阴刻“世道澄清”4 个大字，4 字左侧竖排 4 行，右至左竖排，行兼隶，阴刻跋文。跋文如下：

民卅春，軍□涪陵□郭氏冠三携涵洵二兄買舟登點易洞□□白鶴梁觀石魚有感。

富春李圖[1]

▼ 11.1.151　嘉庆癸酉张师范题五言律诗并跋

现场编号 154。整幅高 1.60 米、宽 2.63 米，有边框。右至左竖排，楷兼行，阴刻（图 11–157）。全文如下：

大江日夜流，陵谷巨雲間，奇石撼波濤，崩雲剳[2]霹靂。北崖水落時，中有白鶴脊，清淺漾雙魚，豐儉巨出沒。我来已一載，歲□憫□瘠，晨夕劇憂惶，富庶慚寡述。今作濠梁遊，日換昆明石，芝草□蓮花，□出就我側。好風送斜暉，□繼媚空碧，初春風物佳，瑞見驗秋獲。共有忠鑒喜，復尋古篆跡，逸響滿滄浪，騷雅緬疇昔。相□□題诗，俯仰□踽踖。玆邦□□□，我欲致河伯，刻劃一鯨魚，飛躍蛟龍宅。□時□作霖，長渥涪陵澤，吞吐疊烟波，江天恣曠道。

大清嘉慶癸酉歲□正四日，偕□同人□□石魚，魚已見水面。喜盈於□作此誌。□而續鳳□復於白鶴梁梁西續刻□□以下□。

① 后刻方形印章一。
② 今通行字作“割”。

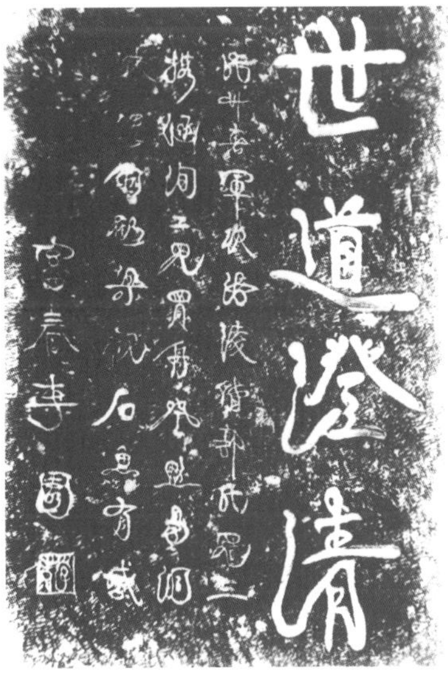

图 11–156 李图书“世道澄清”题记

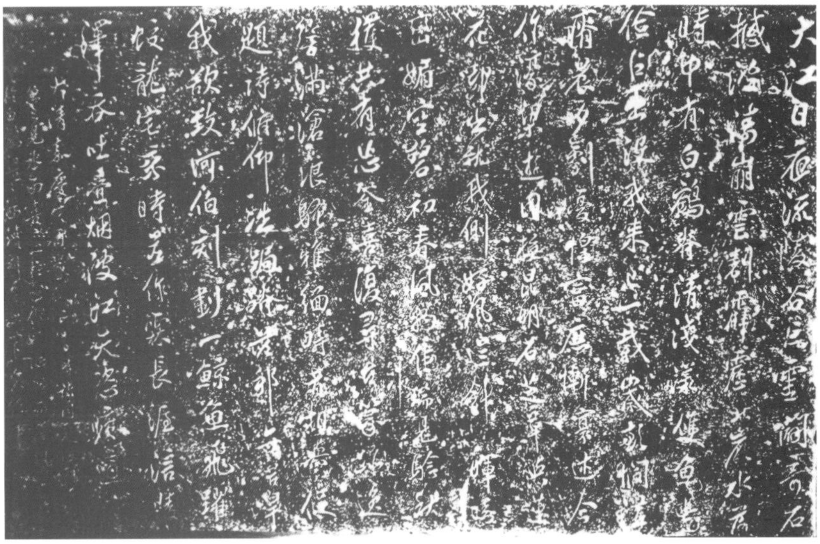

图 11–157 嘉庆癸酉张师范题五言律诗并跋拓片

▼ 11.1.152 一九六三年涪陵县文化馆题记

现场编号 155。整幅高 1.36 米、宽 1.90 米，有边框（图 11–158）。内容如下：

1. 上部左至右横排 2 行。楷兼行，阴刻。内容如下：

红日艷艷映碧空白鹤翩翩舞东風

鑑湖泛舟歌盛世石鱼啣花庆年丰

2. 中间左至右横排 6 行。楷书阴刻。全文如下：

后记　　我县人民在共产党和毛主席的英明领导下，在总路线、大跃进、人民公社三面红旗的光辉照耀下，战胜了连续三年的特大旱災。使我们的经濟情况日益好转，去年比前年好一些，肯定今年必将比去年更好！

3. 下部落款内容为：

涪陵县文化馆

一九六三年二月十五日

石鱼距水 1.45 公尺長寿水位：零下 0.68M

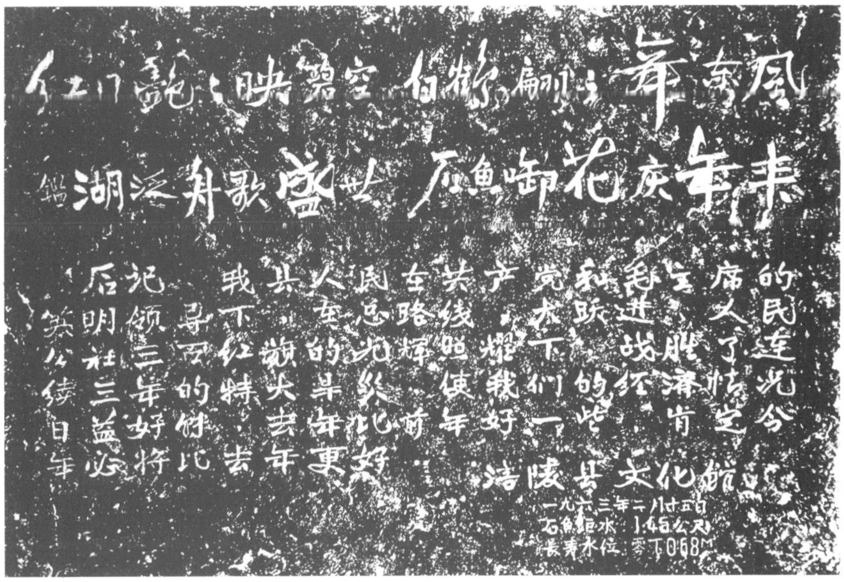

图 11–158 一九六三年涪陵县文化馆题记拓片

▼ 11.1.153　宣统元年范锡朋[1]题观石鱼记

现场编号 156。整幅高 1.40 米、宽 1.10 米，有边框。右至左竖排。楷书阴刻（图 11-159）。全文如下：

觀魚記

涪江心有石梁，梁下有石魚二。相傳為唐人所刻，歷代遊觀碑石琅列。僉謂：出則兆豐，其上者皆贋蹟，顧欲求其真，必伺乎？水極淺涸然，水又驟漲落逾時靡定。故有官斯土者，終任不及見。即居是邦之父老有白首亦不及見者。盖出而未往既往而旋沒矣。余督涪榷之，明年適值宣統建元闰二月之十有一日，遽闻魚出，急擢舟往觀。至則魚僅浮水面，而碑字猶沒水中。阅日魚尋沒不可復覩噫！何幸而及此一見也。洪維聖人御宇百物效靄彼冥頑□之倫，□□將躍恩彼而思呈露昭格。所至祥祉莘臻行看額手而頌太平也。不僅為此邦瑞已，又豈特摩挲古蹟比重漢□云尔哉！維時黎大令尹驄高筦使應樞胡二尹。毓蕃吴二尹鶴基曹府經維翰西席合州茂才陳君瑞算席段君維機暨長次子家

图 11-159　宣统元年范锡朋题观石鱼记拓片

① 范锡朋（1851—1921），桂林（今广西象县）人。光绪末年为观察使。

蔭家翼相與偕觀咸愉愉請詞，而督榷觀察使者桂林范錫朋遂援筆為之記並書。

▼ 11.1.154　民国二十六年刘镕经[1] 题《游白鹤梁》题记

现场编号 161。整幅高 1.40 米、宽 1.10 米，有边框。右至左竖排。行书阴刻（图 11–160）。全文如下：

遊白鶴梁

江水西來去向東，浪淘淘盡幾英雄。兩三鳴鶴摩天漸，卅六鱗魚兆歲豐。皇祐序詩劉轉運，元符紀事□涪翁。遍舟載得潞州酒，醉聽漁人唱晚風。

图 11–160　民国二十六年刘镕经题《游白鹤梁》题记拓片

图 11–161　抗日战争期间无名氏题记拓片

民國丁丑仲春，□山老人劉鎔經題，年七十六矣。邑人劉樹培[2] 塗鴉，同遊文君明盛、王君伯勛。

▼ 11.1.155　抗日战争期间无名氏题记

整幅高 1.00 米、宽 0.33 米，有边框。右至左竖排 2 行，隶书阴刻（图 11–161）。内容如下：

摧伏倭寇奠定

和平石魚出兮

▼ 11.1.156　一九六二年龚堪贵[3] 题《卜算了游白鹤梁》

整幅高 0.70 米、宽 0.40 米。左至右横排 12 行，楷书阴刻（图 11–162）。内容如下：

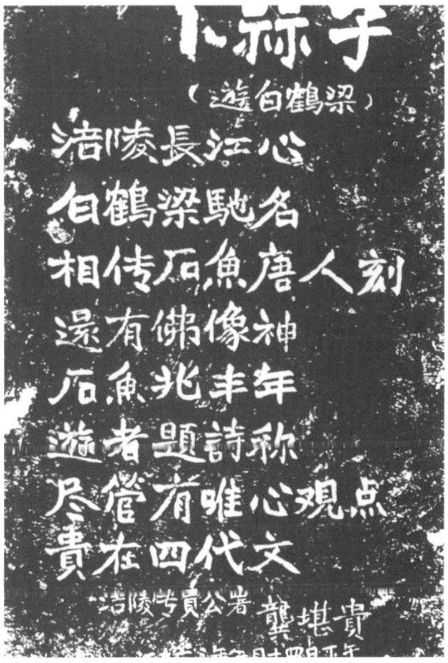

图 11–162　一九六三年龚堪贵题《卜算子游白鹤梁》拓片

卜沶子

（遊白鶴梁）

涪陵長江心

白鶴梁馳名

相传石魚唐人刻

還有佛像神

① 刘镕经，号自山老人，涪陵人。民国初年曾任四川省彭水县训导。

② 刘树培（1870—1942），又名刘干。四川涪陵县（今重庆涪陵区）人。

③ 龚堪贵（1919—?），四川省达市人。1960 年为涪陵地区专员公署副专员。

石魚兆丰年

遊者題詩称

尽管有唯心观点

貴在四代文

涪陵专员公署龔堪貴

一九六三年二月十四日下午①

▼ 11.1.157　一九六三年林樵②题七言绝句

整幅高 0.70 米、宽 0.40 米。右至左竖排 5 行，行书阴刻（图 11–163）。内容如下：

水枯江心石魚現相传

魚現兆丰年丰稔

豈由魚斷定战胜

自然人胜天

涪陵专员公署林樵一九六三年二月十四日③

▼ 11.1.158　民国十二年王叔度等纪事题记

整幅高 0.94 米、宽 1.20 米。右至左竖排，楷兼行，阴刻，表面磨蚀严重（图 11–164）。可辨识内容如下：

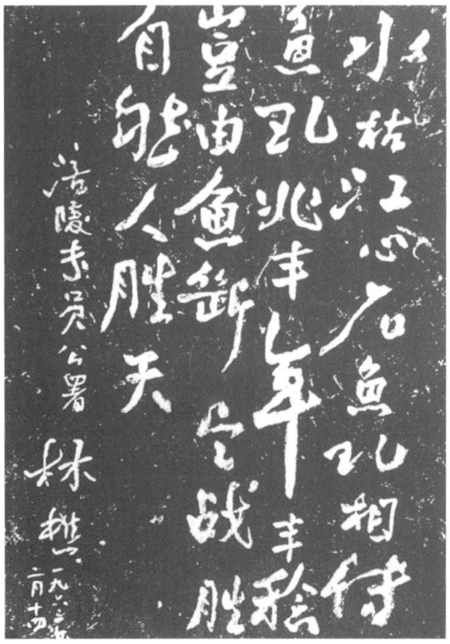

图 11–163　一九六三年林樵题七言绝句拓片

图 11–164　民国十二年王叔度等纪事题记拓片

① 后两行为小字。

② 林樵，山东牟平县人。1960 年 3 月任涪陵地区专员公署副专员。

③ 本行为小字。

图 11-165　民国二十年颜爱博等题记拓片

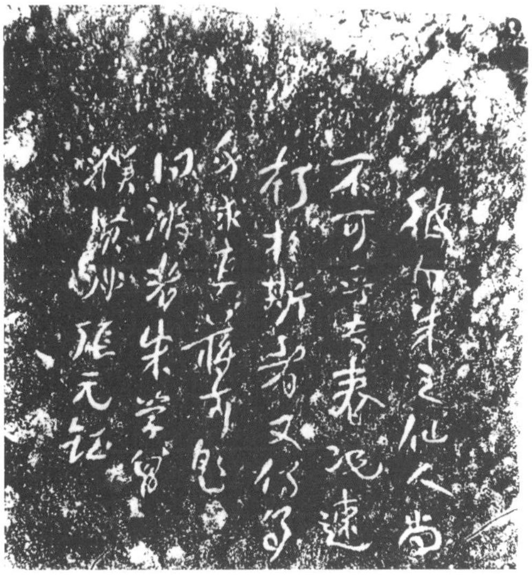

图 11-166　光绪八年蒋衢题记拓片

民國十二年二月十一即壬戌十二月廿六日也余与安平王叔度、隆昌张憲星、貴陽李佑民……義周……石魚……因悰……租……舟……

▼ 11.1.159　民国二十年颜爱博等题记

整幅高 0.67 米、宽 0.62 米（图 11-165）。内容如下：

1. 右侧右至左竖排 2 行，隶书阴刻。内容如下：

神仙福慧

山水因缘

2. 左侧右至左竖排 5 行，楷书阴刻。全文如下：

民國辛未春曲阜顏愛博、江津成肇慶、崇慶楊茂倉、合川蔣漢胥、周極甫偕遊斯梁。慼視往还，憩而樂之鐫此紀念。

▼ 11.1.160　光绪八年蒋衢题记

整幅高 0.30 米、宽 0.33 米。右至左竖排 6 行，书体不规范，阴刻（图 11-166）。内容如下：

彼尔朱之仙人尚

不可考矣春□速

釘於斯者又仍可

考求吏蔣衢題

同游者朱學曾

濮賢泌張元鈺

▼ 11.1.161　光绪壬午蒋衢再题

整幅高 0.20 米、宽 0.22 米。右至左竖排，书体不规范，阴刻（图 11-167）。全文如下：

图 11-167　光绪壬午蒋蘅再题拓片

图 11-168　无名氏题七言绝句拓片

石梁猶是，白鶴不歸。江水滔滔，令我長悲。蔣蘅偕朱學曾、濮賢泌到此題。

光緒壬午年正月

▼ 11.1.162　无名氏题七言绝句

整幅高 0.12 米、宽 0.20 米。右至左竖排，书体不规范，阴刻（图 11-168）。全文如下：

有人来此聽春聲，洗石而書石不驚，山水偶然留小駐，何須題姓復題名。

11.2　玉泉井石刻

▼ 11.2.1　无名氏书“玉泉井”题记（编号 1）

位于玉泉井台左侧孤石上，竖排。隶书阴刻“玉泉井”3 字（图 11-169）。

▼ 11.2.2　嘉庆十六年告示碑（编号 2）

位于井台上部岩壁面。整幅高 0.35 米、宽 0.31 米。右至左竖排 7 行。字高 0.32 厘米、宽 0.25 厘米。楷书阴刻（图 11-170）。内容如下：

工竣□告

远近知悉休来泉

中洗脚洗衣裳

敢不□□油二

十斤在

川主庙点灯不签

嘉慶十六年廿日公立

图 11-169　无名氏书“玉泉井”题记

▼ 11.2.3　道光三年纪事碑（编号 3）

位于 2 号题记旁，整幅高 0.42 米、宽 0.33 米。右至左竖排 5 行。

图 10–170　喜庆十六年告示牌

图 11–171　道光三年纪事碑

字高 0.24 厘米、宽 0.22 厘米。楷书阴刻（图 11–171）。内容如下：

□□□□□□□

□□行路二十八文

去工正□□飲二千八百

文永灵万古以誌□

道光三年六月初二日立

11.3　马颈子题刻

▼ 11.3.1　光绪三十二年告示碑（编号 1）

整幅高 1.1 米、宽 0.58 米。右至左竖排楷书阴刻 9 行，行距 25 毫米、字距 2—4 毫米、字径 42 毫米，全文 132 字（图 11–172）。内容如下：

奉告

四鄉仁民君子知悉酆涪連界均属官運之塩[①] 尚有攔路

勒索不拘多寡准其來店指名具禀縱有私塩私販

越界攔銷理應挐獲投明酆涪之店小則執事發落

大則送官嚴辦勿容攔挐私索擾害鄉民大干例禁

如蹈前轍扭送決不徇情莫謂言之不先矣特此佈

聞以期人遠勿替 涪陵德興仁

全啟刊

光緒三十二年歲次丙午春正月　酆邑天泰正

① 今通行字作“盐”，下同。

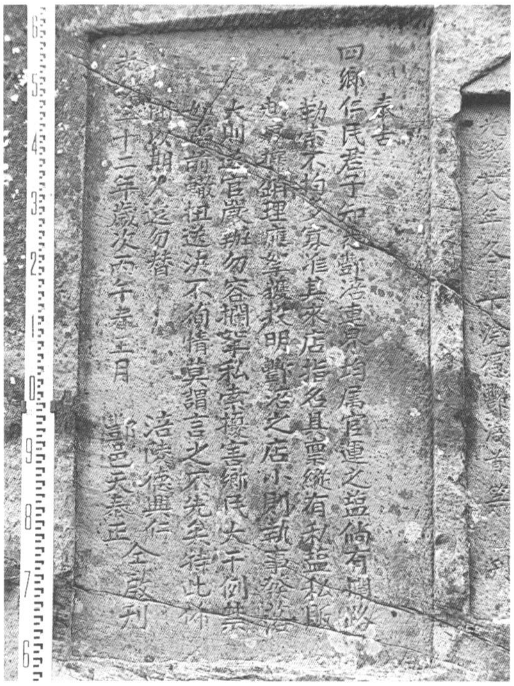

图 11-172　光绪三十二年告示牌

图 11-173　光绪二十八年“禁止宰杀耕牛”告示牌

▼ 11.3.2　光绪二十八年“禁止宰杀耕牛”告示碑（编号 2）

整幅高 1.07 米、宽 0.76 米。右至左竖排 10 行。行距不等，字距不等，字径不等。全文 67 字。楷书阴刻（图 11-173）。内容如下：

奉
州　徐
立　去□
縣　趙
督憲其岑礼嚴那拿黑夜禀□□□□□熟牛肉等獎
禁止宰殺耕牛
楊正東
自甘　王□□
人
認罰　□□□
王帽蓋子
光緒廿八年冬月下涜憑酆涪首等　刊

11.4 雷劈石石刻

图 11-174 “设立放生塘”告示碑

▼ 11.4.1 “设立放生塘”告示碑（编号 1）

整幅高 1.6 米、宽 0.72 米。右至左竖排 4 行。楷书阴刻（图 11-174）。内容如下：

遵州示設立放生塘

内禁止魚船網

打毒釣安毫倘有不遵

拏獲議罰

▼ 11.4.2 跳蹬河修桥序题记（编号 2）

整幅高 0.36 米、宽 0.56 米，楷书阴刻 17 行，行距 10 毫米、字距 25 毫米（图 11-175）。内容如下：

图 11-175 跳蹬河修桥序题记

貳年仲春月八□

道光拾□□□四日□

修橋□□□□姓人功仝……①

11.5 龟陵城咸淳碑

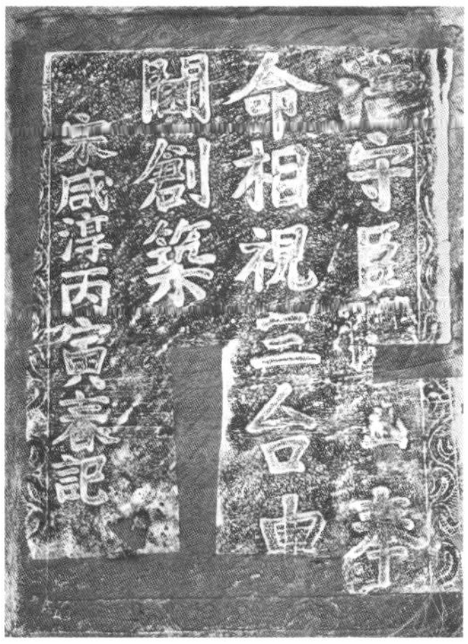

图 11-176 龟陵城咸淳碑拓片（重庆白鹤梁水下博物馆黄德建提供）

该题刻有边框，带纹饰。右至左竖排 4 行，楷书阴刻（图 11-176）。内容如下：

涪守臣楊□奉

命相視三台申

闢創築

宋咸淳丙寅春記②

① 后为 14 行人名和捐款钱数，漫漶不清。

② 最后 1 行字略小。

第十二章　武　隆

12.1　江口镇光绪二十六年部国本书“李进士故里”题刻题跋

▼ 12.1.1　李进士故里题刻序

右至左竖排。楷书阴刻。全文如下：

公讳銘熙字佐卿，先世闽籍也。其上高祖光爽公，国初时以名孝廉宰斯邑，有政声。擢酉阳本州牧，解组后怒清流覽尔郁山形胜，遂家焉。阅数傳至树端贈君徒于江生公。公生而神异，聪颖高伦。十歲能文章，經史諸子過目辄克之记，每与談，恒叠叠之然，樂此不倦，无或遗者。十六入道，邑庠十八領乡焉。春闻 世上不第，纵覽群书讲求实用。通中西，格致諸绝學，人称博治焉。四十二举进 士封户部渐江清吏，司主政晋授中憲大夫通显也。公乃恬澹自若，不恭荣利，退 老山林与斯同興利除弊，筹积谷定差费，治保甲，邑人赖之若，修聖庙，建考棚，募置義渡，田户諸大端亦公力居多焉。光緒二十三年入犍以减灶煎盐，監生授犍为何君悦之，使其子受學焉。惜未足业以疾終。其弟仲卿明經少卿别驾迎与归下河東鸚鹉坪葬之，時年四十有八。乌呼！公盖伟人矣，余为公表弟行素，重公故知公深窃心向往之，欲识未逮也。會黔江许君瀛州摄汛篆晋接之下尚论及之擬以。

▼ 12.1.2　李进士故里题刻跋

右至左竖排。楷书阴刻。全文如下：

五字寿諸君命余书之，余本非善书，辭不□□充命作□，驥想耳后之来者，或亦知我鎮之尚不乏伟人矣。清光緒二十六年夏六月丁丑部國本建侯氏撰語書碑署 汛事黔江許永洪瀛州氏率士民勒石。

12.2　羊角镇烈女岩题刻

▼ 12.2.1　咸丰辛酉姚宝书“烈女岩”题记跋文（编号 1）

右至左竖排 17 行，楷书阴刻，行距 45 毫米、字距 15 毫米、字径 45 毫米 ×50 毫米。内容如下：

咸豐辛酉八月朔日粵逆由南
川竄入羊角磧居民猝不及防
蹂躪殆遍烈女梅莭弟市人女
也端莊淑慎及笄待字隨其父
母避賊渡河為賊所虜賊利其
色善誘之節弟不從剌以利刃
仍不屈如初賊逆擒其髮而逼
之節弟乃自投於江卒完節以
終嗟呼人窮見節義當此大寇
當前不辱其身視死如歸雖烈
丈夫何以加焉是不可以風矣
……①
涪陵刺史古閩姚寶銘識并書

▼ 12.2.2 民国三十年乌江工程局书“人定胜天”题记跋文（编号 2）

右至左竖排 12 行，行书阴刻。内容如下：

民國三十年五月
民生公司生存輪
試航烏江紀念
参加人鄭歷成周海清
顧文寬盧壁
胡逢芬僕君田
吳又□張道明
胥來東王瑟鼐
王詠增仙潘
江昌者李□九
劍溫
烏江工程局摹巖

▼ 12.2.3 民国十五年《四川陆军第九师司令部布告》题记（编号 3）

整幅高 2.40 米、宽 1.30 米，有边框，深 35 毫米。右至左竖排 27 行，行距 10 毫米、字距 10 毫米，

① 中间四至五行被凿。

字径为25毫米 ×35毫米。楷书阴刻。全文如下：

四川陸軍第九師司令部佈告

而佈告事案查，前据龔涪彭盐商代表廖辉延以羊角蹟八牌費种种不合呈訴。来案当經批飭涪陵縣知事及商會詳查此案，原委妥議辦法會呈候校在案。兹据涪陵縣知事林宝慈，商會會長鄒恕鎔、段錫藩會呈稱，知事會長等奉令後遵即會商，正在積极詳查问。會長旋据羊角蹟代表熊德心、謝敦五，八牌代表甘吉堂、刘光奎，商帮代表唐去楷、廖辉延，船帮代表周坤山呈稱，呈为事經調解議定条件懇予查核为憑据情博茙事竊。涪屬羊角蹟地方局。

有滩險每当水枯滩出商船至此必量予出載始能過滩，所有揹貸力夫酌给力資为數至微。当时恐该力夫等涣散無歸呼應不靈，特为编成八牌資統率历久無紊，近因迭次增加力貲，客船两帮产生誤會，遂聞訟端。在八牌以爲生活過高非增高力資实難自給，在客船两帮以爲藉力苛斂有加，无已其患奕窮，各走极端至不可解德心等。对於双方均屬舊誼無以地方关係，未忍坐視，出为调停百端解释，唇口舌焦，得蒙力量諒解互相让步，伏查商家出錢僱力，际此生活倍增，即畧事增加，有何不可？但实惠务使不逮於劳动之人，而地方執事不得藉此爲籌。欤之，具及足以昭核實而免苛濫。爰将舊日條規爲变更提出条件經几度磋商始臻妥洽，并由各商號船户認簽字以昭大公。而資遵守惟事關查案德心等，未敢在外擅行了結理合。将调解情形及議定条件備文呈懇大会准予查核會同縣署轉呈上客鑒核備案并粘 附議定條件五項。

（一）每出滩盐一包議给力錢五百文；

（二）經理出滩一切事务并負偷竊賠价責任，无論出滩代滩按包給錢壹百文原有團學两款一律撤銷不得藉名附加；

（三）每年陰曆二月初一日起，出滩盐包不能定数听客號任用代办遇滩人斟酌水勢办理不得故为多出亦不得由各板主省力少出此层由各客商自行作主；

（四）每年陰曆十月初一日起，不論大小盐船議以百包数出盐，四拾包載之多少照此推算。但於是日起由甘吉堂、刘光奎負责。每日出盐肆百捌拾包不得稍事延宕。以上條件有熊德心、谢敦五、甘吉堂、刘光奎等負责。規定存案備查以后須各守条約不得任意增减紊乱，如不照此履行則應有代表人全体負責；

（五）以上條件自備案批准日实行。以後如須修改應得双方同意始能提議变更等情，前来随於本月二十六號召集双方來人。

核議知事亦核定日到會将該代表等所擬条件逐一詳詰而造均屬同意并無异詞，当經一致起立表決。在案知事會长伏查涪陵小河商业以盐为大宗。惟沿之水急滩多號稱難運，而角蹟之滩为最著。商船出載過滩勢必需力，需力勢必給价。此然之事并無问题近年力价雖屡有增加，商家亦未尝不允第。因該地亦團人员徒以興學办團之無欲於過道盐船酌收附加，遂致商號船户群起力爭酿成訟端。

兹經團绅熊德心等力为調解，不溯既往，所有舊曰积弊鳌别盡净。從新商定條約查閱，尚属妥协，如照从前。出滩每盐一包給力錢四百，今为伍百文代滩每盐；壹包给力錢三百文今减去贰百抵給錢壹百文。亦仍用人牌名義作為經理，滩各人员之劳金出滩代滩共成陆百，较原有七百實减去一百文，惟實事之是求無浮款之。坐廮從此立成定案永資遵守。地方不得藉力苛取于商人，亦不得悭囊刻苦於劳动。運而争端詳討无善於此者。所有遵令查明該案原委及双方合解擬其辦法五條。理合據情，會銜呈覆。鈞部俯賜查核佳予備案指令祗遵等情前来查會呈中所擬辦法五条甚允，协除以據會銜呈覆，羊角蹟盐包力價案原委及双方合解擬具辦法五条各情均悉查 所擬為法中載明出灘代灘共定為陸佰文所有團學而項從前捐款一律撤銷，以後不是藉名附加并畫分时间酌定出盐包数舉出人员負責，以後后不得任意增减紊乱等語。細核此辦法既經該知事會会长召集各該代表評議均無異詞而按之事實則地方已不至藉口苛取於商人商，人亦不至苦劳工而短費。即於施行，上亦履行立，標準不至於格難行。扫從前积弊立新订之條規。爭端立消，交通斯畅。统籌無顏，妥协可行。淮即應好定案俾得辰資循守即轉飭。該各帮反經理人即使一遵照爲要此令等。重指會外合行佈告，仰該盐商船户各帮及各该經理人即使一体永久遵守，俾躬争端而利運道是爲至要均此千。

中華民國十五年十二月　日

師長郭汝棟　立石不朽

第十三章　巴　南

13.1　迎春石题刻

▼ 13.1.1　同治元年无名氏题记

整幅高 0.60 米、宽 0.20 米。右至左竖排。楷书阴刻“同治元年”（图 13–1）。

▼ 13.1.2　冯如祖纪游题记

整幅高 1.00 米、宽 1.56 米。右至左竖排 8 行。楷兼行，阴刻（图 13–2）。内容如下：

元年正月□□馮如祖率

□城□子起辛载酒来遊

细觀□遗□□夔洲□被品

□谓□□南□道士磯名术酒

□氣振□□曰□长風破巨

□□江口□觀道士磯□真

□今□是以□□当□人□日

□□□識之男耕待□□

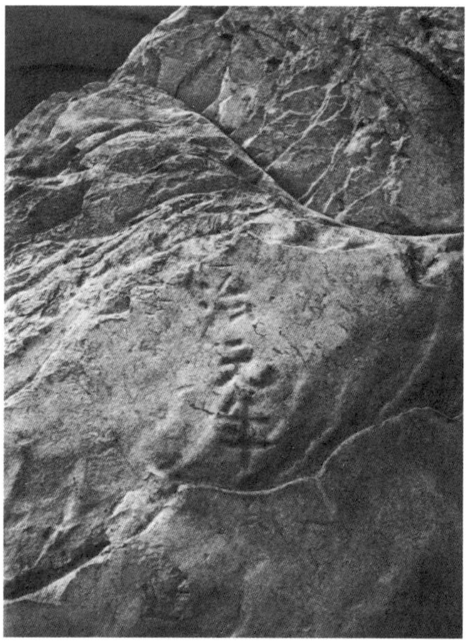

图 13–1　同治元年无名氏题记

▼ 13.1.3　明谢政题记

整幅高 0.75 米、宽 1.40 米。

右至左竖排 7 行，每行 3—5 字不 等。楷书阴刻（图 13–3）。内容如下：

此石在吾

家籬落下

二百五十餘

年歲時上

家每修繕

图 13-2 冯如祖纪游题记拓片

图 13-3 明谢政题记拓片

雲故事客

歲谢政

▼ 13.1.4 崇祯丁丑王非熊[①] 纪游题记

该题记剥落严重。残高 0.75 米、残宽 1.40 米。右至左竖排 8 行。楷书阴刻（图 13-4）。内容如下：

清□□看

道士磯始證

馮□公之

語然輕帆一拂何

如此地盤[②] 桓遂我

鴻性崇禎丁丑

清明日王

非熊題

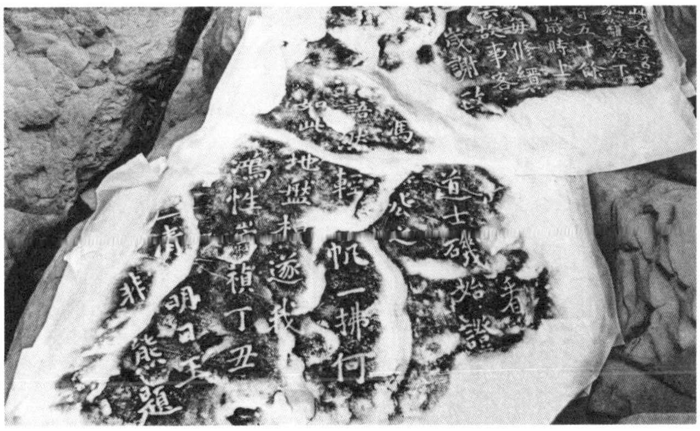

图 13-4 迎春石题刻崇祯丁丑王非熊纪游题记拓片

▼ 13.1.5 无名氏题记 1

该题记剥落严重。残高 1.40 米、残宽 1.60 米。楷书阴刻（图 13-5）。可辨识内容如下：

题……□□□□也……興□□愈……□健无束□……毋不出乃知

① 王应熊，字非熊，号春石，四川巴县人。生于明隆庆六年（1572）。生性聪慧，万历四十一年进士，入翰林，崇祯三年，召拜礼部右侍郎，崇祯十七年改兵部尚书兼文渊阁大学士，总督川、湖、云、贵军务。清顺治四年（1647），清兵入渝，其杀招降使节后，逃匿隐居，后抑郁而死。其人博学多才、谙熟典故，常以古人自命，故多负才任性。除在迎春石题刻上留有两款题记外，在今慈云寺内亦有其题记，并著有《春石集》。其中 8 号题记内容为“春石，余别号也，义取此州矣。王应熊非熊甫识”。

② 今通行字作“盤”。

图 13-5　无名氏题记 1 拓片（局部）

图 13-6　绍兴十八年冯当可等题《乐矶》题记拓片

……吾之丧妻□士遠……劉仲廉已去□……□□王興善□……□□游觀戊辰題字……蒲澤民青城 道士□……甫縉馮当□□……日河□□

▼ 13.1.6　绍兴十八年冯当可[①]等题《乐矶》题记

整幅高 0.60 米、宽 1.30 米。右至左竖排。楷书阴刻（图 13-6）。全文如下：

樂磯

大江中有石州，煙水摇蕩，雲山杳靄，全似江南道士磯，可以泛舟流觴，修山陰故事。紹興十八年戊辰 三月十二日馮時行當可，王盡巨興善，劉鐸仲廉，冉居中和，甫蒙尭雲望之行道行士達同遊。

▼ 13.1.7　无名氏书“楚叟”题记

整幅高 0.40 米、宽 0.77 米。左至右横排。楷书阴刻“楚叟”二字（图 13-7）。

图 13-7　无名氏书“楚叟”题记

▼ 13.1.8　王非熊别号题记

整幅高 0.60 米、宽 1.30 米。右至左竖排。楷书阴刻（图 13-8）。全文如下：

春石余别號也，義取此州矣。王應熊非熊□識

① 据考，冯时行，字当可，号缙云。宋代恭州洛碛人，生于哲宗元符三年（1100）。1114 年至 1122 年（政和后期至宣和初）读书缙云山，宣和六年（1124）举进士。南宋高宗建炎元年（1127）调任奉节尉，后历任江原县丞、左奉议郎、丹棱知县，颇有政绩。绍兴八年（1138），奉召入朝，时值秦桧得宠，欲与金人和议。冯呈《请分重兵以镇荆襄疏》，主战不主和。据《宋史》载：“奉礼郎冯时行，言和议不可信，到引汉高祖分羹事为喻。帝曰：联不忍闻，颦蹙而起，桧乃谪时行知万州，历时三载，寻亦抵罪。”后秦桧杀岳飞、逐张浚时，冯亦被革职。从绍兴十二年（1142）至绍兴二十八年（1158）间，冯时行先寓居万州山中约两年之久，后迁居缙云山，著诗作文，与笔墨为伴。并在缙云山麓开堂办学。而迎春石题刻中其所题年代为绍兴十九年至绍兴二十二年间（1149—1152）。正是他被贬为民期间，因此落款时也未注官衔。同期，在三峡库区的重庆灵石题刻、涪陵白鹤梁题刻及云阳龙脊石题刻上也均可见其题名。绍兴二十八年（1158）后，冯时行又历任蓬州、黎州、彭州知县，右朝请大夫，成都府路刑狱公事，于隆兴元年（1163）逝世于雅州。其一生几度沉浮，力主抗金，疾恶如仇，深得民众爱戴，并著有《缙云文集》四十三卷、《易伦》两卷。后明版本《缙云文集》四卷，被列入钦定四库全书。

图 13-8 王非熊别号题记拓片

图 13-9 绍兴二十二年冯当可等题记拓片（第一部分）

图 13-10 绍兴二十二年冯当可等题记拓片（第二部分）

▼ 13.1.9 绍兴二十二年冯当可等题记

该题记剥落严重。残高 1.40 米、残宽 2.60 米。由于该题记已大面积剥落，现仅存三段残片，从上至下分别为：

1. 竖排 4 行，楷书阴刻（图 13-9）。内容（左至右）如下：

紹興廿

二年歲

在壬申

正月□

2. 竖排 3 行，楷书阴刻（图 13-10）。内容（左至右）如下：

雲馮当

弟應可

植錦官

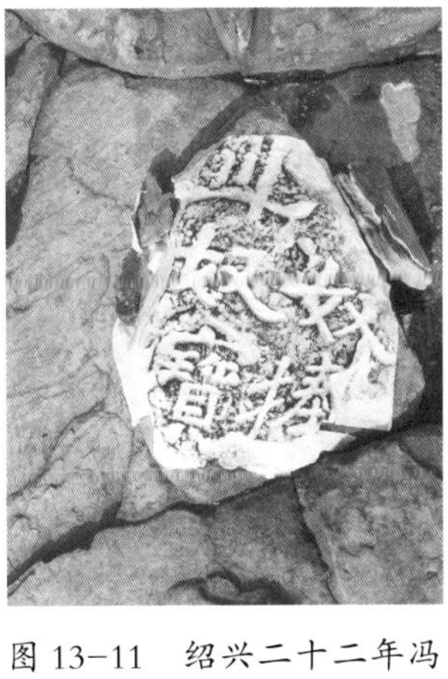

图 13-11 绍兴二十二年冯当可等题记拓片（第三部分）

3. 竖排 2 行，楷兼隶，阴刻（图 13-11）。内容（左至右）如下：

此奴寶

奴捧

▼ 13.1.10 万历三十六年刘家题记

整幅高 0.30 米、宽 0.12 米。右至左竖排 3 行。楷书阴刻（图 13-12）。内容如下：

萬历三十六年三月吉旦

□□□□[1] 文偕八君

大洪江刘家

① 此处□疑为凿痕。

图 13-12　万历三十六年刘家题记

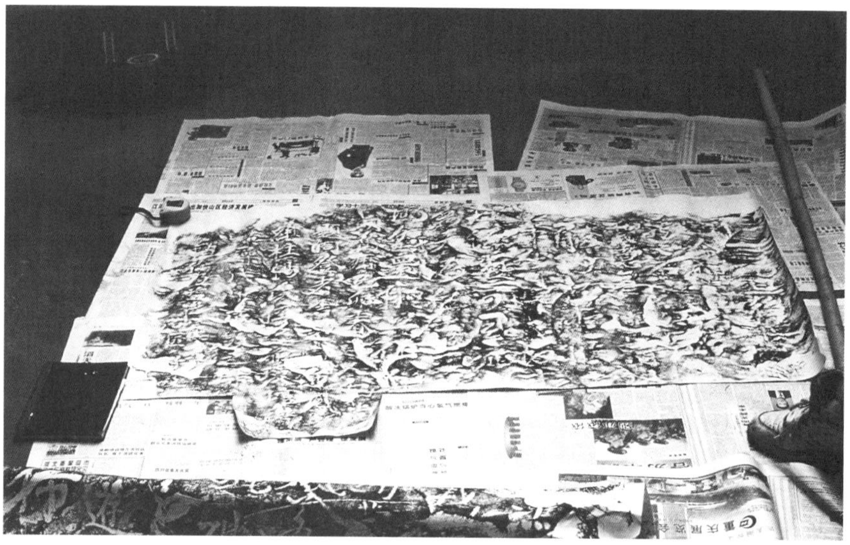

图 13-13　万历己卯杨维柱等纪游题记拓片

▼ 13.1.11　万历己卯杨维柱等纪游题记

该题记剥落严重。残高 0.90 米、残宽 1.30 米。书体不规范，阴刻（图 13-13）。可辨识内容如下：

元旦後……今偶□……
□爲□□□□……□意□□
清□……觞为□□□来……中
□□□□奴事……□□風流
□……天為……明□還□旦
□□……明萬历己卯春后人日
尚題同登者舍□□凰土……維
柱楊氏侄□俞瑗□□黄□戊
申歲題□深……孫□益□石匠
□□玫

图 13-14　二十二年无名氏书“春游”题记拓片

▼ 13.1.12　二十二年无名氏书“春游”题记

整幅高 0.85 米、宽 1.70 米。左至右双线钩刻“春遊”2 个大字。该 2 字中间竖排阴刻“二十二年 正月”6 字（图 13-14）。

▼ 13.1.13　无名氏题记 2

该题记剥落严重。残高 1.40 米、残宽 1.15 米。楷书阴刻（图 13-15）。可辨识内容如下：

来飲 …… 同 …… 刻…… 閣……春東……偕□公感鎮

▼ 13.1.14　唐虞卿等纪游题记

该题记剥落严重。残高 1.40 米、残宽 1.40 米。楷书阴刻（图 13-16）。可辨识内容如下：

图 13-15　无名氏题记 2 拓片

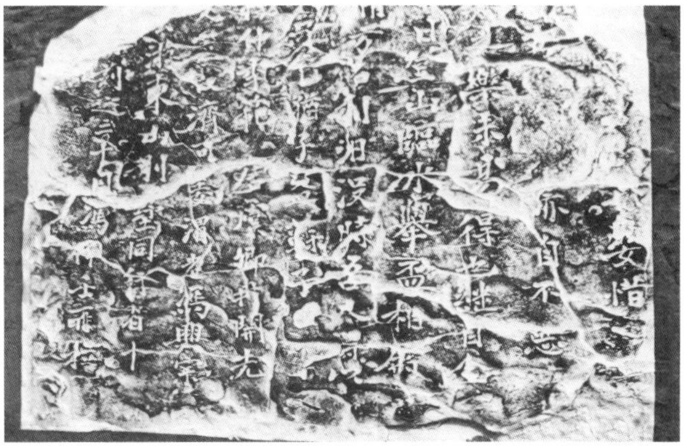

图 13-16　唐虞卿等纪游题记拓片

□安惜……為□□□□亦自不忘……士□之樂未易得也継自今……其暇日登山臨水舉盃相□……德脩方名利汩没時吾人得以……知先子□猶子益蘇子□子……□懷仲季范唐虞卿冉開先……□人□□濟可棱渭□馮興宗……□游東山 別墅同行者十□刻之三十日馮□壬□□

▼ 13.1.15　无名氏书"东"字题记

整幅高 0.80 米、宽 0.70 米。双线钩刻"東"字。由于剥落严重，字迹已不清晰（图 13-17）。

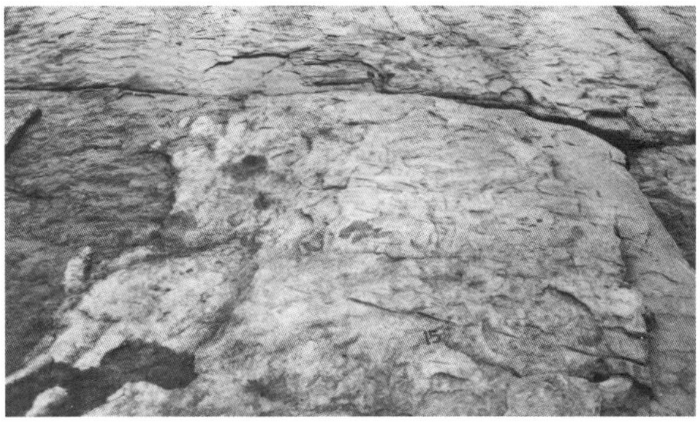

图 13-17　无名氏书"东"字题记

▼ 13.1.16　纯熙乙巳范□甫题记

该题记剥落严重。残高 1.40 米、残宽 1.40 米。楷书阴刻（图 13-18）。可辨识内容如下：

浔……纯熙乙巳……懷仲春……范哺……直……蓋……誉修縉雲故事時月……同……□□同……和尚□□……

戴牛字耕

▼ 13.1.17　万历戊申郡□□题记

该题记剥落严重。残高 0.73 米、残宽 0.75 米。书体不规范，阴刻（图 13-19）。可辨识内容如下：

遊春台出家 …… 江……寰……逝……魚□宝□□双……子□□□十幾……□□此……

□□□□□ …… 萬曆戊申郡□□題……□□男□至□ □□侍

图 13-18　纯熙乙巳范□甫题记拓片

图 13-19　万历戊申郡□□题记拓片

13.2　普慈岩摩崖石刻

▼ 13.2.1　光绪三十年巴县正堂告示碑（编号 1）

右至左竖排 14 行。行距 20 毫米、字距 10 毫米、字径 45 毫米 ×50 毫米。楷书阴刻。内容如下：

欽加同知銜特援重慶府巴縣正堂加五級紀錄十次記大功十次傅　為

□情示禁事案據木洞場貢生何衢亨文生嚴俊卿戢員何緝

甫劉樹棠俞德成監生楊地餘向德川稟稱木洞下游一帶潭渚

攔橫實劈魚率聚之藪而漁人無良乘其產子之時而聚殲

之慘不忍言因思禁止殺胎□有□文理合懇恩出示嚴

禁等情除稟批示外合□示禁為此示仰該據居民漁户一體

知悉自示之後所有上自□□山石下至白沙沱沿江一帶地

方每年有正月初起至四月□□不准施網捕魚如敢故之遊許

該處附近拿獲交各監保指稟以憑提案懲究其各凜道

毋違特示

光緒三十年十月　日

告示

實貼普慈岩曉諭勿損

有人八十獲捕胎魚者送交保甲局賞錢壹千文

▼ 13.2.2　一九九三年巴县木洞镇修路碑（编号 2）

右至左竖排 14 行，行距 10—15 毫米不等，字距 8—10 毫米不等，字径有 55 毫米 ×（50—65）毫米及 35 毫米 ×50 毫米两种规格，楷书阴刻。内容如下：

现将集资培修普慈岩大路之单位及个人名单列后

集资单位

木洞乡人民政府 一百元

区供销社 一百元

区林业站 五十元

集资个人 张青昌一百五十元

李忠林 宋之碧 田志成

胡择高 喻树成 司发兰各十元

张远照 黄啟廉 張寧渭 代光禄 宋馮松 代安 姚昌熙 鲁台明 梁忠臣 张树平 王教华 邓兴照 向华训 陈绍清 张承彬 张□□ 宋力辟 胡维芳 喻子孝 罗娜娜 蔡贵鹏 徐兴全 符荣森 钟伟□ 刘德华 梅成□ 徐昌文 田□伟各五元

[①] 向热心公益集资者以表敬意

巴县木洞镇三段老协会经办

公元一九九三年二月十六日马永福等四人培修

① 此后字略大。

第十四章　渝　中

14.1　董公死难处题刻

▼ 14.1.1　明天启无名氏书“董公死难处”题记

整幅高 1.10 米、宽 4.75 米，有边框。右至左横排。隶书，双线钩刻“董公死難處”5 字（图 14–1）。

图 14–1　明天启无名氏书“董公死难处”题记

▼ 14.1.2　清光绪石木生题记

整幅高 0.74 米、宽 0.96 米。右至左竖排 7 行。书体不规范，阴刻（图 14–2）。内容如下：

光緒

酉年四初十日

紗帽石其保

何保弟兄長命

甲寅立

石木生

長命富貴

图 14–2　清光绪石木生题记

▼ 14.1.3　无名氏题记 1

整幅高 0.60 米、宽 0.37 米。右至左竖排。风化严重（图 14–3）。可辨内容如下：

□長

保長命富貴

□歲年□□廿五□□

▼ 14.1.4　□罗□题记

整幅高 0.47 米、宽 0.55 米。右至左竖排 7 行。楷兼隶，阴刻（图 14–4）。内容如下：

過季紗帽石

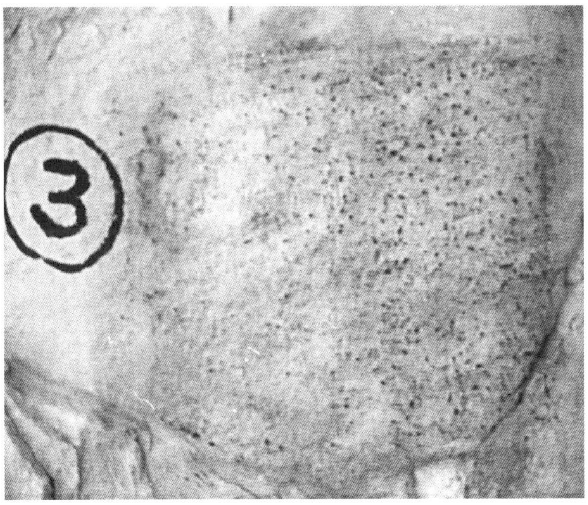

图 14-3　无名氏题记 1

图 14-4　□罗□题记

向梁氏孩男清明

一年多病疾

董公大人

保長命富

貴□人

□羅□

▼ 14.1.5　唐长□题记

该题记剥落严重。残高 0.60 米、宽 0.84 米。残存右至左竖排 10 行。楷兼隶，阴刻（图 14-5）。内容如下：

唐長□過季紗帽

石辛□□十一月八口

保長命富貴

信士□□□高

同□

□□□□

紗帽石取□

紗帽求保

長命富貴

□□□□

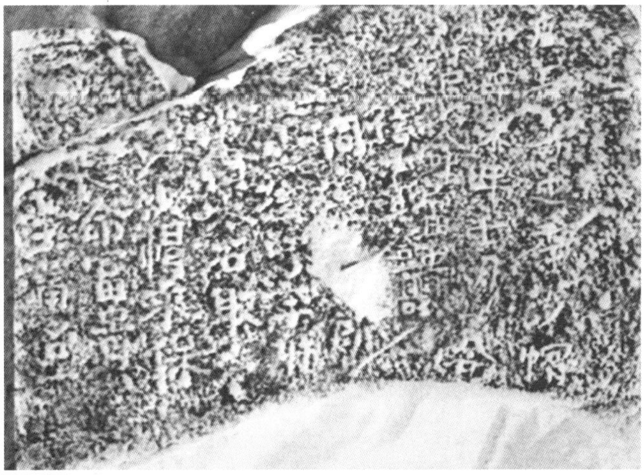

图 14-5　唐长□题记拓片

图 14-6　己巳年陈善富等题记

图 14-7　光绪元年陶□氏题记

图 14-8　道光二十四年刘名长等题记

▼ 14.1.6　己巳年陈善富等题记

整幅高 0.33 米、宽 0.47 米。右至左竖排 6 行。楷书阴刻（图 14–6）。内容如下：

己巳年十月

十六日寅時　長壽

陳善福　癸酉年四月

僧遠智　十五日午時

丁卯年六月

初二日寅時

▼ 14.1.7　光绪元年陶□氏题记

整幅高 0.86 米、宽 0.35 米。右至左竖排 4 行。楷书阴刻（图 14–7）。内容如下：

陶□氏生一子

謝長生富貴雙全

長命富貴

光緒元年冬月二弍日立

▼ 14.1.8　道光二十四年刘名长等题记

整幅高 1.09 米、宽 0.51 米。右至左竖排 7 行。楷书阴刻（图 14–8）。内容如下：

癸□年前六月十六日午時

□年明□苟□季

紗帽石保祐長命富貴

□□□

道光廿四年□□保

图 14-9 □巳年□□三题记

图 14-10 董门□氏等题记

图 14-11 乾隆二十五年王川□等题记

四月初三生□毛□□保

劉名長

▼ 14.1.9 □巳年□□三题记

现场编号为 10。整幅高 0.43 米、宽 0.36 米。右至左竖排 2 行。楷书阴刻（图 14-9）。内容如下：

長壽

□巳年□□三立

▼ 14.1.10 董门□氏等题记

现场编号为 12。整幅高 0.82 米、宽 0.43 米。右至左竖排 4 行。楷书阴刻（图 14-10）。内容如下：

董門□氏這[1]男□天□□

□卅五年□十月 立

□□秦世長

□生□□

▼ 14.1.11 乾隆二十五年王川□等题记

现场编号为 13。整幅高 1.13 米、宽 0.51 米。右至左竖排 7 行。楷书阴刻（图 14-11）。内容如下：

寄名石硅長命富貴寄拜於□

寄名□長

□□長命富貴

乾隆二十五年季冬月立

① 应为“信”。

信士王川同□秦氏□□男

寄□□□石保 道光

三十三年十月二十二日

▼ 14.1.12 光绪三十一年严金生等题记

现场编号为 14。整幅高 0.79 米、宽 0.42 米。右至左竖排 9 行。楷书阴刻（图 14–12）。内容如下：

信士嚴金生錫文生於

光緒卅一年乙巳歲五月十四丙戌日

健生五行多火至今寄拜

董公老大人紗帽石保護

長命富貴更名石保壽

光緒廿二年立

丁未年十月初六日建修

□□壽相廿□

長命富貴

图 14–12 光绪三十一年严金生等题记

▼ 14.1.13 同治七年刘□合题记

现场编号为 15。整幅高 0.53 米、宽 0.34 米。右至左竖排 4 行。书体不规范，阴刻（图 14–13）。内容如下：

劉□合同□袁氏

□□□寄名保

長命富貴

同治七年小陽月 立

▼ 14.1.14 张友志题记

现场编号为 16。整幅高 0.68 米、宽 0.26 米。右至左竖排 4 行。楷书阴刻（图 14–14）。内容如下：

士弟子張友志同妻黃氏長子

□□□生于戊辰年六月初八日寅時寄拜

紗帽石保長名富貴

清吉平安

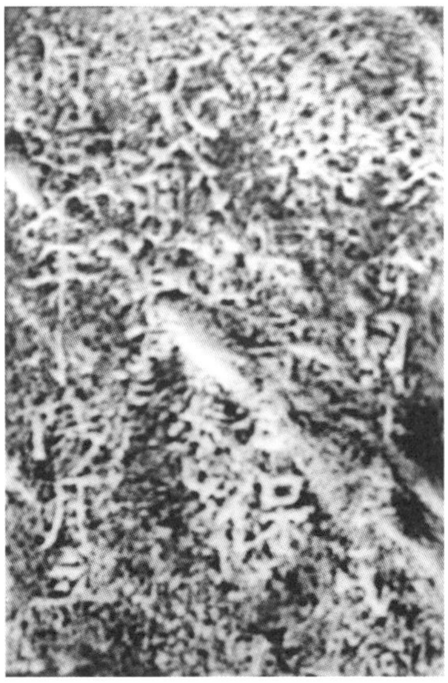

图 14–13 同治七年刘□合题记拓片

图 14–14 张友志题记

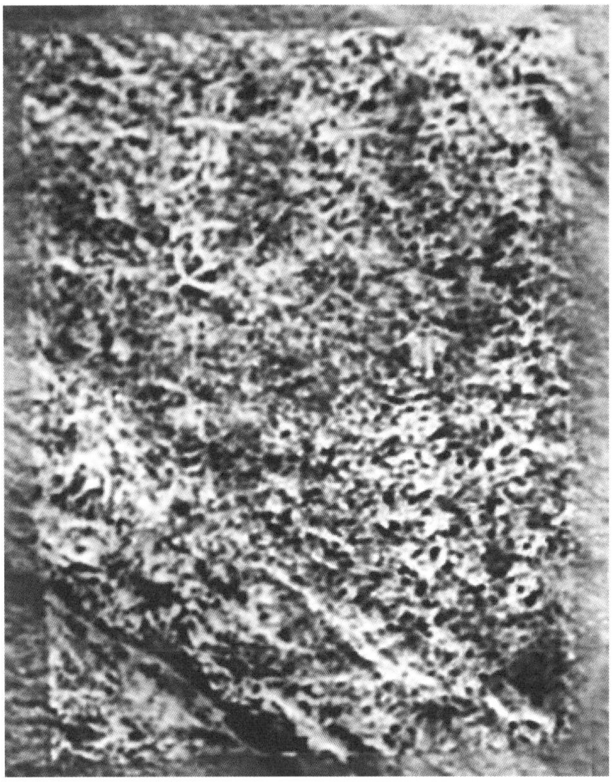

图 14–15 道光十七年信士黄题记拓片

▼ 14.1.15 清道光十七年信士黄题记

现场编号为 18。整幅高 0.61 米、宽 0.42 米。右至左竖排 5 行。书体不规范，阴刻（图 14–15）。内容如下：

信士黄

長命富貴

富貴雙全

道光十七年十月

十六日

▼ 14.1.16 乾隆三十年成都府题记

现场编号为 19。整幅高 0.84 米、宽 0.37 米。右至左竖排 4 行。楷书阴刻（图 14–16）。内容如下：

四川成都府□保□弟子□□何氏生男

么兒寄于名

董公大夫取名冠保永壽年長

乾隆三十年六月初六日吉旦

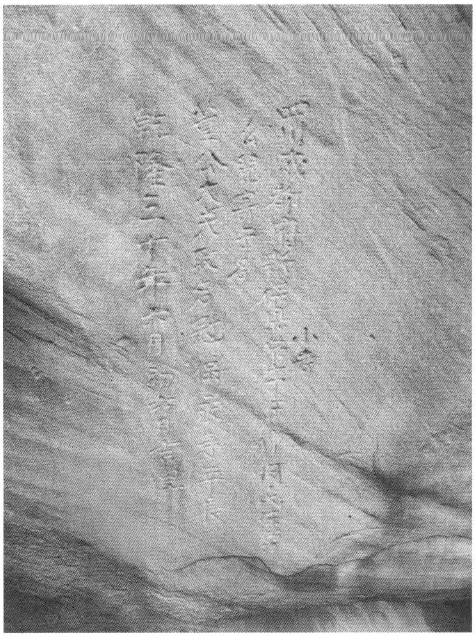

图 4–16 乾隆三十年成都府题记

▼ 14.1.17　嘉庆二十二年王门题记

现场编号为 21。整幅高 0.59 米、宽 0.31 米。右至左竖排 3 行。书体不规范，阴刻（图 14–17）。内容如下：

嘉慶廿二年七月初一日

孩男☐名右保

信士弟子王門☐氏☐生

图 14–17　嘉庆二十二年王门题记拓片

▼ 14.1.18　道光五年张洪男题记

现场编号为 22。整幅高 0.34 米、宽 0.20 米。右至左竖排 3 行。书体不规范，阴刻（图 14–18）。内容如下：

图 14–18　道光五年张洪男题记拓片

張洪男袁氏

☐己子取明十保

道光五年八月十二日

14.2　灵石题刻[①]

▼ 14.2.1　晋义熙灵石社日记

石以二月社日☐先鑒傳銘於圯必泰，今大篡既正皇晋中興西寇有獨盡之虮關洛有可乘之兆年豐。

▼ 14.2.2　绍兴戊辰晁公武[②]纪游题记

八分书[③]。全文如下：

昭德晁公武休沐日率單父張存誠、壁山馮時行、通泉李尚書、普慈馮樽同觀晋唐金石刻。唯唐張孟所称光武時題識不可復見矣。惜哉！紹興戊辰二月戊戌

① 该部分内容录自民国《巴县志》。
② 晁公武（1105—1180），南宋著名目录学家、藏书家。字子止，人称“昭德先生”。济州钜野（今山东省菏泽市巨野县）人，晁冲之之子。官侍郎，南宋绍兴中任四川安抚制置使。
③ 八分书是汉末至魏晋在中国书法领域独领风骚，盛极一时的流行书体。八分书是隶书的一种，人们把带有明显波磔特征的隶书称为“八分书”。八分书的由来，历来解释不一。汉许慎《说文解字》释：“八，别也，象分别相背之形。”“分，别也，从八从刀，刀以分别物也。”“秦书有八体：一曰大篆、二曰小篆、三曰刻符、四曰虫书、五曰摹印、六曰署书、七曰殳书、八曰隶书……”《汉书・艺文志》载：“六体者，古文、奇字、篆书、隶书、缪篆、虫书，皆所以通知古今文字，摹印章，书幡信也。”可见，在汉以前只有隶书，没有八分书。“八分”最早见于《古今法书苑》引用蔡文姬说：“臣父（蔡邕）造八分，割程隶八分取二分，去李篆二分取八分，是为八分书（程隶即传为程邈所作之隶书，李篆即为秦丞相李斯所作之小篆）。”

▼ 14.2.3　弘治十六年屈直德纪事题记

楷书，全文如下：

大明弘治十六年歲次癸亥正月既望郡治東北朝天門外碑石出見，考諸郡志，礱諸石刻，悉以爲豐年之兆。及訊之居民，在弘治改元亦嘗出見，其年大旱民饑。是知郡志石刻似難全信，今後但遇此石出見，守茲土者不可因此而弛備荒之政，居此土者，亦不可恃此而有侈靡之爲也。恐悮我後人，故庸是以告。

第十五章　江　北

15.1　鱼嘴题刻[①]

▼ 15.1.1　后蜀明德三年纪事题记

整幅面积 1.5 平方米，左至右竖排 5 行，隶兼楷，阴刻。全文如下：

大蜀明德三年歲次丙申二月上旬此年豐稔倍常四界安怡略記之水去此一丈

▼ 15.1.2　绍兴十五年纪事题记

该题记剥蚀严重，可辨识内容如下：

《易》曰：河出圖，洛出書。□□以為祥瑞之證。故古□□誌於河□，以□豊年之瑞也。而□□相傳，亦以謂古書出则□丰□此書世□不□□□是□之出與古書□□□德三年同此□□□□□□□陽□風雨□□□□□□清民康物□□□□□□言果□□□。福圣宋紹興十□年歲次乙□二月中□□□□以□□記□朱□□□

15.2　多功城西门咸淳六年朱祀题记[②]

端明殿學士大中大夫四川安撫制置大使朱禩[③]孫建

① 该部分内容录自《重庆江北耗儿石“大蜀题刻”、朝天门“灵石”调查报告（1999 年）》。
② 该部分内容录自民国《巴县志》。
③ 今通行字作“祀”。

第十六章 江 津

16.1 莲花石题刻[1]

▼ 16.1.1 洪武二十五年无名氏题记

竖排，字体不规范（图 16–1），内容如下：

洪武二十五年闰十二月卅日

图 16–1 洪武二十五年无名氏题记拓片

▼ 16.1.2 嘉靖二十五年尹马□等题名

右至左竖排，字体不规范，该题记剥蚀严重（图 16–2），可辨识内容如下：

五年丙午正月初八日縣尹马□尹饶顾魏同……楊藩柏陳憲長楊封君梁庠生遊此

▼ 16.1.3 嘉靖四十六年曹邦化[2]题五言绝句等题记

整幅高 2.50 米、宽 1.00 米、字径 0.08 米、字距 0.04 米。楷书，该题记剥蚀严重（图 16–3），可辨识内容如下：

1. 上部右至左竖排。内容为“春晴□山春雨則□没則歲平□出則歲熟”。

2. 下部右至左竖排。内容为“嘉靖四十六年正月□日。吾問江心石，为何號碧蓮，承先府聿□，若□几千年。明大夫曹邦化讀工部少川公詩”。

图 16–2 嘉靖二十五年尹马□等题名拓片

图 16–3 嘉靖四十六年曹邦化题五言绝句等题记拓片

▼ 16.1.4 道光癸未韩鼎爵题七言绝句 2 首

右至左竖排，楷书阴刻（图 16–4）。全文如下：

道光癸未新春十六日，韓鼎爵遊此，偶見鄢姓重鐫苗公原韻，爰借客筆和之。

鼓棹江中任水流，乘槎玩客去偏留，同人有志鐫前

① 该部分内容由江津文管所提供资料整理。
② 据《江津县》载，曹邦化为明宁州刺史。

图 16-4　道光癸未韩鼎爵题七言绝句 2 首拓片
（引自《三峡工程水库水文题刻文物图集》）

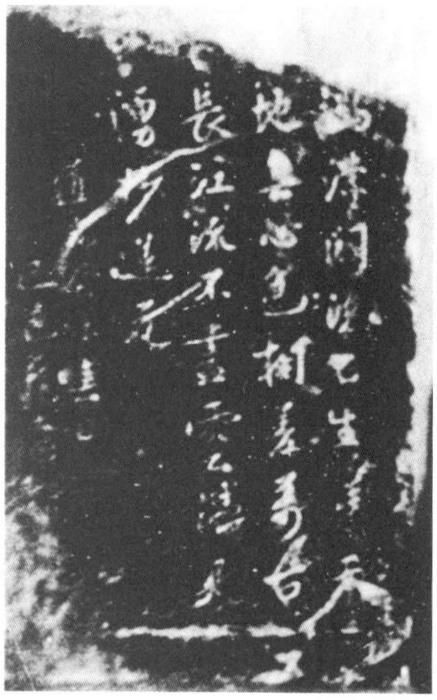

图 16-5　道光癸未龙德新题七言绝句拓片
（引自《三峡工程水库水文题刻文物图集》）

韻，我亦重刊視萬秋。

再题

江心怪石吐蓮花，石吐蓮花水映斜，古跡遺留今尚在，始知富歲協重華。

▼ 16.1.5　道光癸未龙德新题七言绝句

右至左竖排，行书阴刻（图 16–5）。全文如下：

鴻蒙闢後石生芽，天地無心色相差，萬古長江流不盡，雲濤飛湧妙蓮花。道光癸未春子巴邑龍德新題

▼ 16.1.6　无名氏题七言绝句 1

右至左竖排楷书阴刻（图 16–6）。内容如下：

横斜怪石水之涯，破浪乘風獨泛槎，我本如来真□□，靈臺清净現蓮花

▼ 16.1.7　道光癸未刘万荣题七言绝句

右至左竖排，楷书阴刻（图16–6）。内容如下：

蒼海桑田幻若何，游人偏爱涉風波，中流砥柱知非易，挽盡狂瀾用力多。

道光癸未□日劉萬榮題

图 16-6　无名氏题七言绝句 1 及道光癸未刘万荣题七言绝句拓片
（引自《三峡工程水库水文题刻文物图集》）

▼ 16.1.8　民国四年江华生等题七言绝句

右至左竖排，行书阴刻（图16–7、图16–8）。内容如下：

图 16–7 民国四年江华生等题七言绝句拓片

图 16–8 民国四年江华生等题七言绝句序拓片

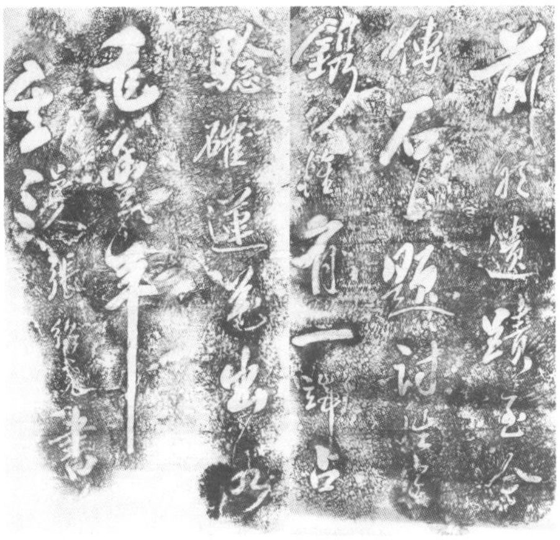

图 16–9 张绍尧题七言绝句拓片

图 16–10 张谦吉题七言绝句拓片

全無蓮花點江浮，惟见蓮花出石頭，独怪濂溪空愛惜，安知砥柱作中流。

民国四年乙卯春江華生偕吴恒山賴樹香江雨琴熊子光遊蓮花石題。

▼ 16.1.9 张绍尧题七言绝句

右至左竖排，行兼楷，阴刻（图 16–9）。全文如下：

前朝遺蹟至今傳，石上題诗姓字鎸，惟有一端占騐[1]確，蓮花出水兆豐年。邑人張紹尭書

▼ 16.1.10 张谦吉题七言绝句

右至左竖排，行兼楷，阴刻（图 16–10）。内容如下：

披苔爲访昔人诗，妙手天然偶得之，三十六蓮闲也未，春晴水落是花時。邑人張謙吉書

图 16–11 民国四年周紫俞题七言律诗拓片

▼ 16.1.11 民国四年周紫俞题七言律诗

右至左竖排，楷书阴刻（图 16–11）。全文如下：

江水滔滔接大荒，偏舟一葉泛斜陽，花中未見光千丈，石上徒留字幾行。

不□曾邀周子愛，無才空效米生狂，若果點頤能解語，臨流與你話興亡。中华民國四年乙卯二月上浣

□邑周紫俞題

▼ 16.1.12 无名氏题七言绝句 2

右至左竖排，行兼楷，阴刻（图 16–12）。全文如下：

洪涛涉歷幾千秋，洗盡淤泥始出頭，立脚有根摇不動，故留君

① 今通行字作“验”。

子鎮江洲。

▼ 16.1.13　民国四年李垣题七言绝句

右至左竖排，行兼楷，阴刻（图 16–13）。全文如下：

谁将靈石橦江中，不畏波濤不畏風，春水一篙千丈碧，奇花晴日别添红。民国四年乙卯歳春正月邑人翰垒李垣題張紹堯書

图 16–12　无名氏题七言绝句 2 拓片

图 16–13　民国四年李垣题七言绝句拓片（引自《三峡工程水库水文题刻文物图集》）

▼ 16.1.14　民国二十六年官焱森题名

右至左竖排 6 行。隶书阴刻。内容如下：

犍爲

官焱森

民國廿六

春治軍凡[①]

水遊此

誌之[②]

图 16–14　民国二十六年官焱森题名拓片

（引自《三峡工程水库水文题刻文物图集》）

16.2　石门大佛寺摩崖造像碑刻及题记[③]

▼ 16.2.1　重修大佛寺记事碑

风化严重（图 16–15），可辨内容如下：

法雨慈雲之會，滄且易而為桑，饕風虐雪以還，因倍難於所創。本来勝地，得人力而立彰，□□□□，尤山靈所萃發。吾里大佛寺者，建自 先朝，載諸邑志。天台四万八千丈，幾欲争高；佛所三□□□人，□容听法。神工鬼斧，難稽開 闢之年；石栈天梯，大有鈞建之勢。峥嵘突兀，峭崛嵚奇，七層□□□□□，十丈□□□□□……

重

▼ 16.2.2　道光二十五年刘绍宽题五言律诗两首（编号外 1 号）

整幅高 0.95 米、宽 0.67 米。右至左竖排 7 行，满行 15 字。字高 6 厘米、宽 4 厘米。楷书阴刻（图 16–16）。内容如下：

① 应为“汎”。

② 左侧有线刻莲花图案。

③ 该部分内容由七批国保单位申报资料整理。

图 16-15 重修大佛寺记事碑

峭壁立千秋高寒□水流了無青鳥啼

惟有白雲浮既我開生面題詩刻上頭

此心期共賞乘興不空遊

古寺依岩立秋江近佛清七層楼閣影

图 16-16　道光二十五年刘绍宽题五言律诗两首拓片

图 16-17　同治戊辰行庚题五言绝句

三面雨風聲地僻遊人少山空落葉輕

僧閒無個事倚檻看船行

道光廿五年仲秋，里人龍山劉紹寬題

▼ 16.2.3　同治戊辰行庚题五言绝句（编号外 2 号）

整幅高 1.14 米、宽 0.55 米。右至左竖排 4 行，满行 14 字。字径 8 厘米。行书阴刻（图 16-17）。内容如下：

煙欲上山颠雲欲下水滸

忽發江中風廓貌赫今古

哓潭劉錫光題

大清同治戊辰行庚六十三也并書

▼ 16.2.4　道光乙巳周绍翔题记（编号外 3 号）

整幅高 0.95 米、宽 1.10 米。右至左竖排 12 行，满行 13 字。字径 6 厘米。楷书阴刻（图 16-18）。内容如下：

原来活佛才見丈六金身最好
名山亦仗寸长綵笔昔見嘉州
大像巴蜀争奇自從刺史留題
宋唐濟美乃獨遣夫此地是不
可以無奇各何能乎敢云作古
後之览者噬□来遊
□遊那减漢嘉陵蘇□題無一字
奮鑿破天荒今在我摩□石瘦十
於僧江涵鏡面空千尺月挂樓頭
第七層萬代偉人儂不識合從此
處問傳灯道光乙巳秋
壁山縣鏡生人周紹翔題并書

图 16-18 道光乙巳周绍翔题记拓片

16.3 朝源观石刻[1]

▼ 16.3.1 2号龛题记

共 2 款。

1. 左侧，右至左竖排 3 行。可辨内容如下：

勤耕希聖座
曾文魁
匠□福年

2. 右侧，右至左竖排 3 行。可辨内容如下：

住持楊来霖徒楊曾[2]復[3]源□[4]
喜遵沐神休
……

▼ 16.3.2 经堂碑刻

右至左竖排 13 行。楷书阴刻。内容如下：

---

① 该部分录自《江津朝源观田野考古调查工作报告》。
② “杨”“曾”2字左起并列。
③ 位于“杨”“曾”2字下方中央。
④ “源”“□”2字左起并列。

夫坤轉乾旋運化古今兔走鳥飛光輝昼夜逆寒暑之往来陰陽之昇降

品物流通周而复始花開菓熟返本还源湖海江山鋪大地森罗万象列

虚空银毫灼灼金光灿灿布乾坤之錦綉贯世界之繁华人物侪侪年姿

表表圣德巍巍文風浩浩天地之間所生所养各有所得所樂乾坤之内

所資所施各有所居所址日光普照於世上皆然

聖心所包於天下都是無物不長有生皆育所謂乾元變化无所不利利

者无不利也于是乎贊

偈曰

世界 繁華瀰宇宙江山錦綉满壶中一珠黍米起天地两輪烏兔列西東東

又曰

大哉乾元至道玄機含弘光大包罗天地

皇明嘉靖肆拾年歲次辛酉仲夏吉日洪都新淦县咸陽里修真

童子楊复庵書第三十九代玄嗣楊来霖录刊

▼ 16.3.3　祖师殿（杨来霖墓）碑刻

右至左竖排 16 行。楷书阴刻。内容如下：

□□□□□□□□□□□□我靈台為患害隨行□□作□□左右□

□□□□□□□□□□□刑骸和四大有饑□□□□寒有病□

□□□要□□□□□□□榮華貪世态使我□□□□□□尔結下□

□□細尋思寔忖□□引群魔難禁戒子資生五□□□□□□□□□□

□屎尿渠脓血聚算来有甚風流處九窍都為不净□□□□□□□□□

□□六趣盡是皮囊教我做如今識你是筧家所以□□□□□□□□

□□解路得遇之時自回擭料我身从愛欲生欲心断□□□□□□□

□□□识得中间玄妙处内藏一顆珍珠寶光明照徹□□□□□□□

□□□□中間生解悟恍惚之中解悟時皮囊變作明珠□□□□□□

□□□□□無□碍照見堂堂出世人端嚴俱足神通大□□□□無去

□□□□□□□□朝罢脱这皮囊上下縱横無拘束也無罪□□□福也

□□□□□□□□□□□自然明何須更覔神僊路

□□□□□□□□□□心應物萬種勿能练容虚己含养真靈守□性命

□□□□□□□□髓采我日月精接我木中火鍜煉水中金两玄真炁 昼夜□然常應常静复命歸根深耕蒂固氣續长存烹鉛伏汞恍惚杳冥

□□□有氣□生神道逍遥住世浩劫长存心心相印脱却飛昇

▼ 16.3.4　供桌题记

共 2 款。

1. 左侧，右至左竖排 4 行。内容如下：

鉄杵成針石上磨

成功須在因功多

武当四十立功行

万像森罗滅萬魔

2. 右侧，右至左竖排 5 行。内容如下：

鋳剑本来立志堅

銅墙鉄壁一劍穿

恩愛七情并六欲

寶劍一舉盡消磨

秋月瀛礄主人

▼ 16.3.5　1 号碑刻

右至左竖排 9 行。楷书阴刻。内容如下：

□頌

混元一点餘煉餘堅守

身如玉萬樂俱全百艸

千萬扶梳正元五金八

石安裕先天　乑弗撤

四尅無占赤龍黑虎揗

伏綿綿

藥王登位疾病消潜

精一道人沐録

▼ 16.3.6　2 号碑刻

右至左竖排 6 行。楷体阴刻。内容如下：

三炷清香一牒

銭祝

神保佑福綿延

勢利財色時迷

性恶来世代福

綿綿

▼ 16.3.7　3 号碑刻

樊曈右至左竖排 6 行。楷书阴刻。内容如下：

世人舉動若

眼見

神靈不鈞腰若能

見像三叩首一心

學好禄滔滔

精一述勉

第十七章 合 川

17.1 钓鱼城遗址摩崖题刻①

▼ 17.1.1 王坚②纪功碑

该题记因早年雕凿千手观音等造像而大部被毁。现千手观音左、右侧下部佛龛间的空隙处还残留部分文字，但也多被凿（图 17–1）。可辨识内容如下：

图 17–1 王坚纪功碑残存文字

漢……跨開達…不……逆丑元主王公堅以魚臺一柱支半壁簽……戒於……八……相吕公六十…… 矣………黎有……於……定之……設機……西蜀其自……詩紀厥功……被之金 石奉為父母……拜識其靈…… 辟……簽書

▼ 17.1.2 宋石曼卿书“佛号”题刻

该题记位于护国寺前方钓鱼台下侧离地表 2 米处崖壁上，整幅高 3.40 米、宽 2.60 米。右至左竖排 3 行。楷书阴刻，刻字填以蓝色（图 17–2）。为北宋石曼卿手书。原刻在龟山寺，南宋乾道元年（1165），合州知州丁觉以墨本出示石照县尉文焘，遂刻于钓鱼山上。内容如下：

图 17–2 宋石曼卿书“佛号”题刻

無量壽佛

釋迦文佛

弥勒尊佛

▼ 17.1.3 宋王休书“一卧千古”题刻

该题记位于悬空卧佛西侧离地表 2.40 米的岩壁上。整幅高 0.74 米、宽 2.73 米。右至左横排，楷书阴刻“一卧千古”4 个大字，字径 0.65 米；左侧落款竖排楷书阴刻“采亭王休書”5 字，刻字均填

① 此部分由中国文化遗产研究院孙延忠提供资料。

② 王坚，河南邓州人。南宋抗蒙名将。开庆元年，蒙哥汗率大军围攻合州，王坚坚守钓鱼城，多次击退蒙军。蒙哥攻打九月不下，受伤而死。蒙军被迫撤退，史称钓鱼城之战。王坚因此被封为宁远军节度使。

以蓝色（图 17–3）。

▼ 17.1.4　宋王休书“山人足鱼”题刻

该题记位于千佛崖右壁距地表 2.80 米的岩壁上，题刻面南。整幅高 0.70 米、宽 2.70 米，有边框。字径 0.6 米。右至左横排，楷兼行，阴刻“山人足魚”4 个大字，楷书，左侧落款竖排楷书阴刻“采亭書”3 字，刻字均填以蓝色（图 17–4）。

▼ 17.1.5　嘉靖丙申黎一夔[①]书“鱼山胜概”题刻

该题记位于千佛崖右侧距地表 4.42 米处的岩壁上。整幅高 1.50 米、宽约 6.60 米。右至左横排。篆书阴刻“魚山勝概”4 个大字，字径 1.40 米。4 字左侧右至左竖排，阴刻：“國朝嘉靖丙申仲秋，荆门黎一夔書。時同遊永平李世寧、景陵陳詔、江陰江誼、昆明張如、□竹杨华与焉。”该题记已严重风化，刻字多剥落不清（图 17–5）。

▼ 17.1.6　嘉靖二十八年徐澜[②]题诗两首

该题记位于钓鱼城护国门外“钓鱼城”题记左侧距地表 2.80 米的岩壁上（图 17–6）。共两款，均刻于明嘉靖二十八年（1549）。

1. 右方题记，整幅高 2.10 米、宽 1.40 米。右至左竖排 5 行。楷兼行，阴刻，刻字均填以蓝色。内容如下：

石蹬康踉上石臺

艸陰花影酒樽開

雲中遠見□飛鶴

獨抱瑶琴逐後来

吾翁

图 17–3　宋王休书“一卧千古”题刻

图 17–4　宋王休书“山人足鱼”题刻

图 17–5　嘉靖丙申黎一夔书“鱼山胜概”题刻

2. 左方题记，整幅高 0.80 米、宽 1.97 米。楷书阴刻，右至左竖排 11 行。楷兼行，阴刻，刻字均填以蓝色。内容如下：

与一泉别駕常君

三泉進士張君

① 据考黎一夔，荆门（今湖北荆门市）人。明代进士。嘉靖十五年至十九年（1536—1540）任合州知州。

② 据考徐澜，云南临安（今云南省建水县）人。明代嘉靖初举人。嘉靖二十八年（1549）知合州。

图 17-6　嘉靖二十八年徐澜题诗两首题刻

同遊護國寺

卧佛知名寺青

春結伴行松聲

天外落江影垂

中明鶴睡云留

石僧禅鳥下楹

相看浑不语頗

要學無生

吾翁徐瀾

▼ 17.1.7　隆庆庚午李尚德[1]题七言律诗

该题记位于钓鱼城千佛崖左侧“孙元良题记”下方距地表0.53米的岩壁上。整幅高1.40米、宽0.90米。右至左竖排7行。楷兼行，阴刻，填以蓝色（图17–7）。内容如下：

① 据考李尚德为明合州（今合川区）人，嘉靖二十三年（1544）进士。

将北上登釣鱼城

四十無闻尚遠遊天門従此一葉

秋風霜獨重黄華笑今古谁

輕白髮愁山属

大明蠲宋憤水仍巴字歎川流

登途[①]已擬歸来賦青管何能

為國謀 隆慶庚午郡人李尚德書

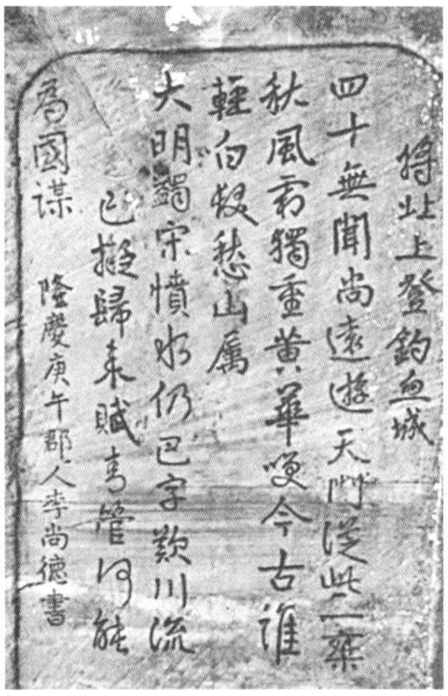

图 17–7 隆庆庚午李尚德题七言律诗题刻

▼ 17.1.8 康熙丙申幻屋山叟题《鱼山八景》题刻

该题记位于悬空卧佛造像左壁距地表 2.08 米的岩壁上，题刻面南，刻于清康熙五十五年（1716）。整幅高 0.68 米、宽 2.40 米，有边框。右至左竖排 12 行。楷兼行，阴刻（图 17–8）内容如下：

鱼山八景

峰顶白雲

嘉陵縈带

天池夜月

古洞流泉

沙滩響雨

赤壁文光

東谷晴霞

西市晚烟

康熙丙申夏

幻屋山叟

题

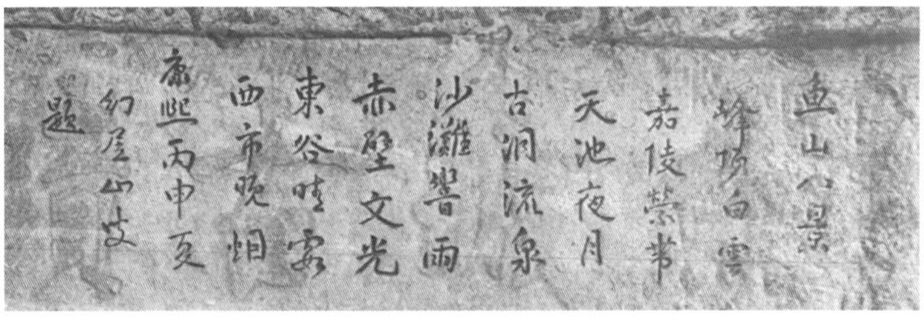

图 17–8 康熙丙申幻屋山叟题《鱼山八景》题刻

▼ 17.1.9 乾隆十八年《祈嗣碑》题刻

该题记位于千佛崖右侧距地表 1.50 米的石壁上。为拱顶龛，刻字均填以蓝色（图 17–9）。内容如下：

1. 碑额：右至左横排，楷书阴刻“祈嗣碑”3 字。

2. 碑记：右至左竖排 4 行，楷书阴刻。内容如下：

合陽南津書院街信士孫遥同室陳氏

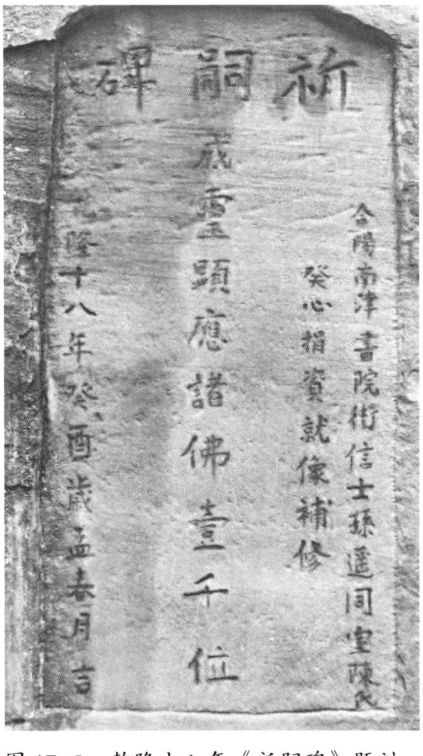

图 17–9 乾隆十八年《祈嗣碑》题刻

① 以上 2 字未填蓝。

癸心捐資就像補修

感靈顯應諸佛壹千位

乾隆十八年癸酉歲孟春月吉

▼ 17.1.10 乾隆四十四年陈大文题五言绝句并跋①

该题记位于护国门外“钓鱼城”题记的左侧距地表 2.20 米的岩壁上。题刻面南，右至左竖排，楷书阴刻，原诗全文为“峦林耸翠微，空亭映碧流。城因南渡筑，国为北兵收。已竭援民力，全凭与妹谋。螽應营峻宇，俎豆共千秋。”目前该题记已大部分被毁，仅存 5 行，20 余字（图 17-10）。内容如下：

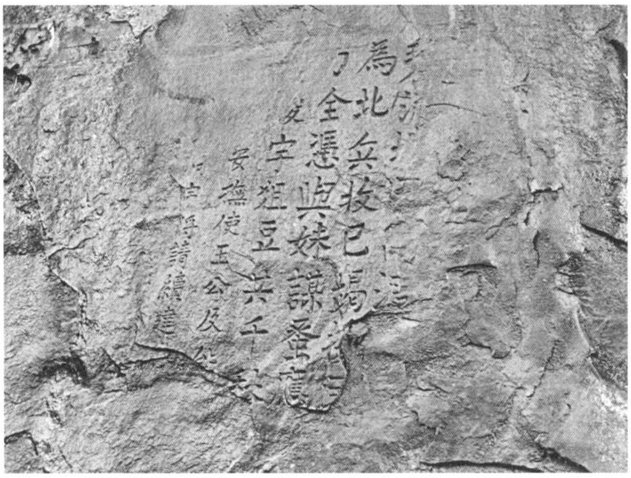

图 17-10 乾隆四十四年陈大文题五言绝句并跋题刻

□□□□□□□□

為北兵收已竭援民

力全憑與妹謀螽應

□峻宇俎豆共千秋

安撫使王公及熊

祠宇将将請續建

▼ 17.1.11 乾隆四十四年沈怀瑗②题五言律诗

该题记位于徐澜题诗左侧距地表 3.20 米的岩壁上。整幅高 0.80 米，宽 0.50 米。右至左竖排 8 行。楷书阴刻（图 17-11）。内容如下：

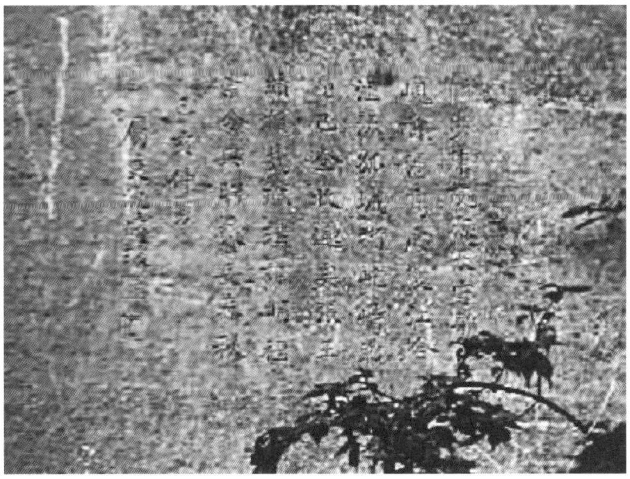

图 17-11 乾隆四十四年沈怀瑗题五言律诗题刻

步陈砚斋太守韵

峴首憑高處雙江合

滙流孤城犹屹峙战

垒已全收邈矣張王

績雄哉琟璞謀明禋

崇令典肸飨妥春秋

已亥仲夏

属吏沈懷瑗

① 据考，该题记是作者升任合州知州后，到钓鱼城寻访遗迹时所作。

② 据考沈怀瑗为清会稽（今江阴）人，曾于乾隆四十二年（1777）任合州吏目。

▼ 17.1.12　乾隆庚子沈怀瑗书“钓鱼城”题刻

该题记位于护国门外，山道右侧离地表 2.20 米处的岩壁上。整幅高 0.96 米、宽 2.40 米，有边框。右至左横排，楷书阴刻“釣魚城”3 个大字，每字字径 0.70 米。3 个大字两侧有题跋，右侧竖排楷书阴刻“清乾隆庚子孟春”；左侧竖排楷书阴刻“州□□□沈懷瑗書”。刻字均填以蓝色（图 17–12）。

图 17–12　乾隆庚子沈怀瑗书“钓鱼城”题刻

▼ 17.1.13　道光二十三年三圣岩造像题刻

该题记位于三圣岩造像的右侧岩壁上，有边框。右至左竖排，楷书阴刻。刻 字均填以蓝色（图 17–13）。内容如下：

大清道光二十三年癸卯仲夏建修彤刻彩装

觀世音菩萨 西方接引佛 大勢至菩萨 金身蓮座 祈佑本寺 佛法長興

擭国白塔两寺住持智慧徒監院勝澤 萬 光 恩 芳 □

孫常修 坤 轉 萬 坤 轻 輪 辑

常辚 辑 □ □ 桂

曾孫住澈 榮 體 成

住辑 流 一

捐修建立

▼ 17.1.14　光绪十三年朱宗言书“荡胸生层云”题记及光绪八年书“慈云通覆”题刻

该题记位于三圣岩造像下距地表 2.50 米的石壁上，题记面西。整幅高 0.80 米、宽 2.80 米。右至左横排，楷兼行，阴刻“盪胸生層雲”5 个大字，字径 0.45 米。5 个大字左右各有题跋，右侧竖排楷书阴刻“大清光绪十三年丁亥孟秋月”；左侧竖排 2 行，楷书阴刻“邑人朱宗言書马景鶴鐫字”。刻字均填以蓝色。在该题记上方，有清同治元年（1862）仲春，合州朱宗敏、邻水刘庆洪等人“同游钓鱼城，遍览諸胜”后的题记残文。在该题记下方，右至左横排，楷兼行，阴刻“慈雲通覆”4 个

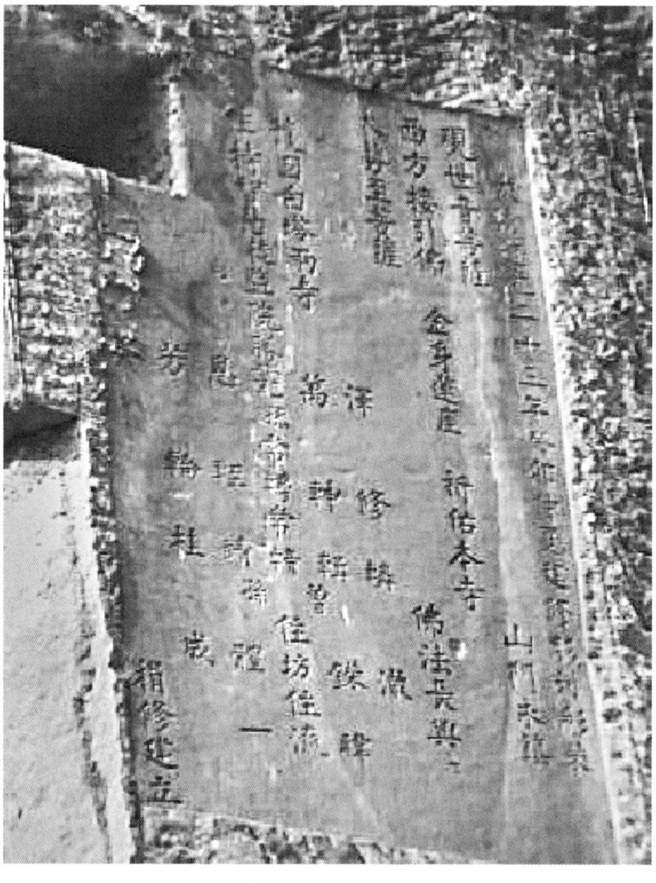
图 17–13　道光二十三年三圣岩造像题刻

大字。4 字左右各有题跋，右侧竖排楷书阴刻“壬午春二月立”；左侧竖排楷书阴刻“朱宗敏敬”。刻字均填以蓝色（图 17–14）。

图 17–14 光绪十三年朱宗言书“荡胸生层云”题记及光绪八年书“慈云通覆”题刻

▼ 17.1.15 民国十二年戴美渠题文题刻

该题记位于始关门外水井坎距地表 0.85 米的石壁上，题刻面南。整幅高 1.88 米、宽 3.72 米，有边框。右至左竖排 23 行。楷书阴刻，刻字填以蓝绿色（图 17–15）。全文如下：

君不見，釣魚之山高插天，飛舄楼影横蒼煙；又不見，古佛高卧西巖畔，巨人一去迹留傳；雉堞参差互明滅，危登縈纡相鉤連。不復城懷古。我来縱步興磅礴，懷古之意向茫然。忆昔余玠城設險，運籌帷幄聞兩冉。支撑半壁宋山河，蜀无 降将真不忝。元围十載終無功，朝命三年不復通。炮火雷飛偶然中，遺詔屠民雪怨恫。時渝郡守张公珏，而王相繼多雍略。攻守代之致失援，城危累卵虑遭缚。王立誓死身不辱，不忍生灵罹荼毒。帐中弃食時长吁，熊耳獻謀审大局。书藏履衬遠寄兄，李公抗疏獲全城。恩赦一頒齊解甲，不需簞食壶浆迎。于嗟呼，井呈巨鲤何須說，国祚興亡見臣节。能捍大患則祀之，莫将成败論豪杰，至今野老話功勳，廟堂血食民安集。大江三面山限，流水濺濺

图 17–15 民国十二年戴美渠题文题记

图 17–16　民国二十七年刘总百题七言律诗三首题刻

图 17–17　民国三十年袁锡陈书“忠勇坚贞”题刻

作鳴，疑是当年战士飲恨吞聲泣！此予少作已卅年矣，近因朱世亮約刻所著之，什聊属友人顔不感書之。邑人戴美渠 文犀夫識時年六十有五，民國十二年也。

▼ 17.1.16　民国二十七年刘总百题七言律诗三首题刻

该题记位于钓鱼城钓鱼台下距地表 1.50 米的石壁上，题记面南。整幅高 2.60 米、宽 1.40 米。右至左竖排。楷书阴刻（图 17–16）。全文如下：

釣鱼城懷古

十万胡騎走炮風，名城名将震寰中。苦鏖残局心難死，独钓中原氣亦雄。雲幕高低遮睡佛，灘聲日夜撼潜龍。山僧也有興亡意，指点荒叢說守攻。郁郁苍苍古意生，江山不改夕陽明。仙人有釣皮臣拙，降将无謀虏馬马横。土守卅年醻聖主，鞋藏萬生寄阿兄。丹心岂为直風冷，木石亏今恨未平！飞舄仙樓迹已荒，丰碑指点满臺蒼。两三朝事随風逝，四十里城共劫亡。煙雨撥開新畫本，江山誰續舊文章。六論七七惊弹指，来吊今朝古战场。

▼ 17.1.17　民国三十年袁锡陈书“忠勇坚贞”题刻

该题记位于钓鱼城西岩上天梯上段右侧石壁上，题记面西。整幅高 2.30 米、宽 3.23 米，有边框。左至右横排，楷书阴刻“忠勇堅貞”4 个大字，字径 0.5 米。上下各有题跋，上部左至右横排，楷书阴刻“民國三十年春”；下部左至右横排，楷书阴刻“中央軍校特訓班袁錫陳書”。刻字均填以蓝色（图 17–17）。

▼ 17.1.18　民国三十二年蒋中正等题刻

该题记位于护国门内左侧 16.70 米处距地表 1.50 米的石壁上，题记面南。整幅高 1.20 米、宽 4.70 米，有边框。右至左竖排。因该题记由不同人书写，故字体各异，均为阴刻，刻字均填以蓝色（图 17–18）。从右至左内容如下：

堅苦卓絕[①]

① 此行为大字。

图 17-18　民国三十二年蒋中正等题刻

蒋中正

十年教訓[1]

何應钦題

革命軍的根本

是在高深學问

恭録総理遺訓

白崇禧

十年树人雲蒸

霞蔚團結精神

助成抗建

张治中題

自今以往更當一秉

総理奮斗之遺規与大公

無私之精神痛念本校

同学喋血沙場之犧牲

与革命将士傷亡相繼之

英烈不辞一切之痛苦艱

聿以負荷任何艱鉅解

救國家之危亡完成革

命之大業 恭承

① 此行为大字。

校長對本校十週年紀念訓詞

萬耀煌題

一心一德[①]

贯澈始终[②]

康泽

明耻教戰[③]

施則凡題

民族之光[④]

▼ 17.1.19 民国三十二年中央陆军军官学校特别训练班十周年纪念碑记

该碑记位于“蒋中正等题记”的右侧距地表0.80米的石壁上，碑记面南。整幅高2.3米、宽8.2米，有边框。右至左竖排阴刻50行，共574字，刻字填以蓝绿色（图17-19）。

中央陸軍軍官學校特別

訓練班十週年紀念碑記

安岳□ □□

□□□□□書

□□二年夏□□□□□□□

方□便國勢日蹙民不堪命□

□□□□□□□□□□□□

□□□□□□□□□□□□

□□之方鑒乎黄埔建軍□□

□□□□□□別動隊□命成

□□一經□□□成英才故別

動隊□□於□□層巒疊嶂之

□□□能□□□勇与□□□

□□□中央軍校□□特別□

□□□移□會遷□□□□豫

鄂皖三省團隊幹部訓練班軍

事委員會政訓研究班遂定今

① 此行为大字。

② 此行为大字。

③ 此行为大字。

④ 此行为大字。

图 17-19　民国三十二年中央陆军军官学校特别训练班十周年纪念碑记

名二十五□□□軍事委員會
□□研究所訓練總監□國民
軍事教官訓練班杭州特□人
□訓練班於是特種教育□歸
亏一□來學之智能各□而教
育之準則□二抗戰以□鄂之
江陵川之□□今之合川皆吾
□□□之所□如□□□安居
□□□□府□皆因地制宜分
□□□元□□業看如□□□
□□生也□□□□□□□□
□□□□□□幹部也□□人
□□□□青丰也華□學生也
□□□人年□□□國□□□
□□□循分□職轉□□□或
□□陰紀□□□□□甚有來
及□業即□□□□所義成仁
者□□十年往事□令人百感
救國救民應教以戰方今國步
正□□□□己□略洪澤汎濫
□天下願各復死同學力行三
民主義□□黃埔精神□奮義

□方不愧黄帝永世之子孫斯

不負□校長十年之培育勝利

在望□勵是企持述顛末書□

此石期與大宗□元之古城永

垂不朽

中華民國三十二年七

月中旬

▼ 17.1.20　民国三十五年孙元良[1]题五言绝句题刻

该题记位于“李尚德题记”上方距地表 2.60 米的 岩壁上，题记面东。整幅呈正方形，边长 2.40 米，有边框。右至左竖排 4 行，隶书阴刻“元韃逞淫威，釣魚城不破。伟哉我先烈，雄風萬世播。”五言绝句。左右各有题跋。右侧竖排 2 行，行书阴刻“民國三十五年秋遊釣魚城”；左侧竖排行书阴刻“華陽孫元良題”（图 17–20）。

图 17–20　民国三十五年孙元良题五言绝句题刻

▼ 17.1.21　民国三十五年杜兆麟书“古钓鱼城”题刻

该题记位于圣岩左侧距地表 2.50 米的岩壁上。整幅高 5.00 米、宽 6.00 米。右至左竖排 2 行，楷书阴刻“古釣魚城”4 个大字，字径 1.28 米。左侧竖排楷书阴刻“乙酉暮春盐亭杜兆麟代三題”12 字。刻字均填以蓝色（图 17–21）。

图 17–21　民国三十五年杜兆麟书“古钓鱼城”题刻

▼ 17.1.22　民国三十五年官道题七言律诗

该题记位于城南始关门外水井坎距地表 0.96 米的石壁上，题记面南。整幅高 1.48 米、有边框。右至左竖排楷兼隶，阴刻（图 17–22）。全文如下：

春日登釣魚城懷古

江山依舊雨蒼茫，險塞危城雉堞荒。自古彈丸封勝國，於今野壘峙边疆。子陽割據猶無繼，公路分争尚假王。坐對翠微尋往迹，人間何事太滄桑！游春最好在青山，極目空濛盡雨間。争葩萬卉及時發，鎮静一峰終日閒。水流雲趣機潛化，虎嘯猿唫吼若灘。願結茅廬庐隐阿曲，北窗高卧讀弢鈐。

温江官道尊題

① 孙元良，原籍浙江绍兴。出生于四川成都。黄埔军校一期毕业，曾任国民革命军第八十八师师长，第 22 集团军司令官，国民军第 5 绥靖区司令官等职。

图 17–22　民国三十五年官道题七言律诗题刻
（中国文化遗产研究院孙延忠提供）

▼ 17.1.23　1981 年戴氏兄弟书“江水千古 民族千古”题刻

该题记位于“蒋中正等题记”左侧距地表 0.95 米的石壁上，题刻面南。整幅高 1.00 米。隶书。右至左横排 2 行，篆书阴刻“江水千古 民族千古”8 个大字。8 个大字左右各有题跋，右侧竖排楷书阳刻“建國後第一辛酉秋季”10 字；左侧竖排楷书阳刻“縣人戴蕃瑨題 戴蕃臻書”10 字。刻字均涂以蓝色（图 17–23）。

▼ 17.1.24　陈毅题五言绝句

该题记位于城南始关门外右侧近百米处的峭壁上，题记面南。该题记作于 1927 年 2 月，刻于 1991 年 4 月。整幅高 7.00 米、宽 5.00 米。右至左竖排，行书阴刻（图 17–24）。全文如下：

釣魚城何處，遥望一高原。壮烈英雄氣，千秋尚凜然。陈毅一九二七年春

图 17–23　1981 年戴氏兄弟书“江水千古 民族千古”题刻

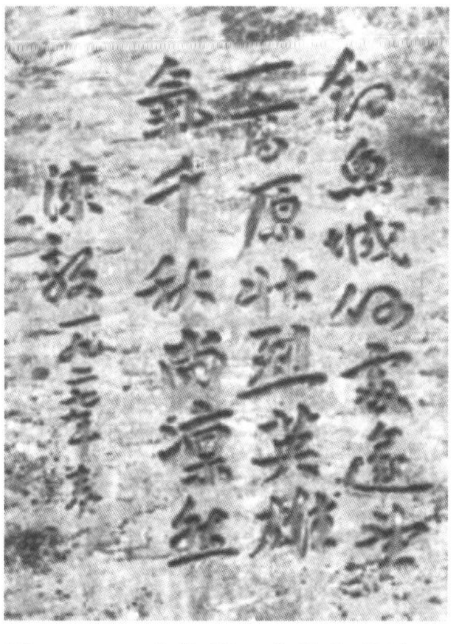

图 17–24　陈毅题五言绝句题刻

▼ 17.1.25　杨超书“上帝之鞭折此城下”题刻

该题记位于“陈毅题记”右侧 10 余米处。题记面西。整幅高 5.00 米、宽 3.00 米，有边框。右至左竖排 2 行。楷兼行，阴刻“上帝之鞭折此城下”8 字 个大字。8 个大字左侧竖排，楷兼行，阴刻“楊超十二月八日”7 字。刻字均填以蓝色（图 17–25）。

图 17–25　杨超书“上帝之鞭折此城下”题刻

▼ 17.1.26 郭沫若题七言律诗

该题记位于“徐澜题诗”右侧距地表 3.00 米的岩壁上，题刻面南。该题记作于 1942 年 6 月 3 日，刻于 1991 年 5 月。整幅高 9.00 米、宽 4.00 米。右至左竖排 5 行。楷书阴刻，刻字均填以蓝色（图 17–26）。全文如下：

魄夺蒙哥尚有城，危压拔地水回萦。冉家兄弟承璘玠，蜀郡山河壮甲兵。卅載孤撑天一綫，千秋共仰宋三卿。贰臣妖婦同祠宇，遺恨分明未可平！一九四二年二月郭沫若

图 17–26 郭沫若题七言律诗题刻

▼ 17.1.27 刘克庄题《蜀捷》题刻

该题记位于钓鱼城南水军码头之上的第二层平台的石壁上。右至左竖排。楷兼行，阴刻。刻字均填以蓝色（图 17–27）。全文如下：

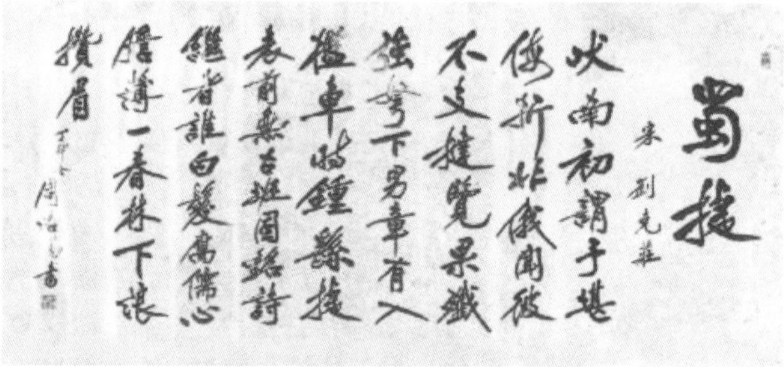

图 17-27　刘克庄题《蜀捷》题刻

蜀捷

宋劉克莊

吠南初謂予堪侮，折北俄聞彼不支。撻覽果殲强弩下，男章有入檻車時。鍾繇捷表前無古，班固銘詩繼者誰。白髮腐儒心膽薄，一春林下浪攢眉。丁卯冬周浩然書

▼ 17.1.28　土地岩题刻

该题记位于钓鱼城西北后山公路左侧的土地岩上。题记东南向，大部分因长年裸露已经风化殆尽，仅有被泥石深层覆盖的左侧下半部分保存下来。依据残存的与已风化部分 相对应的题记边框纹饰测量，原题记整幅高 4.50 米、宽 5.60 米。题刻现存部分宽 3.00 米、高 1.04 米。现存残文 29 行，每行 10 字，共 290 余字。因残文全部在早年被人为凿毁，可辨识的文字仅有 74 个，字径 8—9 厘米。楷书阴刻（图 17–28）。可辨识内容（右至左）如下：

全衆……乃歲……一……兵岸……雖欲……勢易……元主千一百人……列队 …… 之急 ……飛丸……此……不……初守城栈可歿發必中……日夜……果業賊……城者萬衆侍……為……辨……不……陽……以……運……将……王……水……朝贡張……魚丑旅仇子如……畫……者……三為……血凶……至是元…… 旦……如……江

图 17–28　土地岩题记

17.2 龙多山摩崖题刻[①]

▼ 17.2.1 绍兴二十七年刘望之[②]题《观堂老人诗》

整幅高 3.25 米、宽 2.09 米。右至左竖排，满行 27 字，字径 4—8 厘米。楷书阴刻（图 17–29）。张森楷《民国新修合川县志》等录有此文，内容如下：

龍多山

金船載山知有無千浮空佛所書何人夜斷海山臂以手挈置西南

隅白虹發晴涪水現翠鳳下晓巳山趁亮哉何邦實有此但恐短舞皆

凡姝巳从上头收浩蕩更著幽處藏萦紆馮仙觀中柏摩月静老嚴

下泉跳珠霜荷千樹小雨暗野竹萬箇秋風虚石困自不了歲事丹灶肯

爲凡人炉惜無数桃出山崦来藉芳草開春壶从来山僧野道士畏

客誓不荒榛燕問誰結屋据雄會邑中令君秦大夫此郎平生眼

如鹘視此亦足知遠圖挽衣留客来置酒要看碧浪催天吴我亦爲

渠脚力輕柱杖插到青雲孤酒酣撫檻叫落日共閔此世真区区真

图 17–29　龙多山摩崖题刻绍兴二十七年刘望之题《观堂老人诗》题刻

① 此部分录自罗洪彬《庆市合川区龙多山摩崖石刻研究》。

② 刘望之，字夷叔，四川泸州合江人，绍兴中进士，受宰相沈该推荐，官居南平军教授。观堂老人是其晚年之号。

須舉臂遊汗漫莫向人間堕履舄

予書與詩皆不二夢授强欲得之歸刻山中大似不

相愛然恐因此與山少結异日之緣亦一利也乃爲之

書紹興二十七年四月十五日許下劉望之夷叔書

右觀堂老人詩後三十有一年邑令資中何師亮

始得此本刻之巖下淳熙丁

酉秋九月己酉識

▼ 17.2.2　绍兴二十九年① 白丙等题《奉和冯使君诗》

整幅高 1.80 米、宽 1.00 米，有边框。额书“題奉和馮使君詩”7 字，字径 10 厘米。正文楷书阴刻，稍有剥蚀，字径 2—4 厘米，字迹较为完整（图 17-30）。张森楷《民国新修合川县志》及道光《蓬溪县志》录有此文。参考二志核定内容如下：

丙獲侍

杖屦輒繼

严韻左文林郎知合州赤水縣主管学事勸農公事白丙

今日相逢慰別顔獲參後乘訪龍山古仙已去靈踪在杖屦寻幽喜共攀

陰陰雲雾埋仙境不放山峦容易開風伯前驱爲除埽分明认得

使君来

宦海風波

君已厌我思騰蹋愧無能何時共约歸欤计来隐峰前绝愛憎

汉炳丹山晚进知學以来尝於文字中敬識

先生矣试吏赤水偶逢

先生經由爲龍多少駐

行施出三詩以賁之汉炳不揆荒拙勉繼

严韻左迪功郎合州赤水縣主簿主管學事樊汉炳

图 17-30　龙多山摩崖题刻绍兴二十九年白丙等题《奉和冯使君诗》题刻

① 此题记虽无纪年，但人物有白丙、樊汉炳、夏世雄及冯使君，与龙多山摩崖题刻中的《冯公留题》题记中人物几乎完全相同，故此题刻中的“冯使君”极有可能就是冯时行。张森楷《冯时行传》曰：（绍兴）二十九年，（冯时行）起大中大夫、知黎州军州事，道出合州，往游龙多山，赤水县令白丙、主簿樊汉炳、巴川县主簿权赤水县尉夏世雄实从……时行留题三绝以识其事，丙等和之，因摩刻岩石间。此载与题刻内容相符，所以可以确定此题刻与《冯公留题》为同年代作品，均刻于绍兴二十九年（1159）。

天□乍寓人間世愛欲都忘只愛山更向馮仙問陳迹煙萝深處勇跻攀

此山勝處非人境长有煙雲拨不開信是天公慳絶勝晴曦端爲

使君来

波雲已谐平日志開雲須信大賢能只餘天道終堪倚不問人間愛與憎

奉繼

馮使君韻右迪功郎合州巴川縣主簿权赤水縣尉夏世雄

恭覧新詩清澈骨揮毫落處耀名山寒踪久巳知恩地杖履今朝得喜攀

翳雨□風遮遠目等闲轩豁爲誰開天公岂是藏幽景留待

使君持節来

神物堅持多圣境新詩開僻信賢能磨崖永作山中景读處留行示好憎……

▼ 17.2.3　淳熙庚子姚文孺、张信甫题诗[1]

整幅高 2.07 米、宽 1.76 米，有边框。位于 T56 左侧，摩崖，诗文右至左竖排8行，满行9字，字径10—20厘米。正文为隶书阴刻；题名“文孺”、“信甫”4 字及落款为楷书阴刻，题款字径 4—8 厘米。保存较好（图 17-31）。内容如下：

林僻鳥常樂境閑人自

清更登孤絶處要看萬

山平文孺[2]

澗水活一境寸崖俱墨

林無心與人接佳處自

知音信甫[3]

郡從事平陽姚蔚文孺邑令資中張檄

信甫同来淳熙庚子十月廿四日[4]

图 17-31　龙多山摩崖题刻淳熙庚子姚文孺、张信甫题诗题刻

▼ 17.2.4　嘉定甲戌文师敬[5]题诗

右至左竖排 11 行，满行 24 字，字径 3—6 厘米。楷

① 据考，“淳熙庚子”为淳熙七年（1180）。张森楷《民国新修合川县志》载：姚蔚，字文孺，淳熙七年以郡从事因公至赤水县，同县令张檄（字信甫）游龙多山，题诗刻石。

② “文孺”2 字略小，楷书。

③ “信甫”2 字略小，楷书。

④ 后 2 行小字，楷书阴刻。

⑤ 据考文师敬字寿石，嘉定时人。

书阴刻。保存完好（图 17-32）。张森楷《民国新修合川县志》收录有此文。内容如下：

我家龍多西出門山在目杖屨三十里兄弟穿雲宿山上有頃

田嵓洞多重複石囷如内空可容萬億斛奇古一仙臺清絶三

梵屋千歲大夫松萬竿君子竹四時風飕飕多寒而少燠天低星

月近舉首心自肅不敢高聲呼恐帝謂予騃轉盼四方寛萬山

皆俯伏幽人来避世松柏可充腹何勞苦煎炮自有雲蒸熟朝易

暮楞嚴隨意伴幽獨天下真樂在安用名利逐我亦知此樂倚門望

良速入山未要深且歸問寢餗男兒天下志未忍同草木他時

素志遂人進我則縮登臨寄餘生分此山林福吾心與道俱出處

應可卜

嘉定甲戌仲冬念三日青石文師敬師诚師聖兄弟来遊

師敬留詩於此書未既趙德輝德猶来

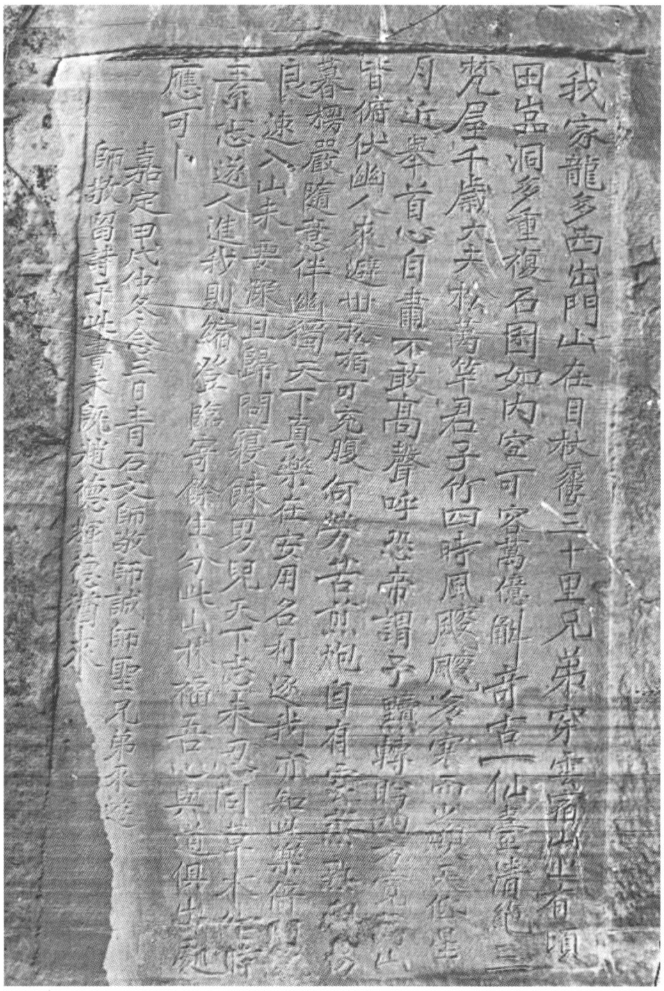

图 17-32　龙多山摩崖题刻嘉定甲戌文师敬题诗题刻

▼ 17.2.5 刘士逵[1]题诗

该题记位于东岩上古佛殿右侧崖壁。整幅高 1.40 米、宽 2.50 米。右至左竖排 9 行，每行 6—7 字，字径 15—30 厘米。楷书阴刻（图 17-33）。内容如下：

庶□□僉判合州

時曾□游山□

景詩不向仙人著

半語獨於知己士

洓期風雲变態□

多識天地推近妙獨

知遐想圖書将脱

稾更末禅定□

沉思劉士逵□題

图 17-33 龙多山摩崖题刻刘士逵题诗题刻

▼ 17.2.6 光绪十四年张玉题《游龙多题句》

整幅高 1.53 米、宽 2.20 米，有边框。右至左竖排 23 行，其中诗文 17 行，题 1 行，跋 5 行。字径 3—6 厘米。行书阴刻。保存较好（图 17-34）。内容如下：

游龍多題句

性情惺所适囊兮名勝寄有山号龍多闻者屡遥

企少小怀芬臨老大始一至策杖扑雲来雲深藏古

寺巍然象龍形飛跃昂首背攀鳞步絶頂風高近帝

位俯瞰萬山低烴雾足底墜蜀山稱宗章斯遊已拔

萃林正訊諸僧便讨山中記僧曰翠渐巅乃出人路地馮公

遺像存石刻始未备千尋峭壁連晋唐宋文字剔蘚

雅盡浅呵护仗靈氣抄帙満詩囊稱懷如受購憩息

謁先祠以經邀仙釋仙去井泉留留飲清胸次落暮

尋歸途日色横苍翠飛鳥語林間似解留題意勿顧

幾骨体久食人皆燧恨衣如鍟犬雲中爲随侍敬轩张仕瑢男玉書嚴

山川衣勿形閲人成今古窮盡赤水源浅得山之福龍多象群出乘時

各飛舞素好名山游讵怜跋涉苦峭壁天斲成神工运鬼斧晋唐

宋諸人題巖幾遍普山荒歳天深点画剥風雨眼界小群峰邱陵成

---

① 刘士逵，字伯鸿，明嘉靖十一年（1532）三甲一百七十五名进士。浙江慈溪人，历御使，出按近畿，劾中官严绥等不法，又劾吏部尚书许赞。因备摘六部贿滥之弊，帝怒，斥知临淮县。终襄府长史。

图 17-34　龙多山摩崖题刻光绪十四年张玉题《游龙多题句》题刻

覆釜足底绕江流茫茫等丝缕仙去無消息林峦勿爲主断碣紀前

□沧桑仍故土我来寄游踪與古同肺腑我浚稱古人来者必哀侮

浩浩此乾坤堪作一例睹安平懷仲季何須评子午此意

质俊賢恕慨予□鲁

大清光绪十四年歲在戊子春之天

同兄瑞□来游览龍多勝槩流連

數数日作句刻於東巖之右

邑人連城張玉題并書

男廷显勒石

▼ 17.2.7　隆兴甲申吕简修重刻孙樵[①]题《龙多山录》[②]

整幅高 1.79 米、宽 2.00 米，为龛形。右至左竖排 29 行，其中正文 20 行，跋文 9 行，满行 21 字，正文字径 2—5 厘米、下部剥蚀严重，字迹多有缺失（图 17-35）。光绪《新修潼川府志》、道光《蓬溪县志》、道光《重庆府志》、嘉庆《四川通志》、《西南稀见方志文献》、《巴蜀道教碑文集成》、张森

① 孙樵，字可之，又字隐之，大中九年（855）进士，官授中书舍人。历经文宗、武宗、宣宗、懿宗、僖宗五朝，是晚唐著名散文家、史学家。

② 据考，《龙多山录》是晚唐文学家孙樵所撰。孙樵之唐刻早已不存，从题记后的跋文分析，该题记为政和三年（1113）宋延伯手书重刻。后来宋延伯所刻也“为好事者削去”，所以现存《龙多山录》应该是隆兴甲申年（1164）吕简修按照宋延伯手书纸本重刻并题跋的。

楷《民国新修合川县志》等文献及著作均收录此文。参考以上 7 种文献，核定内容如下：

龍多山録 唐职方郎中孫樵

梓潼南鄙越五百里其中有山崛起中天即山之址得

迳委延舉武三千北出其巔氣象鲜妍孕成陰煙屹石

巉巉别爲東巖査牙重複争生角逐若絶若裂若缺若

穴突者虎怒企者猿踞横者木仆挺者碑植又有似乎

飛檐连轩櫟櫨交攒欹撑兀柱悬栋危礎殊状诡类愕

不得視下有亩平砥若户庭摅乳侧脉膏停泓石俯对

絶壑杪臨簫薄仙臺标异叢石負起屹與山别猿鳥蹊

絶腹窦而空路由其中斷齶相望攀緣上下闇訚然而出

曜见白日始時永嘉飛真盖罗立踪

斯存石刻傳聞丹成而蝉駕鶴騰天一去辽廓千載寂

寞澄泉傳靈别壑镜明風闲境清寂寥無聲嘉木美竹

岗峦交植風来怒黑雷动崖谷山禽巖兽捷翔乐牙惊晓

吟瞑啼听之悽悽迴環下矚萬类在目垤山带川青萦

碧联莽蒼际天杳杳不分月上于東日薄于泉魄朗輪

昏出入目前其或宿雾朝雲糊空缚山漠漠漫漫莫知

其端陽曜始升彻天昏红輪高而赤光流散射浓透薄

图 17-35 龙多山摩崖题刻隆兴甲申吕简修重刻孙樵题《龙多山录》题刻

釋錦裂綺折千状萬態倏然收霽樵起辛而遊洎甲而

休登降信宿聞見刁孰姑曰山乎山乎曾未使有傳乎

無處奔任钓名者污此嚴扃乎且欲聞于颍陽之徒乎

正文后有宋延伯所题跋，字径 2—5 厘米、跋文内容如下：

東巖旧未有职方公之祠余令兹邑初得公遺

像于今宕渠工掾徐邦杰庭彦時未及經营而

余徙长江今年春復歸因率邑尉朱去甚稽中

同游得屋三楹而苟完之以繪公像併刻公之

文於嚴崖間公文比旧刻是正者三焉時政和

三年孟夏二十六日縣令臨邛宋延伯季賢題

宋延伯跋文之后，又有吕简修所题跋，字径较小，约 1—2 厘米，剥蚀严重，现仅可见“令”“宋公”等字。

▼ 17.2.8　绍熙元年于宜之纪游题记

整幅高 1.50 米、宽 0.60 米。现存竖排 4 行，每行 5—9 字不等，字径 10 厘米。楷书阴刻（图 17-36）。内容如下：

邑尉于宜之義夫拉表

兄譙沂詠道挈属來遊

弟有之侍行紹熙改元

二月十六日

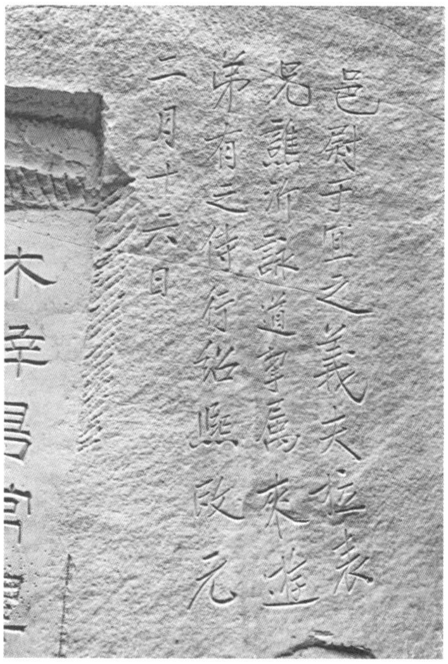

图 17-36　龙多山摩崖题刻绍熙元年于宜之纪游题刻

▼ 17.2.9　政和六年吕□题《知县程公政事记》

整幅高 1.74 米、宽 1.13 米，为龛形。碑额右至左横排，楷书阴刻“知縣程公政事記”7 字；由于岩石风化严重，正文大多字迹已无法辨识，仅存中间部分尚可勉强辨识，字径 1—3 厘米（图 17-37）。道光《蓬溪县志》及张森楷《民国新修合川县志》等文献录有此文。核定全文如下：

文林郎前合州州學教授 劉時行

治者君也，求所以治者民也。推君之治而濟之，民吏也。凡曰：吏均推治以濟民焉，尤切于撫字者，惟令爲然。令得人則百乘十室被其休，否則政治馳而败。□其害者岂浅耶？故在昔郎官缺則择常任縣令者補之。而内外官五品以上者則取之以爲令，然則令之爲任重矣哉！赤水之爲邑距州百里，介两山之間，总七乡之衆，其疆封爲狭小也。然民淳俗易，樂于奉公，其词訟眎他邑，最爲衰少。故来者率易之，以爲不足治，而治不加力，敝弗救傾弗支，而民因得以爲藪焉，蓋一邑之衆不無詐慝乱常

图 17-37 龙多山摩崖题刻政和六年吕□题《知县程公政事记》题刻

者以幻誘良民，是致多爲隐寄，苟避赋役侥倖之徒，泰然自足，而困役伤財者，有不得終养之患，以是爲病，葢累年於兹矣。惟程公以高才碩學，俯掇科第，下車敷化，風动神行，巨德清機，足以烛幽隐之情，鎮浮薄之俗。前所患者，於是迪之以善，示之以公，俾之自首。而原其罪简不率者，乃力治而痛懲之。故慢公罔上之徒电滅影息，而下民無役使不均之敝。占籍之户昔止二百五十有八。今而歸三等復版圖者，乃至于三百七十有三。用度不乏，征役以均。故雖西南小丑跳梁閲月，而吾邑之民副军须充边役者，皆樂輸而無怨，自非剸伐，有道未易。若此時行邑仕也。乃者掌教南充，稔聞士大夫之论交□而談程公之美多矣。暨得解还舍。入其境亭馆，严洁俨若公宇。固已欽服其爲人，過其邑际，梁伸若虹，塗平如水。乃繼之以叹曰：呜呼！吾邑久敝陋，今此一新，使人意夺神骇。信乎公之所爲，果有以大過人者，故併書之以告後焉。

其后有跋文，道光《蓬溪县志》及张森楷《民国新修合川县志》等文献有载，跋文如下：

普慈程公，以兼人之資治吾邑百里之聚。剸割剖析，游刃恢然，错节盘根，物迎縷解。三年於此，吏畏民懷害者、除利者、興敝者以新蛊者以振事有益於民。雖必行，作有擾於法，雖微必去，以故争訟衰息，奸宄不興，内外肃然廓廓。無事若隐寄之敝蠹政之尤者，程公灼見本原，懲之以法，翦孽除根，民咸受賜，是宜乡人劉当可樂爲道之刊，以翠琰俾傳無窮。夫隐寄一事尔，何足爲公政之善？是不然。避赋调，贼良民，败法乱政而每難于省察者也。舉難之善，其易可知异時操是。以往治一国宰天下經营施设裕然有余，茂叶殊勲且将書竹帛藏王府矣。蹠涔尺泽讵可展吞舟之志哉！

政和六年五月十五日邑士吕□謹題邑士□敏行弟□明化弼劉□□□□□□□□□□

▼ 17.2.10　咸通十五年当院小师题《集圣院记》（残碑）

整幅高 2.75 米、宽 1.04 米，为龛形。楷书阴刻，由于风化严重，除个别字外，已无法辨识（图 17–38）。董其祥先生在其《龙多山石刻文字小记》中曾记录 24 行，每行 48 字，字径 2 厘米，其中前 12 行残损严重无法辨识。张森楷《民国新修合川县志》收录此文 18 行，内容如下：

之理此慧 及一僧□□福□□衆□讫□□□□□□□□□□百川……

不辍于今十五年矣師乃用□□之楚持黎□□之□□建佛舍一……

聞于药首是時故渤海□□□□国遽□□□□□□□□之院□□……

供奉若□飘天外望出五百里之風煙足□□□□□□□□垂之雲物……

岭夜爲月殿朝是日宫復异□堂側膳所峭壁靈源鳶□□□而已□□□□□□□□□□四時……

師至感至化以賢以聖精专妙愿竟入無爲及院愈一

大夫松初平石於□□□□□□□□之……

臺也靈仪依在故事悠然是時道有盖罗□有□□岂不曰聖集之□□□□□□□□□□□□無佛理俱行……

師言昔宣王求賢于□于髡□□曰譬如挹水于河取火于燧令□二□□□□□□□□□人……

图 17–38　龙多山摩崖题刻咸通十五年当院小师题《集圣院记》(残碑)题刻

令坤等盡趍馳入室皆俯伏歸依谅河洛與須弥竭□知苦行與真心不是□□□□□□公……

之恩威外布釋闍之惠施守令 □公爲人父母作僧神明遏强振弱之能□□□哲慧□□公之理……

欲俱明善果修崇士□□□□行邹仁尾信□□□□伯寮并不□也□□依仰□□□□□□矣

恨讷于说所务 明□□代不絶美美之猷遂勒貞珉以銘堅固咸通十五年七月十五日記

当院小師 惠慕 行典 道樂 道宗 道□ 道讚

道□ 道□敬安 行本 敬品 法真……

道超 敬崇 道寂 傳拈 道全 宣奥行存 行谦

□□ □□ 敬□ 敬本 □□ 敬修……

▼ 17.2.11 乾道九年向潜重刻《张夫人梦佛记》

整幅高 1.90 米、宽 1.10 米，四周装饰回形纹，为龛形。碑额正中右至左竖排 3 行，楷兼隶，阴刻“張夫人夢佛記”6 字，字径 8—10 厘米。正文由于风化严重，字迹已无法辨识（图 17–39）。张森楷《民国新修合川县志》、道光《蓬溪县志》等均录有此文。参考以上文献，核定全文如下：

夫三界渺茫，四生流浪得人身者爲甚難，既得爲人生於中華身處富貴聞授正法，又爲大難。既聞正法，不值諸魔，信必堅固，不復退轉爲尤難也。然具此三者自非深種善根，固值法本承菩提之種子，秉大乘之根器疇克臻於是哉！武興太守向公之夫人張氏，蓋其備於三難者歟！夫人家世爲果郡右姓，其祖司法公少年負才具，決危科，氣焰動人。力可自致於青雲上，乃能不以富貴自居，杜門絶物，刻意參乘，真其身而不仕。示寂之日，有坐忘立脱之風。則其所養所得，斷可識矣！善慶綿遠，克鐘于夫人，爰自孩提秀□出門，及長，標韻絶人，音律女工臻劇。其妙然不妄笑語，步視若有繩尺，居家燕坐端崖，如圖畫中人。雖其喜愠不見于色，父母宗族咸敬愛。而尤喜學佛，持誦大悲咒，精進誠□嚴，寒暑不懈，善念淨信，綽有祖風，是真所謂菩提種子者耶！自歸于向公，克襄内事，賢德益著。向公，巨族也，房院森列，冠纓叢華，執婦道而職中壼者不可勝數，然鮮及夫人之懿也。向公守武興，環地千里，政事日新，而夫人之助爲多。一日，夫人正晝，在寢若寐而非寐，夢至一小寺，見一井池旁有一僧身丈余，謂夫人曰：人具根性，如水中蓮花清淨，相彼亦猶蓮之出於淤泥而不染，在水而不著水也。吾以是戒汝，切無食肉能受吾戒，則已食之肉亦可化而爲水中之蓮。夫人聽受之際，見僧口自吐肉擲于池中皆成蓮花。又曰：汝能不食肉，則亦清淨如此蓮矣。夫人致禮以謝，因問大士何許人。僧曰：吾本師釋迦牟尼佛也。汝明年當來壁下尋言。畢夢，覺夫人疑夢之異甚，莫曉其理，因紀之於冊。然自是夫人多食素矣。越明年春，向公易守興元，待次來果，同夫人扁舟而下抵於閬中，夫人不幸以疾卒。乃泊舟治喪，然弗忍棄夫人于閬，遂同至於果。向公乃卜寓止以營夫人安厝之所。會果守馬公相恤，以義指衆僧坊使，向公覽，自使西曆諸剎，悉不慰愜，因詰左右引步，偶至一小藍曰：永慶者，幽寂雅潔頗當人意。又見堂殿間有蓮一池，向公已疑與夫人之夢合矣。其住持本公一見如故，欣然接諸。遂輟首座寮以奉夫人之殯，已而向公追悼夫人生平。意極悲惋，日忽忽亡聊賴，且念夫人

图 17-39　龙多山摩崖题刻乾道九年向潜重刻《张夫人梦佛记》题刻

之夢所謂壁下之說，詢考未諭，而戶部李公首相慰勞，亦以謂壁下之意豈非殯於屋壁之下耶？然亦未冰釋也。一日向公以供僧再過永慶，見池旁即殿壁之後有繪立佛像者，丹青漫滅，其像甚古，問之乃釋迦文佛也。池蓮佛壁去夫人之殯無跬步，乃于夫人之夢無少異也。向公始大悲歎，因大爲佈施以資莊嚴之奉，慰亡者平昔信佛爲善之報。又屬餘記其事以永其傳。顧恨骫骳憂患之餘，何足以辱文字之託。然揚一人之善固足以化千萬人之惡，明一人之信固足以勸千萬人之不信者，此吾佛之本心也。文雖不腆，意或契理，非夫人之夢當質諸理而不取於文也，弗敢以辭，又況夫人之賢淑德無歉古人而信心清淨，乃生寶相，所以諸佛接引見於夢，感及其亡也，適在異方安殯之所，乃與夢境合若符節，是豈偶然者哉！且人孰無夢，而夢與佛語者幾何？人孰不死，而死與夢合者有幾□□□□□不可已也。以是推夫人之往則步九蓮而登□□□□□□□曾□同者未損善根者，聞夫人之風□□□□向公名子寵字拜思，嘗爲都水使者以直道自重，不肯低首附要人，蓋正人也。夫人之世次享年與□□□□□□□男女之數皆見于沈志，此不復書。建炎戊申秋七月中澣日□□□□□記。乾道九年歲在癸巳仲夏上浣日男□儒林郎知合州赤水縣事向潛重刊於龍多山東巖之石壁。

▼ 17.2.12　嘉定癸酉冉木[1]题记

该题记右上部残损严重，残高 0.95 米、宽 0.70 米、现存右至左竖排 10 行，字径 4—8 厘米、楷书阴刻，保存较好（图 17–40）。张森楷《民国新修合川县志》录有此文。核定内容如下：

余舊遊石室□□之叔丙爲笔硯交嘉定

癸酉復有蘭閣斯文之緣叔丙初筮吾

□丁丑余亦歸自寶峯叔丙訪余於

□□谷相與握手一笑僂指別期十有

□□追故舊叙問闊怳然如夢冬十月

□□□梅隐偕游是山憩龍閣步仙臺酌

□□□□軒策杖東巖晴曦破寒山色

□□□□孫職方録劉觀堂馮縉雲何金

□□□久之因慨念前後相遭寅緣逐

□□□日爲异時佳話念二日冉木震父書

图 17–40　龙多山摩崖题刻嘉定癸酉冉木题记

▼ 17.2.13　贞元六年朝散大夫题《分竹颂并序》

该题记由于风化严重，已残缺不全。现仅存左至右竖排 8 行约 16 字尚可辨识，字径 2—4 厘米（图 17–41）。张森楷《民国新修合川县志》录有此文。核定内容如下：

① 据考，冉木，字震父，合州赤水县人。

分竹頌并序

文林郎守赤水縣……

州置巴子古城居㶊江之舊址……

□煙控帶六縣盖吴蜀之中分……

有精秀故分閫鎮将以禁淫……

朝散大夫使持节合州諸軍事……

郡王賜紫金鱼袋上柱国……

……殲厥梟首晏蕩山……

图 17-41　龙多山摩崖题刻贞元六年朝散大夫题《分竹颂并序》题刻残部

▼ 17.2.14　嘉庆元年题《修龙多山寨东门碑记》

该题记位于东岩永镇门右侧，原题记共计竖排 36 行，每行 13 字左右，楷书阴刻。现仅前 23 行可勉强辨识，字径 3—6 厘米（图 17–42）。

根据合川文管所 20 世纪 80 年代考察资料，核定全文如下：

丙辰春嘉慶□元年也。自古國家将興不能無兵戈之□，今我□□聖天子國運方新，聞秀邑被侵[①]，

① 据考，“秀邑被侵”，与清代中期苗民起义有关。乾隆六十年（1795），爆发了遍及川、黔、楚等省，持续数年的苗民起义。起义军首领石柳邓派军联络川东南酉阳、秀山苗民，使其起兵响应，起义队伍统归石柳邓指挥。其后石柳邓分兵四路，分别进攻贵州松桃厅、盘石营、正大营和四川酉阳直隶州的秀山县城，也就是题记中所说的“秀邑被侵”之事。起义爆发后，清政府命福康安、和琳、孙士毅、符兆熊等人剿抚兼施，最终镇压了这次起义。而后文中“忽教匪蜂起，屡征而愈见猖獗”，则指清嘉庆元年（1796）爆发的川、鄂、陕、豫、甘五省白莲教起义。嘉庆三年（1798），白莲教起义军分股长驱深入佛门磡、丹溪码头、叶子溪、石岸溪、龙市镇、涞滩、白沙场，以及龙多山下的万寿场等地。是年，龚景瀚奏请嘉庆帝“用坚壁清野之法，令百姓自相保聚……相与为守”。四川总督勒保“以贼踪靡定，所至裹挟，乃书坚壁清野政策，令民依山险扎寨屯粮，团练乡勇自卫”。龙多山寨应该是在这一历史背景下兴建起来的。

師出而苗民自格，忽教匪蜂起，屡征而愈見猖獗，试思思忠□□古固有之。□修寨避□□可無乎？所以東□两道合□工□共募修寨□東□門曰：永鎮乃萬君松卿與鄧□亮李朝富胡勝生李萬□雷文朝□起□張有復李永年王世儒秦□□福先唐□信□元信結伴主修見涂险□動□维艰存有所化之錢十数緡□，修奇絶之路数十丈。□自□可登高矣，第道阻且長。非衆力難文華有唐與李等慷慨捐□□□募化而衆善樂從兵新□成馬不惟目前之□□王道□□庄即其□之登眺謁佛者□□□知底而如矢哉！工将告竣諸序□□□，援笔直書以紀其事，永□天下。积善之家有餘慶者□功……

图 17-42　龙多山摩崖题刻嘉庆元年题《修龙多山寨东门碑记》

第十八章 南 川

18.1 正阳桥纪事碑（四通）

▼ 18.1.1 补修合口河正阳桥记

右至左竖排。楷书阴刻。内容如下：

欽命四川分巡川東兵备道锡補脩扶岸經理首事名目列左

特授四川重慶府正堂加五級瑞 陳永恩 安宗德 張全三 王廣田 夏洪熊方成

特授四川重慶府南川縣正堂黃捐銀壹佰两 王雪亭 夏道全 鄭興厚 安應鴻 楊静軒 王大德

署理四川重慶府南川縣右堂 楊捐錢貳拾千 夏鍾山 夏樹森 程松亭 夏五德 錢萬鎰

重慶鎮標中營駐防南川縣汛達 捐錢伍拾千 夏寶椿 夏太庥 僧照霞 謝峰亭 向毓映 夏積德 夏太觀 夏春元 僧普元 謝維邦 宋在慧 夏依德

補脩合口河正陽橋記

合口河正陽橋之肇脩也起同治庚午訖光緒乙亥七歷寒暑而功始成高壮雄濶為黔蜀孔道中勘有融遊履半蜀中所見巨橋不一獨此橋里門咫尺足

跡未常過也歲辛巳偶經其地則見三山错峙兩水滙流長橋横跨其上憑欄俯視如立懸岩百仞目 心慄杳莫測其所窮自下仰觀又若長虹亘天横絕

霄漢乃歎向之所見猶未極橋之大觀也獨惜橋之左端其枕山下面多土少石山溜暴發不時浸灌左洞水尤悍利衝齧漂刮勢更難支計此橋成南八稔

而扶岸連山數十丈已裂陷指許逮累橋身融慨然太息歸商首事諸君諸君有難色明年春正復理前說諸君以春夏水發施功不易為辭秋杪前裂処坍

圮數數丈雖橋身無恙而勢已累卵危矣會陳公永恩歸自龍門橋興福寺僧照霞與之合謀邀集前首某某等數人新扳者數人倡首培脩融亦募金臂助即

於九月内併工營治就裂 折下直窮河底石盤汰盡宿土陳石刻盤如卯合形横抵枕山石壁復鑿壁深四五尺許贯石為笥盤之裹面俱長大石鱗叠而

上高三丈八尺平面縱横各三丈盤底縱五丈横五丈山溜冲激処另溝以洩之左洞靠山橋硐亦叠石貼培至橋券而止是役也以光緒壬年秋季興工癸

未春季蕆事共费金千餘緡役工以萬餘計吁成功易毁古今同概令此橋迁延歲月再緩培脩七年之功廢一旦矣今諸君矢補天之力成始成終将見始

基勿坯而河山奠定雁齒長存萬斯年不猶一日耶落成紀工諸君請誌諸石融因而記之至橋之関係甚钜與夫高卑長短廣狭前記詳矣故不费

光緒九年癸未三月既望涪邑歲進士候選訓導雪亭王融敬撰

誥授正六品奉政大夫金朝锐程氏男儒林郎人傑楊氏孫欽加運同銜玉音周氏曾孫同知銜立棟梅氏運同銜立言張氏前後共捐錢壹仟貳佰四十串正

元王

加州同誥授奉直大夫熊联芳潘氏男贡生氏城陳氏孫源盧氏前後共捐錢壹仟壹佰四十串正

布經歷 王韋 溢陳

王開元夏氏捐錢壹佰千子鑒生克裕梁氏孫福田汪氏曾孫元俸楊氏捐錢六拾千文無名氏捐錢拾千文

造向 庭暄 容齋 香池

楊秋潭陳氏捐募共錢壹千四佰伍拾串正

安顯秀羅氏捐錢四十七千文

節孝周況氏捐錢貳拾千文

鄭金鑒之妻金氏節孝捐錢貳拾千文

協鎮王太原捐錢拾千文

協鎮陳定魁捐錢五千文

聶明位子新有新仁新和新模孫文德文铭文譜文尉捐錢壹串正

▼ 18.1.2　南川县合口河创修正阳桥记

右至左竖排。楷书阴刻。内容如下：

南川縣合口河創脩正陽橋記

涪南接壤萬山错迕中藏深塹若神斧刻劃峭壁千尋衆泒瀼趋歸巨壑滙為兩水交瀠其中合流處名合口河山勢至此益雄水勢

至此益悍而山中貧民老稚婦女力能勝十觔以上者負戴煤鐵石灰炭礦油酒以謀活計而出於是者日以數百計山既磽确窮瘠異

常道途率荒弗治橋梁尤坍圮　窄不可以渡每山水驟發瞬息高尋丈兩岸復無市肆可駐足以故行人之趋渡而溺於此者歲以數

十計橋之下巨石纍纍撑拒河心怒水磯之飛流濺沫若鬬雷霆半里許陡落深潭浪花翻掀施天轉地溺

者至此萬無生理矣同治庚

午兩邑好善之士某某等合謀倡募建橋于此於是蜀之东黔之西楚之南北托鉢幾遍越至壬申二月插硝费已一萬八千緡入募貲

一萬三千緡諸倡首墊至五千緡顧諸人俱非素封或罄竭貲財或典質田產橋工未蒇接濟已窮諸君之力亦幾竭矣七月既望余聞

之亲身勘估約得數千緡可以集事倘失机不治春雪消融水潦時至衝齧傾塌梗塞河流恐害更有不勝言者爰集原議諸君贾勇再

勵勸募擅施余亦矢助臂力以是冬併工營治仍董事某某等終始其事凡七歷寒 暑乃畢工橋身高八丈長四十一丈六尺宽二丈四

尺中洞空八丈八尺左右兩洞空七丈四尺夾橋石欄高三尺六寸起工於同治庚 午歲八月通行人於癸酉歲三月踏橋驗工與諸首

事慶落成者知南川縣事黄公鶴樵也光緒二年丙子歲春鐫石紀工刊諸名氏總 計經费三萬餘緡人工以億計於戲鞭山驅石梯空

駕鼉人之精誠洵無所不至哉從玆利濟卜千百年而倡議諸君之澤與山並古矣 肇始日有神降其地諸君以名請題曰正陽聞序值

二分旭光初出正照橋身窮谷中乃有此奇境耶闢以来創有此舉神之阴相理或 然矣元因首事之請故不辭為之記

壬子科舉人军功保舉不論單雙月儘先選用知縣涪陵王應元春浦記南平處士 殷豫章德軒敬書

謹將倡議墊錢事監脩首人名目列左

總管橋局首人邑陳永福監生夏鍾山鄭興厚邑涪楊秋潭

佐理橋局督管工匠首人邑涪錢萬鎰邑王廣田王庭奇王大德陳桂亭

總掌大墨監理工匠募化结缘首人邑南陳永恩

經理局务出纳錢粮兼司買辩首人涪邑南張全三

邑附錢光斗

提調局务筹畫事宜兼理錢粮首人貢生

遠近募化催收錢粮首人邑南僧普元王永興夏五德

招兑錢粮首人涪邑錢芳谷邑南陳應合

考查勤情陟工匠首人武生王占元文生天德王清田僧照霞夏秋桂夏代昌夏泰理涪邑邹明張承喜錢春山陳荣山

夏泰觀

經理首人南邑貢生孫銘亭文生夏炳南文生夏寶椿武生謝海亭生夏庭禄夏□山夏蕴山安宗德贺六

發李香亭田仙明

熊芳周百順元良程松亭謝光焕安顯秀程光武夏吉順夏泰應宋國俸夏□洪王容齊金登福

武涪邑

生夏定元既生楊静軒餘傳譜黃遠铸陳一陽李雙合李興詩楊名聲凌太順王福 海陳興藻張源興夏泰棋羅肯堂 副墨匠□映曹恩善仕亭王正銀

▼ 18.1.3 募修合口河正阳桥记

右至左竖排。楷书阴刻。内容如下：

募脩合口河石橋序

合口河者南涪要隘蜀黔之孔道也四壁崇山一溪渌水南平北来山泉懸流而奔 赴者數百道涪陵南来山泉亦如之兩水交滙淙激陡绝前

人建橋於兹屢經漂刮乃鑿溪心巨石楮石梁以濟雖牢固可久而卑小易没每當 大雨時行山水暴溢洪流湧及山半渾無涯際必二數日乃

消山勢巖棄既無間道可通水勢突衝又非扁舟可渡郵遞稽留而失限商旅阻遏 而不行徒坐愁怫鬱望洋向若而歎耳至若華耳山右炭通

行兩境百餘里外皆貧民負販以度日食遇水漲累日則舉室枵腹待斃或水消未 盡健者循橋争濟稍一失足則随流觸石頭裂肢折而隕於

深淵者歲計輙數十人此則尤可傷痛者也是非舍舊謀新高架浮梁何以通商旅 而拯飢溺哉爰集練事老成精工大匠經度基規議跨溪為

偃虹者三中洞容水八十八尺左右洞各七十四尺橋高八十有二尺三其高以為 長九分長之一以為濶程工計费約三萬餘金始可蒇事既

龍材鳩工刻期舉事疾呼將伯則慷慨好義者固多而謹括慳囊者亦復不少是用 請官给示准行簿遠近募化伏冀四方君子永懷利濟不□

勤施傾囊捐金指囷□栗成兹義舉以活窮民庶幾補缺陷於山川聲施不朽貽休 祥於奕禩福禄無疆耳

同治九年庚午歲秋七月望日南川縣歲貢進士候選訓導孫翼光銘亭氏序 兩岸邊橋基地主任在華子文孫國明國权樂捐錢陆拾千文

榮國後 柄

左碑亭地主夏泰楷樂捐錢三拾千文

首人盧元良錢氏子仕進周氏仕逵陳氏仕道王氏捐錢伍百千文

汪 張

總首夏馮氏男鍾山琢山蘊山孫鼎德趾德秉德芸德□德捐錢柒佰伍拾仟文

總首興福寺僧照霞照開普源捐錢捌佰仟文

總首熊联芳潘氏捐錢佰伍拾仟文 熊方城捐錢壹佰釧文

總首周智聪□氏捐錢貳佰串文長部儒生清河葆光儀庭敬書

▼ 18.1.4　合口河山王庙观音会底小引

右至左竖排。楷书阴刻。内容如下：

孫

首人陳吕氏應捐錢弍拾千文

合口河山王觀音會底小引

尝思神聖下靈不康禋祀古今昭然此處合口河肇自前叟建塑山王觀音神像為以永年

迨至光緒壬寅二十八年華有安君浩然李君玉堂倡首募貲置買李國賢李潤之業地名

沛

油榨房瓦屋一向田土全股業價蜻蚨二十千文四至界畔照契管理以成祭祀之需俎豆

馨香感於神明在會者輪年飲福酒共樂昇平咸沾無量之福矣

謹將首人捐金名目列左地主[①] 李和清 南平處士王厚澤撰並書

安沛然 熊周氏 熊程氏 李永萬 僧法念

安浩然 熊樹堂 王陳氏 李惠堂 張先荣

李玉堂 熊宅安 王吉安 陳義□ 安楊喜每名底貲一千二百文

楊春發 宋月亭 王盖田 陳用馗 李義順

楊致祥 宋恒□ 楊辅庭 廖□順 楊萬林

夏定元 宋正發 李永開 曾宪福

中華民國二年癸丑歳九月中浣吉旦立

首人王永富子張氏子 世福 世禧捐錢五十七千文 化 劉明志 孫昌□ 廖華佑 李應河各出錢乙千二百文 任忠華 陳髙順 宋正田

同成桂□氏孫大李氏孫俊才 多才 三才捐錢七十千文萬在有 劉肖氏 張元迹 王明心 王光元 孫昌□ 王永春

李朝臣王氏□長□ 長怡捐錢壹百千文 陳時明捐錢十千文 李同伦 殷先辂 各乙千二百文

任世懷捐錢卅千文 任忠福捐錢十千文

劉祖慶捐錢弍拾二千文 任楊氏二千文

李髙氏子地□贞捐錢五千文 彭周氏仟

李程氏 劉李氏 劉明富各捐錢四千文

①“地主”二字横排并列。

18.2 高厚桥碑

1. 碑额：右至左横排。楷书阴刻“高厚橋”3 个大字。

2. 碑记：右至左竖排。楷书阴刻。内容如下：

高厚橋昔名永定明万曆諸生清川徐公所

獨建也水圯已久石壁間所刻詩文猶存而字迹多

漫灭不可盡晓同治丙寅楊公代華籌金重修三百

年間盛事再見因賦古風一章以志不朽乱石嶙峋

溪水寒嗟哉人苦行路难天留缺陷借人补力挽頽

波迴紫瀾此道雖僻界黔蜀洪涛溅珠波噴玉巉

岩夾岸撑晴空万里行人遥駐足前明万曆清川翁

鞭石成橋梗道通獨以人力奪天險一色江天飞彩虹三

百年来沧桑变浪卷涛翻走雷电垂虹折入大江流

唯有江心白石見徐公吾邑名諸生壁上題留海若惊風

雨剥蚀文漫灭苔青草绿烟水横居人欲了前人缘

叠遭黔楚两烽烟誓扫阴霾日月現追媲娲皇

补漏天穷凶靡不干天讨天戈一揮暖气扫楊公提倡衆

襄成眼見狂瀾迴既倒两公高義薄云霄江千虹影

一弓摇他年定有題桂客駟馬高车过此橋邑禀膳生

雪亭王融題

清加知府銜賞戴花翎即补同知直隶州四川 重慶涪州正堂加五級随带加一級又覃思加二級紀十一次记大功二次姚示 清賜花翎重慶鎮标右营涪州汎陞用遊府 録

龍示

18.3 绿溪岩摩崖题刻

右至左竖排。楷书阴刻。内容如下：

溪流一派碧溶溶两岸行人路罔通嶮道而今

成坦道虹飛百尺利無窮漢壽高篌題

萬仞懸岩一澗中蹇裳不涉往来通人工妙用

同天地王道齊登喜氣融王山道人題

眾善咸襄结大缘几番鍊石難補天功成事业昭千

古也效愚公移去山靈明道人題

重将缺陷補乾坤巨浪驚涛萬馬奔寄語蛟龍

須護惜功成已是第三番

飛空一柱作中流底足千秋姓字留客路不須

夸驷馬題橋人已付荒邺

我愛緑溪大小山清風明月共盤還閒来獨把

江頭钓坐看清流水一湾元真子文題

断岸連番續長橋一线通虹飛憑匠手石渡補

天工未免劳人力何堪紹父風蛟龍如護惜利

永無窮果善子秋潭題

成溪李懷仁書刊

同治九年歲次庚午仲夏月中浣穀旦刊 立

18.4 光绪二十三年周瑞卿书“其新孔嘉”并题补修路序题刻

1. 顶部楷书阴刻“其新孔嘉”4个大字。

2. 正文右至左竖排。楷书阴刻。内容如下：

補脩路序

今各口河虹飛橋起脩齊大核塘止矣内申年漲水朽濫

大路丁酉年武生①謝绍元团首②陳興祥贸易③周洪順建其上

下客

商行走艰難其路上通云贵两省缴集引化善君補脩工

成勒石以志不朽善君增福延壽周瑞卿書

総首④

謝紹元 陳興祥 周洪順 陳用馗各出⺙⑤□□宋國政出⺙五千 宋國慶出⺙五千 宋正禮出⺙五千 安沛然出⺙□千 熊常氏出⺙二千 張先銀出⺙□千 張遠順出⺙□千 張海亭 崇□□

①“武生”二字字略小，并列。

②“团首”二字字略小，并列。

③“贸易”二字字略小，并列。

④“総首”二字字略大，并列。

⑤今通行字作“钱”。

熊廣廷 □樹丘 □秉鎰 卓靜山 周福棠 永發祥 鴻興□ 李春山 曾元安每 名各出⺨五佰文 汪敏齋 鄧金和 安應芳 夏敬唐 楊春□ 楊致祥 熊岐山 黃茂林

劉□遠 □□□ □錫潤 謝榮鄉 夏順昌 任勝連 謝□際 熊萬順 □國啟 涂 在梅 熊周氏 曹聶氏 陳用吉 □鳳山 涂在壽 李方氏 謝東山 任聶氏各出⺨□佰四十

僧法念 僧□安 □□□ 熊錦星 王□□ 周□□ 彭有太 楊裕夫 孫耀珊 李 恆大 李興□ 楊申□ 涂金堂 謝青璉 任萬順 雷傳懸 徐禮魁 鄭興太 鄭惠亭各出⺨□佰四十

□□□ □□□ □□□ □□□ □恒元 陳元盛 卓先川 袁明鎔 □□□ □□□ □□□ □□□ □□□ □□□ □□□ □□□ □□□ □□□ □□□ □□□ □□□

□□□ □□□ □□□ □□□ □□□ □□□ □□□

光緒二十三年丁酉歲二月二十二日立匠師謝興民李相奎

18.5 牛渡滩“夏氏世纪”题刻

1. 顶部右至左横排。楷书阴刻“夏氏世紀”4 个大字。

2. 右侧竖排楷书阴刻“基開禹蹟千餘𦍒流傳不朽”11 字；左侧楷书阴刻“派衍益公四大房統緒獨綿”11 字。

3. 中间正文，右至左竖排 33 行。楷书阴刻。主要内容如下：

受之受□始發要僖十七𦍒哀□公譎□□亡□□□□侯因尋□戊戌□□

二𦍒渠主□佐□三十二𦍒□仕唐乃□□□夏□有之夏□宗之追房宋□

十一𦍒賢公□英山□家永興□□□□□□□□□□□□□公□□丑元季

由江南迁蜀家涪此入蜀之□祖也其大忌江□合□富□□□□□一□二

福三禧四福五公迁之福六□□□□涪□後呈福七字曾忠局涪白後里𦍒

皆称盛我叩村为彥涛之蔭蕩□普□之四石□也字永萬□□□□□□□

转南邑羅圍城娶妻生文益文養自□公至此□十一𦍒□及□□□□□□

囬涪經叩村得言兆同治八年□□□地四一□里此文益公又□□□之姓

祖也文攀公後住殷家溪氏□文益公元□三□□□□□□長□□娶□生

天福益公□明萬曆二年□□□□□□□□□□□□□□□□□□公□□

□此地大坟堡立□山艮向左二□□□二□文□公葬族□□□□□□□

□□□□□□□□□公等□□□於□村垻中□□□□□地為坟山□□

錢三□七十兩其□上□□□□一□大河心□□□□□□□□□□□□□

□人□大路□下□大河心為……[①]

18.6 光绪三年立“禁伐森林”题刻

右至左竖排 13 行，每行 6—16 字不等。楷书阴刻。内容如下：

原夫木必有本之固則枝榮吾會稽

始祖文益公及三世祖

景永公□蓋於此歷有年所墳山地界原

有攸規業内松柏諸□樹株久已成林

不惟墓茔賴以庇陰且風水六有所関

逾来叠遭不法棍徒私行砍伐盗取殊

堪髮指即今方魏二姓現有明徵除已

往免究外合會族約禁嗣设倘有不法

之徒不知悛改仿效前尤往墳业内拨

枝拔巔擅伐私砍者一經瞥見無论畢

姓同宗定行稟

官法究决不徇情特此鐫碑立禁

光緒三年丁丑冬月中浣吉旦阖族敬立

18.7 水爬岩道光甲子四川重庆府南川县正堂立告示题刻

右至左竖排 13 行，满行 31 字。楷书阴刻。内容如下：

署四川重慶府南川縣正堂加三级紀錄五次劉□為稟總示禁事本年二月二

十八日據士民夏一寬夏道昌謝學忠李成學王明现聂仲朝馮永録稟稱録身

□□四甲界連黔省接壤涪邑□□□□□□不齊每有境内無業流民勾誘外

□不法匪類来役踞住空廟岩硐日窺夜□肆賭□□□論山□竹木以之為巢

團采乘便窃取又有一等估討乞食之輩無分男婦三五成群携妻子沿門估討

估窃稍不遂意動輙蠆騙輕生理遣不去境内受害實雖悉數身等協請示禁情

據此除呈批示外合出示嚴禁為此示仰該甲士民牌倸人等知悉嗣後如遇前

① 后略，共计三十三行。

□不法之徒來境勾引無業流民騷擾兹事許尔等協拏送案以憑尽法懲治但不

得藉此挟嫌妄誣致于查究各宜禀遵毋違特示

古諭通知

道光十三年三月□□□初十日

實昭合口河曉諭勿損

道光甲子年十二月二十八日吉立

18.8 龙岩城摩崖题刻[①]

右至左竖排。楷书双线钩。全文如下：

宋宝祐乙卯上有旨城南平。越三年，守臣淮東都梁茆世雄戍罗播，城龍岩畢事。嘉平奉梱命領郡，寄等始至，鞑已及境内外。正月，贼首重兵攻城。二月，再寇，斩虏使，焚伪書，诸将争击，贼败而退。献俘授馘，功不一書。先是城池草創，浚之崇之，遂為南方第一屏障。梱台以全城却敌，聞之公朝，上恩叠頒□□宰揆枢宣鈞翰踵至，咸謂興築以来所創見也。共事者：钤路趙全、茆世龍、王用、寇青、常喜、樊文貴、郭德、何殿、朱珍、劉储傑、江司总管雷震、鈐路張福、孟世英、韦喜、汪興、汪世雄、興國、王富、前太守李奕承、郡丞石大异、僚属劉應炳、張震、張善祥、姚鼎發、張熙載、程師望、楊鈞、勾印、文已傳、張惠、何友贤、唐化龍、馮炎之、趙孟、韦鳳、張起南、侯應申、王韓。開慶改元七月既望，拜手謹書。

18.9 计开团规永定章程碑

右至左竖排15行，满行20字。楷书阴刻，内容如下：

計開團規永定章程

一團内舉團總經管驗明給照承領團册

貼市井宣明禁約每季秋收□隙奉官倖将團規找

点齊集聽候毋临期推委自取罪戾□一

□人相照無論白昼黑夜□□□侍杵要團内人户

協力捉拏不使賊逃遲延不到公同禀究

木棒鋒鈎不許凶刀火枪□□□不許私抗賊各执

① 录自周晏《南宋抗蒙第一记功碑——龙岩摩崖》。

受伤到官不能刑訊非真正拒捕凶賊不刑

之除致□謝之罪□一团内□有窩賊□得□落□

匪賍物拏获之賊說出寔据确查非狭仇

總排首事主眼同查起止許請□原賍毋誣累滙團

得籍勢混拏他□如逮将混拿之人與物

究懲一團内捕获賊犯事主團總約數□□侍□官

□□犯送官不准□人用费口岸官團凑

□到官定奖賞開銷口岸分給力捕之人□□□□

致　　谢

本卷现场调查、室内编录、注释及最后校核过程得到了中国文化遗产研究院何流、杨小亮及清华大学出土文献与保护中心刘晓晗等同志的大力帮助。在此特别表示感谢。